中国经济增长十年展望

（2016—2025）

由数量追赶到质量追赶

刘世锦◎主编

国务院发展研究中心“中长期增长”课题组

中信出版集团 · CHINACITICPRESS · 北京

图书在版编目（CIP）数据

中国经济增长十年展望：2016-2025：由数量追赶到质量追赶 / 刘世锦主编．—北京：中信出版社，2016.7

ISBN 978-7-5086-6343-2

Ⅰ.①中… Ⅱ.①刘… Ⅲ.①中国经济－经济增长－经济预测－2016-2025 Ⅳ.①F124

中国版本图书馆 CIP 数据核字（2016）第 126303 号

中国经济增长十年展望（2016 ~ 2025）：由数量追赶到质量追赶

主　　编：刘世锦

策划推广：中信出版社（China CITIC Press）

出版发行：中信出版集团股份有限公司

（北京市朝阳区惠新东街甲 4 号富盛大厦 2 座　邮编　100029）

（CITIC Publishing Group）

承 印 者：中国电影出版社印刷厂

开　　本：787mm×1092mm　1/16　　印　　张：21　　字　　数：366 千字

版　　次：2016 年 7 月第 1 版　　印　　次：2016 年 7 月第 1 次印刷

广告经营许可证：京朝工商广字第 8087 号

书　　号：ISBN 978-7-5086-6343-2

定　　价：68.00 元

本书编写人员

主　　编：刘世锦

协 调 人：刘培林　陈昌盛　许　伟

其他作者（按照姓名拼音排序）：

陈道富　程　郁　何建武　刘　涛　刘云中

吕　刚　马名杰　邵　挺　石　光　宋紫峰

王金照　王　青　伍振军　许　伟　许召元

张　亮　周群力　卓　贤

目 录

供　给

产 业

区域和城市

资源环境

导言

由数量追赶到质量追赶

刘世锦

本书是“中国经济增长十年展望”系列研究的第四辑。2016 年是“十三五”的开局之年，而“十三五”是实现全面建成小康社会目标的冲刺期，从长期经济发展阶段看，也是中国经济由高速增长到中速增长转型的关键期。转型进程如何，关系 2020 年发展目标的实现，更对中国的现代化进程影响重大。

本书研究内容聚焦于“十三五”时期。依照惯例，我们将对宏观经济和各重要领域今后十年的增长前景做出展望，重点分析“十三五”时期所要面对和解决的主要问题。在经历了长达六年的增速回落后，中国经济何时、以何种方式“触底”，“触底”后是何种走势，是“十三五”时期国内外关注的重要议题。在长期增长框架中，这一阶段如何定位，应该起到什么样的历史作用，也是理论上面临的挑战。我们提出“由数量追赶到质量追赶”的概念，就是一个有关的理论描述。质量追赶大体上处在“后历史需求峰值”与“成熟增长”之间，其特征是通过提升增长质量实现中速增长，进一步缩短与先行者的距离。与质量追赶相适应的发展条件、体制和政策环境将会发生很大变化，这就为供给侧改革提出了直接而明确的要求。在供给侧改革受到重视且有所泛化的情况下，明确目标、突出重点至关重要。本文拟就上述问题依次展开讨论。

转型再平衡的条件与进程

当前中国经济依然面临着大的下行压力，“底”在何处，从高速增长“降落”后前景如何，是“十三五”直接面对的关键问题。

中国经济增速回落，直观地看，是由以往10%左右的高速增长转到中速增长，背后则是经济结构、增长动力和体制政策体系的系统转换，从大的增长过程看是增长阶段的转换，可称之为“转型再平衡”，也就是由高速增长时的平衡转向中速增长的平衡。这一平衡的实现，将取决于三个条件。

第一，高投资触底。从需求角度看，以往的高增长主要依托于高投资，消费总体上是稳定的，净出口对GDP增长的直接贡献则是一个较小且不稳定的量。在过去较长一个时期，高投资主要由基础设施、房地产和制造业投资构成，这三项可以解释投资的85%左右。而制造业投资又直接依赖于基础设施、房地产和出口。这正是过去相当长一个时期中国经济增长的主要需求来源。高投资触底，有一个通俗说法，即主要取决于基础设施、房地产、出口三只“靴子”落地。基础设施投资占全部投资比重的高点出现在2000年左右。作为政府稳增长的主要抓手，这一指标波动较大，但总体上处在回落状态。出口已由以往20%以上的高增长转为2015年的负增长，可以认为大体触底。房地产投资在经历了较长时间的高速增长后，2014年触到历史需求峰值后开始快速回落，2015年下半年出现月度同比负增长，当回落趋稳时，很可能成为房地产投资增速触底的信号。房地产投资增长触底，也意味着全部投资乃至从需求侧看的整个经济增速探明底部。

第二，去产能到位。随着需求侧的高投资增速回落，供给侧开始相应调整，但部分行业主要是重化工业调整较慢，于是出现了严重的产能过剩。初步估计，钢铁、煤炭等行业的过剩产能在30%以上。尽管对过剩问题早有警觉，但幅度之大仍然超出预期。一个重要原因，是重化工业内部的“加速原理”在起作用。在这些行业的上升时期，由于“需要更多的钢就要新建钢厂，而建钢厂本身就要耗费钢”，这种“自我循环”带动了重化工业异乎寻常的快速增长。而到回落时期，“加速原理”在相反方向也起作用，使回落幅度超出预期。

严重过剩产能直接导致两个后果。一是PPI（生产者价格指数）迄今40多个月的负增长，最大降幅达5.9%；二是工业企业利润自2014年下半年以后一年多的负增长。分析表明，煤炭、钢铁、铁矿石、石油、石化五大行业的出厂价负增长幅度达20%左右，对全部工业PPI负增长的影响达到80%左右，对工业利润负增长的影响更为显著。走出这种困局的出路，重点是在上述五大行业实质性去产能。产能下来了，供求趋于平衡，PPI才能恢复正增长，企业才能恢复盈利和再生产能力。

然而，严重过剩产能“退出难”也超出预期。其原因，首先是有关地区大都希望别人减自己不减，等减产能到位后坐收渔利，从而陷入“囚徒困境”。其次，去产能后的职工安置、债务处理、资产重组等都是难啃的骨头，解决起来难度很大。在这种情况下，多数地区采取了等、熬、拖的办法。但这种局面显然不可持续。企业长期亏损，财政减收、债务违约、就业困难等问题不可避免，相关地区可能守不住底线，经济全局也可能出现更为困难的局面。

事实上，近些年供给侧大调整，除了重化工业外，还有出口行业。增速由20%~30%降到负增长，出口行业受到的冲击并不亚于重化工业。出口行业也经历着艰苦调整，企业订单减少、负担加重，部分企业关闭破产，有些移至外地，还有的企业老板“跑路”，如此等等。但与重化工业形成鲜明对比的是，总体上似乎“声音”不大，也没有获得多少政策资源支持，堪称“静悄悄的变革”。重要的区别在于，出口行业主要以非国有的民营和外资企业为主，重化工业则聚集了众多国有企业，其中的大企业以国有为主。民营和外资企业调整较快，方式多样，不会久拖不决，因为它们拖不起。有的人实在经营不下去，解不开困局，可以“一跑了之”，而不会在长期亏损、扭亏无望下继续经营。用工制度灵活，调整中的职工安置问题较易解决。而人、债、资产重组等问题，对国有企业而言均为难题。“大而不倒”“国企出问题，政府总要管”的明显或隐形政府承诺，使国企调整难有壮士断腕的决心和魄力。国企去产能的调整，很大程度上是一个国企、国资深化改革的问题。当然，也是一个被逼出来的难得改革契机。出口行业和重化工业在调整中的表现对比，提供了不同体制机制在结构调整差异的典型案例。

第三，新动力形成。通常意义上的新动力，是指那些新成长起来的增长领域，亦可称之为“新经济”。主要可分为以下三类：一是新成长产业，主要是生产性服务业，如信息服务、物流、研发、金融等；与居民消费水平升级相关的服务业，如医疗、文化、体育等产业；制造业中的新技术产业，如大飞机制造等。二是产业转型升级，如机器替代人工、绿色发展等。三是创新而产生的新增长点，如网购等“互联网+”所带动的相关行业。以上分类是相对的，往往相互交叉、相互融合。

这些“新经济”的一个重要特点是替代性增长，新的增长空间挤压了原有增长空间，或者说，在原有的增长空间内换了一种增长方式。这种增长具有重分蛋糕的性质，不可避免地会引起利益关系的冲突和重组。例如，网购快速发展的同时传统商业放缓以至衰落，部分知名品牌商场关闭；打车软件与传统出租车的冲突；机器人上岗与人的下岗，等等。如果“新经济”确实拥有并有效运用了新技术、新机制、新商业模式，提高了生产率，终究是不可阻挡的，但同时必须重视并妥善应对利益冲突引发的挑战。

新动力的另一个来源，是“老经济”加新机制，这方面的潜力往往会被忽视。美国研究竞争战略的迈克尔·波特教授等人（2002）在《日本还有竞争力吗?》一书中，认为日本高速增长期后存在着“二元经济”，一个是高度对外开放、竞争力很强的领域，另一个则是面对国内市场、封闭性强、竞争力差的领域，包括物流、电信等基础设施，加大了整个经济的运行成本。他提出，日本经济要提高竞争力，必须解决后一个领域的市场开放问题。中国这方面的问题更为突出，纠正资源错配、提升效率大有文章可做。

还需要关注的一个问题是新旧动力的不对称性。忽视这种非对称性，容易对新动力的规模扩张产生过高期望。尽管还有新产业涌现，但像房地产、钢铁、汽车等能够将经济推向高速增长的大支柱产业基本上找不到了。新产业在规模上远不能对冲老产业减少的规模。例如，所谓“战略性新兴产业”占工业的比重，2015 年尚不足 10%，其中有的也出现严重产能过剩，如光伏发电行业。新经济的替代性增长，呈现“降成本、提效率，但对 GDP 增长贡献不大”的特点。加上新机制的老经济，也属于“后历史需求峰值期”的增长范围。概括地说，新动力能够提升增长水平，但远不足以抵消原有动力的下降，更重要的体现于发展模式、效率和质量的转换。

以上三个条件逐步形成后，中国经济这一轮大调整将可能呈现双重底部。一是“需求底”，随着房地产投资同比增速由负转正、全部投资增速趋稳，这一底部有可能在今后一两年内出现。另一个则是“效益底”，是从供给侧适应于需求侧来看的，主要指标是 PPI 止跌回升，工业企业盈利增速由负转正，并保持在适当水平。这个底何时出现，将直接取决于去产能的力度和进度，有一定的不确定性。如果“效益底”明显滞后于“需求底”，不难想象，经济有可能进入一个特殊困难期：增长速度相当低了，PPI 依然低迷，企业大面积亏损，部分地区的金融财政风险加大，甚至酿成某种形式的危机，从而落入一种可称之为“低效益、高风险”的陷阱。避免这种不利局面，短期内关键是加快供给侧结构性改革，在去产能上有实质性进展，促使 PPI 和工业企业利润止跌回升，“效益底”与“需求底”的时滞缩短。由此可见，供给侧结构性改革具有鲜明的问题导向特性。

经济触底的过程不大可能一帆风顺，抑或将经历一个复杂、很可能波动较大的过程。受某些短期因素影响，相关指标可能转好，但需要观察其可持续性。底部形成将是一个过程，需要多次验证确认。触底成功后，增长态势不会像有些人期待的出现V型或U型反转，而很有可能是大的L型加上若干个小的W型。

质量追赶：追赶的新阶段

由高速增长转到中速增长，这个中速增长期如何定位，在长期增长分析框架内，它处在什么位置，起到什么作用，是一个值得研究的问题。就经济增长理论和发展经济学来说，以往重点放在解释后发经济体的“起飞”问题上，对起飞后的持续增长和到达一定水平后的“降落”问题缺少关注，虽然国际上也有一些文献（Eichengreen，2012；Pritchett and Summers，2014）关注到了“降落”的问题，但尚未形成一个有较强解释力、影响力的分析框架。对中速增长期的研究，不论对理解这个特定时期，还是构造一个长期分析框架，都有重要意义。

从时间分布来说，中速增长期大体上处在高速增长期结束后与成熟增长期到来之前的区间。这里所说的成熟增长期，是指美欧日等发达经济体已经达到的增长阶段，已实现需求的更新支出，如住房、汽车的置换或维修等支出，构成需求的主要部分。这种更新需求在中国逐步增多，但中国远未达到成熟增长阶段。与成熟增长期相比，中国至少还多出了两方面的需求：一是工业化阶层尚未实现的需求，或者说中高收入阶层已经实现但中低收入阶层尚未实现的需求，如农民工进城后的住房需求、低收入者的首次购车需求等；二是消费结构升级，重点是服务性需求比重上升，中产阶级是推动此类需求增长的主力军。这两种需求加上更新需求，构成了中速增长期的主导性需求。

从供给侧看，在2015年的本项课题研究中（刘世锦，2015），我们区分了初次扩张型增长（P型增长）、追赶标杆型增长（A型增长）和前沿拓展型增长（F型增长），中速增长期将以A型增长为主，加上逐步减少的P型增长和逐步增多的F型增长。A型增长的特征是大多数企业与标杆企业的差距相对缩小，行业增长的质量平均值提升。

因此，中速增长期依然是追赶期。这个判断相当重要。中国目前人均GDP约8000美元，美国人均GDP超过50000美元。从购买力平价计算，中国的人均GDP也只相当于美国的三分之一。如果要接近或赶上美国的人均收入水平，从数量上说，大部分追赶还是完成于中速增长期。但由于基数已经很大，即便增速放缓，仍可保持人均收入水平不低于以往的数量增长。难度主要表现在质量提升上。这里要谨慎地将质量提升与创新驱动区分开来。质量提升大部分仍然是“追赶型”的，也就是说，还是要把主要精力放在学习、吸收甚至模仿上，只是“标的物”由过去的“铺摊子”转到“上台阶”。质量追赶过程中当然会有创新，但大多是适应性、扩展性的创新，那些根本性、具有颠覆意义的创新也可能出现，能够形成直接增长推力的比重应该不大。这里要注意的是，不应过于强调创新而忽略追赶，事实上，追赶的空间远大于创新。这不仅涉及对创新驱动的如实评估，也涉及具体的战略和政策选择。比如，如果把重点放在追赶上，就应当采取更为开放且选择性更强的政策，鼓励支持那些有助于质量提升的“引进来”“走出去”活动。实现某个质量追赶目标，能拿过来还是要先拿过来，以降低成本、缩短周期。

质量追赶与数量追赶相比，对发展条件、体制和政策环境的要求将有很大不同。在现有的情况下，需要有针对性地解决好以下几个突出问题。

一是纠正资源错配。目前在行业之间依然存在着较大的生产率差异，表明要素流动不畅、配置欠佳，根源在于行政性垄断，要素的市场化流动和定价受阻。通过深化改革纠正资源错配，仍会在“老经济”中释放出规模可观的需求，特别是有利于提高效率的投资需求。更重要的是能够提高生产率，增加收益，化解潜在风险。这也是当前供给侧改革中“降成本”潜力最大的领域。

二是激励产业升级。产业升级包括发展新兴产业，如与制造业升级相关的生产性服务业、与消费结构升级相关的生活性服务业；在已有产业中采用新装备、新技术，如用机器替代人工；更多地则是在产业价值链上的提升，如由低端制造转到高端制造，加大设计、研发、品牌等元素的比重。产业升级将带来专业化分工协作关系的深化，产业集中度的适当提高；将更多地开发和利用中高级生产要素，全面提升人力资本质量，优化资源配置水准；将从行业标准到工匠精神，全面推动精致生产的制度和文化建设。

三是营造创新环境。创新与产业升级既有联系也有区别。区别在于，产业升级中的大多数内容，发达国家已经有了，我们也要跟着有，也就是前面提到的追赶的含义；而创新则是从无到有，我们与发达国家大体处在同一起跑线上。创新必须经历一个试错过程，因而不确定性显著加大。之所以强调市场在创新中的基础性作用，就是让更多的人参与创新，提高创新试错过程中的成功概率。创新要素是流动的，那些能够吸引到更多创新要素的地方，才会拥有更多的创新成功的机会。所以，大量的创新出现在创新型城市或区域创新中心。所谓营造创新环境，就是要形成有利于市场发挥作用、能够吸引到更多创新要素的体制和政策条件。创新的作用日趋重要，但创新型城市或区域创新中心并非人为指定的，而是在竞争中形成的。

供给侧改革的主战场是要素市场改革

在经济转型的关键期推进供给侧结构性改革，必要而紧迫，不能拖，也拖不起。但对为什么要改、改什么、如何改，有不同看法，值得注意的是存在着把供给侧改革泛化的倾向。

比如，有的观点将供给侧改革与美国的供给学派相联系，认为供给侧改革的重点是减税。无疑，有些方面企业税收负担偏重，减税是“降成本”的着力点之一。但客观地说，在经济和财税收入减速、财政支出刚性很大的情况下，减税力度不可能很大。而且，减税仍然属于宏观政策，只是间接作用于微观基础。

又如，有人以中国游客到日本抢购马桶盖为例，提出中国产品质量低，供给侧改革就是要提高中国企业产品的档次。产品质量与供给侧当然有关，但影响产品档次和质量的因素相当复杂，既有体制政策问题，也有发展阶段问题。即使与体制政策相关，产品档次和质量也是体制政策改革后的结果。

事实上，改革开放以来的重大改革举措，基本上都可以归类于供给侧改革。现阶段的供给侧改革，应当聚焦于生产要素的流动、重组、优化配置，主战场是要素市场改革。从经济转型的角度看，就是要与中国经济质量追赶新阶段相适应，通过深化供给侧改革，为纠正资源配置扭曲、激励产业升级、营造创新环境，创造必需的制度和政策条件。具体地说，应将以下几个方面作为优先领域加以推进。

第一，切实放宽准入，深化行政性垄断问题突出行业的改革。近年来商事制度改革，在小微企业准入便利化方面取得一些进展，但更有待突破的是基础产业和服务业领域。放宽准入，既要“放小”，更要“放大”。行政性垄断问题突出的行业，包括石油天然气、电力、电信、铁路、金融、医疗、教育、文化体育等领域，新增投资和改进投资效率的空间都很大。以电信为例，近期降低资费的呼声甚高，但如果缺少足够竞争，社会对真正降低成本、改进服务依然信心不足。放一两个民营资本为主的新基础运营商进去冲一冲，局面就会大不一样。我国拥有世界上最大的电信市场，理应成为世界上电信资费最低的地方。前瞻地看，如果基础电信缺少竞争活力，互联网创新也难以走远。这些领域，看起来投资已经不少了，但有活力的新投资进去，可以提高整体效率。这种能够提高行业效率的投资，不是多了，而是少了。

第二，加快城乡之间土地、资金、人员等要素的流动和优化配置。中国城市化还有很大发展潜力，但重点不在现有的大城市，而在大城市之间。要把以往孤岛型城市转变为网络型城市，进一步拓展城市带、城市圈，在大城市之间带动大量小城镇发展，推动互联互通和基本公共服务的均等化，带动人口居住和产业布局的再配置，由此将引出可观的基础设施和房地产投资机会。农民要进城，城里的人员、资金等也有到小城镇和下乡的意愿。要下决心打破城乡间土地、人员、资金等要素流动、交易、优化配置的诸多不合理体制和政策限制。农民所拥有的资产只有在确权的基础上允许流动、允许交易，价值才能充分显现，利益才能得到真正维护。

第三，在尊重创新规律基础上营造创新环境。由于创新与模仿的实质性差异，政府必须由以往居高临下地指定技术路线、搞规划，转向遵循创新规律、营造创新环境，让市场真正发挥基础性作用，从而提高创新成功的概率。在这方面，政府应当更加“聪明”地发挥作用，包括保护产权特别是知识产权，为创新活动提供有效激励；稳定企业家、科研人员的预期，使他们能够有长远打算；促进创新要素流动，吸引创新要素的聚集和优化配置；提升人力资本质量，相应改革教育和研发体制；深化金融改革，为创新提供全链条的金融支持等。地方竞争是以往中国发展的重要动力，应使改进创新环境成为地方竞争的新元素，推动形成若干个有吸引力、竞争力的创新型城市和区域创新中心。

第四，抵制各类经济泡沫的诱惑和干扰，将资源导向提高要素生产率的活动。尽管服务业比重超过制造业，但制造业仍然是国家竞争力的核心所在。服务业中发展潜力最大的生产性服务业，直接服务于制造业转型升级。必须牢固确立制造立国、实体经济为本的理念和政策导向。服务业中的房地产市场和金融市场等，极易形成经济泡沫，吸引大量资源脱实向虚，直接削弱实体经济的发展能力，同时导致金融和经济活动的大幅波动，严重破坏经济社会的发展环境。必须高度警惕、及时纠正各种形态经济泡沫的危害，把资源尽可能地引向提升要素生产率的领域。

第五，切实调动人的积极性，完善公务员队伍激励机制。供给侧改革，最重要的是调动人的积极性、创造性。在现有国情下，政府公务员的精神状态至为重要。“十八大”以来提出和贯彻八项规定，大力度反对和惩治腐败，成效显然，深得人心，开创了党风廉政建设的新局面。把当前出现的懒政现象归结于反腐败不符合实际，颠倒了是非关系。从实际情况看，部分干部的不作为原因复杂，既有“不想为”“不敢为”的问题，也有新常态下老办法行不通而出现的“不会为”，指标脱离实际、风险过大而“不愿为”等问题。政治生态的变化，要求因势利导，乘势前进，在“关后门”“堵歪门”的同时要“开前门”，积极探索符合国情和现代治理结构要求的长效机制，重要元素包括选人用人机制的透明度和稳定预期、“政务官”与“事务官”适当分离、职责与监督有机结合、稳定的薪酬增长机制、福利待遇与廉政状况挂钩机制等。同时，要给地方基层更大的试验空间，在把握方向、守住底线的前提下，同一项改革可以有几种方案同时试验，相互比较、补充、完善。地方基层试验为创新型人才提供施展才能的舞台，有利于发现人才、用好人才。这种试验也是一种试错纠错的过程，有利于少走弯路，降低制度和政策创新成本。

中国经济进入转型触底关键期，预期问题再次突出而敏感。近期股市、汇市的大幅波动，很大程度上源于预期变动，而预期变动又与对中国作为一个后发追赶型经济体的转型规律和现实理解有关。在经历了长达六年的增速放缓后，目前中国经济正处在从某种意义上说最为困难、同时也最有希望看到转型成功曙光的时候。2010 年，在人们把高增长看成理所当然的时候，我们提出中国经济将要下一个较大台阶，由高速增长转入中速增长；而在目前，我们认为，如果供给侧结构性改革能够取得实质性进展，大的政策不出现颠覆性错误，中国经济有很大可能性在今后一两年成功触底，进入一个速度适当、更具创造性和可持续性的增长平台。从国际经验、特别是东亚成功追赶型经济体的经验看，中国经济转型成功、跨越中等收入陷阱、进入高收入社会增长轨道的概率还是比较高的。这个时候过度看空、看衰中国经济是没有依据的。当然，这个时候会有更多的不确定性，对政策选择有更高的要求，正确而有效地推进改革，尤其是供给侧结构性改革，无疑是稳定预期的关键变量。

本书是一项长期研究项目成果，也是国务院发展研究中心“中长期发展”基础研究领域的研究成果之一。与以往一样，在基本判断、写作框架统一的前提下，允许并鼓励作者提出自己的独到见解，有适度的自由发挥空间。国务院发展研究中心各位领导、各研究部所领导和其他研究人员，对本项研究给予了多方的指导、帮助。国务院发展研究中心、力拓集团合作研究基金继续对本项研究提供资助。中信出版社为本书出版继续提供高质量服务。在此对各方面的支持帮助再次表示诚挚谢意。我们一如既往地希望读者提出建设性意见和建议，使本项研究在质量提升上取得新的进步。

参考文献

刘世锦，“攀登效率高地”，《中国经济增长十年展望：攀登效率高地》，北京：中信出版社，2015 年。

迈克尔·波特、竹内广高、榊原鞠子著，《日本还有竞争力吗?》，北京：中信出版社，2002 年。

罗斯托著，郭熙保、王松茂译，《经济成长的阶段》，北京：中国社会科学出版社，2001 年。

Barry Eichengreen，Donghyun Park and Kwanho Shin. 2012. “When Fast Growing Economies Slow Down：International Evidence and Implications for China. ”*Asian Economic Papers*，11，42 –87.

Lant Pritchett and Lawrence H. Summers. 2014. “Asiaphoria Meets Regression to the Mean，” NBER Working Paper No. 20573.

综　合

第一章　十年展望

启动供给侧结构性改革的中国经济

陈昌盛　何建武

要点透视

➢ 我国经济发展新常态的特征日益明显，呈现一些重大的转折性变化，同时国际经济的不确定性有所上升。我们据此对短期和未来十年经济增长展望做了小幅调整。其中，2016 年经济增长预测由 6.7% 下调到 6.5%，未来十年平均增速由 6.2% 下调到 6%。

➢ 展望未来十年，从总需求结构看，消费率将由目前的 50% 左右上升到 60% 以上；投资率将不断下降至 30% 左右。从产业结构看，服务业占比将快速提高，由目前的 50% 左右上升至 2025 年的 60% 以上。同时，技术进步将发挥越来越重要的作用，尽管 TFP（全要素生产率）增长率将有所下滑，但 TFP 增长对经济增长的贡献将越来越高，将由过去平均 30% 左右上升至 2025 年的 40% 以上。

➢ 2025 年人均 GDP 将由目前的接近 5 万元人民币上升到 10 万元以上，由目前的 8000 美元左右上升至 1.9 万美元左右，由目前的接近 1.1 万国际元上升至 1.8 万国际元左右。名义美元计价的人均 GDP，届时将与目前的非经合组织高收入国家平均水平相当；购买力平价水平，届时将与目前的西班牙、斯洛文尼亚相当。

➢ 当前我国经济主要矛盾是供给与需求不匹配、不协调和不平衡，而矛盾的主要方面在供给侧，主要表现为供给不能适应需求的重大变化而做出及时调整。我国经济增速持续放缓，是结构性变化与周期因素叠加的综合反映，与一般的商业周期波动明显不同。2012 年以来经济下行中的几次小幅回升波动表明，需求刺激只能让经济增速短暂企稳，并不能改变潜在增速下行趋势。

➢ 2016 年预计将是 1991 年以来我国经济增速最低的一年，一些重大的阶段性变化将集中显现，经济运行的困难和挑战进一步增加。总体上看，出口在激烈调整后趋于平稳，2016 年会略有好转，未来几年维持低速增长。消费增长总体平稳，受 GDP 增速持续回落和收入增速放缓影响，后续将小幅回落，但消费升级步伐不会停滞。投资增速将继续放缓至 8.5% 左右，但有望进入阶段性底部，随后几年基本企稳。预计 2016 年 CPI（消费价格指数）增幅 1.8%，全国城镇新增就业 1200 万人。在经济探底过程中，如果能避免系统性风险，乐观估计本轮经济回调的阶段性底部有望在 2016 年出现，全年增长 6.5% 左右，2017 年、2018 年经济增速会逐步企稳，但基本不可能出现短周期 V 型反弹，经济运行总体上呈现 L 型增长态势。

2015年以来，我国经济新常态的特征更加明显，新旧动力转换和结构调整步伐加快，经济增速下行压力较大。面对错综复杂的局面，党中央、国务院保持战略定力，创新宏观调控方式，加大了稳增长、调结构、促改革、惠民生、防风险的政策力度，经济增长总体平稳，结构调整取得一定进展，经济金融风险总体可控，创新活力不断迸发，全年经济增速6.9%。展望未来，我国经济处在转型再平衡的关键时期，必须遵循经济发展规律，抓住新阶段经济运行的主要矛盾，在保持总需求适度增长的同时，协调好需求管理和供给管理政策，着力推进供给侧结构性改革，短期内把去产能、去杠杆、去库存、降成本和补短板放在更加突出的位置，努力实现“十三五”良好开局，加快在更高水平上重建新的平衡，开启中国经济发展质量上台阶的新十年。

未来十年中国经济增长展望

对中长期经济增长和结构转型具有较大影响的新变化

过去一年发生了许多可能影响中国经济中长期增长和结构转型的事件和变化。

中国在全球治理体系中地位提升

2015年发生了多项反映中国的全球地位和影响力显著提升的重大事件：一是，由中国发起设立的亚洲基础设施投资银行于2015年12月25日正式成立，全球迎来首个由中国倡议设立的多边金融机构。二是，由金砖国家发起设立旨在为金砖国家构筑共同的金融安全网的金砖国家新开发银行，于2015年7月21日在中国上海正式开业。三是，2015年11月底国际货币基金组织（IMF）决定将人民币纳入特别提款权（SDR）的货币篮子，人民币在SDR货币篮子中占到10.92%的权重，超过日元与英镑，仅次于美元和欧元。这些事件反映了中国国际影响力的增强，将推动全球治理体系的改革和完善，有利于为中国和其他发展中经济体未来的发展争取更加公平合理的外部环境。

大宗商品价格整体持续下跌

2013年以来全球许多大宗商品价格开始下跌，2015年这种趋势呈现加重态势。一方面，价格下跌商品的品种越来越多，在世界银行给出的十类商品中无一例外全部价格下跌。世界银行高级经济学家约翰·巴费斯（John Baffes）指出，在过去的十多年中，从未出现所有主要商品价格同时下跌的情况，从过去三十多年的历史来看，这一趋势只在亚洲金融危机和1984～1985年出现过。另一方面，2015年的价格跌幅大幅扩大，最低（化肥）达到5%，最高（能源）达到45%。如果跟2011年的价格峰值相比，许多商品价格已经下跌了三分之一到一半（参见图1）。且这次价格全面下跌的幅度超过以往。大宗商品价格的持续下跌既与美元的强势周期有关，也反映出市场对新兴经济体和全球经济增长前景的担忧。而且从世界银行的预测来看，这种趋势还将持续一段时期。这将直接影响中国经济的外部需求、内部过剩产能的化解等，加大中国经济转型压力。

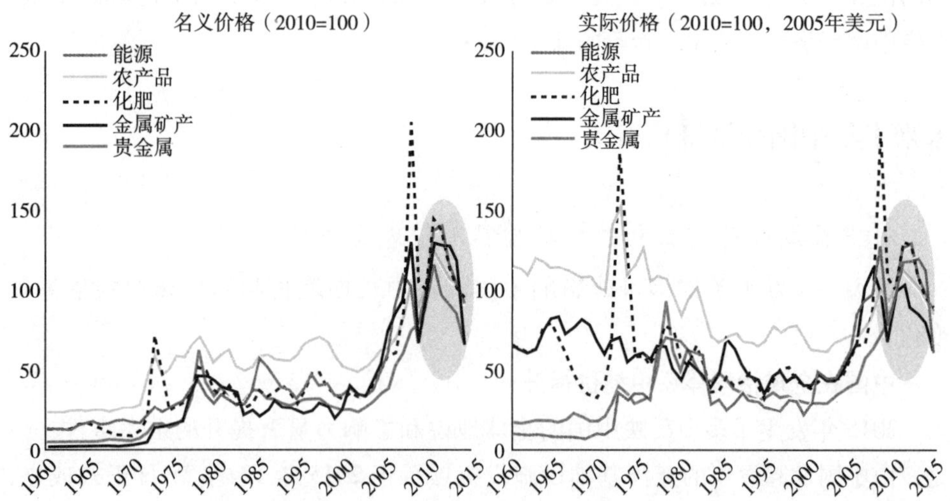

图1.1　全球大宗商品价格走势

资料来源：World Bank Commodity Price Data（The Pink Sheet）

“十三五”规划建议的发布和供给侧结构性改革的推进

2015年10月26日，中共十八届五中全会审议通过了《关于制定国民经济和社会发展第十三个五年规划的建议》（下称《建议》）。《建议》明确了“十三五”时期的发展理念、发展方向、发展思路、重点任务和重大举措；《建议》提出“十三五”时期要在已经确定的全面建成小康社会目标要求的基础上，保持经济的中高速增长，到2020年GDP和城乡居民人均收入比2010年翻一番；在结构调整方面，《建议》提出要使经济指标平衡协调，优化发展空间格局，进一步提升服务业比重，加大消费对经济增长的贡献，加快提高户籍人口城镇化率。这些无疑将对“十三五”时期经济增长和结构转型发挥指导和引领作用。

另外，2015 年 12 月 21 日召开的中央经济工作会议强调要着力推进“供给侧结构性改革”，推动经济持续健康发展。具体来讲，就是要实施“五大政策支柱”（即宏观政策要稳、产业政策要准、微观政策要活、改革政策要实、社会政策要托底）和抓好“五大重点任务”（即去产能、去库存、去杠杆、降成本、补短板）。这五大任务直面当前中国经济面临的结构性矛盾，如果顺利完成，必将激活中国经济增长的活力，有利于释放中国经济增长的潜力，推动中国经济持续保持中高速增长。

人口政策的再次调整

党的十八届五中全会决定：坚持计划生育的基本国策，完善人口发展战略，全面实施一对夫妇可生育两个孩子政策，积极开展应对人口老龄化行动。这是继 2013 年十八届三中全会决定启动实施“单独二孩”政策之后的又一次人口政策的重大调整。根据修改后的《人口与计划生育法》，2016 年 1 月 1 日起将正式施行全面两孩政策。这将对中国提升人口生育率、减缓人口老龄化等产生一定影响，因此也将对未来经济增长和结构转型造成影响。图 1.2 给出了不同人口政策下中国未来的人口总量和劳动年龄人口未来 35 年的变化趋势。根据该图显示的模拟结果，全面两孩政策将明显推迟中国人口峰值的到来，也将使未来劳动年龄人口下降速度明显放缓。从供给侧来看，新的人口政策虽然对短期经济增长的影响有限，但对长期经济增长还是会带来较大影响。

研究框架的简单回顾及相关参数的最新调整

2012 年出版的《中国经济增长十年展望（2012～2022）》已经系统地介绍了本研究所采用的模型细节和具体参数设定①。今年本部分将与 2015 年一样只简单介绍我们使用的长期模型框架。

研究模型的基本框架

本研究的长期经济展望采用的是用于模拟结构变化的可计算一般均衡模型。与其他模型不同的是，这里除了考虑供给侧的影响因素外，还着重考虑需求侧的

① 参见：刘世锦主编，《中国经济增长十年展望（2012～2022）：寻找新的动力和平衡》，北京：中信出版社，2013 年。

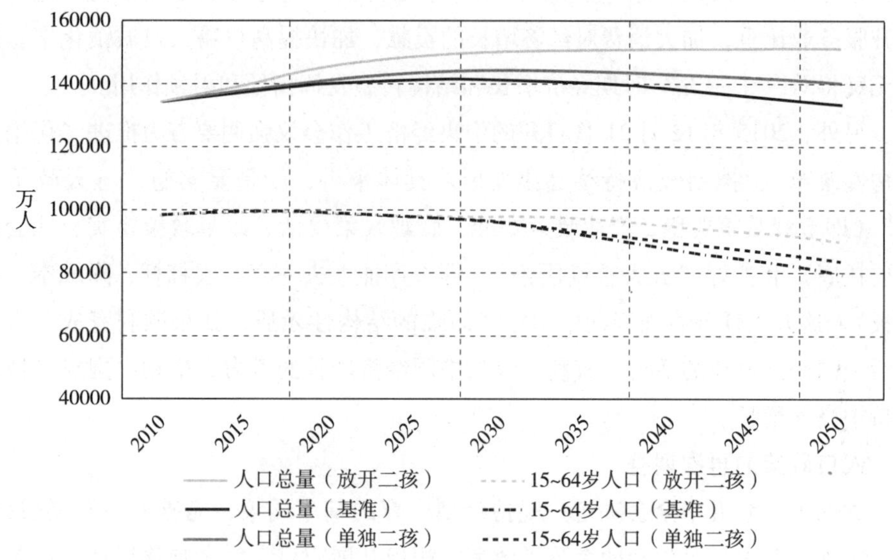

图 1.2　中国人口总量及劳动年龄人口的变化

资料来源：许召元（2014）

影响因素，并将这两方面的因素综合在一个完整的框架之中。供给侧因素主要包括各种生产投入要素以及生产技术的变化，具体来讲即劳动力、资本和技术进步；需求侧因素既包括国内需求，也包括国际需求，具体来讲包括消费、投资和出口。模型通过将投资增长与需求侧变化建立直接联系，综合反映两者对中国经济的影响。模型选取城镇居民新建住房增速、城市居民人口增速、出口增速、汽车保有量增速以及人均 GDP 五个指标分别作为影响投资需求的主要因素，同时利用后发追赶国家（日本、韩国和中国）的面板数据将这些指标与相应投资的增速进行回归，寻找投资变化的定量规律。然后通过需求侧的设定来分析未来投资的变化。

该模型是在国务院发展研究中心发展部以前开发的递推动态中国 CGE 模型（DRCCGE）的基础上修改更新而成的①。模型包括 34 个生产部门，城镇、农村两组居民家庭，以及四类生产要素：资本、农业劳动力、生产性工人、专业人员。34 个生产部门中包含 1 个农业部门、24 个工业部门和 9 个服务业部门。模

① 关于模型本身更多的描述参见有关文献，李善同、翟凡（1997），“中国经济的可计算一般均衡模型”；翟凡（1997），“结构变化与污染排放——前景与政策影响分析”。

型的基年为2010年，数据主要来自基于2012年投入产出表编制的2012年中国社会核算矩阵。

对模型及相关参数的调整

第一，基础数据的调整。2016年初国家统计局发布了2012年的投入产出表。之前的经济展望采用的是依据2010年投入产出表编制的社会核算矩阵。通常经济的转型意味着内部结构的调整。对比这两年投入产出表可以发现，整体经济的中间投入率由2010年的32%提高至2012年的34%，如果分行业看，这种变化幅度更大。因此今年利用最新的投入产出表编制了2012年社会核算矩阵，对模型的基础数据进行了更新，并据此对模型进行了重新标定。

第二，对2015年数据的比较和调整。根据国家统计局出版的《中国统计年鉴2015》对2015年经济展望中的数据进行比较，并根据最新数据对模型进行调整，以使得2015年模拟结果与统计数据吻合。

第三，对与未来增长展望相关的参数进行了调整。这里的调整涉及人口和就业的数据以及投资增速、TFP增长率等。其中主要是根据住房、汽车以及出口等专题研究的预测，同时结合前面短期预测的分析，对未来十年投资的增速进行重新调整。整体来看，对于模型的调整主要集中在近一两年，这主要依据的是本研究短期分析部分对近一两年经济形势的分析和判断；而对于更长期的经济展望，模型基本维持2015年的设定。

2016～2025年的经济展望

基于前面数据和参数的调整，利用模型对2016～2025年的经济进行模拟，同时结合未来汇率和物价的相关研究，得到了未来十年主要经济指标的展望结果（详细的结果参见附表）。

“十三五”时期中国经济仍将保持中高速增长

如前文所述，“十三五”规划建议中提出到2020年GDP要比2010年翻一番。根据模拟，我们认为“十三五”时期有条件实现《建议》提出的目标。具体来讲，模拟结果显示，未来十年中国经济年均增速保持在6%左右，其中2016～2020年经济年均增速将达到6.5%。与2015年模拟的结果相比，我们稍微调低了短期的增速。

随着经济增长，人均GDP将不断提升。到2025年人均GDP将由目前的接近5万元人民币上升到10万元以上，由目前的8000美元左右上升至1.9万美

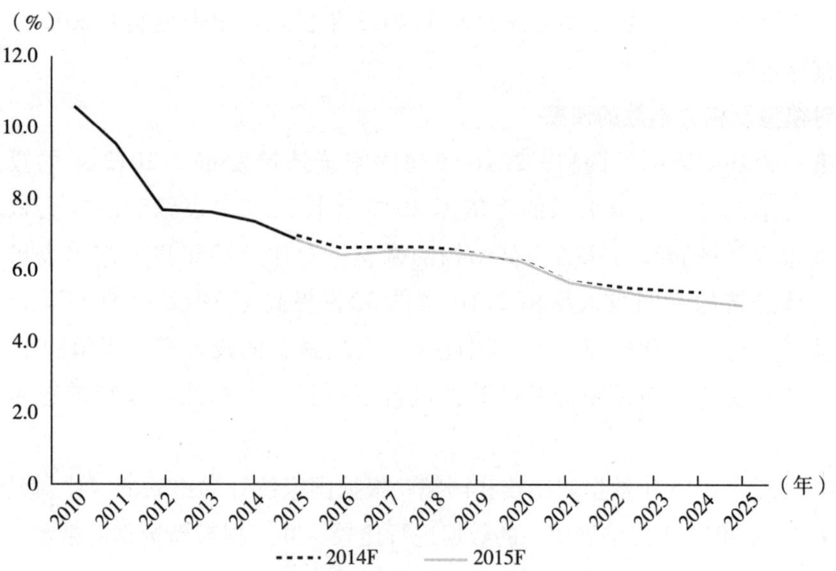

图 1.3 GDP 增长速度

资料来源：中国统计年鉴，DRCCGE 模型模拟结果

元左右①，由目前的接近 1.1 万国际元上升至 1.8 万国际元左右。从名义美元计价的人均 GDP 的比较来看，届时中国人均 GDP 将与今天的非经合组织高收入国家平均水平相当；从购买力平价的比较来看，届时中国的发展水平将与目前的西班牙、斯洛文尼亚相当。

保持经济中高速增长需要持续不断的结构转型

模拟和分析的结果显示，要实现经济中高速增长，需要持续不断地推动经济结构的转型。这种转型主要体现在以下几个方面：一是技术进步将需要发挥越来越重要的作用。尽管与过去相比未来十年 TFP 增长率将有所下滑，但 TFP 增长对经济增长的贡献将越来越高，将由过去平均 30% 左右上升至 2025 年的 40% 以上。二是消费将发挥越来越重要的作用，未来十年消费率将继续快速上升，由目前的 50% 左右上升至 2025 年的 60% 以上，相应投资率将不断下滑，到 2025 年将下滑至 30% 左右。三是服务业将发挥越来越重要的作用，未来十年服务业占比将快速提高，由目前的 50% 左右上升至 2025 年的 60% 以上，相应农业和第二产业的比重将有所下滑。

① 这里的人民币和美元都指的是现价。

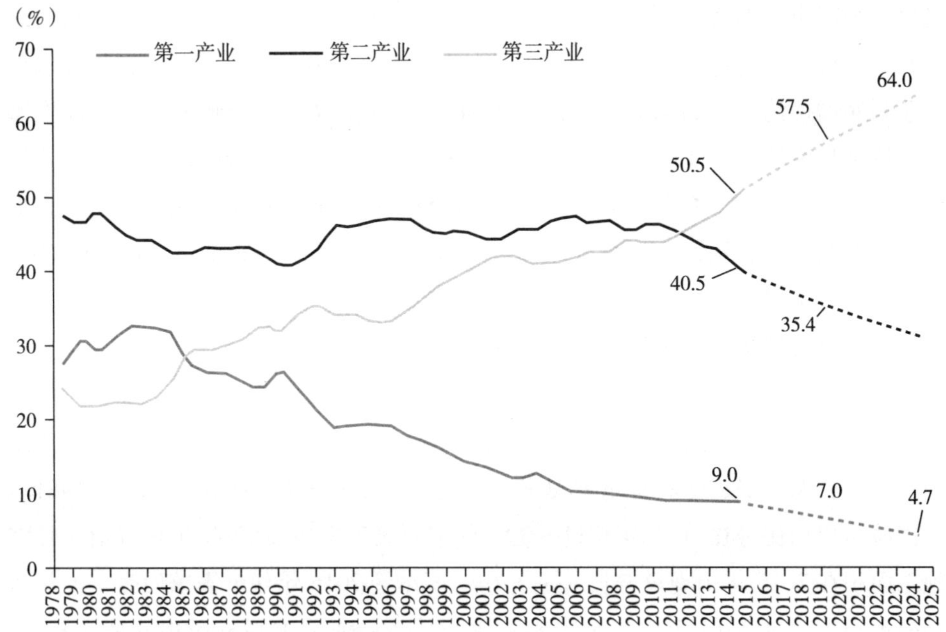

图 1.4 产业结构

资料来源：《中国统计年鉴》，DRCCGE 模型模拟结果

我国经济运行的重大转折性变化和突出问题

经济运行已出现重大转折性变化

近两年，经济运行中的转型分化特征更趋明显，结构调整步伐加快，出现了一些重大的转折性变化，对于判断经济中长期运行趋势具有重要意义，值得密切关注。

产业分化的阶段特征突显

不同产业发展分化态势明显，新旧动力转换加快，但新兴部门尚不足以对冲传统部门的下降。一是服务业第一大产业地位确立，工业和农业占比持续下降。2015 年，第三产业占比为 50.47%，而第二产业占比降至 40.53%。产业内部分化特征也很突出，二产当中重化工业部门比重降幅较大，第三产业比重上升最明显的则是金融业。二是传统和新兴产业效益分化。与消费结构升级密切相关的制造业、社会服务业和生活服务业效益都比较稳定。比如，通信设备制造业收入和利润分别累积同比增长 15% 和 24%。信息服务、金融等生产性服务业增长也比较快。2015 年，煤炭、铁矿石、油气开采、建材、钢铁、有色六大行业利润总额累积同比下降超过 40%，比 2014 年同期减少约 4000 亿元，拖累全部规模以上工业利润增速约 7 个百分点。三是同行业竞争愈发激烈，产业组织正在深度重构。特别是在传统行业中，随着我国主要工业产品需求临近或达到峰值，产能新增步伐明显放缓，行业竞争格局进入存量调整阶段，兼并重组案例层出不穷，据牛牛金融研究中心统计，2015 年上市公司公告了 1444 项并购重组事件，而 2014 年全年公告了 475 项重组事件。

一些重大转折性变化集中出现或得到确认

2015 年，城镇住宅和主要工业产品的历史需求峰值相继出现，劳动力供给高峰已过的特征，被进一步确认，这对于判断中国经济转型再平衡进程，展望中国经济中长期发展趋势具有重要意义。一是住宅行业重要指标均出现历史峰值。我国城镇户均住房在 2013 年超过一套，住宅新竣工面积 2013 年出现峰值，住宅施工面积在 2015 年出现负增长（-0.7%）。尽管 2016 年住宅需求回暖，但销售规模也很难超过 2013 年。二是主要工业产品产量或需求临近历史峰值。其中，钢铁消费 2000 年以来首次出现负增长。2015 年，水泥产量同比下降 4.9%，出现 1990 年以来的首次负增长；发电量同比下降 0.2%，为 1978 年以来增速最低的年份，1998 年为 2.8%，2009 年为 6.3%。千人汽车保有量超过 110 辆，汽车发展进入相对低增长期。三是劳动力供给峰值确认。我国 15～59 岁劳动年龄人口从 2012 年开始下降，2012～2014 年期间年均降幅超过 300 万人。而更宽口径劳动力指标 15～64 岁年龄段人口也在 2013 年达到 10.06 亿的高点，2014 年继续下降 200 万。即便综合考虑劳动参与率指标，2015 年我国劳动人口峰值也被确认。

要素空间聚集形态正在发生较大调整

伴随产业结构调整、基础设施条件改善和城市群协同程度的提升，人才、资金和技术等要素在空间上的聚集形态加速调整，中国经济版图的重塑步伐逐步加快。一是不同地区的经济增长态势出现明显分化。部分转型较早或较快的地区新兴产业不断发展壮大，对人才和资金的吸引力加强，经济增长保持较好势头，经济增长质量也相对较高。例如广东和浙江 2015 年保持 8% 左右的增长，地方公共财政收入增幅均超过 16%。转型迟滞和严重依赖资源与重化工业的地区，经济增速下滑明显，产业升级步伐缓慢，地方财政困难，隐性失业问题较为突出，例如辽宁和山西经济增速仅为 3% 左右，辽宁前 11 个月财政收入下降 33.6%，山西全年财政收入下降 9.8%。二是互联网、高铁和高速公路等基础设施的完善，加快了产业重构步伐。互联网经济的发展突破了地域限制，高速公路和高铁网络则为各地深化产业分工合作、发挥各自比较优势提供了便利。三是创新区域进一步集聚。创新要素向能够提供优质市场环境和公共服务的区域加速聚集，区域间创新能力的差异已经显著超过人均收入差距。四是城市群从孤岛型向网络型演化，进一步促进了城市内部及周边地区资源优化再配置，有利于各个城市提升专业化水平，最终实现协同发展。

去杠杆未实质启动并伴随明显的杠杆转移

2015 年，受金融深化步伐加快、经济增速进一步回落等多重因素影响，全社会债务占 GDP 比重继续上升，杠杆总水平持续增加。不过，各方面加杠杆幅度并不一致，而且杠杆转移和接力的特征较为明显。一是非金融企业部门加杠杆意愿较弱。2015 年，受制于现金流状况恶化和外部融资条件收紧，规模以上工业企业的资产负债率减至 56.2%。而国企资产负债率不降反升，主要是维系现有产能被动举债所致。二是政府和居民部门加杠杆步伐较快。2015 年，消费类贷款增幅超过 20%，超过同期企业部门贷款增速约 7 个百分点；2016 年全年家庭负债占 GDP 比重预计上升至 39% 左右，较 2015 年增加约 3 个百分点。政府部门总债务占 GDP 比重则接近 60%。在企业盈利没有实质性好转之前，杠杆从企业部门向政府和居民部门转移的趋势还将继续。三是金融体系内杠杆“接力”特征明显。在全社会投资回报率下降的背景下，2013 年以来受逐利动机驱动杠杆资金先后涌入影子银行、股市和债市。尤其是 2015 年上半年，两融等杠杆资金入市推动股价快速上涨，并形成了自我反馈放大机制，为股市后续大幅调整留下隐患。股市 7 月大幅震荡之后，避险动机驱动大量资金进入债市，并出现了所谓的“资产荒”。为了追求较高回报，不少投资机构提高了杠杆倍数，债券市场也出现了一定的泡沫迹象。

国内外经济互动反馈不断增强

过去我国是国际经济波动和政策变化的被动接受者，而现在中国经济与全球经济的关联和互动效应明显增强。作为全球第二大经济体，经济表现会通过贸易、金融、预期等渠道对国际市场产生巨大影响。比如，2015 年 6 月底和 7 月初的股市波动，以及 8 月份的汇率形成机制调整，都对全球资本市场和商品市场造成了较大冲击。当前，尽管中国经济增速放缓，但仍是全球经济增长的主要动力源，在全球经济复苏缓慢的情况下，中国已在相当程度上对全球经济发挥了“稳定锚”作用。与此同时，中国经济融入全球化的进程不断加深，维护全球经济的稳定，推动全球治理机制改革也符合中国利益。目前我国每年对外投资超过1000亿美元，海外资产存量超过6万亿美元，每年出境人数超过1亿人次。因此，我国在制定和调整宏观经济政策时，既要充分考虑和积极利用我国正在增大的外溢效应，也要有效应对可能出现的负面反馈效应。

短期我国经济运行面临的突出挑战

当前我国正处在新旧动力转换的关键时期，传统动力弱化，新的动力尚在孕育之中。由于传统部门比重较大，成长较快的新兴部门支撑力总体不足，还不能对冲经济下行的压力。产品价格持续低迷，债务真实负担加重，企业投资意愿不强，加上严重过剩产能清理还没有实质性启动，经济增速仍未阶段性触底，企业效益过快下滑、债务风险显露和隐性失业显性化等风险依然突出。

通缩风险并未解除

2015年，受国际大宗商品价格低迷、国内产能严重过剩以及去库存进程加快等多重因素的影响，全年物价涨幅持续低位运行，通缩压力仍然存在。CPI同比增幅年末有所回升，但全年平均增长1.44%，显著低于年初预期目标。截至2015年12月，PPI连续46个月负增长，主要工业品实际价格已经跌至20世纪90年代中期的水平。用GDP平减指数测度的全社会物价水平，2015年增幅也为负值。物价涨幅长期偏低，特别是PPI连续为负，最直接的影响就是抑制了企业增加库存投资和扩大产能投资的积极性。2015年，工业库存同比增长-0.1%，仅工业库存投资下降就拖累GDP增速近1个百分点。另外，劳动力等要素价格增幅持续高于工业品出厂价格，部分企业因此出现大幅亏损，投资回报率迅速下降，新增投资积极性明显不足。

企业效益大幅下滑影响财政稳健

2015年以来，企业效益下滑幅度进一步扩大，财政收支稳步增长的难度增加。2015年，规模以上工业企业营业收入同比增长仅0.8%，而同期利润同比下降2.3%。其中，六大高耗能行业利润累计同比增速降幅超过了40%。由于企业效益下滑，财政增收面临较大挑战。2015年全国公共财政收入同比增加8.4%，增幅较去年下降0.2个百分点，大多数省份财政收入增速均低于2014年。政府性基金收入降幅更为突出，2015年地方土地出让收入同比下降21.4%。与此同时，全国公共财政支出同比增长15.8%，较2014年上升7.6个百分点，刚性特征明显，维持财政稳健性的难度也因此增加。另外，尽管目前居民收入增长相对稳定，但随着企业效益下滑，企业开工不足，加上财政支出规模受限，居民收入增长的可持续性将面临考验。

过剩产能出清步伐迟缓拖累结构调整

严重过剩产能清理进程缓慢，不但拖累了企业部门的盈利增长，而且还需要不断增加新的信贷和财政资源来维系亏损企业的日常经营，进一步增加了财政和金融风险。目前制约产能出清的因素有多个方面。一是地方政府出于保 GDP、保税收和保就业的考虑，存在侥幸心理，都希望别的地方先清理过剩产能。二是银行不愿意不良贷款过快暴露。当前，国有银行激励约束机制不健全，迫于责任追究和控制不良率的压力，不希望企业破产导致隐性坏账显性化。三是破产诉讼的受理和审理进程缓慢。受制司法诉讼费偏低、破产管理人不愿意配合、担心国有资产流失等因素，通过司法渠道解决过剩产能需要较长时间。四是员工安置问题不能妥善解决。部分需要破产清理的企业承担了一些医疗、养老等社会职能，地方政府不愿意接这个包袱。在资金筹集困难的前提下，也只有少数地方尝试将部分国有企业资产划拨社保。五是部分产能过剩清理过程涉及土地、工商、税务等方面的问题，牵扯到多方利益的博弈。

隐性失业已经出现显性化苗头

2015 年，就业形势总体平稳，劳动力市场供求比、城镇登记失业和调查失业率变化都比较稳定，全年城镇新增就业 1312 万。但随着经济增速放缓和结构调整深化，部分隐性失业已经出现显性化苗头，就业形势不容乐观。一是上游原材料行业盈利大幅下滑导致待岗或者裁员。在重化工业部门和资源型产业集中的地区，一些重点企业经营十分困难，部分甚至依靠贷款维系日常营运，员工轮岗、待岗和工资被拖欠的现象非常突出。2016 年若加快过剩产能清理步伐，就业问题将进一步凸显。二是加工贸易对就业吸纳能力显著下降。随着我国各种要素成本的上升，以及人民币汇率相对强势，部分加工贸易环节或者订单加快向海外转移。三是房地产和基础设施投资增速放缓，导致就业岗位可能减少，从而对农民工群体造成较大冲击。根据国务院发展研究中心对 2500 多位企业家的调查，2016 年企业用工更趋谨慎，预计用工人数减少的企业家占 27.8%，较“增加”的比例高出 6 个百分点。另外，大数据监测的结果也显示，2015 年以来我国 7 万多栋写字楼、13 万多个商场以及部分工业园区的就业数量，与 2014 年同期相比，都有不同程度的下降。

债务违约风险陆续暴露影响金融稳定

2015 年，伴随经济增速回落和结构性调整的深化，债务违约事件增多，银行贷款不良比例显著增加。2015 年，保定天威集团未能兑付到期利息，成为国企债券违约第一例，也是首单违约的银行间市场债券。中钢股份公告称将延期支付“10 中钢债”本期利息，构成事实上的“违约”。泛亚交易所“日金宝”的兑付危机逐步显现。“e 租宝”在开展互联网金融业务中涉嫌违法经营活动被查。当前，企业债务占 GDP 比重已经超过 120%，这很大程度与 2008 年危机以后的产能扩张相关。2013 年，企业资金链条紧绷导致的债务违约压力已有所显现，但由于有刚性兑付和隐性担保，债务化解并没有取得实质性进展。如果再不采取及时有力的措施，钢铁、煤炭、房地产等产能严重过剩或者库存高企的行业有可能成为重灾区，银行不良率也将随之快速上升。银行资本被侵蚀，放贷更加谨慎，再叠加上企业资产负债和现金流状况恶化，可能诱发内生性紧缩，进一步加大经济下行压力。

短期资本流动加快增大宏观管理难度

2015 年，受美联储加息、国内货币政策宽松预期升温的影响，人民币短期内存在一定的贬值压力，资本账户逆差规模不断扩大，外汇储备规模持续减少，短期资本加速流出。2015 年我国结售汇逆差累计 4600 多亿美元，外汇储备余额减少 5126 亿美元。尽管我国资产负债表的货币错配和期限错配现象并不突出，但在人民币汇率形成机制不够灵活和货币政策独立性不够的情况下，资本短期内过快流出，增加了国内流动性管理和保持中性金融条件的难度，同时也可能影响国内外投资者信心，加大国内资本市场和房地产市场大幅调整的风险。

总体上看，中国经济发展进入新常态，经济结构调整步伐不断加快，一些潜在风险和结构性矛盾有所显露，经济下行压力比较明显。2015 年中央加大了稳增长力度，经济运行基本平稳，全年经济增长 6.9%，预期目标如期完成。不过，由于中高速增长中枢并未确定，核心经济变量之间尚未建立新的平衡，增速下行态势仍在延续。

2016 年的经济走势分析和总体判断

展望 2016 年，全球经济将在深度调整中缓慢复苏，但主要发达国家复苏步伐不一，宏观政策出现明显分化。美国货币政策收紧进程启动，而欧元区和日本继续实施量化宽松，全球资本配置可能出现较大调整，新兴经济体结构性矛盾进一步暴露，有可能引发新一轮动荡。我国经济结构调整将出现更多积极变化，过剩产能清理力度加大，固定资产投资增速可能触底，消费增长平稳，出口增长有所改善，经济增速有望在中高速平台上阶段性企稳。

全球经济在深度调整中缓慢复苏

全球经济增长乏力。2016 年，全球经济预计仍将维持“低增长、低通胀和低利率”的平庸态势。美国受劳动力市场状况持续改善、私人部门资产负债表温和扩张、消费信心持续改善以及房地产市场状况好转等因素支撑，经济继续温和复苏。日本经济增长相对平稳，私人消费和投资可能继续小幅改善。欧元区通缩压力缓解，但银行不良贷款规模巨大，限制了银行信贷的扩张，投资和消费改善有限，经济复苏很大程度上仍将取决于量化宽松力度。新兴市场内部明显分化，整体增长不容乐观。受强势美元和中国需求放缓等外部因素影响，依赖大宗商品出口的拉美、中东、非洲等部分国家自身结构性缺陷显露，增长可能继续陷入停滞。

主要经济体宏观政策取向分化。美联储启动加息的冲击和国际资本再配置带来的不确定性较大。欧元区通缩压力虽有短暂缓解，但复苏步伐并不稳固，欧央行 2016 年将继续实施量化宽松，甚至有可能进一步加大负利率政策力度。日本央行可能继续观望。全球主要经济体货币政策取向分化，由此带来的全球金融资产价格重估和投资配置调整的影响不可忽视。一方面，发达国家经济增长总体低迷，企业投资实体经济意愿不强，长期实施低利率政策助长了金融资产和不动产价格上涨，不排除货币政策正常化启动之后，会有较大波动。另一方面，随着大量资本从新兴经济体流出，货币显著贬值，债务高企、资产负债表期限和货币错配的风险会进一步显露，新兴经济体的宏观管理面临较大挑战。近年来我国在海外投资步伐不断加快，海外资产规模已经突破 6 万亿美元，需要密切关注国际市场动荡以及由此引发的连锁效应。

大宗商品价格继续低迷。目前石油、铜等重要大宗商品的实际价格已接近 20 世纪 60 年代中期以来的平均水平，下调空间进一步收窄。但另一方面，从 2012 年开始，美元再次进入新一轮升值通道。在全球产能过剩和能源科技创新加快的背景下，坚挺的美元将继续对大宗商品价格上涨起到抑制作用。而且，中国对大宗商品的需求已经达到高峰，而印度、非洲等十亿人级的经济体尚未进入重化工业快速发展阶段，对大宗商品需求边际上的贡献并不显著。因此，大宗商品价格持续低迷的可能性较大，低通胀仍是 2016 年的全球性挑战。国际大宗商品价格下降与国内产能过剩相叠加，会持续打压我国工业PPI，影响企业利润回升。

国际分工加快调整。一是全球投资和贸易规则正发生深刻变化。在WTO（世界贸易组织）框架下多边谈判停滞不前的同时，全球贸易区域自由化趋势加速推进。其中，TPP（跨太平洋伙伴关系协定）完成谈判，一些多边、双边自由贸易协定也陆续签署。短期看，由规则重塑带来的贸易促进和贸易转移，对我国贸易和经济增长的总体影响尚不明显。但如果不尽快提高开放水平和完善市场经济制度，我国外贸增长的长期潜力将被压缩。二是全球主要经济体相对竞争力发生显著变化。随着劳动力等要素成本的变化，以及能源、机器人、3D打印等技术不断取得突破，制造业网络布局正在进行深度调整。2015年，我国劳动密集型生产环节加快向劳动力成本更低的国家转移，加工贸易的订单不断流失，我国的低端产品在全球贸易当中的份额可能缩减，但另一方面，跨国公司加快了在中国的创新和研发布局，研发领域的外商直接投资同比增速达到50%左右。这一趋势在2016年还将延续。三是互联网和更加便捷的物流方式，也正在改变传统生产和贸易模式。围绕重要物流节点组织生产或服务的新业态、新模式不断涌现，要素在空间上的聚集形态不断被重塑，沿海地区的贸易份额依然占有较大比重，但中西部一些城市在国际贸易中的重要性也将进一步凸显。

2016年国内经济有望阶段性触底

投资有望探底后企稳。2016年固定资产投资增速将继续回落，预计下降到7%左右，2017年后逐步企稳。一是房地产投资增速触底小幅反弹。根据住宅开发节奏和库存情况，结合国际住宅市场的发展规律，2015年住宅施工面积接近零增长。住宅投资占全部房地产投资比重接近70%，商业类地产投资增速走势大体上也与住宅趋同。受政策调整推动和销售反弹带动，预计2016年房地产开发投资增速在2015年1%左右的基础上，有所反弹，全年增长4%左右。二是制造业投资增速降至个位数后将逐步企稳。随着部分重化工业产品产能达到峰值，产能过剩将显著抑制投资增长，预计2016年制造业投资增速进一步降至6%左右。与此同时，产业结构调整升级将推动设备更新改造，房地产、出口等下游需求企稳对制造业投资有拉动作用，2017年后制造业投资有望逐步企稳。三是基础设施投资继续回落。受投资回报率和地方融资能力制约，基础设施投资难以维持高增长态势。近年来，基础设施投资总体高于财政收入增速约10个百分点。

预计2016年基础设施投资增速仍将高于公共财政增速，但二者增速差距会进一步缩小，2016年基础设施投资增速降至16%左右。另外，其他类投资仍有较大增长空间。从历史经验看，其他类投资特别是生产性服务业投资，其走势与制造业投资总体一致，预计2016年增长9.0%左右。

消费增长基本稳定。国内外经验都表明，消费总体增速基本与国民收入增长同步，而且较后者更为平滑。从消费动力看，目前制约我国消费增长的主要是消费供给的质量和诚信问题，如果消费环境得以改善，消费仍有较大增长空间。从消费结构来看，传统日用品消费增长基本稳定。由于近期房地产市场销售有所回暖，家电、建筑装潢等耐用消费品增长逐步回稳。减免购置税等措施也将对汽车消费起到一定提振作用，2016年汽车销售增长预计较2015年有小幅回升。与此同时，新技术、新产品、新业态催生新的消费热点，移动通信、新能源汽车、智能家电、节能环保、医疗健康等市场潜力将逐步释放。新型城镇化将为消费增长提供新空间，不同收入阶层和年龄结构的梯度消费保证了居民消费的连续性和成长性。综合判断，消费增速将小幅放缓，2016年社会消费品零售总额增长可能为10%左右。

出口增速难有起色。自2012年以来，全球贸易增速持续低于全球GDP增速。全球产能过剩，资本品贸易大幅收缩，以及全球价值链分工调整和转移，对全球贸易尤其是与制造业相关的贸易造成了持续冲击。虽然我国在全球货物贸易中的份额相对稳定，但受全球贸易收缩影响，出口增速也持续下降。2015年进出口总额的预期增长目标为6%，但实际下降7%。2016年全球经济增长与过去30年的平均增速大体持平，全球贸易增速继续低迷。由于我国贸易的相对竞争力短期可能难有很大变化，部分产业或者制造环节向外转移的步伐还会继续，以及TPP达成协议的潜在负面影响，预计2016年我国出口增速预计在零附近。

总体判断与政策思路

伴随我国经济结构深度调整，一些重大的阶段性变化将集中显现。总体上看，出口在激烈调整后趋于平稳，2016年会略有好转，未来几年维持低速增长。消费增长总体平稳，受GDP增速持续回落和收入增速放缓影响，后续将小幅回落，但消费升级步伐不会停滞。因此，判断这轮经济下行周期阶段性底部的关键在投资。2016 年投资增速将继续放缓至7%左右，但有望进入阶段性底部，随后几年基本企稳。在经济探底过程中，如果能避免系统性风险，乐观估计本轮经济回调的阶段性底部有望在2016 年出现，全年增长6. 5%左右，2017 年、2018 年经济增速会逐步企稳，但基本不可能出现短周期V 型反弹，经济运行总体上呈现L 型增长态势（主要预测指标见表1. 1）。

表1. 1　2016 年短期关键宏观指标展望

主要指标	单位	2010	2011	2012	2013	2014	2015	2016
GDP	%	10. 4	9. 3	7. 7	7. 7	7. 3	6. 9	6. 5
CPI	%	3. 3	5. 4	2. 6	2. 6	2. 0	1. 4	1. 8
固定资产投资	%	24. 5	23. 8	20. 6	19. 6	15. 7	10. 0	8. 5
财政赤字率	%	1. 7	1. 1	1. 7	1. 9	2. 1	2. 4	3. 0
M2	%	19. 72	13. 6	13. 8	13. 6	12. 2	13. 3	13. 5
新增城市就业岗位	万人	1168	1221	1266	1310	1300	1312	1200

2016 年可能是1991 年以来我国经济增速最低的一年，经济运行中的困难和挑战进一步增加。当前，我国经济的主要矛盾是供给与需求不匹配、不协调和不平衡，而矛盾的主要方面在供给侧，主要表现为供给不能适应需求的重大变化而做出及时调整。我国经济增速持续放缓，是结构调整主导与周期因素叠加的综合反映，与一般的商业周期波动明显不同。2012 年以来经济下行中的几次小幅回升波动表明，加大需求刺激力度只能让经济增速短暂企稳，并不能改变经济潜在增速下行的趋势。要适应从数量型追赶逐步向质量型追赶，从过去铺摊子、上规模转向提质量、上台阶，宏观调控必须重视需求政策与供给政策的有效结合，在保持总需求基本稳定的同时，着力推进供给侧结构性改革，加快建立有利于出清过剩产能和激发企业家精神的体制机制，加大资产重组力度，促进要素自由流动，实现资源优化再配置，提高企业生产效率和核心竞争力，增强经济内在活力，推动中国经济在更高阶段和更高水平上建立新的平衡。

附表 中国未来十年经济增长与结构展望（2016～2025 年）

	2014	2015	2016	2017	2018	2019	2020	2021	2022	2023	2024	2025
人口（百万）	1368	1375	1378	1384	1389	1394	1399	1402	1406	1408	1410	1412
GDP												
现价人民币（亿元）	635910	676708	720666	789707	865441	947841	1036198	1127011	1222908	1325149	1433984	1549637
现价美元（亿美元）	103548	108649	110872	123392	137372	150451	167129	184756	203818	220858	243048	267179
GDP 增长率（%）	7.3	6.9	6.5	6.6	6.6	6.5	6.3	5.8	5.5	5.4	5.2	5.1
就业增长率（%）	0.4	0.3	-0.2	-0.2	-0.2	-0.2	-0.1	-0.1	-0.2	-0.2	-0.3	-0.3
劳动生产率增长率（%）	6.9	6.6	6.7	6.7	6.8	6.7	6.4	5.9	5.7	5.6	5.5	5.4
人均 GDP												
2010 年美元	6035	6421	6821	7239	7687	8159	8647	9120	9600	10095	10606	11133
1990G-K 国际元	10420	11014	11628	12266	12944	13655	14386	15090	15800	16531	17282	18053
现价美元	7590	7924	8055	8935	9908	10811	11969	13192	14516	15696	17244	18934
现价人民币	46612	49351	52360	57185	62420	68111	74211	80473	87093	94174	101741	109815
经济结构（期末）												
GDP 支出结构												
投资率（%）	45.9	44.9	43.4	41.7	40.5	39.2	38.0	36.4	34.9	33.6	32.4	31.2
消费率（%）	51.4	52.0	54.1	55.7	57.0	58.3	59.5	61.1	62.6	63.9	65.1	66.2
产业结构												
第一产业（%）	9.2	9.0	8.7	8.3	7.9	7.5	7.0	6.6	6.1	5.6	5.1	4.7

续表

	2014	2015	2016	2017	2018	2019	2020	2021	2022	2023	2024	2025
第二产业（%）	42.7	40.5	39.2	38.1	37.2	36.3	35.4	34.5	33.6	32.8	32.0	31.3
服务业（%）	48.1	50.5	52.1	53.6	54.9	56.2	57.5	58.9	60.3	61.6	62.8	64.0
就业结构												
农业（%）	29.5	27.8	26.5	25.3	24.0	22.7	21.3	20.3	19.1	18.0	16.9	15.8
第二产业（%）	29.9	30.0	29.6	29.4	29.1	29.0	28.8	28.5	28.2	27.9	27.7	27.5
服务业（%）	40.6	42.2	43.8	45.4	46.9	48.4	49.9	51.3	52.7	54.0	55.4	56.7

需　求

第二章　城镇住宅

峰值过后的分化和重塑

许　伟

要点透视

➢ 2015年，住宅行业多项指标出现转折性变化。尽管后续销售可能会因为宽松金融条件短暂冲高，但城镇住宅的历史需求峰值基本得以确认。未来十年，房地产投资规模将总体呈现缓中趋降的态势，房地产投资年均实际增长可能为负。

➢ 2016年，在落实去库存任务的背景下，住房金融条件相对宽松，住房需求继续好转，全年销售面积增速预计超过10%，而全年住宅投资增长约5%，总体库存水平（相对于销售）继续下降。与此同时，房地产市场区域分化更加明显，一线城市和部分二线城市库存去化速度较快，房价涨幅比较明显，而在其他城市，库存去化速度缓慢，库存仍然保持较高水平。

➢ “十三五”期间，在供求总体格局发生较大变化的情况下，住宅需求更加注重居住质量，房地产开发更加注重服务，住宅保障体系更加注重制度完善，房地产调控更加注重市场化手段。

2015 年住宅市场转折和分化特征更加凸显

住宅行业多项指标出现转折性变化

城镇住宅新开工面积负增长态势已经持续了四年，2015 年新开工 10.7 亿平方米，较上年下降 14.6%。住宅新开工高点出现在 2011 年，为 14.6 亿平方米。施工和竣工面积同时在 2015 年出现拐点，分别比上年下降 0.7% 和 8.8%。2014 年，上述两个指标分别为 51.5 亿平方米和 8.1 亿平方米。受住宅购买限制部分放开、住宅金融条件更为宽松等因素的影响，住宅销售有所回暖，2015 年商品房销售面积回升至 11.2 亿平方米，较 2014 年增加 6.9%，但仍然比 2013 年低 3000 万平方米。伴随多项建设指标出现转折性的变化，住宅投资增速也回落至零附近。2015 年，住宅投资规模达到 6.46 万亿元，较上年增长 0.4%，如果逐

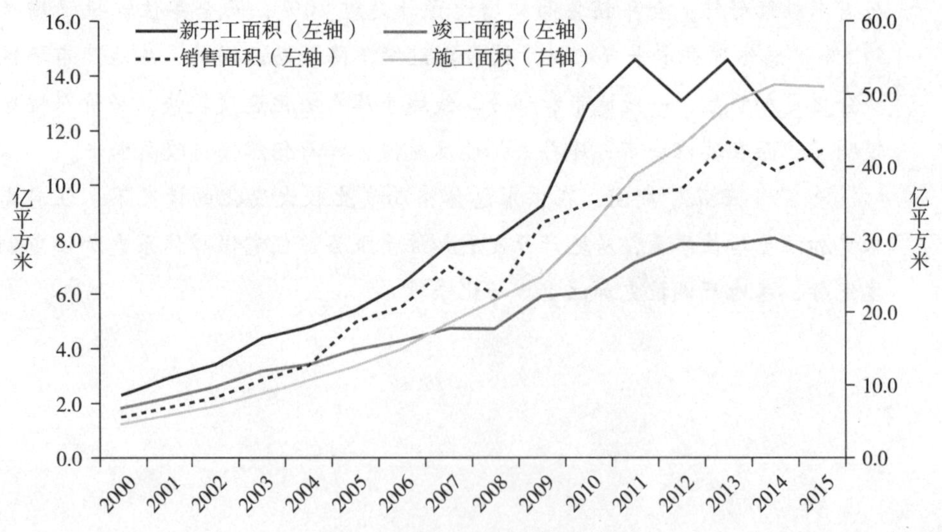

图 2.1 住宅建设和销售的转折性变化

资料来源：Wind 资讯

月来看，住宅投资从 8 月份开始就出现连续负增长。

住宅需求区域差异更为明显

我国经济发展进入新常态背景下，区域经济增长状况出现明显差异，与此相伴随的购买力分化和人口迁徙，对住宅需求产生了显著影响。过去三年，重化工业比重较大和资源依赖型省份的经济增速回落幅度较大，住宅销售和投资增速也明显低于全国平均水平。其中，住宅销售下滑幅度最大的四个省份是辽宁、黑龙江、吉林和内蒙古，销售年均增速分别为 -19.2%、-11.8%、6.7% 和 -0.1%。上述四个省份，不仅经济增速全国排名倒数，而且也是常住人口增速最慢的省份，其中黑龙江人口甚至出现负增长。而与此形成鲜明对比的是，上海、广东、天津、湖南、湖北、河南以及北京的住宅销售增速较快。这些地区或是经济转型较为成功，经济增速相对较快，或是人口大省，城镇化过程中本地户籍人口对住宅的需求增长较快。

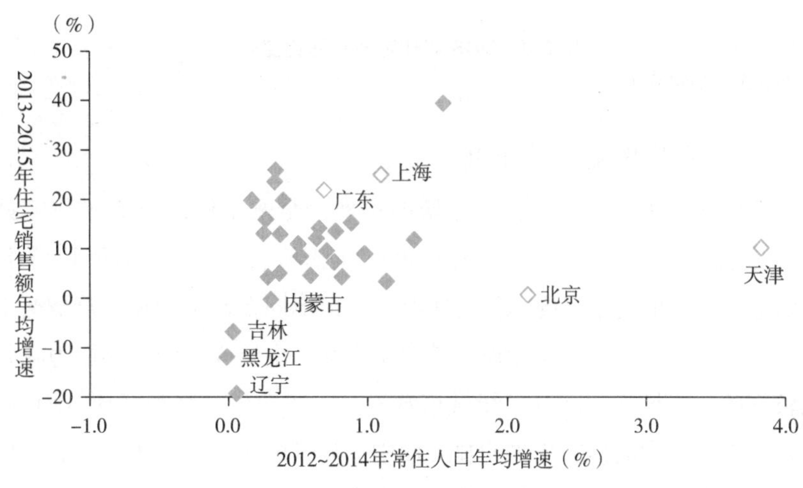

图 2.2　人口和住宅销售增速

资料来源：Wind 资讯

库存去化速度不一

2015 年，住宅销售形势总体好转，加上新开工面积继续回落，住宅库存增长步伐明显放缓。全年商品住宅可售面积同比增长 11.2%，同比增速较 2014 年下降 14.4%。不同城市库存去化的速度差异较大。其中，部分重点城市库存去化速度较快，北上广深四个一线城市待售面积分别下降 2.3%、4.0%、

8.0%和17.8%，库存销售比明显低于2014年。全国其他地方的库存增速虽低于去年同期，但仍然在保持较快增长，同比增长接近14%，高库存压力仍然比较突出。

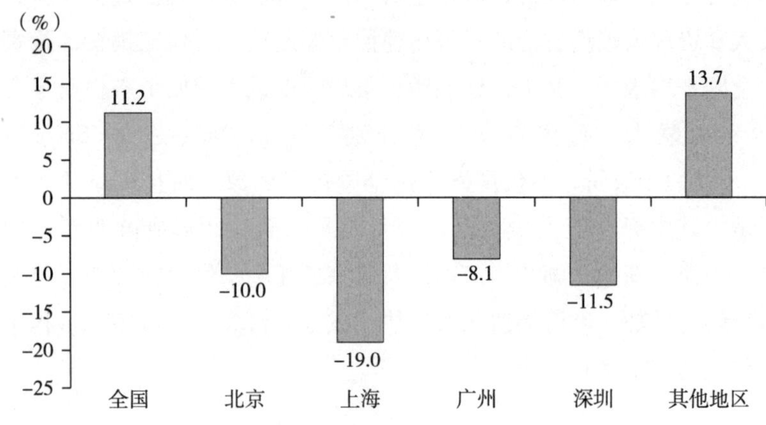

图2.3　2015年住宅库存同比变化

资料来源：Wind资讯

房地产行业集中度继续上升

受益于房地产销售松绑和更为宽松的房地产金融条件，2015年住宅销售额累计同比增长16.6%，其中销售面积累计同比增长6.9%，销售均价上升约10%，房地产企业的资金状况总体有所改善。但不同企业拿地和经营情况出现明显分化。其中，大型房地产企业由于综合实力强，融资成本低，有能力在目前市场状况较好的一线城市和部分二线城市拿地，同时凭借品牌和营销方面的实力，在抢占存量市场方面的优势更加明显。而中小规模的房企，由于资金、品牌、拿地、营销等综合实力与龙头标杆房企之间存在较大差距，加上经营范围区域局限明显，盈利状况改善较为有限。在房地产市场规模总体增长步伐放缓的背景下，房地产行业的并购活动持续活跃，进一步推升房地产行业的集中度。2015年房地产行业的并购案例接近300起，较2014年增加近30起，并购金额也接近2500亿元人民币。据初步统计，2015年销量前10的企业已经占到总销量的16.87%，与2011年相比提升了3.15个百分点①。

① CRIC，2015年中国房地产企业销售TOP 100，http：//www.cricchina.com/Research/Details/5801。

宽松金融条件推升供需，但难改长期缓慢回落态势

2015 年城镇居民户均约拥有一套住宅

2015 年，我国城镇化率接近 56%，城镇常住人口约 7.7 亿人。按照户均 2.85 人简单折算，大体上有 2.7 亿个家庭（暂时不区分家庭户和集体户）。2015 年，我国城镇住宅总面积大约为 225 亿平方米，人均拥有住宅建筑面积 28.7 平方米；套均面积约 86 平方米，住宅总量超过 2.6 亿套①。因此，按照常住人口口径推算，每一户城镇家庭拥有的住宅数量接近一套②。

另据第六次人口普查的结果，2010 年我国城镇家庭数量为 2.21 亿，其中家庭户 2.07 亿，集体户 1400 万，占比分别为 93.7% 和 6.3%。按此比例推断，截至 2015 年我国城镇家庭户数量为 2.5 亿。按家庭户口径推算，每一户城镇家庭拥有住宅数量超过一套。

未来十年实际投资增速平均可能为负

结合联合国人口署等机构对我国人口的预测，到 2024 年我国人口总数为 14.2 亿。未来十年间，我国城镇常住人口年均增幅约为 1700 万人，到 2025 年，城镇常住人口约 9.4 亿，城镇化率约为 66%。城镇家庭规模进一步缩小。按照每户家庭 2.75 人折算，到 2025 年大约有 3.4 亿个城镇家庭。按照每户 1.05 套和套均面积 92 平方米推算，大致需要住宅 3.5 亿套，折算面积为 320 亿平方米。届时，人均住宅建筑面积超过 34 平方米。

按此需求推算，未来十年间住宅净增数量不足 1 亿套。再考虑到折旧拆迁、城镇规划扩围带来的住宅增加等因素，预计需要建设近 1.15 亿套住宅。目前，城镇住宅施工面积大约为 52 亿平方米，按照套均 105 平方米计算，再扣除掉不可销售的比例（大致为 6%），在建住宅数量超过 4500 万套。按此推算，未来十年每年住宅新开工水平不足 1000 万套。

从趋势上看，新开工面积的转折点出现在 2011 年，为 14.6 亿平方米，之后一直保持下行态势。2015 年，新开工面积 13 亿平方米，较 2014 年下降 12%，

---

① 本文计算的住宅建筑面积小于统计局发布的数据，对此原因的解释请参考许伟（2013）。

② 对 2015 年住宅存量的测算，本文采取了比较保守的方法，并没有考虑在农村集体土地上建设的小产权房。按照甘犁（2014）的抽样调查数据，目前城镇地区居民购买的住宅当中有近 8% 是小产权房。

低于过去三年的水平。与此同时，近三年施工和竣工面积年均增速降至10%和5%，仅相当于2004～2011年年均增速的一半。其中，2015年施工面积和竣工面积均出现负增长，其中竣工面积跌至7.4亿平方米，低于2012年的水平。根据住宅建设的规律以及国际经验，考虑住宅拆迁、城镇扩围、家庭规模变化、合理的库存和在建水平，住宅实际投资（扣除价格因素）将在“十三五”期间出现转折性变化。未来十年，住宅投资的实际增速平均看有可能为负。

宽松住房金融条件短暂推高住宅需求和投资

上述中长期估计，结合典型国家住宅需求变化规律，考虑了收入水平、城镇化水平、人口学特征等因素，也纳入了城镇化扩围、家庭规模、房屋拆迁和折旧、保障房建设等变量，并没有单独考察金融条件等周期性因素的影响。从短期来看，金融条件变化对住宅需求扰动较为明显，这一点也与不同国家的房地产市场变动经验类似。尽管短期的扰动难以改变住宅需求的长期趋势，但识别房地产投资增速是否回落到一个相对低的均衡水平，对于判断中国经济增速能否进入可持续的中高速增长平台非常重要，因此，有必要在中长期判断的基础上，仔细考察金融条件对住房需求的扰动。

为了更好地刻画房地产金融条件变化对居民住房需求的影响，本文综合考虑了首付、利率、税负、可支配收入、房价水平等因素，基于消费平滑原理构建了一个反映住宅购买能力的指数（林浩锋和许伟，2015）。该指数均值为100，对应的是房地产销售增长基本平稳的状态，值越大表示购房条件越宽松，购房能力越强，反之则表示购房条件趋紧，购房能力更弱。

根据2004年以来的历史数据观察，本文构造的购房能力指数能够较好地预判住宅销售变化（图2.4）。本轮购房能力指数改善始于2014年第三季度，但幅度并不显著。进入2015年，由于首付比例下调和连续降息，购房能力改善幅度非常明显。到2015年11月，购房能力相对于上一年同期提高了大约60%。相应的，住房销售增速也持续回暖。之后，由于房价上涨、家庭可支配收入增幅下降以及部分重点城市采取了一些限制措施，购房能力指数有所回落，但整体看幅度并不明显。根据购房能力指数和住房销售的关联性初步推断，后续销售增速可能冲高回落。不过，在继续落实去库存任务的背景下，住房金融条件和限购政策收紧的幅度可能弱于以往，销售和投资增幅预计好于2015年，其中2016年全年销售面积同比增幅预计达到10%左右，住宅投资可能增长5%左右，总体库存水平（相对于销售）继续下降。

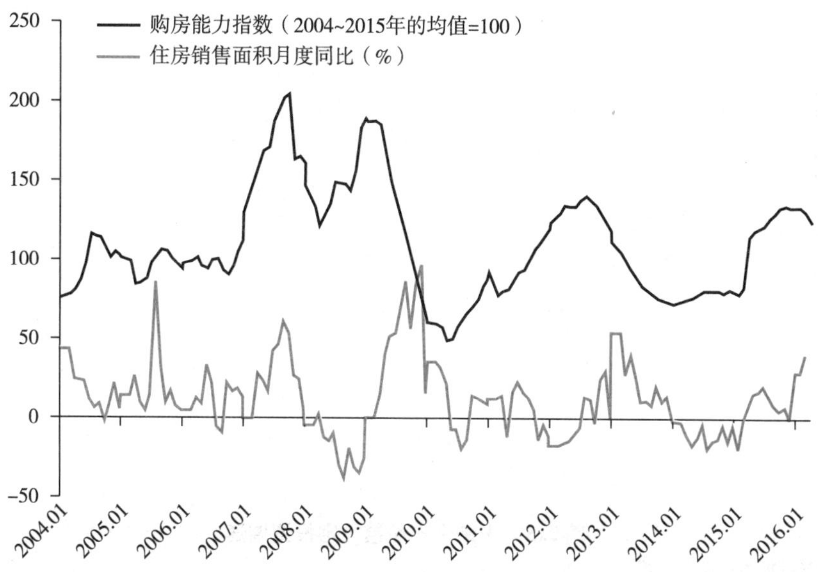

图 2.4　住房购买力指数和住房销售变化

资料来源：作者计算

表 2.2　未来十年城镇住宅需求和投资预测

年份	城镇人均住宅建筑面积（平方米）	城镇常住人口（亿人）	城镇住宅存量（亿平方米）	每年竣工量（亿平方米）	住宅投资实际增速（%）
2016	29.9	7.9	235.3	12.5	5.2
2017	30.4	8.1	245.6	12.2	0.4
2018	30.9	8.3	255.7	12.3	0.1
2019	31.4	8.5	265.7	12.3	−0.3
2020	31.9	8.6	275.6	12.3	−0.5
2021	32.4	8.8	285.2	12.2	−0.5
2022	32.9	9.0	294.4	12.0	−0.5
2023	33.3	9.1	303.5	12.0	−0.5
2024	33.7	9.3	312.1	11.8	−0.5
2025	34.1	9.4	320.5	11.7	−0.5

资料来源：Wind 资讯、《中国统计年鉴 2015》、联合国人口署、作者计算

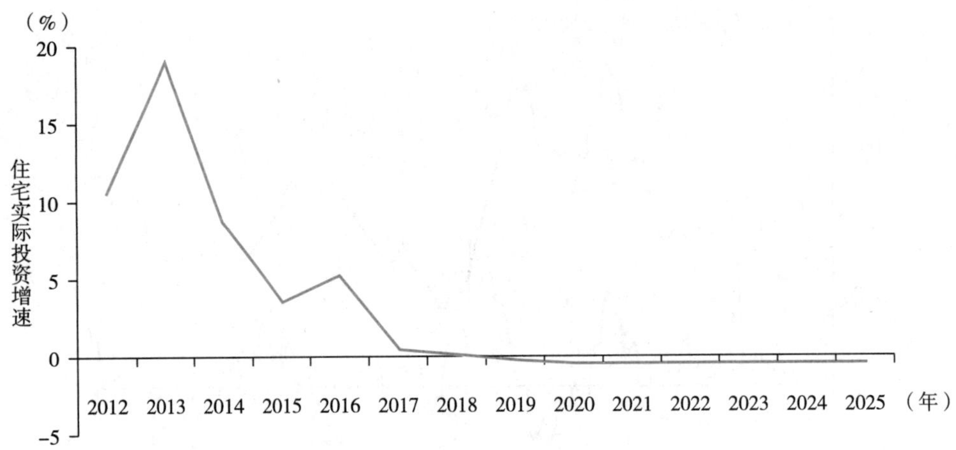

图 2.5　未来十年城镇住宅投资增速

资料来源：作者计算

“十三五”期间住宅行业发展趋势和相关建议

“十二五”之前，我国住宅市场总体上呈现供不应求的态势，“十二五”期间则逐步从供不应求转换为供求总体平衡，其中局部地方供大于求的情况比较显著。“十三五”期间，除了一线城市和少部分二线重点城市以外，大部分地区住宅供给紧张矛盾可能进一步缓解。随着住宅供求总体格局的转变，“十三五”期间住宅行业的发展预计将呈现以下五个趋势。

“十三五”期间住宅行业发展趋势

一是不同区域住宅需求更加分化。由于经济发展情况存在差异和相应的人口迁徙流动，各地住宅行业增长空间不尽相同。一线城市、部分二线重点城市和一些经济增长较快的新兴城市，由于就业机会较多，人口持续涌入，住宅供求可能依旧处于紧平衡状态，房价上涨的压力仍然比较明显。但对于三四线城市和县城而言，通过加大去库存力度，总体供求形势有所好转，但部分区域可能由于人口净迁出（表 2.3），住宅供给过剩的问题可能在较长时期内都比较突出，房地产投资将持续低迷。住宅需求区域分化凸显的背后，对应着各地土地出让收入的差异，部分地方土地财政模式将难以持续。

表 2.3　县级市城镇常住人口变化

省份	县级市个数	2010～2012 年		2005～2010 年		两个时期占比变化（百分点）
		人口正增长的城镇数量（个）	正增长数量占比（%）	人口正增长的城镇数量（个）	正增长数量占比（%）	
河北	136	86	63	121	89	－26
山西	96	56	58	62	65	－6
内蒙古	80	39	49	59	74	－25
辽宁	44	13	30	26	59	－30
吉林	40	7	18	21	53	－35
黑龙江	64	17	27	40	63	－36
江苏	48	43	90	34	71	19
浙江	55	22	40	41	75	－35
安徽	62	36	58	39	63	－5
福建	58	28	48	36	62	－14
江西	81	53	65	58	72	－6
山东	91	43	47	69	76	－29
河南	108	84	78	99	92	－14
湖北	61	22	36	43	70	－34
湖南	87	51	59	63	72	－14
广东	66	37	56	54	82	－26
广西	75	52	69	68	91	－21
海南	16	7	44	12	75	－31
四川	136	88	65	97	71	－7
贵州	74	48	65	38	51	14
云南	114	64	56	55	48	8
陕西	81	61	75	75	93	－17
甘肃	69	37	54	57	83	－29
青海	38	24	63	24	63	0
宁夏	13	6	46	10	77	－31
新疆	83	44	53	59	71	－18
全国	**1876**	**1068**	**57**	**1360**	**72**	**－16**

资料来源：作者根据 Wind 资讯数据整理

二是住宅需求更加注重居住质量。根据国务院发展研究中心对8省市12714户家庭住宅的调查，外地户籍家庭的住房质量相对较低，不满意程度较高。从住房面积看，外地户籍家庭住房建筑面积低于本地户籍家庭，其中外省农业户籍家庭住房建筑面积不足本地农业户籍家庭的30%。从住房成套情况看，外省农业户籍家庭住房成套率仅54.7%，较本地农业户籍家庭低12.4个百分点，外地农业和非农户籍家庭对居住质量的不满意程度都在30%以上。另外，目前旧城区和工矿、林区和垦区等特殊区域的住宅建筑面积小，成套率低，相关配套设施不完善，改造需求较大。“十三五”期间，住房政策需要有更强的针对性，着力提高新增城镇常住人口的居住质量。

三是房地产业将从重开发向重服务转变。随着住宅建设高峰的过去，围绕居住消费将衍生很多的服务性需求，比如建筑装潢、金融服务、养老、教育和社区公共服务等。根据国际经验，当城镇常住人口户均拥有住宅接近一套以后，改善型需求比重有可能超过首次购房需求，二手房交易占比也将进一步上升。以北京为例，二手房交易量已经超过整个房地产交易量的60%。随着住宅总量的不断扩大，城镇化人口比重继续提升，租赁市场也将加快发展。房屋中介以及相关的家装需求也将随之上升；与此同时，房地产行业的金融化趋势也更加明显。住宅抵押贷款证券化、房地产信托投资基金（REITS）等金融服务和产品将逐步涌现。房地产行业的洗牌和重组，也离不开金融服务。例如，近年来保险公司等大举投资房地产企业，就充分利用了资金杠杆；此外，“十三五”期间人口老龄化趋势更加凸显，居民在养老、保健等方面的服务性需求不断上升，相应的基础设施建设和服务目前缺口还很大，这方面的发展空间很广阔。

四是住宅保障体系将更加注重制度完善。截至“十二五”末期，已经开工（包括建成和在建）的保障性住房数量已经基本能够覆盖城镇中低收入家庭，“十三五”期间住房保障体系建设将从“重建设”逐步转向“重服务、重管理”，而当前的住宅保障制度还不能适应这一转型。大规模的保障性住房建设已经告一段落，住房保障投入需要从“补砖头”向“补人头”转变。同时，住宅金融体系还不完善，公积金制度还存在缴存范围不够广、覆盖面不够宽等缺陷。本地户籍低收入家庭的住房需求明显改善，但外地户籍的城镇常住人口，特别是夹心层和农民工，居住质量改善有限，本地政府在土地指标和提升潜在购买人群的实际购买力方面还面临不少制约。

五是房地产市场调控手段需要更加市场化。“十三五”时期房地产市场将更加分化，加大支持力度促进房地产去库存的政策可能面临两难。一方面，三四线城市化解库存难度大，房地产销售并没有明显起色，业务局限于当地的开发商资金状况堪忧，房地产价格持续低迷。但另一方面，北上广深和部分重点二线城市房屋库存去化速度明显高于全国平均，房价上涨幅度明显。需要在保持总体金融条件中性的基础上，在土地、财税、户籍等方面给予地方更多的自主权，根据当地的实际情况，采取适宜的政策组合，有针对性地加快库存去化，避免房地产市场出现大幅波动。

主要政策建议

“十三五”期间，除了前期要有针对性地加快房地产库存去化速度以外，住房政策还需要从总量和结构层面着手，顺应需求结构的演变，降低改善型购房成本，提高新增城镇常住人口的居住质量，同时还需要防范房地产泡沫风险累积，避免房地产市场过度波动对经济运行造成冲击。

一是完善城乡住宅保障体系。随着大规模的保障性住房安居工程建设告一段落，可根据当地住房供应和人口增长的实际情况，从“补砖头”逐步过渡到“补人头”，从实物建设逐步转向货币补贴、集中采购等多种保障方式并举。在保障房和拆迁安置房建设、供地计划等方面给予地方更大的自主权，人口净流出的地区控制房地产用地供给量。通过加快户籍制度改革、将农民工纳入公积金缴存体系、适当增加购房补贴和税收减免等措施，进一步提高农民工的购房能力。

二是完善住房金融体系。放宽缴存限制、扩大住房公积金缴存范围，简化提取手续，同时逐步提高公积金的统筹层次，增加资金利用效率。积极稳妥地推进住房抵押贷款证券化，建立住房贷款二级市场，提高住房公积金的流动性。鼓励发展 REITS（房地产信托投资基金），减少前期建设投入资金的占用，增加住房保障体系的可持续性。

三是逐步取消限制性的住宅消费政策，有效释放购房需求。降低房屋交易环节的税费负担，放宽对大户型购买的限制措施；尽快推进营改增覆盖至房地产、建筑行业，减少重复征税，在这之前还可以考虑降低租赁环节的税负；加快户籍制度改革，逐步消除非本地户籍常住人口购房与本地户籍居民购房资格方面的差异；对于首次购房的家庭，逐步推进住房抵押贷款利率抵扣个人所得税。

四是保持中性的住宅金融条件，加强预期管理。落实差别化的住宅信贷政策，避免金融机构实行简单的“一刀切”。敦促各金融机构在加强风险控制能力的同时，制定合理的利率和首付水平，保持住宅市场的金融条件基本稳定。做好住宅信息管理工作，定期开展住宅普查（比如每五年一次），摸清家底，为做好预期管理和中长期发展战略提供坚实基础。完善信息沟通机制，对局部区域显露的风险积极加以处置。

参考文献

林浩锋、许伟，“基于消费平滑原理的住房支付能力指数研究”，《商业经济研究》，2015年。

刘卫民，“8省12714户家庭住宅调查发现的主要问题及政策建议”，国务院发展研究中心调研报告，2016年第21号。

许伟，“城镇住宅：需求峰值临近”，收录于刘世锦主编，《中国经济增长十年展望（2013～2022）》，北京：中信出版社，2013年，第62～99页。

第三章　基础设施

优化投资结构，拓展建设空间

邵　挺

要点透视

➢ “十三五”期间基础设施发展面临很大挑战。基础设施建设已经进入“高成本”时代，供给效率不高的矛盾凸显，传统投融资模式不可持续。中长期的挑战是，中国庞大的基础设施资本面临着维护和更新的巨大资金压力。

➢ “十三五”期间的基础设施投资，必须要用改革的思维推动，严格控制已严重过剩、效率低下的项目，找准与转型升级、有效公共品提供等契合的投资领域，构建“短期可承受、长期可持续”的基础设施投融资体系，实现精准投资，不断提高投资效率。

➢ “十三五”期间基础设施建设空间的拓展，一要“占高地”，实施新一轮信息和能源基础设施发展战略。二要“补短板”，在城市防洪防涝、地下管网改造、“海绵城市”等“看不见”的领域，加强基础设施投资。三要“破垄断”，优化投资结构、引进社会资本，打破在信息、能源管道、通信、电力输配线等领域长期存在的垄断或寡头垄断。

未来十年中国基础设施增长潜力

2015 年中国基础设施发展回顾

2015 年基础设施投资增速有所回落

2015 年，中国基础设施投资名义增幅为 17.29%，同比增速比 2014 年低 3 个百分点，总体发展平稳。分行业看，水利、环境和公共设施管理业投资增幅最高，同比增长 20.2%，回落 3.4 个百分点。其次是交通运输、仓储和邮政业，投资额同比增长 14.3%，回落 4.3 个百分点。最后是电力、热力、燃气及水的生产和供应业，同比增长 16.6%，回落 0.5 个百分点。

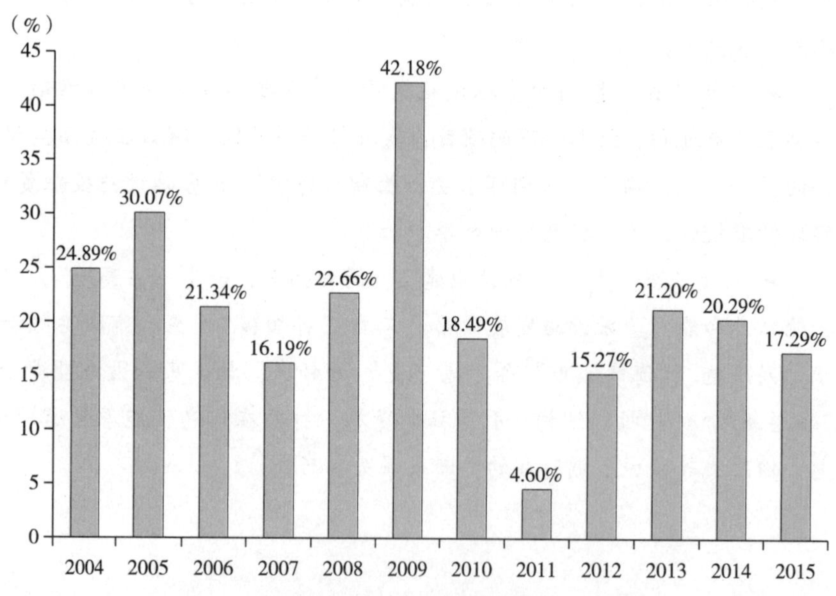

图 3.1　2004～2015 年中国基础设施投资名义增幅

资料来源：Wind 资讯

2015 年，中国基础设施投资累计达到 131267 亿元。分月度看，延续了 2014

年“先升后稳”的趋势。前6个月名义投资水平逐月稳步上升，6月份达到高点，7~11月间，各月投资水平比较稳定。到12月份，单月投资量达到全年最高点。

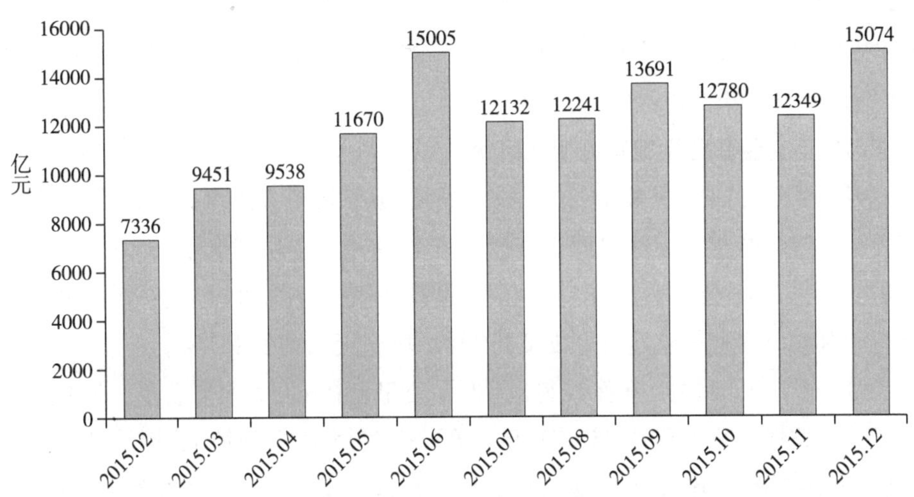

图3.2 中国基础设施投资名义量（2015.2~2015.12）

资料来源：Wind资讯

2015年中国基础设施投资名义量同比增幅继续回落，延续了2014年的回落趋势。从大背景看，中国基础设施建设量峰值在2011年左右已经到达（邵挺，2014），许多地区尤其是东部沿海城市的基础设施建设已经饱和或接近饱和，基础设施投资回报率较快下降。导致2015年中国基础设施投资量增速回落的因素主要有：

一是传统的地方政府融资平台模式已经取消，但PPP（公私合营模式）等一些新的地方政府投融资模式刚刚起步。2014年10月2日，国办下发《国务院关于加强地方政府性债务管理的意见》（43号文）后，取消了地方融资平台，鼓励PPP等方式推进基础设施建设等。但从2015年的实行情况看，居高不下的地方债务需要尽快化解，除了财政部向地方下达置换债券额度3.2万亿元用于偿还当年到期地方政府债务本金外，2015年还新增6000亿元的地方政府债券（一般债券5000亿元，专项债券1000亿元）。PPP等试点也在快速推进，但短期内还难以替代地方融资平台的作用，地方政府基础设施建设资金筹措难度上升。

二是地方政府财政压力凸显。2015年，全国一般公共预算收入152217亿元，增速放缓至8.4%，同口径比上年增长仅5.8%，增幅回落2.8个百分点。土地抵押贷款以及相应的土地出让收入是地方政府基础设施建设的重要资金来源。随着2015年房地产市场深度调整，土地出让价款增幅较快回落。2015年国有土地使用权出让收入32547亿元，同比下降21.4%。地方财力较快萎缩，限制了一些重大项目的及时开工和运行。

2015年交通基础设施建设情况回顾

2015年，全国完成铁路公路水路固定资产投资26659亿元，同比增长5.5%。其中，全年完成铁路固定资产投资8238亿元，投产新线9531公里，其中高速铁路3306公里。全年完成公路建设投资16513.30亿元，比上年增长6.8%。其中，高速公路建设完成投资7949.97亿元，增长1.7%。

2015年，中国铁路里程数突破12万公里，达到12.1万公里，同比增长8.2%。公路通车总里程达457.73万公里，比2014年末增加11.34万公里。全国高速公路里程突破12万公里，达到12.35万公里。其中，高速铁路①发展迅速。2009～2015年间，高铁总里程从6600公里快速上升到19000公里，稳居世界首位。

表3.1给出了中国历年的铁路和公路密度情况。1949～2015年间，中国铁路密度从22.71公里/万平方公里提高到125.13公里/万平方公里，增长了4倍多；公路密度从84.06公里/万平方公里提高到4768.42公里/万平方公里，增长了近56倍。

2016～2025年基础设施投资和资本存量发展潜力预测

考虑到用于预测的其他基础数据均没有变动，只是把未来十年的时间跨度从“2015～2024年”延后到“2016～2025年”。因此，关于基础设施实物量和投资、资本存量水平的测度和国际比较部分，请参见课题组2015年的研究成果（邵挺，2015）。

为节省篇幅，表3.2只给出最后的预测结果。与2015年的预测结果相比，由于GDP增速、人均GDP水平的预测值有所调整，对2025年的各个实物量指标值变动产生一定影响，但总体趋势没有变化。

① 高速铁路是指最高营运速度达到200公里/小时及以上的铁路。

表 3.1　中国铁路和公路密度：1949～2015 年　　（单位：公里/万平方公里）

年份	铁路密度	公路密度	年份	铁路密度	公路密度	年份	铁路密度	公路密度	年份	铁路密度	公路密度
1949	22.71	84.06	1975	50.63	816.25	1989	59.37	1056.56	2003	76.04	1885.21
1950	23.13	103.75	1976	51.15	857.71	1990	60.31	1071.15	2004	77.50	1948.65
1955	26.67	174.27	1977	52.71	891.25	1991	60.21	1084.48	2005	78.58	3484.58
1960	35.31	531.25	1978	53.85	927.29	1992	60.52	1100.73	2006	80.30	3601.04
1965	39.58	535.94	1979	55.21	912.29	1993	61.04	1128.65	2007	81.21	3733.02
1966	40.94	566.25	1980	55.52	925.31	1994	61.46	1164.38	2008	83.01	3885.63
1967	41.77	580.73	1981	56.15	934.90	1995	64.99	1205.21	2009	89.08	4021.67
1968	41.98	595.52	1982	55.54	944.79	1996	67.60	1235.21	2010	94.98	4175.21
1969	43.44	625.63	1983	56.87	953.23	1997	68.75	1277.50	2011	97.14	4277.50
1970	45.52	663.23	1984	57.05	965.31	1998	69.17	1331.77	2012	102.08	4413.10
1971	47.19	703.54	1985	57.52	981.67	1999	70.21	1408.02	2013	107.14	4541.53
1972	48.23	729.06	1986	58.14	1002.92	2000	71.56	1749.79	2014	109.84	4647.48
1973	48.54	745.42	1987	58.31	1023.13	2001	72.98	1768.75	2015	125.13	4768.42
1974	49.48	768.65	1988	58.58	1041.25	2002	74.90	1838.75			

注：密度的计算公式是：密度 = 里程数/国土面积（960 万平方公里）。

资料来源：Wind 资讯

表 3.2　未来十年中国交通和通信基础设施实物量预测

参考指标	2010	2015	2025
人口数量（百万人）	1341	1374	1457
GDP 增速（%）	10.3	6.9	5.1
人均 GDP（1990 年 G-K 国际元）	8032	11130	18290
预测指标			
铁路营运里程数（万公里）	9.12	12	14.93
公路营运里程数（万公里）	400.82	450	520.13
每百人手机拥有量	55.39	69.42	82.23
每百人电话主线拥有量	28.95	37.01	41.73
基础设施投资占比	0.17	0.14	0.14
基础设施资本存量占比	0.15	0.13	0.11

资料来源：笔者预测

2016 年中国基础设施发展展望

2016 年是“十三五”开局之年，中共中央“十三五”规划建议提出“创新公共基础设施投融资体制，推广政府和社会资本合作模式”。对 2016 年中国基础设施投资的展望，既要考虑 2016 年宏观经济和政策环境变动的影响，还要兼顾未来十年有关指标的长期变动趋势。从投资重点看，下一阶段基础设施投资仍将主要集中在城市群的互联互通、转移人口市民化引致的公共服务以及人口进一步集聚引致的能源、资源和供应链配置与建设需求等方面。从区域重点看，2014 年中央提出的关于“一带一路”“海上丝绸之路”“长江黄金水道”等以及 2015 年成立亚投行和“丝路基金”等重大举措所涉及的区域，是 2016 年基础设施发展的重点。

总体判断是，2016 年基础设施投资名义增幅会高于 2015 年。2015 年，全国基础设施投资名义增幅为 17.29%，2016 年名义增速预计在 20% 左右。当然，伴随经济总体增速进入新常态，基础设施投资也将告别过去 25% ~30% 左右的高速增长态势。

第一，2016 年亚投行成立和“一带一路”“京津冀协同发展”等战略的深入推进，交通、能源、通信基础设施上会迎来一个较快增长期。2015 年，我国相继成立了“丝路基金”和“亚洲基础设施投资银行”等区域性金融机构，主要从事政策性金融业务，服务于“一带一路”等国家重大战略目标。2016 年，沿线经济体的基础设施互联互通步伐将大大加快，交通、能源、信息等基础设施建设在相关区域会有一个发展新高潮。预计上述国家战略的实施，可以提升基础设施投资增幅 2 个百分点。

第二，PPP 等新型投融资机制的实施和推广，逐步替代原先的地方融资平台地位，为可持续推进基础设施建设提供条件。除了在建工程外，2016 年将全面实施 2014 年和 2015 年出台的规范地方债务、融资平台的一系列政策，短期内会加大地方政府推进基础设施的融资难度，在新旧融资模式转变的阶段，基础设施投资增幅不会大幅上升。同时，2015 年 PPP 等公私合营模式的试点，为 2016 年完善 PPP 机制、全面推广积累了经验。

"十三五"期间基础设施投资的新特点和新趋势

从1997年起，启动大规模基础设施建设刺激经济增长，就成为中国政府促进经济平稳发展的主要手段之一。在上一轮经济周期中，我国政府从启动基础设施投资入手，引导带动其他社会资本进入，两者相辅相成，成为拉动经济增长的重要引擎。"十三五"期间，经济进入中高速增长"新常态"。可预见的是，稳增长仍然是"十三五"下促改革、调结构、转方式和惠民生的前提，拉动投资仍然是政府稳增长的不可或缺的手段，其中基础设施投资是重中之重。但是过去数十年基础设施投资的高速增长，掩盖了许多弊端，最重要的是投资效率不高、融资方式单一，银行金融体系和地方政府债务的风险较快累积。

"十三五"期间的基础设施投资，必须要用改革的思维推动，严格控制已严重过剩、效率低下的项目，找准与转型升级、有效公共品提供等契合的投资领域，构建"短期可承受、长期可持续"的基础设施投融资体系，实现精准投资，不断提高投资效率。

本章重点分析"十三五"期间基础设施投资效率提升的问题，面对经济转型升级、全面建设小康社会等任务，需要重新思考基础设施投资的重点方向和领域，把握住新特点和趋势。从投融资和运营机制创新的角度，结合"一带一路"等国际基础设施合作，提出"十三五"期间可持续推进国内外基础设施建设的政策建议。

存量基础设施资本的更新改造比例上升

从国际经验看，随着经济高速增长和城市化快速推进，各类基础设施存量日益庞大，相应的维持和管理费用剧增，现在主要发达经济体的维持和管理费用已大大超过新建基础设施的投资支出。据美国土木工程师学会（ASCE）的估算，预计到2020年，美国共需3.6万亿美元以使基础设施保持良好状态，其中1.72万亿美元用来维护地面交通基础设施。因此，美国每年的政府支出预算编制，都会优先考虑对存量基础设施的维护，避免因"维护不及时、更新不到位"而导致基础设施过早破损老化现象，在此基础上才会确定新建基础设施的投资规模。

借鉴国际经验，我国在基础设施投资达到峰值后，庞大的资本存量也将进入更新和换代阶段，届时用于更新和维持原有资本存量的投资就会超过新增基础设施投资水平。

传统基础设施比例会适度下降

尽管2015年政府工作报告明确将推动以铁路投资和在建重大水利工程投资“两个8000亿”为代表的基础设施投资。但从长期需求空间看，中国传统基础设施投资和资本存量的提升空间，并没有想象中的那样大。东部地区的传统基础设施（包括基础交通、传统能源和通信）水平已接近甚至部分超过了发达经济体的平均水平，未来大幅提升的空间有限。中西部由于城市化率较低，基础设施建设空间较大，但按照对未来十年的长期趋势预测①，如果不包括西藏、青海、新疆、甘肃和宁夏这五个地广人稀的省区，西部地区基础设施需求潜力就会下降很多。

城市群互联互通和“一带一路”基础设施成为重点

“京津冀协同发展”“长江经济带”等重大国家战略的实施，需要统筹推进城市群综合交通运输网络和水利、能源、信息等重大基础设施建设，提升“互联互通互动”和现代化水平。截至2014年底，我国累计有22个城市建成投运城轨线路101条，运营线路长度3155公里。沿线经济体的基础设施互联互通，包括交通、能源、信息等基础设施建设，是“一带一路”战略的重要组成部分。另外，我国相继成立“丝路基金”和“亚洲基础设施投资银行”，未来通过推动公私合作等机制，拉动沿线经济体的基础设施投资，“一带一路”基础设施建设会迎来一个高潮期。

新兴基础设施成为重点投资领域

能源、信息、节能环保以及公共服务等行业，与经济转型升级和民生改善紧密相合，是“十三五”期间基础设施建设的着力点和新重点。

能源基础设施：新能源汽车充电、可再生能源等

2020年我国新能源车产销预计将达到500万辆，但目前的充电基础设施建设远远滞后于市场需求，制约了新能源汽车的大规模推广和使用，我国已提出到2020年基本建成适度超前、车桩相随、智能高效的充电基础设施体系，满足超过500万辆电动汽车的充电需求②。“十三五”时期，我国能源消费总量增速明

---

① 参见刘世锦主编，《中国经济增长十年展望（2015～2024）》，北京：中信出版社，2015年。

② 《国务院办公厅关于加快电动汽车充电基础设施建设的指导意见》（国办发［2015］73号）。

显回落，结构调整速度加快，页岩油气、深海油气、可燃冰、新一代核电等将成为未来绿色清洁能源的重要组成部分。其中，“一带一路”战略下的国际能源合作是重心，这会涉及国内能源生产基地、储备基地，中俄东西线油气管道互联互通、中亚油气管道铺设，跨境电力与输电网络建设等。从国内看，“京津冀协同发展”和“长江经济带建设”这两大国家战略都明确提出，要推进绿色清洁能源发展，支持新能源和可再生能源产业的发展，减少煤炭等传统能源对环境的污染。这其中都蕴含着巨大的基础设施改造、升级和建设需求。

工业和信息空间基础设施：工业机器人、三网融合等

目前，我国在航天空间基础设施（探月工程、载人航天）和高端工业基础设施（高性能计算机、新一代移动通信）方面取得了很大成就，带动了新技术、新业态和新模式的创新，智能制造、工业机器人等，将成为“十三五”工业和信息基础设施投资的重点。2015 年 9 月 5 日，国办印发《三网融合推广方案》，推动信息网络基础设施互联互通和资源共享。近年来，以云计算、大数据为代表的新兴信息产业发展很快，未来还有很大的投资需求潜力。2014 年，新增光缆线路长度 301 万公里，国内光缆线路总长度达到 2046 万公里，同比增长 17.2%。“宽带中国”等战略的实施，促进移动互联网产业快速发展。2014 年末，移动电话用户、互联网上网人数分别达到 12.9 亿户和 6.5 亿人，普及率分别达到 94.5 部/百人和 47.9%。

公共服务和公共品：城市地下管网、综合服务设施等

许多年以来，我国基础设施投资就始终存在“重生产、轻生活”“重经济、轻社会”“重地上、轻地下”等问题。在事关人民群众切身利益的许多公共服务领域，比如养老、文化、旅游、体育等，基础设施投入不够，人均公共基础设施资本存量低于发达经济体。“十三五”在推进新型城镇化的过程中，必然要补上“公共服务和公共品提供”的短板。比如，在打造“海绵城市”过程中，需要大力推进城市地下管网、污水处理系统的建设。在新农村建设中，集旅游、养老、文化等功能于一体的农村综合服务设施，也都蕴藏着巨大的投资潜力。

“十三五”期间基础设施发展面临的挑战

短期的挑战是，基础设施建设进入“高成本”时代，与供给效率不高的矛盾凸显，传统投融资模式不具有可持续性。尤其在基础设施发展潜力大的中西部地区，担负着建设“丝绸之路经济带”“欧亚大陆市场”的重大责任，需要加大边境地区的基础设施投入。但中西部地区的财力最为薄弱、当前债务压力又最重。中长期的挑战是，中国庞大的基础设施资本，面临维护和更新的巨大资金压力。上述挑战都需要通过推动金融体系改革、创新投融资机制来化解。

基础设施投资效率总体偏低

2004～2013年间，全国及东中西部的基础设施投资回报率与非基础设施投资回报率的比值（以下简称“相对值”），总体呈现回落趋势，特别是2008年以后，回落趋势更加明显。从绝对值看，2013年全国的比值是0.95，东部、中部和西部地区分别是0.92、0.96和1.04。

上述结果表明，经过2004～2013年的快速发展，全国基础设施投资已从“滞后发展”变成“略为超前”，但0.95的比值说明不存在明显的“过度超前”现象，资本配置结构比较合理。分地区看，东部地区从1.02回落到0.92，中部地区从1.14下降到0.96，西部地区则从1.2降至1.04，按照降幅排列，中部下降最快（0.18）、西部其次（0.16）、东部下降最少（0.1）。这意味着，截至2013年底，仅有西部地区的基础设施投资是经济发展的“短板”，但发展的滞后性已大大减弱。中部地区的基础设施投资，从配置效率看，已经存在一定程度的过剩。尽管西部地区基础设施投资仍有一定的滞后性，但有些省份（比如新疆、广西等）的比值也不到1。因此，要具体分析每个省的情况。

现有投融资模式不可持续

现有基础设施投融资渠道，主要包括财政资金投入、地方政府融资平台债务融资、土地抵押贷款和地方政府债券等方法。多元化的融资机制，为推动我国基础设施建设的跨越式发展，发挥了重要作用。但目前这些模式都面临不同的挑战，不可持续性显著增强。主要表现在：缺乏规范稳定的地方支柱税种和主体税源；过度依靠土地出让收入和抵押贷款；金融风险和地方政府债务风险快速累积等。

政府与市场的边界不够清晰

从国际经验看，基础设施融资模式应该由两大部分构成：第一部分是以政策性金融机构主导的模式，主要针对重大的、具有完全公益性的民生项目或者竞争性项目中的公益性环节。第二部分是以PPP、项目债、地方债等主导的模式，主要针对有较稳定现金流的项目，政府主要起到监管和服务的作用，完全可交由市场来运行。市场化操作除了提高投资效率，还会通过市场机制起到“筛选”作用，减少盲目投资决策引起的无效投资。但在过去二十多年里，政府对基础设施建设“大包大揽”，对私人资本进入许多公共投资领域设置了过多障碍和限制条件。从目前来看，不能依靠政府长期高强度的资金投入，应该通过各类公私资本合作的办法来解决。比如，2015 年 5 月和 9 月，全国分别启动了 1333 个和 206 个 PPP 项目，投资额分别达到 20197 亿元和 6588 亿元。

缺乏可持续的支柱税种和主体税源

除了铁路可以由铁路总公司进行债券融资外，其他领域的基础设施建设资金需求，主要靠地方政府筹资来满足。在当前财税体制下，地方政府缺乏支柱税种和主体税源，《预算法》又不允许“地方举债”。由中央政府代发的地方债券融资模式又存在较大问题。

一是财政资金投入不能成为主渠道。受地方政府财权和事权不对等的影响，地方财政预算资金在城镇基础设施建设投入方面捉襟见肘。同时，受经济增速放缓及结构性减税等因素影响，我国政府财政收入增速将放慢，制约预算内资金对城镇基础设施建设的投入。以交通运输支出为例，2007～2014 年间，尽管地方公共财政用于交通运输支出的比重从 2.96% 上升到 7.49%，但从绝对量看，2014 年的投入不到 1 万亿元（9669.26 亿元），远远不能满足已达到 10 万亿元级的基础设施投资的资金需求。

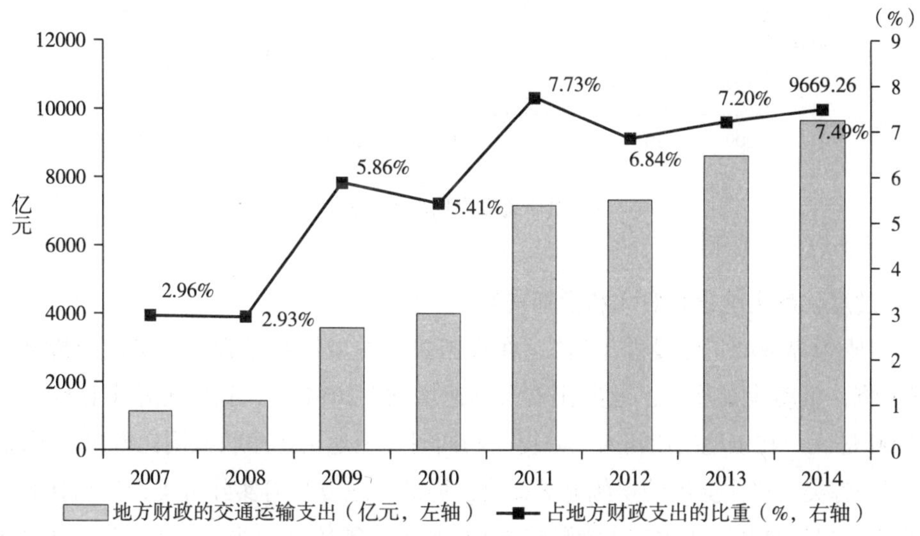

图 3.3　地方财政用于交通运输支出的情况

资料来源：Wind 资讯

二是地方债券融资规模有限。财政部自2009年起开始代理发行地方政府债券，此后由地方政府自行发债试点工作也开始有序展开。目前发债主体以中央政府及省、直辖市政府为主，与地市级、县级政府作为城镇化建设主体的客观实际并不匹配。另外，地方政府债券发行规模有限且资金用途多样，对地方城镇基础设施建设的支持作用有限。2009～2015年间，代发地方债规模从2000亿元增加到5000亿元。截至2015年9月底，在沪深两市的存管证券中，共有37支地方债，面值达到35.1亿元，总市值是35.14亿元。

从政府负债的角度看，由于地方债融资规模有限，也不构成地方债务的主要部分。截至2013年6月底，地方政府以发行债券进行融资的债务是11658.67亿元，占政府负有偿还责任债务的比重仅为10%左右。

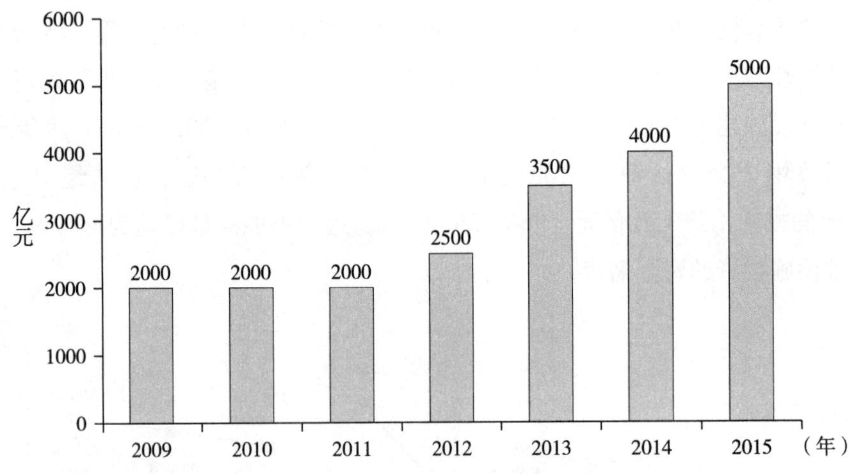

图3.4　由中央政府代发的地方债规模

资料来源：Wind资讯

过度依赖土地出让收入和抵押贷款

“吃饭靠财政、建设靠土地”，在我国快速的城镇化进程中，房地产价格上涨很快，带动地方政府土地出让收入迅速增加。2014年，我国土地出让收入是33400亿元。在土地出让收入大幅提高的同时，土地出让净收益同比增幅却不高，原因是各类成本性支出的增幅显著提高。因此，地方政府实际可支配的出让收入（即土地出让收益）占地方本级财政收入的比重从2010年以来在持续下降，从2010年的35%下降到2014年的17%，地方政府土地出让的净收益实际在缩水。

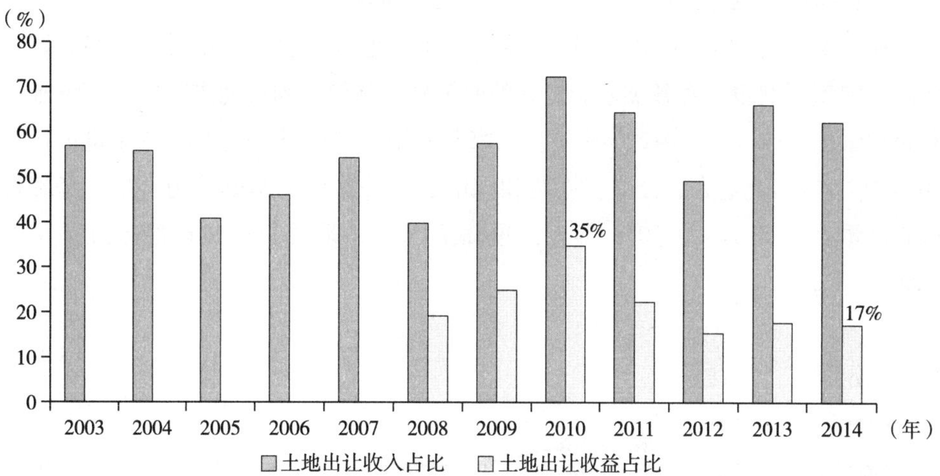

图 3.5　土地出让收入和收益占地方本级财政收入的比重

资料来源：Wind 资讯

2008 年以来，土地出让支出结构也发生很大变化，土地出让支出中用于基础设施支出的比重不断下降，2010 ~ 2014 年间从 32.67% 回落到 11.72%，绝对数量从 8697 亿元下降到 4534 亿元。

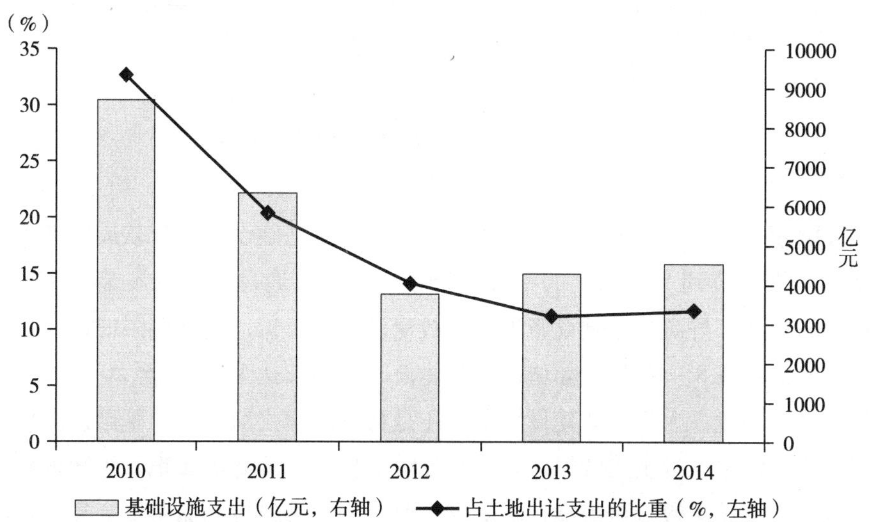

图 3.6　土地出让支出中用于基础设施支出的数量和比重

注：基础设施支出包括城市建设支出、农村基础设施支出以及农田水利建设支出。

资料来源：Wind 资讯

商业银行贷款普遍面临周期结构不匹配的问题

在政策性贷款方面，国家开发银行扮演了重要角色。据统计，2000~2012年间，国家开发银行对各类基础设施的政策性贷款量，约占地方政府基础设施银行贷款量的30%。以2012年为例，国家开发银行的公共基础设施贷款量占比是20.56%，再加上电力、公路、铁路和邮电通信等其他类基础设施，全部基础设施贷款量占比是61%。2013年该比重降至59%，但总贷款量已经超过了4万亿元。

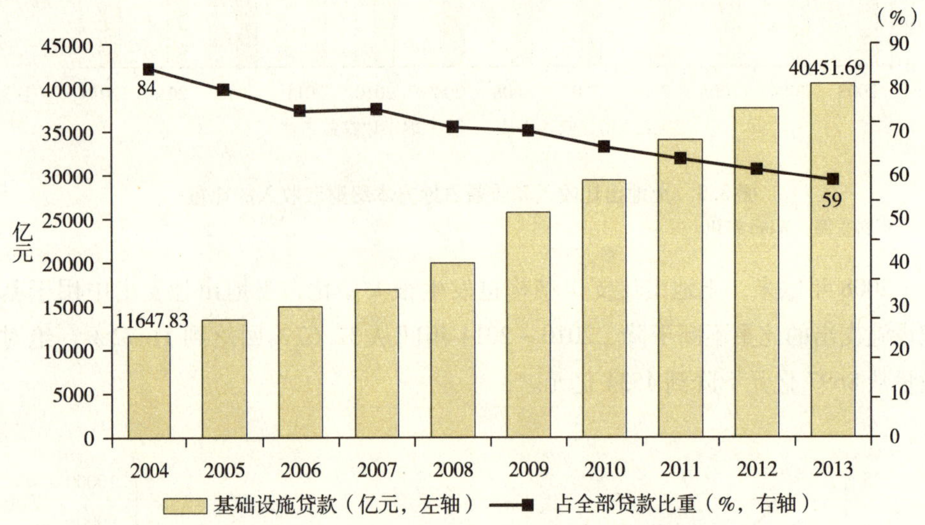

图3.7　国家开发银行的基础设施贷款规模

资料来源：Wind资讯

跟国家开发银行的贷款期限相比，商业银行对基础设施的贷款周期平均只有3~5年，要想贷到5年以上的中长期贷款，就需要通过增加资本金、注入土地等资产的办法来解决。基础设施项目一般建设周期较长，还款期限的设定也比较长，一般设定在8~10年，如城市道路建设，有的长达15年甚至20年，如城市地铁项目。因此，无论是从建设周期，还是从贷款回收期来看，基础设施项目具有资产流动性差、资金周转慢、收益见效缓等特点，极易造成银行短期内难以收回贷款，不易满足银行对流动性的要求。银行将大量的短期储蓄资金集中投向回收期长的基础设施项目，这种不对称的结构很容易产生流动性风险。另外，很多基础设施项目多是“三超”工程，经常出现“概算超估算、预算超概算、决算超预算”的情况，这使得最初申请的贷款额往往不能满足项目建设要求，贷款银行出于种种原因被迫再次向该项目放贷，不断地为建设项目注入资金。

“十三五”期间基础设施建设的总体思路和政策建议

“十三五”期间基础设施建设空间的拓展，通俗地讲，就是“占高地”“补短板”和“破垄断”。一是“占高地”。主要指实施新一轮信息和能源基础设施发展战略。新一代互联网技术驱动下的信息革命，很有可能在发达经济体中爆发。我国要抢抓信息革命的机遇，实现经济结构重大转型，必须加快建设所需要的基础设施。二是“补短板”。过去几十年的“基础设施大发展”，让城乡面貌焕然一新，基础设施整体发展水平迅速提高，但各地接连爆发的“城市内涝”“垃圾粗放式处理”等现象，暴露了以往“重面子不重里子”的弊病。“十三五”期间，在城市防洪防涝、地下管网改造、“海绵城市”等“看不见”的领域，要加强基础设施投资。三是“破垄断”。过去多年来，我国在信息、能源管道、通信、电力输配线等领域长期存在垄断或寡头垄断。“十三五”期间要优化投资结构、引进社会资本，首先就要打破上述领域的垄断，否则基础设施效率难以大幅度、可持续地提升。

“十三五”期间我国基础设施可持续发展的关键，是通过改革的办法提升各项基础设施技术水平、降低成本，构建长期可持续、短期可承受的市场化投融资机制。建立符合各类基础设施自身特点和发展规模的政府投入和管理机制，大幅提高设施运行和使用效率，整体达到国际先进水平。

发挥好基础设施投资潜力，关键是处理好各个阶段风险和收益的关系，重点是改革现有基础设施投融资模式，加快构建以地方债和政策性金融体系为核心的新型投融资模式。运用好市场和政府这“两只手”，在风险可控的基础上，稳步推进基础设施建设。突破口是进一步放宽民间资金进入铁路、公路、城市公共服务等基础设施领域的条件，综合运用 PPP 等方式吸引社会资本进入。

在此基础上，提出几点政策建议：

第一，通过推进改革的方式，比如审批体制改革（准入权）、公共品定价机制改革、产权改革（集体土地、排污权等）等，推动形成基础设施多元化投融资机制。推广运用股权融资、项目融资、特许经营等方式吸引社会资本进入。在未来的城市基础设施投资和运营中，要更加注重发挥市场机制的作用，同等对待各类投资主体，利用特许经营、投资补助、政府购买服务等方式吸引民间资本参与经营性项目建设与运营，把政府直接向社会公众提供的一部分公共服务事项，按照一定的方式和程序，交由具备条件的社会力量承担，并由政府根据服务数量和质量向其支付费用，更好地促进改善城市基础设施的薄弱环节。

一是修订《政府公共服务购买目录》。增加邮电通信、铁路、公路和公共基础设施等方面的购买对象，进一步明确购买服务的种类、性质和内容，综合采用“委托、承包、采购”等购买方式。

二是丰富特许经营的种类和方式。政府为项目的建设和经营提供特别行政许可，由民间资本作为项目的投资者安排融资、承担风险、开发建设、获取回报。特许权经营是没有固定程式的一种投融资方式，可以因地制宜、因时制宜，发展出许多品类。今后主要是明确 BOT（建设—经营—移交）、BT（建设—移交）、BOO（建设—经营—拥有）、ROO（改造—经营—拥有）等特许经营的适用范围和管理模式。允许地方政府探索特许经营的其他模式和品种。

第二，加快社会资本进入铁路、公路和邮电通信等自然垄断性基础设施领域的进度。可参照日本、韩国的做法，首先制定一部专门的“民间资本进入基础设施领域”法律，对社会资本的具体进入方式进行分类说明。为鼓励民间资本进入，在财政贴息、利率优惠等方面，享受与国有企业一样的政策待遇。同时，对一些市场前景良好的基础设施项目，可以尽快推向市场。像一些规模相对较小、公共性较弱的服务性设施，可允许社会资本拥有所有权和经营权。

第三，加强国际合作，充分利用外部资金。建设完善金融市场，提升国际化水平，创新投融资模式，吸引国外企业和个人以及国际组织资金进入。加快我国金融企业“走出去”步伐，拓展海外服务覆盖区域和范围，培育和发展具有主导 PPP 模式的境外投融资主体，提高海外投融资能力，充分利用东道国资金，并强化与第三方投资者合作，增强利益绑定，抵御海外政治风险。建立海外基础设施投资风险信息收集和分享机制，加强风险预警研究和机制建设，制定海外基础设施投资指导意见，科学引导对外基础设施投资与运营，有效防控各种重大风险的发生。

参考文献

国务院发展研究中心“中长期增长”课题组，《中国经济增长十年展望（2014～2023）：寻找新的动力和平衡》，北京：中信出版社，2014 年。

王延中，“基础设施与制造业发展关系研究”，《经济研究》，2002 年第 2 期。

张学良，“中国交通基础设施促进了区域经济增长吗？——兼论交通基础设施的空间溢出效应”，《中国社会科学》，2012 年第 3 期。

Ryan Rutkowski, “Four Myths About Local Infrastructure Investment in China”, http://www.piie.com/blogs/china/?p=3281, Oct, 2013.

S&P Global Ratings' Credit Research. “Special Report: Global Infrastructure: How To Fill A $500 Billion Hole”, Jan 21, 2014.

第四章　汽车

供给侧影响逐步显现

王　青

要点透视

➢ 2015 年，中国汽车市场增速继续回落，全年国产新车销量为 2460 万辆，同比增长 4.7%；民用汽车保有量和千人汽车拥有量分别约为 1.63 亿辆和 118 辆。

➢ 预计 2016 年新车销量将达到 2570 万辆左右，同比增长 4.1% ~ 4.8%；千人汽车拥有量将达到 132 辆，同比增长 11%。

➢ 预测到 2025 年，中国汽车保有量和千人汽车拥有量将分别达到 3.8 亿辆和 266 辆。

➢ 随着中国汽车需求实现阶段性转换，未来供给侧因素对市场的影响将不断显现，产业和市场将从需求驱动为主转变为需求和供给协同驱动。

未来十年的汽车需求增长展望（2016～2025 年）

2015 年，中国汽车市场增速继续回落。受宏观经济特别是股票市场波动的影响，上半年销量下滑幅度较大。随着短期因素影响逐步弱化，以及汽车消费刺激政策的出台，市场在下半年明显回升。

2015 年：市场增速继续回落，企业盈利能力降低

产销增幅继续回落，市场价格持续下跌

2015 年国产汽车产销量分别为 2450.3 万辆和 2459.8 万辆，同比增长 3.3% 和 4.7%（见图 4.1），产销增幅较 2014 年同期分别回落 4 个和 2.2 个百分点。从全年来看，下半年市场销售形势明显好于上半年（见图 4.2）。

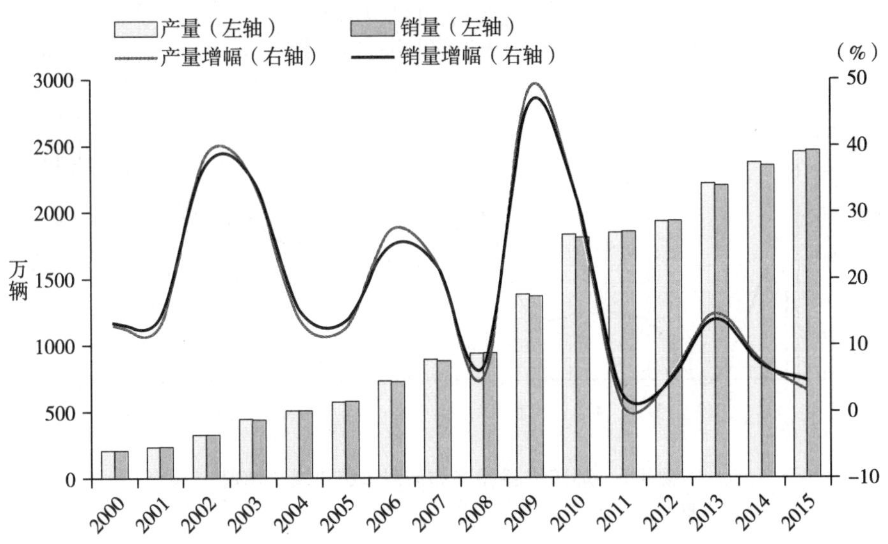

图 4.1　2000 年以来中国汽车产销量及增长情况

资料来源：中国汽车工业协会

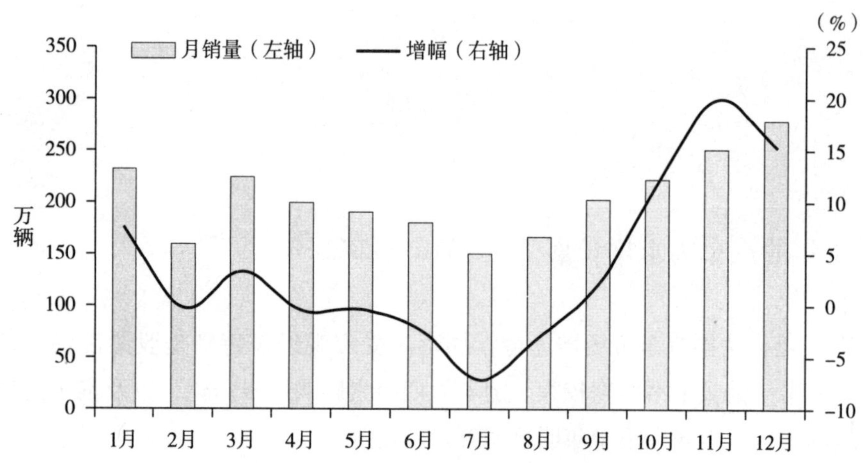

图 4.2　2015 年汽车月产销量及增长情况

资料来源：中国汽车工业协会

从车型结构看，全年乘用车①和商用车分别销售 2114.6 万辆和 345.1 万辆，同比分别增长 7.3% 和 −9.0%（见图 4.3）。整体来看，与 2014 年相比，2015 年商用车市场下滑幅度有所扩大。

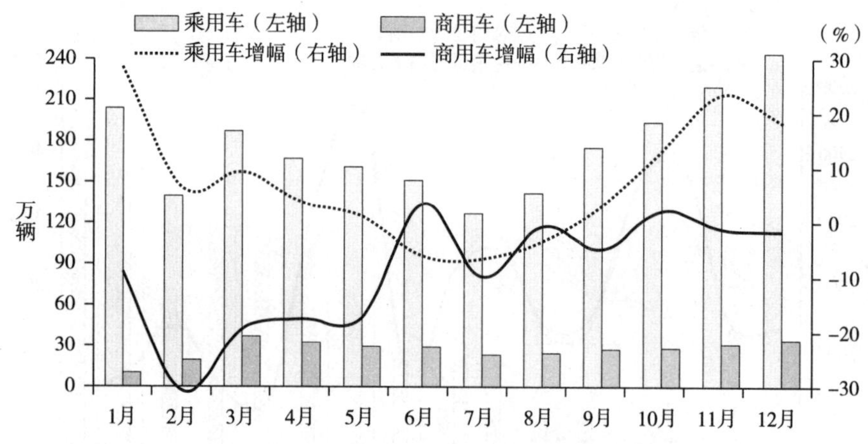

图 4.3　2015 年乘用车和商用车销量增长情况

资料来源：中国汽车工业协会

① 依据 2001 年国标（GB/T3730.1 − 2001），汽车从用途上被划分为乘用车和商用车。其中乘用车是“在其设计和技术特性上主要用于载运乘客及其随身行李和/或临时物品的汽车，包括驾驶员座位在内最多不超过 9 个座位。它也可以牵引一辆挂车。”乘用车具体可细分为基本型乘用车（轿车）、多功能车（MPV）、运动型多功能车（SUV）和交叉型乘用车。

2015 年乘用车市场的主要结构特征表现在：

从车型结构看，运动型多功能车（SUV）继续保持快速增长，产销同比增幅达到50%左右；交叉型乘用车市场下滑幅度最突出，产销增幅下降约 17 个百分点；基本型乘用车（轿车）市场继续回落，同比下降超过 5 个百分点（见表 4.1）。

表 4.1　2015 年乘用车车型结构变化情况

车　型	生产情况		销售情况	
	产量（万辆）	增幅（%）	销量（万辆）	增幅（%）
基本型	1163.09	-6.84	1172.02	-5.33
MPV	212.53	7.73	210.67	10.05
SUV	624.36	49.65	622.03	52.39
交叉型	107.96	-16.92	109.91	-17.74

资料来源：中国汽车工业协会

从排量结构看，2015 年 1.0 升以下车型产销比重继续降低，而 1.6 ~ 3.0 升车型亦有不同程度下降。1.0 ~ 1.6 升以及 3.0 升以上车型产销比重有所提升（见表 4.2）。

表 4.2　2015 年乘用车排量结构变化情况

排量区间	生产比重（%）			销售比重（%）		
	2015	2014	变化	2015	2014	变化
排量≤1.0L	1.98	2.88	-0.90	1.96	2.91	-0.95
1.0L < 排量≤1.6L	66.72	63.78	2.94	66.50	63.78	2.72
1.6L < 排量≤2.0L	25.50	25.54	-0.04	25.16	25.51	-0.35
2.0L < 排量≤2.5L	5.16	6.52	-1.36	5.71	6.53	-0.82
2.5L < 排量≤3.0L	0.47	1.13	-0.66	0.49	1.13	-0.64
排量 > 3.0L	0.16	0.15	0.01	0.17	0.14	0.03

资料来源：根据中国汽车工业协会公布数据整理

从需求的价位结构看，10 万元以下车型比重继续降低，而 10 万 ~ 15 万元及

30 万元以上车型需求比重明显提升（见图 4.4）。

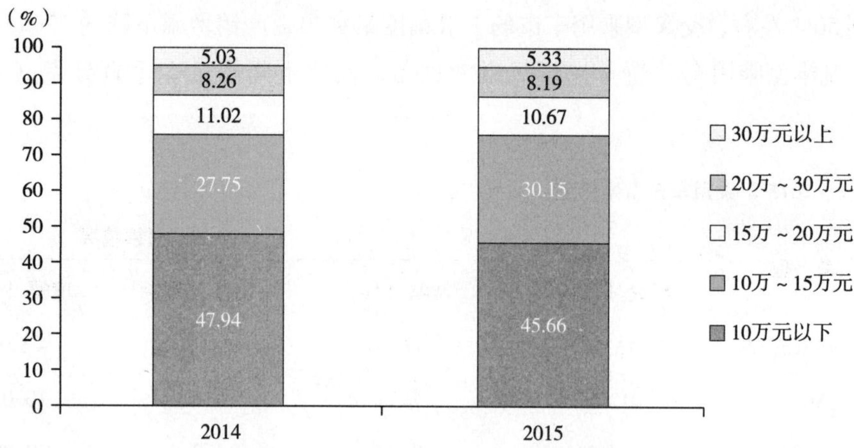

图 4.4　2015 年乘用车价位结构变动情况

资料来源：国务院发展研究中心市场经济研究所

从商用车结构看，客车和货车市场均出现下滑，客车与 2014 年相比降幅相对较小，而货车同比下滑超过 10%（见表 4.3）。

表 4.3　2015 年商用车产销结构变化情况

车型	数量（万辆）		同比增幅（%）	
	生产	销售	生产	销售
客车	59.09	59.54	-2.69	-1.90
其中：非完整车辆	7.06	7.05	-9.11	-8.93
货车	283.30	285.59	-11.35	-10.32
其中：非完整车辆	34.17	34.92	-26.61	-23.62
半挂牵引车	24.84	25.02	-13.35	-10.33

资料来源：中国汽车工业协会

2015 年汽车市场价格波动主要体现在乘用车上。2015 年 12 月末国产乘用车市场价格指数为 46.70，较 2014 年末下跌 2.05 点，价格降幅大于 2014 年（见图 4.5）；其中 30 万元以上和 10 万～15 万元车型价格下跌相对明显（见表 4.4）。

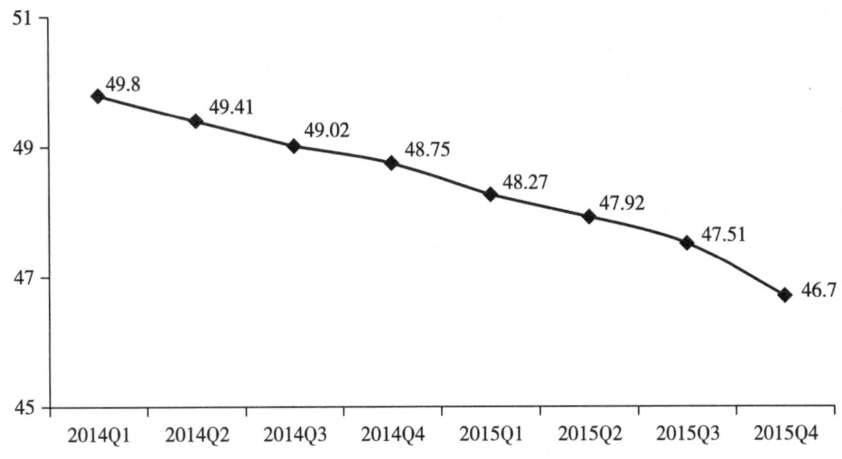

图 4.5　2014～2015 年乘用车价格指数变化

注：该指数以 2004 年 1 月末价格水平为 100。

资料来源：国务院发展研究中心市场经济研究所

表 4.4　2015 年不同价位车型价格指数变化

价　位	2015 年 12 月	2014 年 12 月	指数下跌（点）
10 万元以下	46.43	47.77	-1.34
10 万～15 万元	46.55	49.48	-2.93
15 万～20 万元	45.06	47.46	-2.40
20 万～30 万元	49.37	51.51	-2.14
30 万元以上	49.12	52.42	-3.30

资料来源：国务院发展研究中心市场经济研究所

千人汽车拥有量达到 118 辆，西北、黄河中游和长江中游地区增长较快

2015 年中国汽车保有量和千人汽车拥有量继续快速增加。民用汽车保有量（不含三轮汽车和低速货车）和千人汽车拥有量分别为 1.63 亿辆和 118 辆，较 2014 年均增长 11%左右（见图 4.6 和图 4.7）。

从保有量的区域分布看①，2014 年末，中国大陆民用汽车保有量仍主要集中

① 本章依据国务院发展研究中心李善同研究员提出的中国大陆经济区域划分方法，具体是：南部沿海地区（广东、福建、海南），东部沿海地区（上海、江苏、浙江），北部沿海地区（山东、河北、北京、天津），东北地区（辽宁、吉林、黑龙江），长江中游地区（湖南、湖北、江西、安徽），黄河中游地区（陕西、河南、山西、内蒙古），西南地区（广西、云南、贵州、四川、重庆），西北地区（甘肃、青海、宁夏、西藏、新疆）。

在北部沿海、东部沿海、南部沿海和西南四个经济区；当年保有量增长最快的区域是长江中游、西北和西南经济区，特别是河南、重庆和贵州等省市增长较快（见图4.8）。

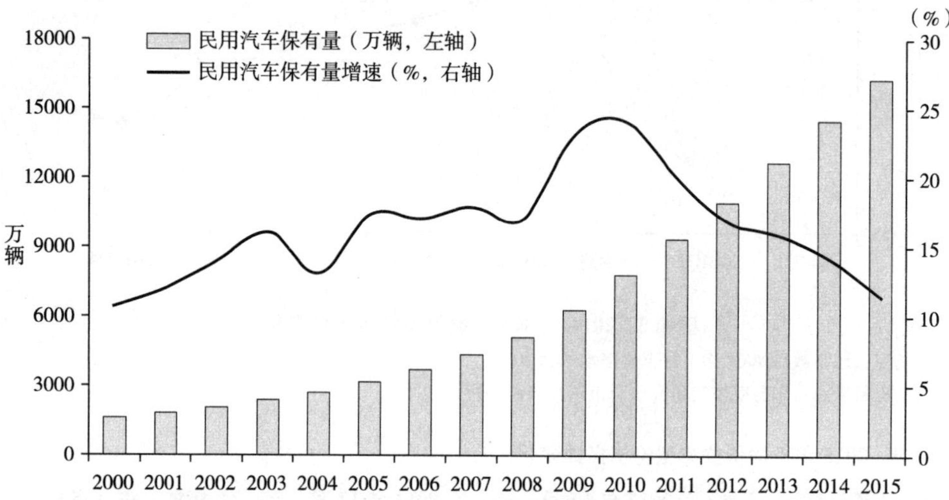

图4.6 2000～2015年中国民用汽车保有量及增长情况

资料来源：根据国家统计局公布的数据整理

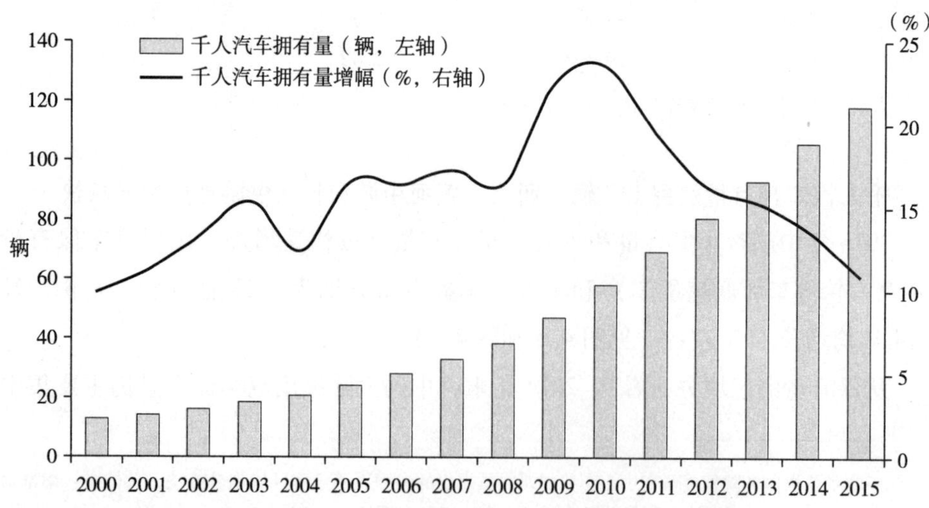

图4.7 2000～2015年中国千人汽车拥有量及增长情况

资料来源：根据国家统计局公布的数据整理

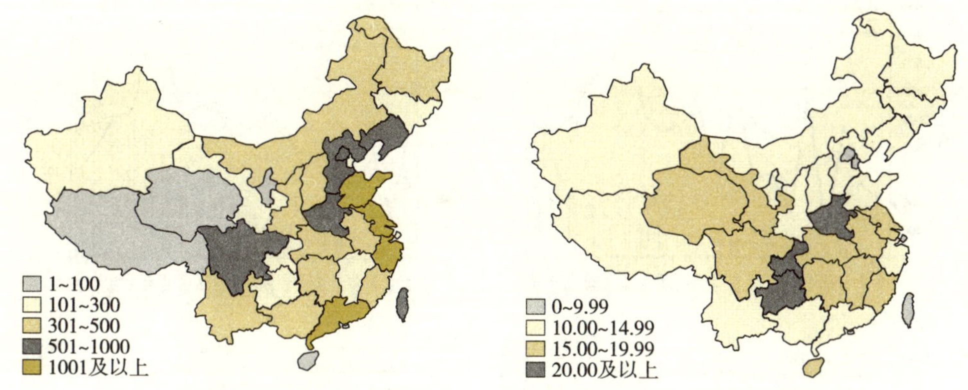

图 4.8　2014 年中国汽车保有量（左图，万辆）及其增长（右图，%）

注：受作图软件限制，本图未显示南海诸岛。

资料来源：根据《中国统计年鉴 2015》相关数据整理

从人均水平看，2014 年大陆地区千人汽车拥有水平较高的地区主要是三个沿海经济区及黄河中游、西北等区域；与全国相比，长江中游、西北和西南经济区千人汽车拥有量增长较快（见图 4.9）。

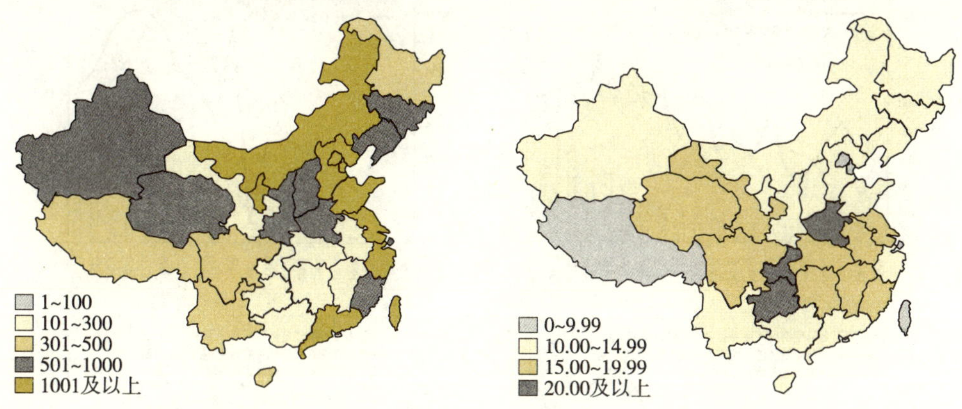

图 4.9　2014 年千人汽车拥有量（左图，辆）及其增长（右图，%）

注：受作图软件限制，本图未显示南海诸岛。

资料来源：根据《中国统计年鉴 2015》相关数据整理

近年来，沿海地区特别是北部和南部沿海地区保有量增速不断回落，并明显低于全国平均增幅；而长江中游和黄河中游汽车需求保持了较快增长，日益成为支撑中国汽车市场增长的重要区域（见图 4.10）。

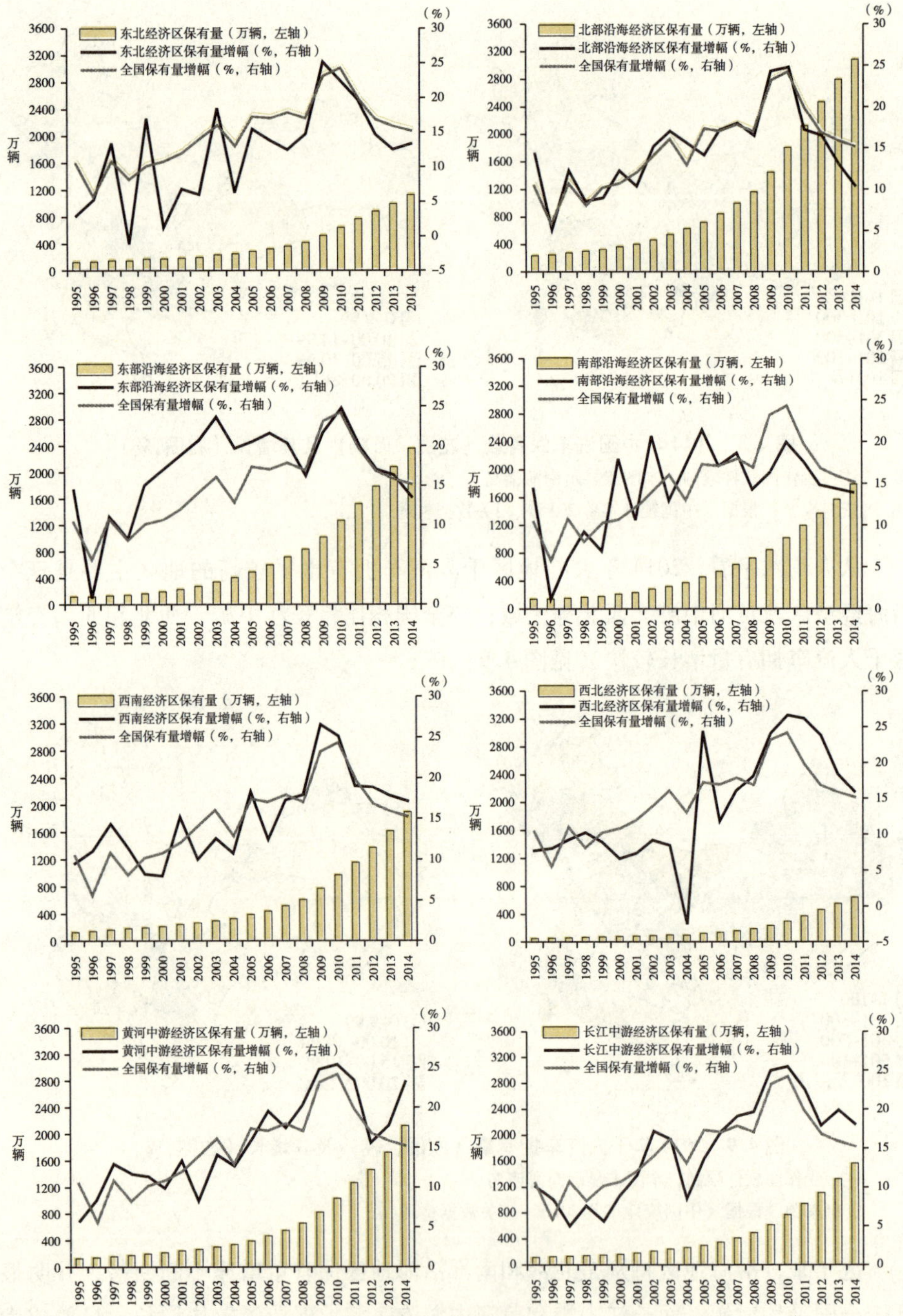

图 4.10　1995～2014 年中国主要经济区汽车保有量及增长情况

资料来源：根据国家统计局公布的数据整理

主要厂商效益指标回落，市场集中度出现下降

与2014年相比，2015年汽车重点企业[①]主要效益指标大幅回落，利润总额同比下降3%，营业收入仅增长0.5%，增速分别较2014年下滑约24个和10个百分点（见表4.5）；销售利润率为11.07%，较上年降低0.4个百分点（见图4.11）。

表4.5 2015年主要汽车企业收益指标变化

时 期	利润总额		营业收入		营业成本	
	当期	同比	当期	同比	当期	同比
2014年	3581.03	20.63%	31243.95	10.39%	24664.55	9.42%
2015年上半年	1859.84	-3.28%	15126.13	-1.14%	11973.59	-0.39%
2015年	3476.76	-2.91%	31404.01	0.51%	25105.99	1.79%

资料来源：中国汽车工业协会

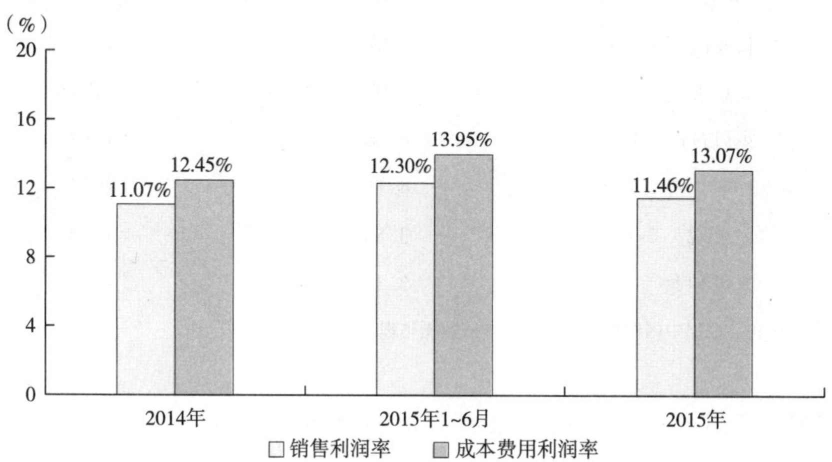

图4.11 2015年主要汽车厂商利润率变化情况

资料来源：中国汽车工业协会

2015年销量前五位和前十位厂商市场份额分别为38.3%和59.2%，均较2014年明显降低，2010年以来集中度逐年提升的格局发生转变（见表4.6）。主要乘用车厂商销量前十家企业中，第一梯队市场集中度整体降低，而第二、第三梯队则出现提升（见表4.7）。

① 根据中国汽车工业协会的抽样企业，重点汽车企业集团（公司）包括北汽、中国长安、华晨、一汽、上汽、吉利、江淮、奇瑞、东南（福建）、厦门金龙、郑州宇通、重汽、东风、广汽、庆铃、陕汽和比亚迪17家企业。

表 4.6　2015 年主要汽车企业市场销售份额变化情况

	2001	2005	2010	2013	2014	2015
前五位份额（%）	69.76	40.85	35.00	39.30	40.33	38.29
前十位份额（%）	90.55	68.16	57.24	59.54	61.08	59.21

资料来源：根据中国汽车工业协会发布的数据整理

表 4.7　2015 年主要汽车企业市场占有率变化情况

企　业	2015 年销量份额（%）	变化（%）
上海大众	8.54	-0.23
上汽通用五菱	8.51	0.45
上海通用	8.16	-0.60
一汽大众	7.81	-1.24
长安汽车	5.27	0.32
北京现代	5.03	-0.66
东风日产	4.86	0.01
长安福特	4.11	0.01
长城	3.56	0.45
东风神龙	3.36	-0.22

资料来源：根据中国汽车工业协会发布的数据整理

2015 年汽车市场运行受宏观经济和政策的影响明显

课题组 2014 年末对汽车市场的预测为：2015 年国产汽车销量将达到 2465 万辆左右，同比增长 4.1%～5.8%；千人汽车拥有量约为 118 辆，同比增长 11%～12%。2015 年国产汽车实际销量为 2460 万辆，同比增长 4.7%；千人汽车拥有量为 118 辆，同比增长 11% 左右。2014 年做出的预测与实际增长情况基本相符，表明课题组对 2015 年的市场发展阶段判断以及对市场的短期因素分析基本成立。

整体而言，在 2015 年汽车市场运行过程中，负面因素对市场产生了更加显著的影响，其中经济降速及资本市场波动的影响较为明显：

由于市场从高速增长向中速增长的转换已经完成，汽车市场增速继续回落本在意料之中。而上半年市场出现的快速下滑，主要是由于两个原因：第一是固定资产投资增速和居民消费增速下降明显，对汽车特别是商用车需求产生了较强的抑制作用。第二是股市的剧烈波动，从正反两个方向对乘用车消费产生负面影响：在股市快速上涨时，部分消费者将购车资金配置在股市上；在股市大跌时，市值缩水又降低了购换新车的能力和意愿。除此之外，杭州、深圳等重要消费城市实施汽车限购，移动端打车、租车软件的普及，以及公车改革的深入推进，也从不同程度上对汽车需求产生了抑制作用。

2015 年中期，课题组曾对市场影响因素做出评估，并判断车市将在下半年企稳回升。财政部、国税总局在第三季度出台了汽车消费刺激政策，即 2015 年 10 月 1 日至 2016 年 12 月 31 日，执行 1.6 升及以下排量乘用车辆减按 5% 的税率征收车辆购置税的政策。在市场回升和刺激政策的综合作用下，第四季度汽车需求出现了明显反弹。

从供求格局看，随着下半年销量大幅回升，全年供大于求的矛盾有所缓解。全年乘用车新增库存约为 200 万辆，第二季度和第四季度库存增加较快（见图 4.12）。按照 12 月末经销商库存系数 1.02 测算①，全年乘用车库存应保持在 250 万辆左右。

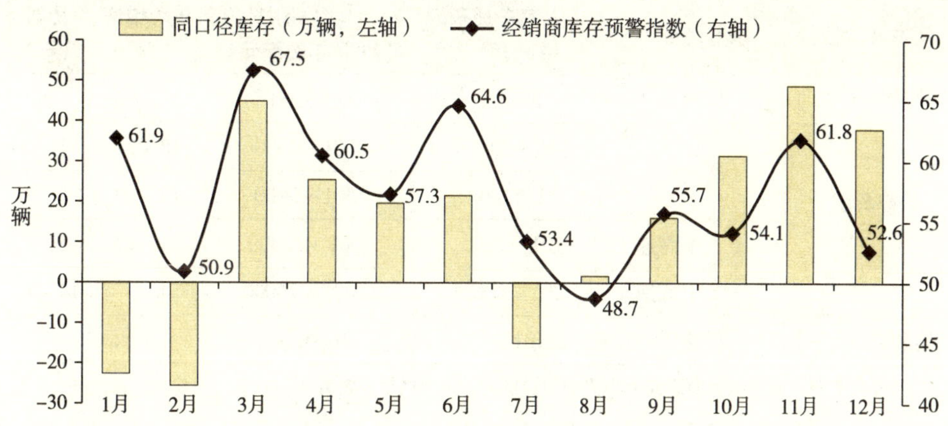

图 4.12　2015 年汽车厂商库存变化情况

注：同口径库存是指按照公安部上牌数据统计口径（含进口量），对汽车批发销量进行相应调整而得出的库存估计数。

资料来源：公安部，中国汽车工业协会，中国汽车流通协会

① 经销商库存系数 = 期末库存量/当期销售量。该系数由中国汽车流通协会每月定期发布，认为库存系数在 0.8 ~ 1.2 之间处于合理范围，而库存系数预警临界值为 1.5。

未来十年中国汽车需求增长前景（2016～2025年）

中国汽车需求未来十年增长前景展望（2016～2025年）

依据近年研究的预测思路和方法①，我们继续采用国际经验推算、城镇化率测算、Logistic模型测算等方法，并对预测结果进行相互验证。

根据国际经验推算

2015年中国人均GDP约为11000国际元。根据典型国际经验，未来4～6年，千人汽车拥有量将继续处在11%～12%的增长区间（见表4.7）。2015年开始，中国GDP增速已回落到7%以下，预测到2025年将降到5%左右，届时人均GDP将达到18000国际元②，中国汽车市场也将进入饱和期发展阶段。根据汽车需求增速变化的典型国际经验推算，预计到2025年，中国总汽车保有量将达到3.8亿辆，新车产销规模将稳定在3000万辆左右，千人汽车拥有量约为267辆（见图4.13到图4.15）。

表4.8 工业化国家或地区汽车需求增长的阶段性特征

发展阶段	增长特征		千人汽车拥有量（辆）	人均GDP（1990年国际元）	年均增速（%）	历时（年）
孕育期（～t_1）	低速		0～5	0～3500	—	—
普及期（t_1～t_2）	高速		6～20	3501～4500	18～21	7～9
			21～100	4501～9000	19～20	8～9
	中速	中高速	101～200	9001～12000	11～12	5～7
		中低速	201～400	12001～16000	4～5	14～16
饱和期（t_2～）	低速		401～	16001～	1～2	—

资料来源：国务院发展研究中心“中国经济增长十年展望课题组”

依据城市化发展趋势测算

发达国家特别是日韩等后发国家，汽车保有量与城镇化率间有明显的指数关系（见图4.16）。2015年中国城镇化率为56.1%，根据城镇化率与汽车保有量

① 详见刘世锦主编，《中国经济增长十年展望（2013～2022）》，北京：中信出版社，2013年。

② 相关分析及预测参见第二章。

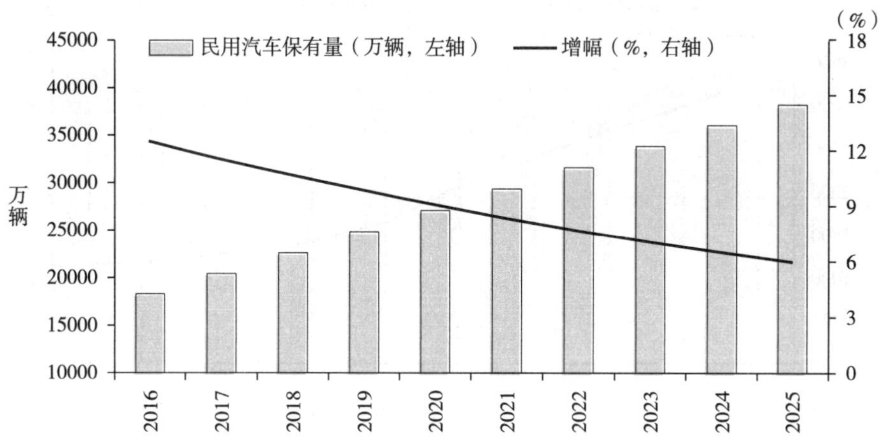

图 4.13　2016～2025 年中国民用汽车保有量预测

资料来源：国务院发展研究中心“中国经济增长十年展望”课题组

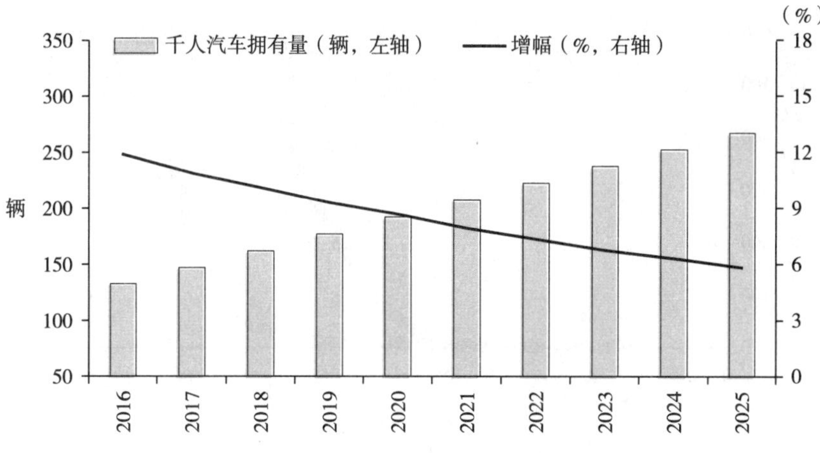

图 4.14　2016～2025 年中国民用汽车千人拥有量预测

资料来源：国务院发展研究中心“中国经济增长十年展望”课题组

之间的指数关系（见图 4.17），并参考国内城镇化预测研究成果，预计到 2025 年，中国城镇化率将达到 65.5% 左右①。届时中国汽车保有量将接近 3.9 亿辆，千人汽车拥有量约为 270 辆。

① 参见本研究相关章节对城镇化率的预测。

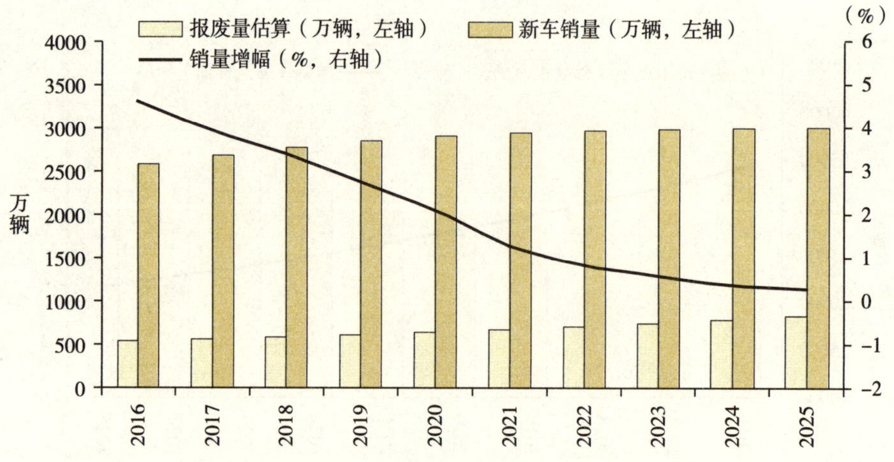

图 4.15　2016～2025 年中国国产新车销量规模预测

资料来源：国务院发展研究中心“中国经济增长十年展望”课题组

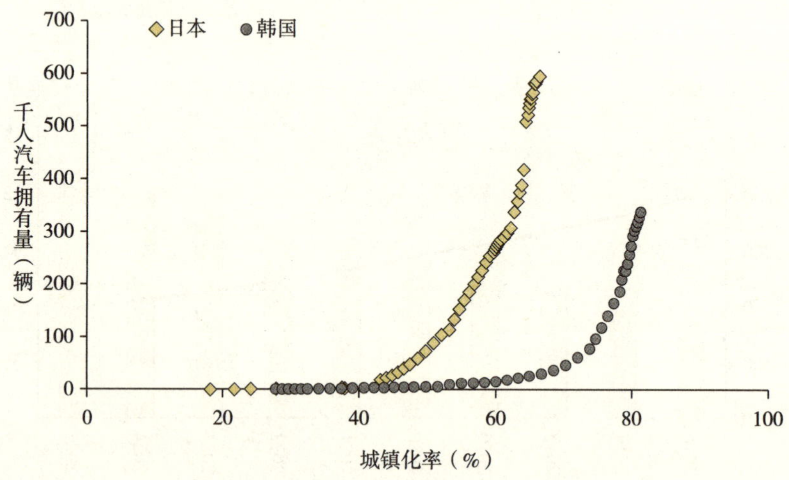

图 4.16　日本和韩国千人汽车拥有量与城镇化率的关系

资料来源：国务院发展研究中心“中国经济增长十年展望”课题组

Logistic 模型预测

Logistic 模型的基本公式为：

$$y(t) = \frac{m}{1 + e^{b-r(t-t_0)}} \tag{1}$$

公式（1）中 y（t）表示市场上 t 时点的汽车保有量（t_0 =1995 年，则 1996 年，1997 年，1998 年…对应的 $t-t_0$ 分别为 1，2，3，…）；其中 y 为市场最大汽

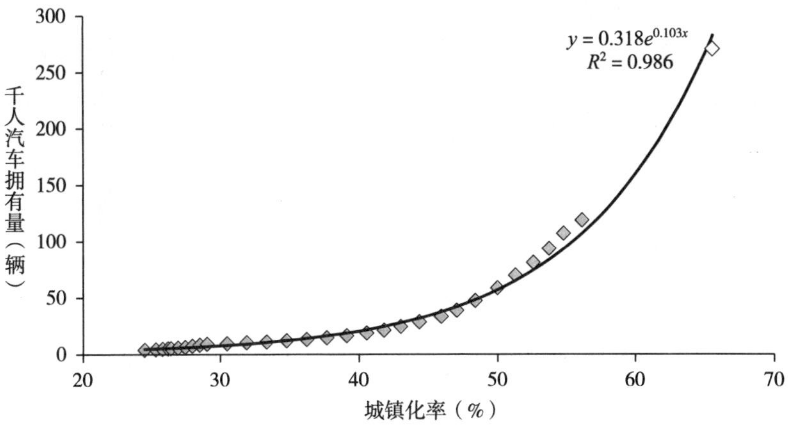

图 4.17　中国千人汽车拥有量与城镇化率的相关性

资料来源：国务院发展研究中心“中国经济增长十年展望”课题组

车潜在保有量，t 为年份，b、r 为参数，m 为汽车保有量的增长极限值。

通过 SPSS Statistics 19 软件对方程的 b、r 参数进行估计：m 取 45000 万辆，b 和 r 估计值分别为 4.499 和 0.197，R^2 =0.996，模型预测结果为：到 2025 年中国汽车保有量约为 3.7 亿辆（见图 4.18），相应的千人汽车拥有量约为 260 辆。

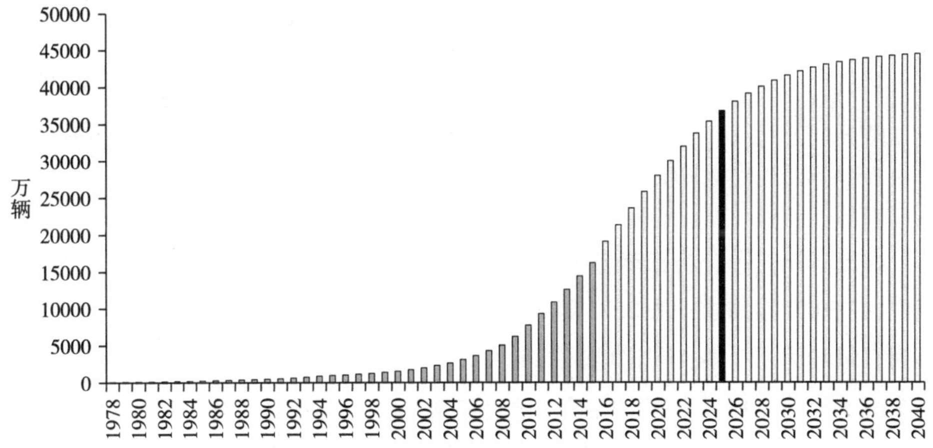

图 4.18　Logistic 模型民用汽车保有量预测

资料来源：国务院发展研究中心“中国经济增长十年展望”课题组

综合不同预测方法的结果（见表 4.9），到 2025 年中国汽车千人拥有量约为 266 辆，总保有量将达到 3.8 亿辆。

表 4.9　三种预测方法结果比较（2025 年）

方　法	千人汽车拥有量（辆）	总保有量（亿辆）
国际经验推算	267	3.8
城镇化率推算	270	3.9
Logistic 模型	260	3.7
综合三种方法估计	266	3.8

资料来源：国务院发展研究中心“中国经济增长十年展望”课题组

2016 年汽车市场预测和影响因素分析

从近两年的预测结果看，通过中长期分析框架来对短期市场变化进行预测，具有较为理想的效果（见表 4.10）。

表 4.10　近年预测值与实际值的比较

年　份	千人汽车拥有量（辆）		年销量（万辆）	
	预测值	实际值	预测值	实际值
2011	69	69	1835 ~ 1870	1850.51
2012	81	81	2000 ~ 2018	1930.64
2013	93	93	2100 ~ 2150	2198.41
2014	107	106	2325 ~ 2365	2349.19
2015	118	118	2425 ~ 2465	2459.76

资料来源：国务院发展研究中心“中国经济增长十年展望”课题组

继续运用这一分析预测方法，并结合其他短期影响因素进行修正，预测 2016 年中国汽车潜在需求约为 2575 万～2595 万辆，同比增长 4.5%～5.5%；千人汽车拥有量约为 132 辆，同比增长 11%～12%。

由于当前存在以下扰动因素，将会对 2016 年汽车市场产生影响：

一是宏观经济运行依然存在风险和不确定性。中国宏观经济正处于向新常态的转换过程中，结构转型和平稳增长的压力较大，受国际经济波动的影响较强。在宏观经济风险持续累积、部分制造业企业和大量小微企业经营面临困难的情况下，缺乏支撑商用车市场增长的积极因素，乘用车市场增速出现大幅反弹的可能性也不大。

二是在刺激政策实施影响方面，根据测算，2015 年第四季度实施的中低排量乘用车购置税减半政策，大致拉动全年销量增长约 1 个百分点。而且从对车市的影响来看，全年销量和增速依然在潜在增长水平内，因此不会对 2016 年的市场运行产生明显影响。如果不出现新的短期扰动因素，该政策将对下半年的市场增长产生相对积极和明显的促进。

三是天津、深圳等城市实施汽车限购，对 2015 年汽车市场形成了一定抑制作用。由于同比基数变化影响基本消除，2016 年销量增速会相对提升。值得关注的是，随着部分大城市大气及交通治理压力的增加，全国新增限购城市的可能性也在增加。如果继续出现限购城市，将会对 2016 年和 2017 年的市场增长产生负面影响。

四是市场发展阶段变化，将导致企业、产品和市场分化的加剧，加之依然存在较大库存，经销商和主要厂商会以降价作为主要手段，易引发价格体系的连锁反应和深度调整。如果出现价格过快下跌，也将对消费者预期产生影响，进而导致市场波动。

综合以上分析，我们认为，负面因素依然会主导 2016 年的汽车市场，判断全年销量增速会略低于潜在增速，国产新车销量大致在 2560 万～2580 万辆，同比增长 4.1%～4.8%；千人汽车拥有量约为 132 辆，同比增长约 11%。

供给侧因素对产业和市场的关键作用将日益显现

未来市场发展将更多依赖供给侧和需求侧协同驱动

随着市场逐步从高速增长转为中速增长，中国汽车向家庭普及的最快阶段已经结束，汽车需求也将由从无到有转向侧重品牌、功能和性能，市场竞争将由价格竞争转向品质和服务竞争。总之，需求侧对市场增长的支撑作用开始弱化，供给侧因素将对市场产生更加重要的作用。未来中国汽车市场的发展依赖于供给侧和需求侧的共同发力、协同驱动。

第一，汽车消费偏好发生变化，未来汽车市场的增长，将由大量首次购车和增购、换购新车群体共同支撑，因此对品牌、性能和服务的要求增强。

第二，乘用车功能要求日益多元化，新兴细分市场将对整个市场的稳定增长产生轮动效应。例如 SUV、旅行款、七座车或两座车，以及女性、中老年消费群体的产品需求将日益增加，进而带动车型和市场的不断细分。

第三，在绿色、低碳消费理念日益普及的背景下，未来新能源汽车市场将实现较快增长。排放积分交易、限购豁免、消费补贴等政策的实施，也将为新能源汽车进一步发力提供制度保障。

第四，“共享”成为未来消费领域的重要发展趋势，现代信息技术的创新和应用，将不断改变汽车消费模式，购车和用车将有所分离，打车、租车软件的普及，分时租赁等商业模式的创新，会对汽车需求和市场发展产生深刻影响。

在产能过剩、增速回落、竞争日益激烈的条件下，结构调整或供给侧创新才具备成熟的条件。而需求端的变化，也要求供给端通过调整和创新加以衔接。一方面，要求企业不仅实现技术、产品、服务和品牌的创新提升，更要结合信息技术和社会发展需求，实现营销模式、商业模式的创新。另一方面，被前期市场高增长所掩盖的矛盾，将在新的环境下日益凸显，例如产能布局、竞争策略、分销模式、营商环境等领域存在的诸多问题，将对厂商、经销商和监管部门提出新挑战。

对新能源汽车“井喷”增长的分析

自2012年开始，中国新能源汽车出现“井喷式”增长。2015年新能源汽车销量突破33万辆，同比增长3.4倍（见图4.19）。其中纯电动汽车和插电式混合动力汽车分别为24.8万辆和8.4万辆，分别增长4.5倍和1.8倍。

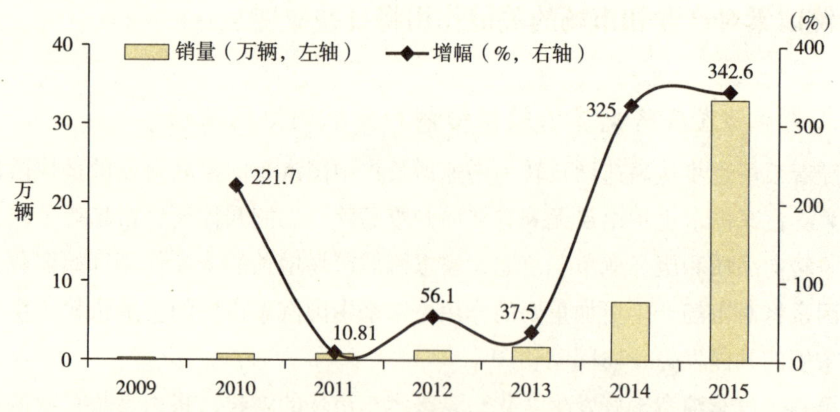

图4.19　2009～2015年中国新能源汽车销量及增长

资料来源：中国汽车工业协会

根据这一趋势，行业普遍认为新能源汽车已经跨越快速普及的临界点，爆发式增长的格局将持续。我们认为，新能源汽车近两年的超高速增长，有其特殊的背景和原因，并不具备快速、持续增长的市场基础。

第一，电动汽车的根本技术瓶颈没有明显的突破。动力电池等核心部件依然存在续驶里程短、充电时间长、产品价格高、极热极寒工况难以正常工作等“硬伤”，所以消费者的“里程焦虑”等困扰没有根本缓解，因而对燃油发动机汽车的使用劣势仍然明显。

第二，尽管有一定改善，但充电基础设施建设仍然滞后。充电基础设施建设和网络布局的优化，涉及电路改造、小区物业、商业模式创新等诸多问题，还需要一定的时间和探索实践，电动汽车和充电桩（站）失衡的格局还会持续存在。

第三，新能源汽车近两年的高增长，很大程度上得益于特殊政策，持续快速增长缺乏坚实的市场基础。从消费补贴来看，中国对电动汽车的补贴力度在世界范围都处于较高水平，加之补贴制度存在一些漏洞，导致新能源汽车快速增长中有“骗补”导致的虚高。从私人消费政策看，北上广深等大城市成为新能源汽车销售的主力。而这些城市都实施了汽车限购政策，但对电动汽车实施不同程度的豁免。由于传统汽车号牌中签率极低，部分首次购车消费者被动选择电动汽车。如果消费者能够自由选择技术路线和车型，市场增速将会大打折扣。随着限购城市新能源汽车上牌数量日益接近指标总量上限，其增长空间也会被压缩。

第四，当前存在的一些制度问题，也对新能源汽车市场中长期增长不利。其中最突出的问题，是采购招标及消费者选购过程中，地方保护和市场分割依然存在，全国统一市场建设仍待加强。由于补贴中存在地方配套，一些地方政府倾向于采购和补贴本地或者利益相关企业生产组装的车型。通过地方目录等方式，或在采购、领取补贴、上牌等环节，对不同品牌、产地的产品存在或明或暗、或多或少的歧视。

综上，我们认为，在市场发展初期，在特定环境和政策的支撑下，新能源汽车出现了超高速的增长，但市场基础并不坚实，增速难以持续和稳定，其中长期增长潜力有赖于技术、政策和环境的进一步改善。

促进汽车产业及市场持续健康发展的政策建议

从当前的市场形势和要求看，未来应将改善供给和需求结构，作为促进汽车产业和市场持续健康发展的政策重点。

厘清主要矛盾，明确发展目标

随着汽车市场进入新的发展阶段，应结合城市可持续发展、能源安全和环境改善等，在确定当前汽车产业和市场发展的主要矛盾基础上，进一步明确发展目标。当前的主要矛盾有两个：一是如何协调汽车需求快速增加与城市、环境可持续发展之间的关系；二是如何通过结构调整，使适应数量增长的供给体系转向更好适应新的消费需求和发展要求。因此，未来适宜将促进节能环保车型发展作为主要目标，统筹和引导供求两侧的结构调整和政策制定。

创新监管制度，提升治理实效

无论从供给侧还是需求侧的结构调整和协调发展来看，改善和创新监管体制机制，都将是促进产业和市场持续健康发展的必由之路。

一是进一步转变政府职能，消除长期困扰产业的交叉监管、多头监管、重复认证等积弊，从主体、事前、行政化监管逐步转向行为、事中事后和市场化监管，从生产主体和车型的准入监管，转向重点围绕安全和环保监管，监管手段更多采用法规和标准，使市场能在资源配置、产业组织优化、技术路线确定和商业模式创新等方面有更大的空间。

二是在新能源汽车发展方面，要进一步降低社会资本和跨界资源进入的门槛，更加适应新能源汽车研发、生产和销售的特点；以补需方和补链条为基本原则，增强消费补贴的实效；在市场发展初期，更多发挥政府在充电基础设施建设中的主体作用，探索尝试不同商业模式和盈利模式，引入社会资本加快基础设施建设，实现基础设施先行。

三是着力消除地方保护和市场分割行为，营造公平透明的竞争环境和营商环境，加快建立统一开放、竞争有序的市场体系，为技术创新、产业组织改善、商业模式创新以及要素及资源自由流动提供制度保障。

四是加快制度创新，引导产业和市场发展。整合财政、工信等主管部门政策，形成统一的燃油消耗限值及排放积分交易制度，并强化实施监管，促进新能源汽车、燃油经济性和轻量化等节能环保技术的创新和产业化。

调整消费政策，优化需求结构

借鉴国际治理经验，引导和促进消费领域形成适度、低碳、共享的消费理念。

一是优化汽车消费相关税收结构，改变当前存在的“购买环节重、使用环节轻”“小排量相对重、大排量相对轻”“使用者分担成本少、社会承担成本多”等问题。可考虑将中低排量乘用车购置税减半的阶段性政策长期固化；对各种技术路线汽车依据碳排放等统一标准，征收环境税，并实施公平透明的补贴政策；在交通和环境压力较大的城市，依据不同时段、不同车型、不同路段，探索实施拥堵费等政策。

二是消除流通领域、售后服务领域普遍存在的滥用市场支配地位等垄断行为，加强市场和竞争监管，提升销售及售后服务市场的服务质量，维护消费者合法权益。

三是在政府、事业单位、国企等领域，进一步提升中低排量、新能源汽车等采购比重，发挥政府采购和财政资金对产业和市场的扶持引导作用。

四是鼓励新能源汽车发展，加快推进基础设施建设，在限购城市中明确放开有车消费者可增购新能源汽车的限制，加快制定新能源汽车购买、使用、迁移、过户等政策或制度。

增加创新投入，攻克关键技术

围绕传统汽车和新能源汽车的关键部件和核心部件，特别是针对动力电池正极材料、隔膜、绝缘栅双极型晶体管（IGBT）、智能功率模块（IPM）、先进充电等前瞻技术、关键技术和共性技术，增加政府研发投入力度，并低成本向产业扩散。在国家创新资源的分配上，更多地向企业，特别是向零部件、新材料、电子系统等企业倾斜，快速提升产业创新效率和技术水平。

参考文献

邓恒进等，“基于 Logistic 模型的我国汽车保有量增长期分析”，《企业经济》，2008 年 8 月。

杜勇宏，“对中国汽车千人保有量的预测与分析”，《中国流通经济》，2011 年 6 月。

刘世锦等，《中国经济增长十年展望（2013～2022）：寻找新的动力和平衡》，北京：中信出版社，2013 年。

简新华、黄锟，“中国城镇化水平和速度的实证分析与前景预测”，《经济研究》，2010 年第 3 期。

蒋艳梅等，“Logistic 模型在我国私人汽车保有量预测中的应用研究”，《工业技术经济》，2010 年 11 月。

王青，《从技术跟随到战略布局——新能源汽车革命与中国应对战略》，上海：上海远东出版社，2012 年。

王青，“加快推进基础设施建设是当前发展新能源汽车的关键”，《中国汽车报》，2015 年 11 月。

王青，“用市场力量促进新能源汽车发展”，《中国汽车报》，2015 年 11 月。

王青，“鼓励创新，强化竞争是发展新能源汽车的正途”，《中国汽车报》，2015 年 11 月。

United States. Bureau of Public Roads, Robert H. Burrage: “Parking guide for cities”, U. S. Govt. Print. Off. , 1956.

第五章　出口

坚持结构升级的既定方向

吕　刚

要点透视

➢ 在全球贸易大幅收缩的背景下，2015 年中国以美元计价的名义出口业绩进一步恶化，同比下降 2.8%。不过，这一成绩其实已经明显优于其他主要经济体，表明中国货物出口的整体竞争力在全球依然居于领先地位。预计中国在全球的市场份额将创出历史新高。

➢ 展望 2016 年，美国经济复苏势头正在减弱，欧洲复苏进程并不稳固，部分新兴经济体因美元加息和资本外流而出现金融动荡的可能性较大，地缘政治风险上升，虽然人民币兑美元汇率预计将有所贬值，但实际有效汇率仍将保持稳定，综合判断，全球贸易将维持弱势，中国的出口也很可能再度小幅收缩。

➢ 通过中美制造业盈利能力的比较可以看出，中国虽然在多个细分行业的利润规模上超过美国，但在多个资本、技术密集型产业的利润率方面仍然明显落后。这说明中国制造业结构升级的潜力依然广阔，未来十年中国的货物出口要想继续保持增长，就必须坚持结构升级这个方向毫不动摇，大力发展高附加值制造业。

2015 年中国货物出口形势回顾及 2016 年展望

国际金融危机以来中国出口首次收缩

2015 年，中国以美元计价的货物出口下降 2.8%，是 2009 年国际金融危机以来第一次出现负增长。分贸易方式看，加工贸易出口从第一季度就陷入同比负增长，此后降幅逐渐扩大，一般贸易出口增速在第一季度还高达 12%，但第二季度增幅骤然缩小到 2% 以下，下半年则陷入负增长。全年来看，加工贸易同比收缩 9.6%（2014 年为增长 2.7%），一般贸易微增 1.5%（2014 年为增长 10.7%）。

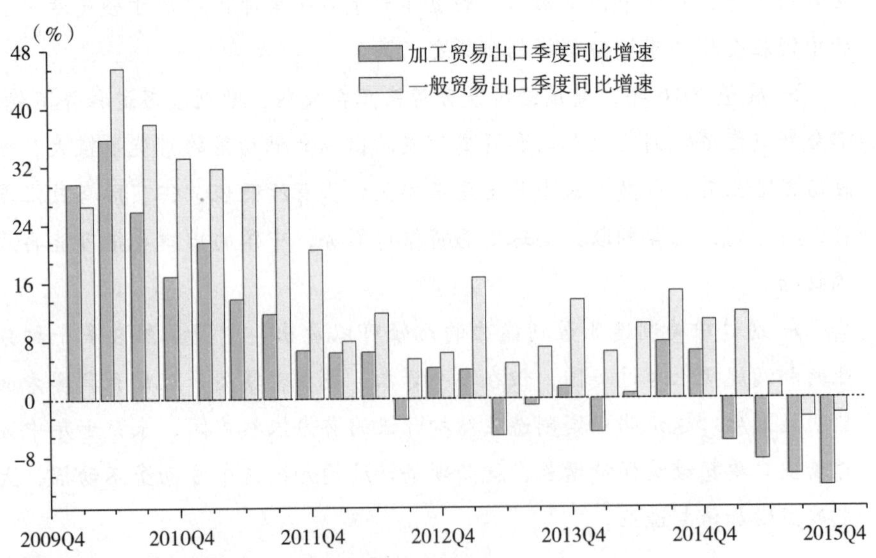

图 5.1　中国一般贸易和加工贸易出口季度同比增速

资料来源：Wind 资讯

中国对所有主要市场的出口几乎都出现了减速或是降幅扩大，仅对南非的出口表现比 2014 年有所改善。其中，对欧盟出口下降 3.9%（2014 年为增长

9.7%），对日本出口下降9.2%（2014年为下降0.5%），对东盟、韩国分别只增长2.6%和1.1%（2014年分别为增长11.4%和10.1%），对俄罗斯和巴西的出口降幅分别高达35%和22%（2014年分别为增长8.2%和下降3.5%）。

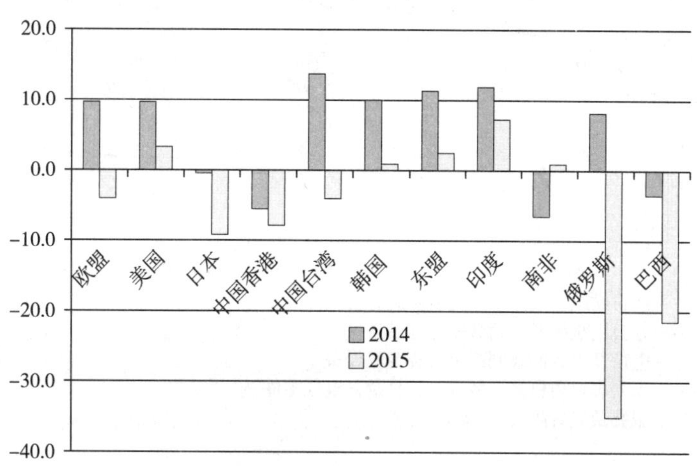

图5.2　2015年中国对有关地区出口变动幅度

从商品结构看，出口减速也是普遍性的。首先，按国际贸易标准分类（SITC），在我国货物出口的前五大类产品中，2015年有三类产品出口出现下降，只有两类产品的出口实现增长。其中，电脑及办公机械（SITC75）、服装（SITC84）、纺织品（SITC65）的出口分别同比收缩14.2%、6.4%和2.4%；手机（SITC76）和家用电器（SITC77）的出口分别同比增长5.7%和4.7%。更全面地看，在2014年出口额超过100亿美元的27个大类出口产品中，有21类产品的出口增速在2015年出现下滑甚至陷入负增长，只有六类产品的增速有所提升。

中国出口下降主要是全球经济走弱的结果

2015年中国出口表现的恶化，首先是一个中长期调整过程的延续。从图5.5中可见，中国的出口与欧美日三大市场的进口增速存在很强的同步性。发达国家经济在2008年金融危机之后进入深度调整，其进口需求在经历了2010年和2011年的反弹后，已连续多年在零增长左右徘徊；相应的，中国的出口在2010年和2011年分别出现31%和20%的报复性反弹后，增速也大幅下滑，2012~2014年分别为7.9%、7.8%和6%。

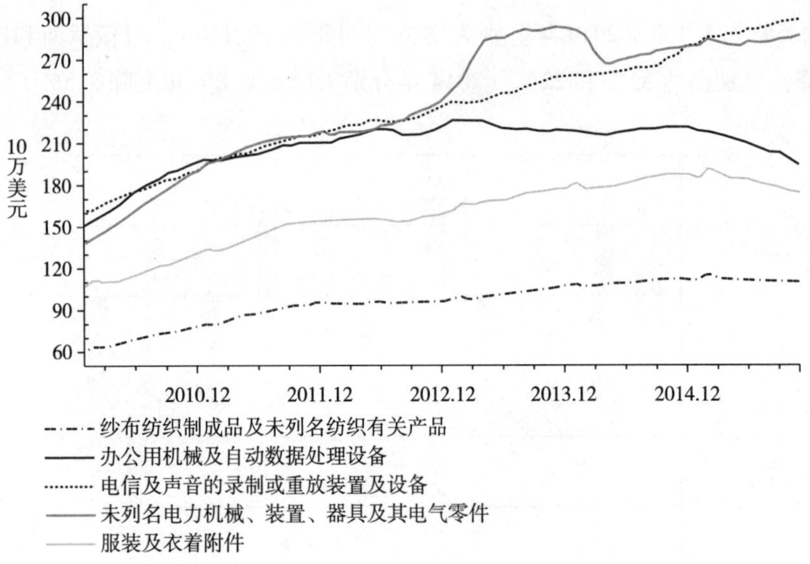

图 5.3　中国出口的前五大类产品（连续 12 个月累积量）

资料来源：Wind 资讯

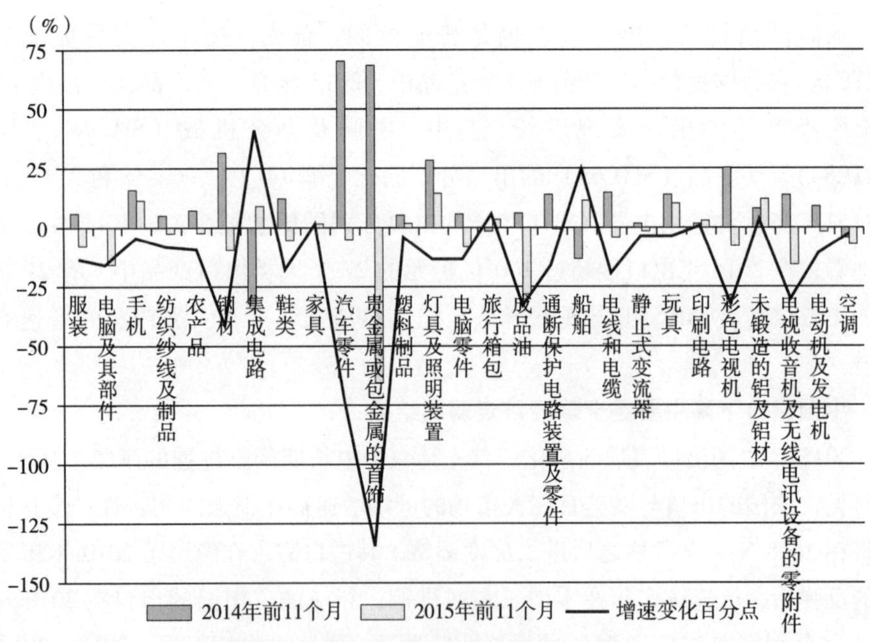

图 5.4　中国主要产品出口累计同比增速

资料来源：根据 Wind 资讯数据计算

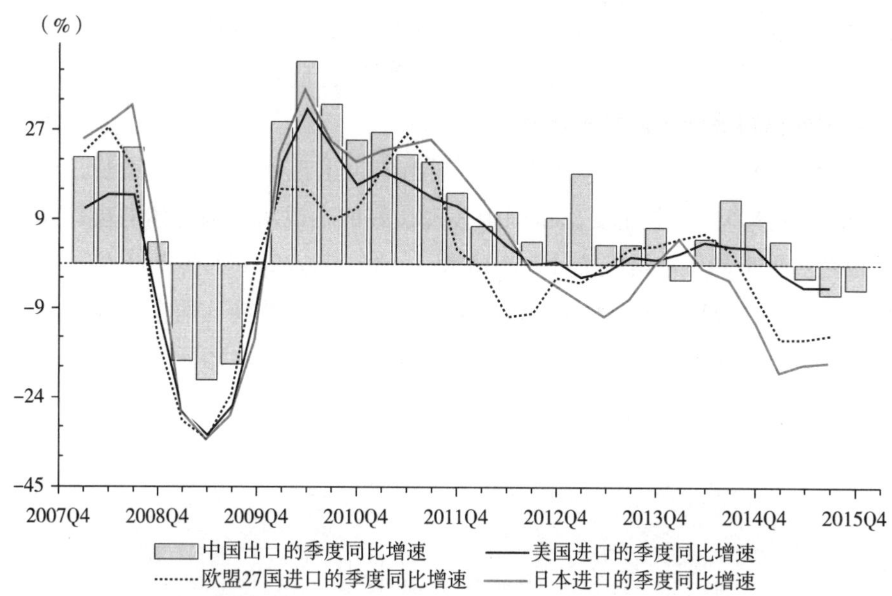

图 5.5 中国出口及欧美日从全球进口的季度同比增速

资料来源：Wind 资讯

2015 年，受到大宗商品价格大幅下跌和主要经济体汇率贬值的影响，全球贸易出现大幅萎缩，成为中国出口负增长的直接诱因。据世界贸易组织统计，2015 年全球货物进口同比下跌 13%，为 2009 年以来首次出现收缩（2009 年为同比下跌 24%）。

能源和矿产资源价格暴跌，导致能源资源生产国出口收入大幅下降，进而损害其进口能力。原油价格在 2014 年 7 月以前还在每桶 100 美元以上，而到 2015 年初则已跌到 50 美元以下，年底甚至跌破 40 美元，按 2014 年全球原油进口量 18.8 亿吨粗略估算，仅此一项就使得原油出口国的外汇收入减少 7000 亿美元以上，这正是 2015 年中国对俄罗斯出口暴跌的重要原因。与 2014 年相比，铁矿石价格在 2015 年也跌去了 40%，受此影响，巴西经济陷入负增长，中国对巴西的出口也出现暴跌。

欧元和日元汇率的大幅下跌对 2015 年的全球贸易也产生了重要的紧缩效应。2015 年欧元和日元对美元大幅贬值，导致欧元区和日本以美元计价的进口额下降，从而相应减少了从中国的进口。按年均汇率计算，欧元在 2015 年对美元贬值了 16%，受此影响，若以欧元计算，欧元区在 2015 年前 10 个月从中国的进口同比增加了 250 亿欧元，但以美元计算则减少了 130 亿美元。同样，受日元在

2015 年对美元贬值 13% 的影响，日本在 2015 年前 11 个月从中国的进口同比增加了 4000 亿日元，但以美元计算则下降了 200 亿美元。

中国的出口表现依旧好于全球

虽然在全球贸易收缩的背景下，中国出口也出现了罕见的负增长，但不足 3% 的降幅依然算得上是主要出口国中表现最好的，说明中国总体的出口竞争力依然很强。据世界贸易组织统计，2015 年 1 ~ 10 月，22 个主要出口方（按 2014 年出口额超过 2000 亿美元统计，剔除了新加坡、中国香港这两个转口大港）的出口全部出现收缩，但中国的降幅最小，只有 2.5%，相比之下，有 16 个出口方的降幅都接近或超过了 10%。据此推算，2015 年中国产品的国际市场份额将进一步上升。

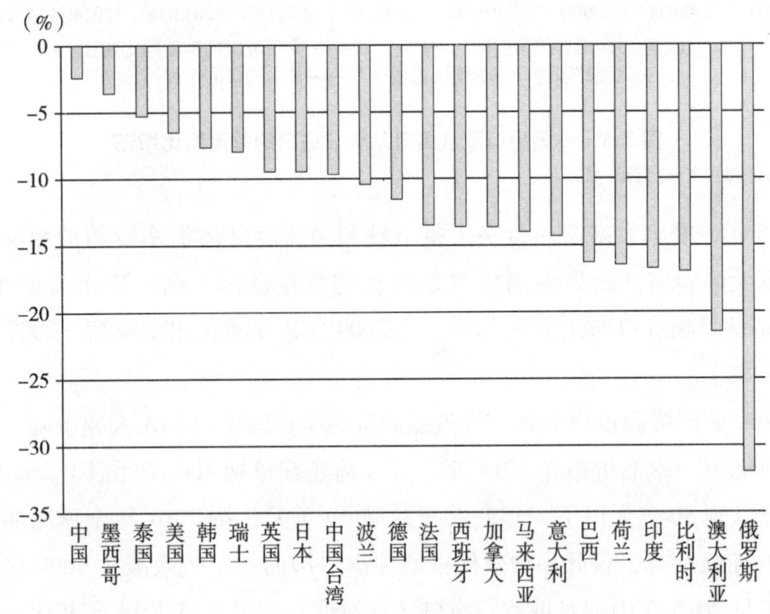

图 5.6　2015 年 1 ~ 10 月货物出口同比增幅

资料来源：WTO

2016 年中国出口可能再度小幅收缩

首先，外部需求将继续疲弱。第一，美元升值导致的资本外流和油价低迷导致的出口收入下降，可能对包括中国在内的新兴经济体形成双重打击，拖累全球经济。本币贬值预期加强会引发资产抛售潮，冲击国内金融市场，还会加重国内企业的外债偿债负担，引发企业破产潮，从而诱发金融及经济危机，甚至引爆地缘政治冲突。这种风险在2016年初已经有所显现，比如，沙特阿拉伯已经迫于财政压力而大幅削减国内价格补贴，其本币盯住美元的固定汇率也摇摇欲坠；而沙特和伊朗之所以断交，除了逊尼派与什叶派穆斯林的传统对立，深层次原因则是急于通过出口摆脱经济困难的两个产油国对国际市场份额的激烈争夺。在新兴经济体中，作为全球第二大经济体的中国2015年的资本外流金额预计超过5000亿美元，国内股票市场也出现了巨幅动荡，2016年中国能否把握好资本账户开放的节奏，实现人民币汇率的有序调整，稳定投资者对中国经济的信心，将直接决定宏观经济基本面能否保持稳定。由于对全球经济增长的贡献率超过30%，中国的表现将对全球经济走势产生重大影响。此外，截至2015年12月，印度、巴西、俄罗斯、南非四国的制造业PMI（采购经理指数）已全部跌入荣枯分界线以下，面对进一步下跌的大宗商品价格和疲弱的全球经济，复苏前景不容乐观。

其次，发达国家的经济复苏并不稳固。美国在2015年前三季度的经济增长逐步减速，同比分别增长2.9%、2.7%和2.2%，制造业于2015年11月陷入收缩，结束了持续三年的扩张期，房地产市场也有降温迹象，11月现房销售量同比下降3.8%，为14个月以来首次下跌。从需求角度看，11月个人消费支出同比增速为2.5%，创16个月以来新低。

欧洲经济在2015年表现相对稳定，但法国、西班牙、意大利、希腊等国的公共债务比例仍在上升，而近来难民危机引起的社会动荡，又为其经济复苏增添了新的变数，希腊可能因此而再度面临被迫退出欧盟的局面。此外，作为欧盟核心成员之一的英国也可能在2016年就是否退出欧盟举行公投，这无疑会威胁到欧盟的稳定性和投资者的信心。

在全球第三大经济体日本，货币、财政两支箭已是强弩之末，日本央行最近实施负利率政策，恰恰说明其经济增长面临的压力，但由于结构性改革难有突破，经济因此而摆脱低迷的可能性并不大。

从汇率角度看，人民币对美元贬值并不会对中国的出口产生显著的促进作用。2015年8月以来，人民币对美元出现一定幅度的贬值，改变了之前持续多年的单边升值趋势，但人民币的实际有效汇率从2015年初开始就基本保持稳定，由于2016年10月人民币将正式加入SDR，中国外汇中心也已发布了CFETS（中国外汇交易系统）人民币汇率指数，预计人民币实际有效汇率将继续维持稳定。

综合判断，2016年中国的出口可能再度小幅收缩。

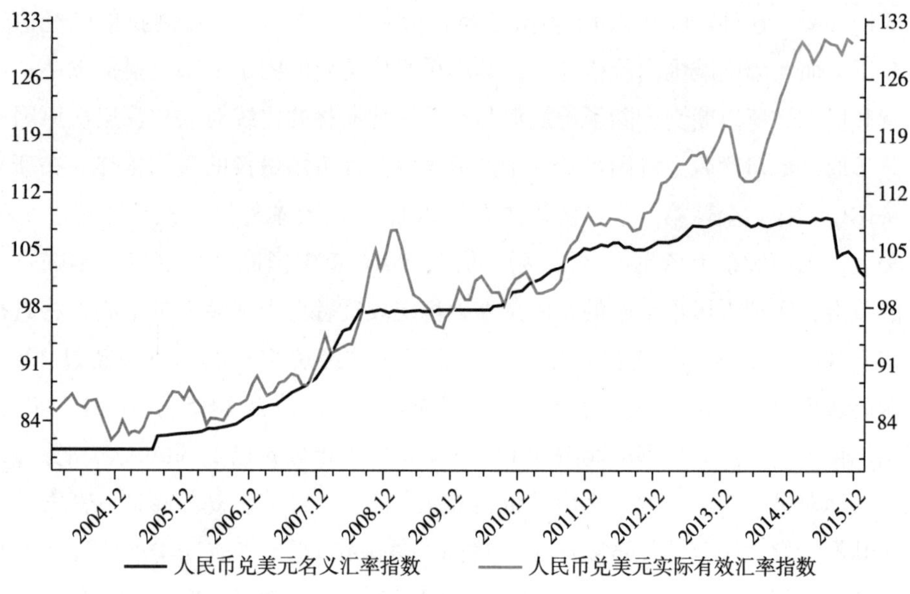

图 5.7　人民币汇率

资料来源：Wind 资讯

出口结构升级的关键在于产业结构升级：中美制造业竞争力比较研究

根据世界银行的统计，按 2005 年美元不变价计算，中国制造业的增加值已于 2011 年超越美国，到 2013 年，中国制造业增加值为 2.1 万亿美元，占全球的 21.4%；而美国的相应数据为 1.7 万亿美元和 17.5%。单从这个数据来看，中国制造业似乎已经稍稍领先于美国。但是，通过对比中美两国制造业的盈利能力，我们发现，中国制造业在资本、技术密集型产业上的竞争力实际还远远落后于美国，由此可以证明，中国制造业结构升级的空间依然很大，相应的，中国货物出口结构的升级空间也十分广阔。

比较的方法和数据

中国制造业盈利数据来自国研网工业统计数据库，美国制造业盈利数据来自美国国家统计局的季度财务报告（QUARTERLY FINANCIAL REPORT）。为便于比较，选取了 2013 年的营业利润（税前）和主营业务收入这两个指标。前者在美国统计表中为营业利润（OPERINC）；后者在美国统计表中为销售收入（SALES）。以营业利润代表行业利润总规模（非主营业务利润不予考虑），以营业利润与主营业务收入之比代表行业利润率。

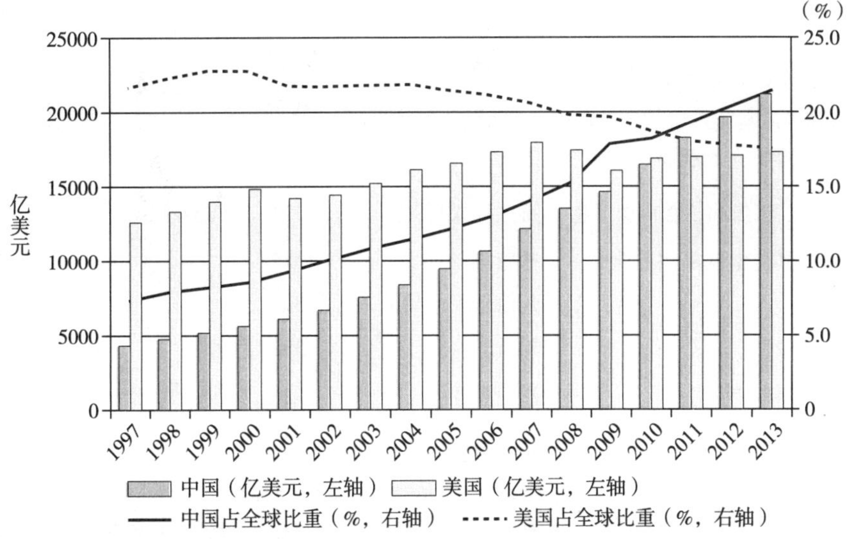

图 5.8 中美制造业增加值比较

资料来源:世界银行

中国制造业利润数据均按 2013 年年均汇率(即 1 美元 =6.1425 元人民币)折算为美元。

中国制造业的分类标准为 2011 年版国民经济行业分类,美国制造业分类标准则为美国国家统计局的季度财务报告,由于二者并不完全对应,通过合并某些二级行业,最终得到 22 个基本可比的对应行业(参见下表)。

表 5.1 中国与美国制造业对应关系

中国国民经济行业分类 2011	美国国家统计局季度财务报告		对应后行业	序号
	行业名称	代码		
农副食品加工业 食品制造业	食品	311	食品	1
酒、饮料和精制茶制造业 烟草制品业	饮料和烟草	312	饮料和烟草	2
纺织业	纺织	313	纺织	3
纺织服装、服饰业	服装	315	服装	4
木材加工和木竹藤棕草制品业	木制品	321	木制品	5
家具制造业	家具	337	家具	6
造纸和纸制品业	纸制品	322	纸制品	7

续表

中国国民经济行业分类 2011	美国国家统计局季度财务报告		对应后行业	序号
	行业名称	代码		
印刷和记录媒介复制业	印刷	323	印刷	8
石油加工、炼焦和核燃料加工业	石油和煤炭	324	石油和煤炭	9
化学原料和化学制品制造业	基础化工	375	基础化工	10
	其他化工产品	325		
医药制造业	制药	385	制药	11
橡胶和塑料制品业	塑料和橡胶	326	塑料和橡胶	12
非金属矿物制品业	非金属矿产品	327	非金属矿产品	13
黑色金属冶炼和压延加工业	钢铁	371	钢铁、有色金属	14
有色金属冶炼和压延加工业	有色金属	381		
	铸造	331		
金属制品业	金属制品	332	金属制品	15
通用设备制造业 专用设备制造业	机械	333	机械	16
汽车制造业	汽车	376	汽车	17
航空、航天器及设备制造	航空	386	航空航天	18
电气机械和器材制造业	电气设备	335	电气设备	19
计算机制造	电子计算机及外设	374	电子计算机及外设	20
通信设备制造	通信设备	384	通信设备	21
除电脑、通信设备外的电子设备 仪器仪表制造业	其他电子产品	334	其他电子产品	22

中国数据只包括规模以上工业企业，即年主营业务收入达到2000万元人民币以上的企业；美国数据则包括全部企业。二者虽有所不同，但由于规模以上工业企业占中国全部工业企业产值的比重超过90%，基本可以代表中国工业企业的全体，因此中美数据仍具有可比性。

主要发现

通过比较2013年中美两国的制造业利润状况。总的结论是：与美国相比，中国制造业规模虽然更大，但效率偏低。

从总利润水平看，2013 年中国制造业的利润总水平已明显高于美国，前者约为 9000 亿美元，后者只有 5000 亿美元。在 22 个可比的细分行业中，中国在 17 个行业的利润额都高于美国同行。

但是，在制药、食品、电脑及外设、石油和煤炭加工、航空航天这五个行业，中国企业的利润规模则明显低于美国。其中，中国在制药、食品行业的利润相当于美国的 60% 左右；在电脑及外设、石油和煤炭加工行业的利润相当于美国的 40% 左右；而在航空航天产业，中国的利润额仅相当于美国的 7%。值得注意的是，除了食品以外，其余四个行业均为资本密集型或技术密集型。

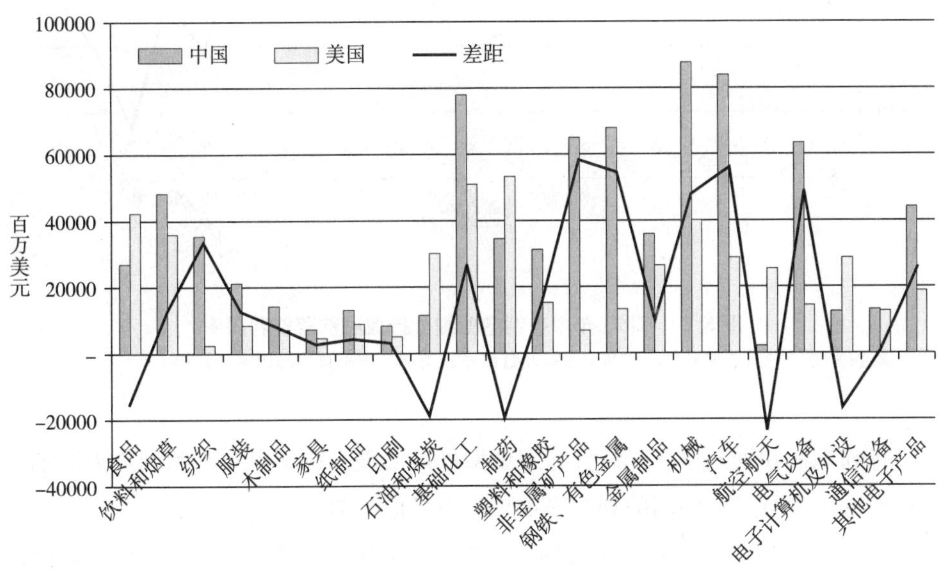

图 5.9　2013 年中美制造业细分行业税前营业利润

资料来源：中国数据来自国研网工业统计数据库，并按当年平均汇率折算为美元，美国数据来自美国国家统计局

从利润率指标看，中国制造业盈利能力则明显低于美国。从总体看，两国制造业的利润率分别为 6.1% 和 7.4%，中国似乎只是略低于美国，但是从细分产业看，差距就明显得多。首先，在 22 个可比的细分行业中，中国在 16 个行业的利润率都低于美国同行。在中国利润率高于美国的六个行业中，只有汽车算得上是典型的资本技术密集型产业，其他五个行业分别为家具、食品、印刷、纺织和非金属矿产品。众所周知，中国汽车的零部件进出口为顺差，但整车进出口则是

逆差，行业总体进出口也是逆差，所以，中国汽车行业的高利润率主要是源于较高的国内市场保护，而非较强的国际竞争力。

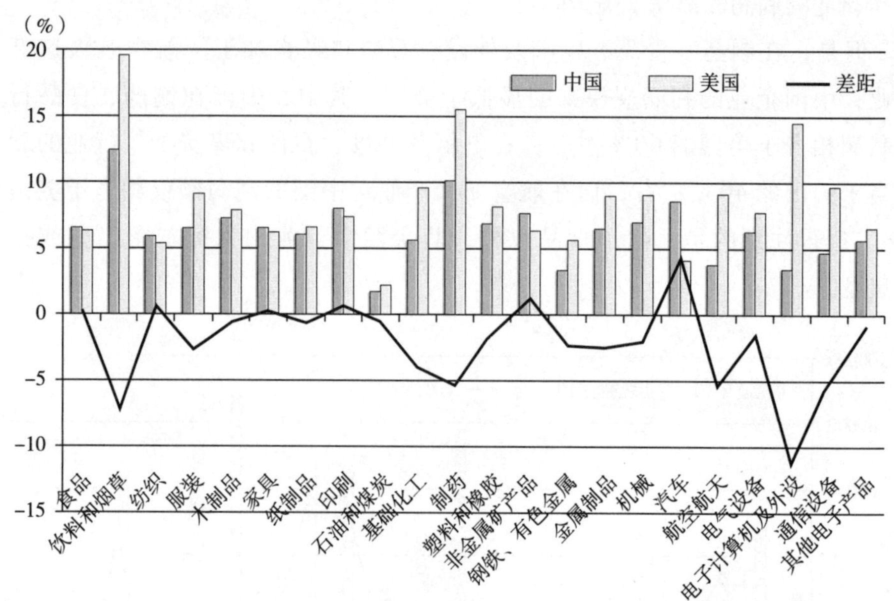

图 5.10 2013 年中美制造业细分行业税前营业利润率

资料来源：中国数据来自国研网工业统计数据库，美国数据来自美国国家统计局

将利润额和利润率指标结合起来观察可以发现，在多个中国利润额更高的资本技术密集型行业，中国的利润率水平也明显低于美国：

在通信设备行业，中国的利润额略高于美国，但利润率只相当于美国的一半；

在钢铁及有色金属行业，中国的利润额是美国的 5 倍多，但利润率只相当于美国的 60%；

在机械行业，中国的利润额是美国的 2.2 倍，但利润率只相当于美国的 77%；

在电气设备行业，中国的利润额是美国的 4.5 倍，但利润率只相当于美国的 80%。

即使在服装这一典型的劳动密集型行业，中国的利润额虽然相当于美国的 2.5 倍，但利润率只相当于美国的 72%。

综上所述，说美国的制造业已经衰落，其实还为时尚早，中国在众多资本技术密集型产业上显然还明显落后于美国，在技术含量和生产效率的提升方面还有很大的追赶空间。这也就意味着，中国的货物出口结构仍然存在着巨大的升级潜力。只要坚持大力发展高附加值制造业这个方向不动摇，未来十年中国的货物出口完全有可能继续增长。

供　给

第六章　人力资本

产业结构调整背景下的就业再配置

许召元

要点透视

➢ 2015 年，我国经济结构变化显著，不同行业间、不同地区间经济增长显著分化，经济结构调整对就业需求产生了明显影响，部分行业和部分地区出现了就业压力较大的问题。

➢ 适应经济结构的显著变化，需要进一步提高劳动力市场的灵活性，提高就业适应需求变化的能力，特别是在新经济、新行业不断涌现的情况下，加快社会保障的全国统筹，加大社会保障对灵活就业人群的覆盖，对于促进就业增长具有重要意义。

➢ 2016 年随着我国部分行业去产能工作实质性启动，部分行业隐性失业人口将显性化，就业压力将显著增加。但从中长期看，随着我国劳动年龄人口减少，以及就业吸纳能力强的服务业比重显著提升，整体就业形势仍将较为乐观。

2015 年是中国经济继续深化调整、经济结构继续转化的一年。从产业结构看，第二产业增长速度进一步下滑，但服务业保持较快增长。在工业内部，一些高新技术产业和互联网相关的新经济保持良好增长势头，但传统重化工业产能过剩矛盾突出。从区域经济看，东部沿海地区经济逐步呈现企稳好转的趋势，但一些资源性产业为主的地区如东北和山西等地经济下滑严重。这些结构调整对就业市场带来了重要的冲击，部分地区、部分行业就业压力显著加大，对人力资源再配置提出了紧迫要求。

2015 年劳动力供求的结构性变化

劳动力需求总量继续增长，需求结构出现明显变化

劳动力的总需求仍在稳步增加

边际产出的劳动力需求量较为稳定。按照不变价 GDP 计算，2012 年以来我国亿元 GDP 新增就业人数保持基本稳定，略有下降的趋势，记：

$$\text{亿元 GDP 新增就业} = \frac{\text{城镇新增就业人数（人）}}{\text{新增 GDP（亿元，2010 年不变价）}}$$

那么，2012 年，每亿元 GDP 新增就业人数为 365 人，2013 年和 2014 年分别是 353 人和 349 人，2015 年是 341 人，保持基本稳定。从非农就业看，亿元新增产值的就业需求更大一些，约为 400 人/亿元 GDP。

表 6.1　边际产出的劳动力需求量

年份	总就业人数（万人）	二三产业总就业人数（万人）	GDP 总量（亿元）	2010 年不变价 GDP	亿元产值新增就业（人）	亿元产值新增非农就业（人）
2011	76420	49826	484124	447696	315	426
2012	76704	50931	534123	482382	365	319
2013	76977	52806	588019	519455	353	506
2014	77253	54463	636139	557375	349	437
2015	77451	55532	676708	595834	341	278

资料来源：Wind 资讯，国家统计局

对人力资源的需求结构明显变化

根据国家人力资源和社会保障部的监测，2015 年我国各行业进入人力资源市场的岗位需求结构有明显变化。首先，多数行业岗位需求量比 2014 年有所减少，例如制造业的岗位需求量平均比 2014 年降低了 13.5% 左右，建筑业岗位需求比 2014 年降低了 23% 左右，批发零售业和住宿餐饮业分别降低了 9.0% 左右，房地产业岗位需求量减少了 15.3%。但在多数行业岗位需求减少的背景下，也有一些行业需求量出现了增长，例如，交通运输仓储和邮政业岗位需求增长了 20.8%（其中很重要的原因是电子商务和物流行业的快速增长带来需求增加），而信息传输计算机服务和软件业的需求增长了 5.9%，体现出了需求行业结构的显著变化。

表 6.2　人力资源市场的岗位需求结构及增长变化　　（单位：%）

	2015Q1		2015Q2		2015Q3		2015Q4	
	在岗位需求总量中的占比	比 2014 年同期增长	在岗位需求总量中的占比	比 2014 年同期增长	在岗位需求总量中的占比	比 2014 年同期增长	在岗位需求总量中的占比	比 2014 年同期增长
农、林、牧、渔业		-26.7		-16.6				
制造业	37.4	-17.1	34.7	-7.7	35.0	-14.7	33.9	-14.5
电力、煤气及水的生产和供应业						1.0		
建筑业	4.3	-24.4	4.2	-23.8	4.2	-18.3	3.7	-26.1
交通运输、仓储及邮政业				36.3		8.8		17.3
信息传输、计算机服务和软件业		-21.7		5.5		16.0	4.6	23.7
批发和零售业	14.7	-12.0	14.5	-9.8	14.5	-7.7	14.2	-8.3
住宿和餐饮业	11.5	-14.0	11.2	-3.6	11.4		10.6	-9.4
金融业		-18.7		17.5				
房地产业		-13.6				-16.3		-16.0
居民服务和其他服务业	9.3	-11.0	9.8	2.7	9.8	5.0	10.2	
租赁和商务服务业	5.8	-13.4	6.2	1.1	6.3	-8.8	7.2	1.0

资料来源：人力资源和社会保障部

市场对高技术人才的需求更为稳健，甚至有所增长。根据人社部监测，2015年第四季度市场对具有技术等级和专业技术职称劳动者的需求均大于供给。与2014年同期相比，除对技师的用人需求略有增长外，对其他各类技术等级和专业技术职称的用人需求均有所减少；与上季度相比，除对高级技师的用人需求有所增长外，对其他各类技术等级或专业技术职称的用人需求均有所减少。从需求侧看，57.8%的用人需求对劳动者的技术等级或专业技术职称有明确要求。其中，对技术等级有要求的占35.8%，对专业技术职称有要求的占22%。与2014年同期相比，除对技师（+9.1%）的用人需求有所增长外，对其他各类技术等级的用人需求均有所减少。对初级（-29.7%）、中级（-9.1%）、高级（-8%）专业技术职称的用人需求下降幅度均较大。与2015年第三季度相比，除对高级技师（+3.6%）的用人需求有所增长外，对其他各类技术等级的用人需求均有所减少。对初级（-7.9%）、中级（-10.8%）、高级（-1.4%）专业技术职称的用人需求均有所下降。

劳动力供应呈现老龄化和教育水平提高的特征

新增劳动力受教育水平普遍提升但技能型人才缺乏现象仍然突出

进入新常态以后，我国城镇新增就业保持了稳定增长的良好趋势。根据人社部统计数据，2012～2015年，我国每年新增就业人数均在1300万人左右，呈现出经济增速下降但新增就业稳定的较好局面。

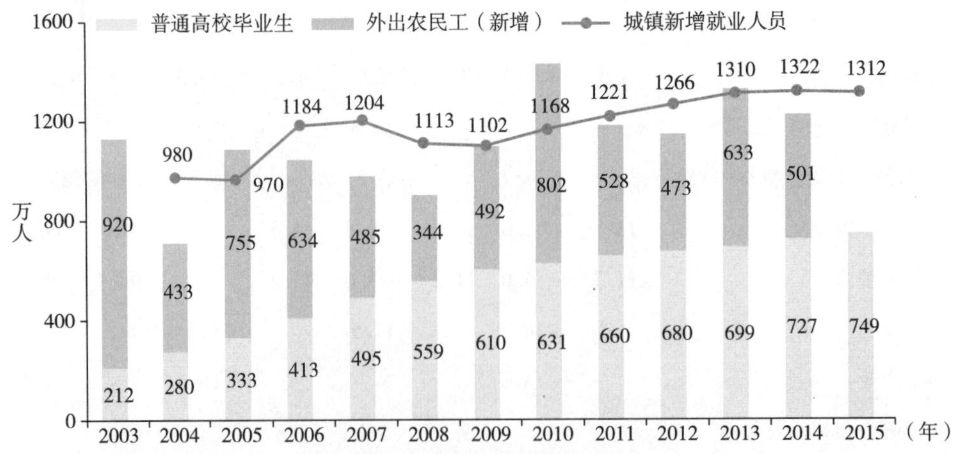

图6.1　2003年以来中国城镇新增就业、大学生和农民工人数

资料来源：人社部、中国统计年鉴等

在每年新增就业人员中，受教育水平逐步提高的趋势明显。2012年，全国共有大学毕业生680万人，占城镇新增就业人员的53.7%，到2015年，这一比重提高到57.1%。这说明每年新增就业人员受教育水平显著提高，这也是整体劳动力素质不断上升的重要表现。

劳动者技术水平也有了明显提高。例如，根据人社部监测数据，2015年第四季度，从求职侧看，57.5%的市场求职者都具有一定的技术等级或专业技术职称。其中，具有一定技术等级的占36.5%，具有一定专业技术的占21%。从供求对比看，各技术等级或专业技术职称的岗位空缺与求职人数的比率均大于1。其中，高级工程师、技师、高级技师岗位空缺与求职人数的比率较大，分别为1.99、1.9、1.89。

整体劳动力的年龄结构呈现持续老龄化趋势

经济发展进入新常态，与我国劳动年龄人口开始减少大体同步。按照国家统计局统计，2012年我国15～59岁劳动年龄人口93727万人，比2011年末减少345万人，2013年劳动年龄人口比2012年减少227万人，2014年再减少518万人。按照人口模型预计，"十三五"期间我国劳动年龄人口将从2015年的9.33亿人下降到2020年的9.23亿人，平均每年减少约200万人，占劳动年龄人口的0.2%。因此，"十三五"期间我国必须应对劳动力总量不断下降的新挑战。

表6.3　2011年以来中国劳动年龄人口及老龄人口占比变化

年份	城镇新增就业人数	15～59岁	劳动年龄人口变化（万人）	占全部人口比重	65周岁及以上	占全部人口比重①	变化（%）
2011	1221	94072		69.8	12288	9.1	
2012	1266	93727	-345	69.2	12714	9.4	0.3
2013	1310	93500	-227	68.7	13161	9.7	0.3
2014	1322	92982	-518	68.0	13755	10.1	0.4
2015	1312	92547	-435	67.3	14386	10.5	0.4

资料来源：历年《国民经济和社会发展统计公报》

随着我国人口老龄化的发展，就业人员年龄结构也出现了明显的变化，特别是

① 根据国际标准，一般把65周岁及以上人口占总人口比重在7%以上作为老龄化社会，这一比重在15%以上称为超老龄型社会。

年轻劳动力所占比重显著降低，而中老年劳动力所占比重明显增加。例如，1990年，我国从业人员中，45岁及以上劳动力仅占21.1%，到2000年上升到29.2%，到2010年上升到35.0%，而到2014年，这一比重已经提高到接近40%的水平。

表6.4　我国主要年份就业人员的年龄结构

年龄段	1990	1995	2000	2005	2010	2014
16～19岁	10.9	6.3	5.7	4.4	3.2	1.8
20～24岁	17.9	13.9	10.2	8.4	11.1	8.7
25～29岁	15.4	16.9	14.2	10.2	11.1	12.5
30～34岁	12.5	14.8	16.1	13.6	11.0	12.0
35～39岁	12.9	11.7	14.1	15.8	13.7	11.1
40～44岁	9.3	12.4	10.5	14.0	14.7	14.4
45～49岁	6.9	8.9	10.9	10.3	12.2	13.1
50～54岁	5.6	6.0	7.3	10.1	8.0	9.5
55～59岁	4.3	4.4	4.6	6.4	7.4	7.1
60～64岁	2.4	2.7	3.1	3.5	4.0	5.5
65岁及以上	1.9	2.0	3.3	3.3	3.5	4.4
其中：16～44岁	78.9	75.9	70.8	66.4	65.0	60.4
45岁以上	21.1	24.1	29.2	33.6	35.0	39.6

资料来源：历年人口普查或抽查资料

2016年和未来十年就业基本态势

2016年部分地区和部分行业将面临较大的就业压力

目前不少行业都存在产能过剩现象，例如，钢铁、煤炭、石化、建材、黑色、有色、汽车等。产能过剩带来了行业利润率大幅度下降、债务和金融风险不断增大等一系列问题。

2016年初，国务院出台了关于钢铁和煤炭行业化解产能过剩促进脱困发展的意见，明确提出，钢铁和煤炭行业是“去产能”的重点，标志着化解产能过剩，特别是“去产能”工作进入了实质阶段。去产能必将对相关行业以及行业集中的地区的就业带来重要影响。钢铁产业是国民经济的重要基础原材料产业，投资拉动作用大、吸纳就业能力强、产业关联度高。煤炭是我国主体能源。煤炭产业是国民经济基础产业，涉及面广、从业人员多，关系经济发展和社会稳定大局。

2015 年全国原煤产量 36.85 亿吨。截至 2015 年底，全国煤矿产能总规模为 57 亿吨。其中，正常生产及改造的煤矿产能 39 亿吨，停产煤矿产能 3.08 亿吨，新建改扩建煤矿产能 14.96 亿吨。煤炭在一次能源消费中的占比为 64.4%。按照国务院文件要求，煤炭行业从 2016 年开始，要用 3～5 年的时间，再退出产能 5 亿吨左右、减量重组 5 亿吨左右。具体来说，2016 年力争关闭落后煤矿 1000 处以上，合计产能 6000 万吨。钢铁行业也要在近年来淘汰落后钢铁产能的基础上，从 2016 年开始，用 5 年时间再压减粗钢产能 1 亿～1.5 亿吨。2015 年全国粗钢产量 8.04 亿吨，产能 11.3 亿吨。如果按照 80% 的产能利用率计算，合理的产能应在 10 亿吨左右。

去产能工作将对就业产生直接影响，根据煤炭和钢铁行业协会测算，钢铁和煤炭去产能将影响钢铁行业 50 万职工，影响煤炭行业 130 万职工。但行业协会是按照人均产能计算的就业影响（比如，产能从 100 下降到 90，行业协会的估算方法是，就业人员将从 100 人下降为 90 人）。中央财经大学课题组根据产能的就业弹性进行了重新测算，也就是说，产能削减不会造成就业人员同比例下降。（比如，钢铁行业就业弹性 0.7，产能从 100 下降到 90，就业人员将从 100 人下降为 93 人）。

根据测算，如果产能削减 10%，约有 55 万人面临失业，其中，国有企业 31 万；如果产能削减 25%，失业人数将是 138 万，其中，国有企业 77 万。

表 6.5　去产能对我国部分行业就业的直接影响

<table>
<tr><td></td><td>煤炭</td><td>水泥</td><td>钢铁</td><td>铝</td><td rowspan="4">潜在失业人数（万人）</td><td rowspan="4">其中：国企</td></tr>
<tr><td>2015 年就业人数（万人）</td><td>442</td><td>88</td><td>363</td><td>25</td></tr>
<tr><td>就业的产出弹性</td><td>0.605</td><td>0.473</td><td>0.623</td><td>0.602</td></tr>
<tr><td colspan="5">淘汰产能后就业下降（万人）</td></tr>
<tr><td>10%</td><td>27</td><td>4</td><td>23</td><td>2</td><td>55</td><td>31</td></tr>
<tr><td>15%</td><td>40</td><td>6</td><td>34</td><td>2</td><td>83</td><td>46</td></tr>
<tr><td>20%</td><td>54</td><td>8</td><td>45</td><td>3</td><td>110</td><td>62</td></tr>
<tr><td>25%</td><td>67</td><td>10</td><td>56</td><td>4</td><td>138</td><td>77</td></tr>
</table>

资料来源：陈斌开等（2016）

未来十年如果经济保持中速或中高速增长，就业压力将保持在可承受范围内

尽管最近几年我国经济正处于下行阶段，但全国就业形势整体稳定，这主要是因为劳动力总体供需形势发生了较大变化。

一是经济规模有了显著增长。经济增长对就业的吸纳总量，既取决于经济增长速度，更取决于经济总量，近年来虽然我国经济增速下滑，但增长的绝对规模和创造的就业需求总量仍然不低，甚至比以前有所增长。

二是我国劳动年龄人口从 2012 年开始已经逐年减少，在未来十年仍将继续减少，这将显著减少今后十年的就业压力，特别是随着老龄化的加快发展，我国劳动年龄人口将进入加速下降的时期，就业总体压力将显著降低。

三是新的就业模式如电子商务等有所发展，特别是一些地区经济转型初见成效。这些变化趋势值得关注。例如从 2015 年的人力资源市场监测数据看，我国电子商务等用人需求呈现明显增长势头。

总体而言，未来十年我国面临产业结构的巨大调整，部分行业就业岗位不可避免出现减少，特别是在制造业领域机器人应用进一步加大，可能出现部分企业、部分行业就业机会减少的现象，但由于我国服务业比重显著增加，而且人口老龄化不断发展劳动年龄人口不断减少，预期今后十年，只要经济保持稳定增长，就业形势仍可实现基本稳定。

完善社会保障，提高就业适应需求结构变化的能力

社会保障程度是影响劳动者就业质量的重要因素。岗位的社会保障程度与正规就业和非正规就业的划分密切相关。按照国际劳工组织（ILO）的定义，“非正规就业”是指在非正规部门的就业，非正规部门主要表现为自我雇佣、家族企业和微型企业等，其劳动关系大部分建立在临时性就业、家属或个人和社会关系上，而不是基于有保障的合同安排（蔡昉和王美艳，2004）。但近年来也有一种定义非正规就业的方法，即依据劳动者的社会保障程度，如果劳动者与企业签订有劳动合同，而且企业给予劳动者合适的社会保障就属于正规就业，否则属于非正规就业（胡凤霞和姚先国，2011）。本文同样根据社会保障情况，即如果劳动者享有城镇职工养老保险或职工医疗保险，则属于正规就业，按照这一

定义，如果一个劳动者只享有新农合，或者城乡居民养老保险，则属于非正规就业。

社会保障水平直接影响着就业的质量，也影响着就业人员进行岗位调整的难易程度。当劳动者处于一个受到较好保护的工作环境中时，其工作环境更加稳定，较少后顾之忧，因而可以更加安心工作，有利于提高就业幸福感，提升就业质量，如果现有的就业受到冲击，劳动者也更容易调整到其他就业机会甚至是非正规或者灵活就业岗位上，从而提高了劳动力市场的灵活性。反之，在一个缺乏社会保障的环境下，劳动者面对今后在养老、医疗等方面更大的不确定性，其工作和生活质量本身更容易受到不确定性因素的冲击，不利于就业质量提升，也不利于提高劳动力市场灵活性。

我国参加基本社会保障的劳动者数量稳步增长

中国的社会保障制度包括“五险一金”等多个方面，其核心是职工养老和医疗保险制度。中国的养老和医疗保障制度经历了一个不断改革和完善的过程。1986 年，《七五计划》明确提出要逐步建立和健全适应新形势需要的社会保障制度。1995 国发［6］号文件《国务院关于深化企业职工养老保险制度改革的通知》，连同此后的《企业职工基本养老保险社会统筹与个人账户相结合实施办法之二》，标志着我国统账结合的养老新模式开始推行，此后我国的职工养老保险参保人数不断提高，覆盖面不断扩大。在医疗保障体制方面，1994 年在江苏省镇江市、江西省九江市进行了《关于职工医疗制度改革的试点意见》试点，即著名的“两江试点”。在此基础上，1998 年国务院发布了《国务院关于建立城镇职工基本医疗保险制度的决定》，明确了建立覆盖全体城镇职工的基本医疗保险制度的基本框架。

在我国城镇职工养老和医疗制度基本建立后，参保人数有了快速增长。2000 年，我国参加城镇基本养老保险人数共有 1.04 亿人（含企业和非企业单位，不包括离退休人员，下同），参加城镇基本医疗保险 2800 万人，分别占非农就业人员总数的 29.0% 和 7.9%。到 2014 年，参加职工基本养老保险和基本医疗保险的人数分别达到 2.55 亿人和 2.1 亿人，分别每年平均增长 6.6% 和 15.3%，占非农就业人员总数的比重分别达到 46.9% 和 38.6%。

从微观调查看我国就业岗位的社会保障还存在很大的提升空间

微观调查数据可以更全面地反映职业岗位的社会保障情况。2015 年 8 ~9 月，

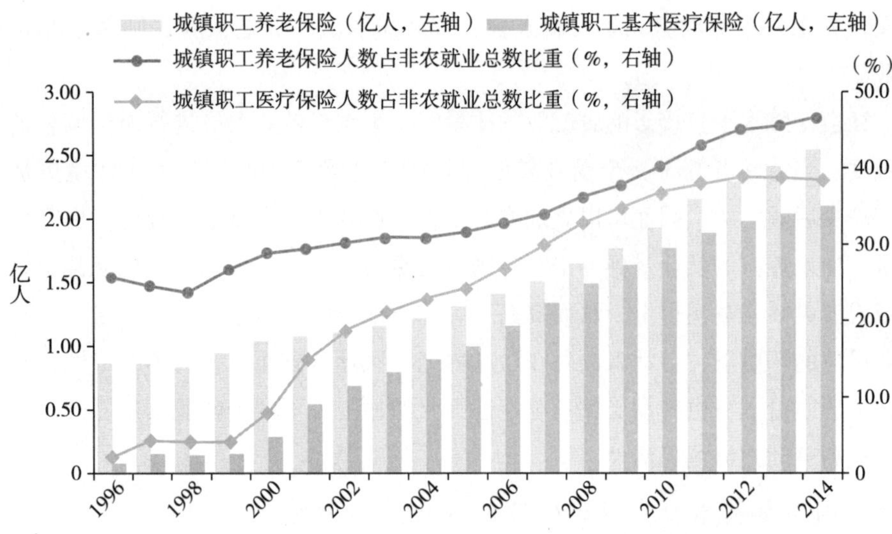

图 6.2　中国参加职工养老和医疗保险的人数及增长情况

资料来源：Wind 资讯

国务院发展研究中心“中国民生指数研究”课题组针对民生问题进行了全国范围 5.1 万份电话调查和 8 省份 1.3 万份入户调查，从中可以得到有关就业保障状况的更多信息。根据调查结果，在城镇地区的所有样本中，大约有 44% 的就业人员参加了职工医保（或公费医疗等高水平保障），有约一半的就业人员只被低水平的城乡居民医保所覆盖，另外，还有不到 7% 的群体认为自己一种医保都没有。

表 6.6　城镇地区经济活动人口（含就业与失业）的医疗保障情况

工作所属行业	职工医保/公费医疗	城乡居民医保/新农合	一种医保都没有	样本个数
农、林、牧、渔业	9.8	86.4	3.8	287
采矿业	75.6	22.2	2.2	45
电力、煤气及水的生产和供应业	69.4	29.6	0.9	108
交通运输、仓储及邮政业	54.1	41.8	4.1	294
制造业	61.6	30.4	8.0	877
信息传输、计算机服务和软件业	68.9	24.3	6.8	103
批发和零售业	20.9	69.4	9.7	908

续表

工作所属行业	职工医保/公费医疗	城乡居民医保/新农合	一种医保都没有	样本个数
建筑业	24.3	67.4	8.3	325
水利、环境和公共设施管理业	68.4	26.3	5.3	57
住宿和餐饮业	17.3	68.3	14.4	410
房地产业	48.6	40.5	10.8	37
科学研究、技术服务和地质勘查业	68.3	19.5	12.2	41
租赁和商务服务业	36.8	54.4	8.8	136
金融业	72.9	26.3	0.8	118
卫生、社会保障和福利业	62.6	34.7	2.7	222
文化、体育和娱乐业	60.2	37.6	2.2	93
教育业	73.7	25.3	1.1	186
居民服务和其他服务业	45.7	49.7	4.6	908
公共管理和社会组织	79.5	18.8	1.7	352
其他	29.7	58.6	11.7	181
合计	**44.0**	**49.0**	**6.9**	**6002**

资料来源：《中国民生指数调查2015》

农村地区的就业群体主要从事农业，他们基本享有城乡居民医保，极少数享有城镇职工医保，在农村地区的其他非农产业中，参加职工医保的比重同样较低，大约在30%以下的水平（表6.2）。

表6.7　农村地区经济活动人口（含就业与失业）的医疗保障情况

工作所属行业	职工医保/公费医疗	城乡居民医保/新农合	一种医保都没有	样本个数
农、林、牧、渔业	3.2	95.0	1.8	7182
采矿业	24.3	72.9	2.8	107
电力、煤气及水的生产和供应业	26.2	72.1	1.6	122
交通运输、仓储及邮政业	8.4	86.0	5.6	250
制造业	26.8	69.6	3.7	1226
信息传输、计算机服务和软件业	28.9	65.8	5.3	38

续表

工作所属行业	职工医保/公费医疗	城乡居民医保/新农合	一种医保都没有	样本个数
批发和零售业	7.3	89.7	3.0	641
建筑业	2.7	94.1	3.2	875
水利、环境和公共设施管理业	21.4	75.0	3.6	28
住宿和餐饮业	6.7	88.8	4.5	312
房地产业	25.0	75.0	0.0	12
科学研究、技术服务和地质勘查业	18.5	70.4	11.1	27
租赁和商务服务业	11.4	87.3	1.3	79
金融业	24.1	75.9	0.0	54
卫生、社会保障和福利业	18.2	78.8	3.0	132
文化、体育和娱乐业	19.5	78.0	2.4	41
教育业	39.5	57.9	2.6	76
居民服务和其他服务业	13.0	82.1	4.9	385
公共管理和社会组织	25.8	73.3	0.9	225
其他	6.0	86.9	7.1	336
合计	**7.9**	**89.5**	**2.6**	**12148**

资料来源：《中国民生指数调查2015》

与医疗保险类似，高水平养老保障对就业人群的覆盖面也仍然较低。根据入户调查，在城镇地区18～59岁的6002名总经济活动人员中，平均46.4%的人员参加了职工养老保险，25.8%的人员参加了城乡居民养老保险，还有约20%的人员称自己没有参加任何养老保险（图6.2）。

适应结构调整趋势促进就业的政策建议

“十二五”末以至未来十年，我国仍将处于产业结构继续优化调整的重要时期，劳动力需求结构将会持续变化，进一步提高劳动力市场的灵活性，促使劳动力供应适应经济结构调整的需要，是减轻就业压力、提高经济发展效率的重要环节。

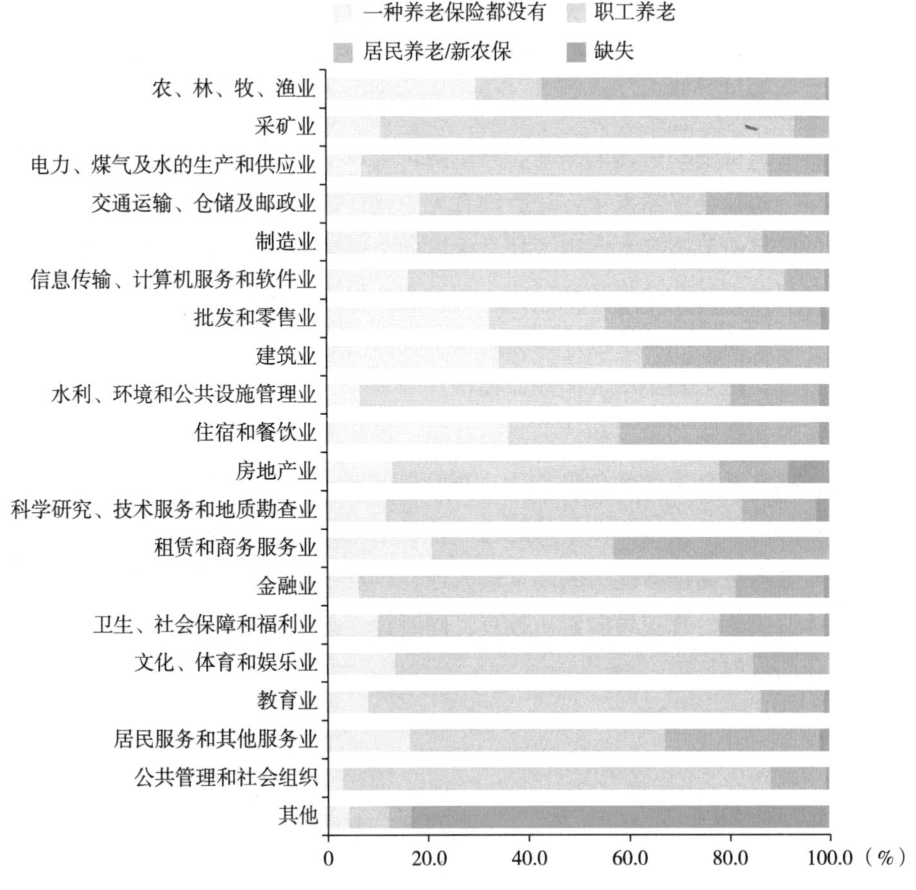

图 6.3 各行业就业人员参加各种养老保险人数的比重

资料来源：中国民生指数调查 2015

一是加快完善劳动法规，进一步提高劳动力市场灵活性。随着中国进入“新常态”，产业结构之间呈现出明显的再平衡和再调整过程，不少传统行业发展潜力下降、就业减少，而不少新兴行业在蓬勃发展。经济形势和结构的快速调整要求劳动力市场更加灵活，一些相关劳动法规需要适应新的形势进行调整。比如，《新劳动法》要求对“连续订立二次固定期限劳动合同，且劳动者没有其他情形，再续订劳动合同，应当订立无固定期限劳动合同”。该条款在当前产业结构调整较快的情形下，约束了企业用人的灵活性，反而不利于增加就业。

二是抓紧提高社会保障统筹层次。提高劳动力市场灵活性，还需要加快社会保障的全国性统筹，方便劳动者的社会保障区域间转移接续。加强劳动资源服务工作，消除就业岗位在区域间、行业间和不同所有制单位之间的障碍，促进劳动力资源的优化配置。在当前进入新常态、各地区就业状态明显差别的情况下，积极推进社会保障的全国统筹，以更好平衡各地区就业压力，发挥就业潜力，具有非常紧迫的意义。

三是加大依法强制参保的要求，特别是推进灵活就业岗位的参保工作。显著提高就业岗位的社会保障水平，让劳动者无论在什么岗位上都可以安心工作，稳定工作。虽然目前我国基本实现了社会保障的全覆盖，但仍然存在较大的城乡差距，突出表现在农村劳动力和城镇非正规就业的保障水平很低，一些企业和劳动者本人参加职工养老和职工医疗等较高水平保障的意愿不足，给更长期的社会稳定带来了隐患，也不利于个人的就业保护。

四是全面加快各种教育和培训领域改革，提高人力资本质量。加快高等教育改革力度，提高教育质量和创新能力，强化技术性人才、职业技能人才的培养，提高人力资源适应经济结构调整的能力。建设创新强国，实现创新驱动转变，从根本上需要更多更高创新能力的高素质人才，以及更多更好的技能型人才，迫切深化教育体制改革，真正导向素质教育，同时建立起重视技术人才，有利于培育技能型人才的良好氛围。

参考文献

蔡昉、王美艳，“非正规就业与劳动力市场发育——解读中国城镇就业增长”，《经济学动态》，2004 年第 1 期。

胡凤霞、姚先国，“农民工非正规就业选择研究”，《人口与经济》，2011 年第 4 期。

沈燕，“社会保障对人力资本及其经济增长的影响”，《社会保障研究》，2012 年第 4 期。

陈斌开等，“中国化解产能过剩问题报告”，2016 全国政协会议提案。

Allen，Clark，Mcdermed，1998，“Why do Pendison Reduce Mobility?” NBER Working Papers. Feb. 1988，w2509 http：//nber. org/papers/w2509.

Bloom，Canning Sevilia，2001，“The effect of Health on Economic Growth：Theory and Evidence.” NBER working paper. Nov. http：//www. nber. org/papers/w8587.

第七章　创新驱动

从数量扩张到质效并重

石　光　马名杰

要点透视

➢ 2008 年全球金融危机爆发后，美国、德国等都提出“要重振制造业”，促进制造业从新兴经济体回流，加大对创新的支持力度，这对我国形成重大挑战。

➢ 继 2012 年全社会研发投入首次突破 1 万亿元、2013 年研发投入强度首次突破 2% 后，2015 年我国全社会研发投入已达到 1.4 万亿元，研发投入强度达到 2.1%。根据 OECD（经济合作与发展组织）不变价格和购买力平价折算，2013 年我国全社会研发投入总额已达到美国的 73%。

➢ 金融危机爆发后，虽然我国创新要素规模增速趋缓，但反映创新质量的指标——发明专利有效数和高技术产业利润总额——增速不降反升。

➢ 金融危机爆发后，企业创新的结构性指标明显优化。规模以上工业企业的研发投入强度持续提高，研发普及程度由降转升，产品质量不断改善。

➢ 金融危机爆发后，企业研发效率和创新回报率进入上升通道。单位研发经费产生的发明专利申请数、有效发明专利占发明专利申请数的比例大幅提高，高技术产业利润率和研发投入回报率都在回升。

以2008年全球金融危机为节点，2000年以来我国经济发展大致可以分为两个阶段。2008年前，低成本竞争优势和积极开放战略有力推动了经济增长，带来了近十年的“黄金增长期”。2008年后，国内要素成本持续较快提高和国际贸易环境日趋恶化，“产能过剩”问题日益突出，传统增长动力减弱，创新发展成为共识，各地开始探索转向创新驱动的经济增长模式。企业是创新的主体，本章将聚焦工业企业，从创新投入、产出、效率等角度，对比分析2008年前后的两个阶段我国企业提升创新能力的进展。

研究背景

2008年爆发的全球金融危机是21世纪以来全球经济的重要转折点，对各国产生了深远影响。危机爆发后，风险从金融领域进一步扩散到制造业和公共部门，引发了通用汽车公司破产、美国联邦政府债务逼近上限、欧债危机等一系列典型事件。在更深层次上，金融危机对各国创新也有重大影响，尤其是促使发达国家反思并调整经济发展战略，美国、德国都提出“要重振制造业”，促进制造业从新兴经济体回流，加大对创新的支持力度。

但是，由于政府和企业债务负担的加重，金融危机后，一些发达国家的创新投入总体上有所下滑。以美国为例，全社会研发投入占GDP的比重从2009年的最高点2.82%降至2012年的2.7%，如图7.1（a）和图7.1（b）所示，全社会研发投入的年均增速从2005～2008年间的4%左右降至2008～2010年间的负增长（略高于-1%）。美国企业研发投入的波动更加剧烈，占GDP比重从2008年的最高点1.97%降至2012年的1.87%，年均增速从2005～2008年的6%降至金融危机之后两年的-3%。2013年以来，随着经济复苏，美国创新投入占GDP比重缓慢回升，但仍低于2009年的水平。

近年来，我国创新投入持续加大，金融危机爆发后仍保持持续增长态势，与美国的差距快速缩小。继2012年全社会研发投入首次突破1万亿元、2013年研发投入强度（研发投入占销售收入比重）首次突破2%后，2015年我国全社会研

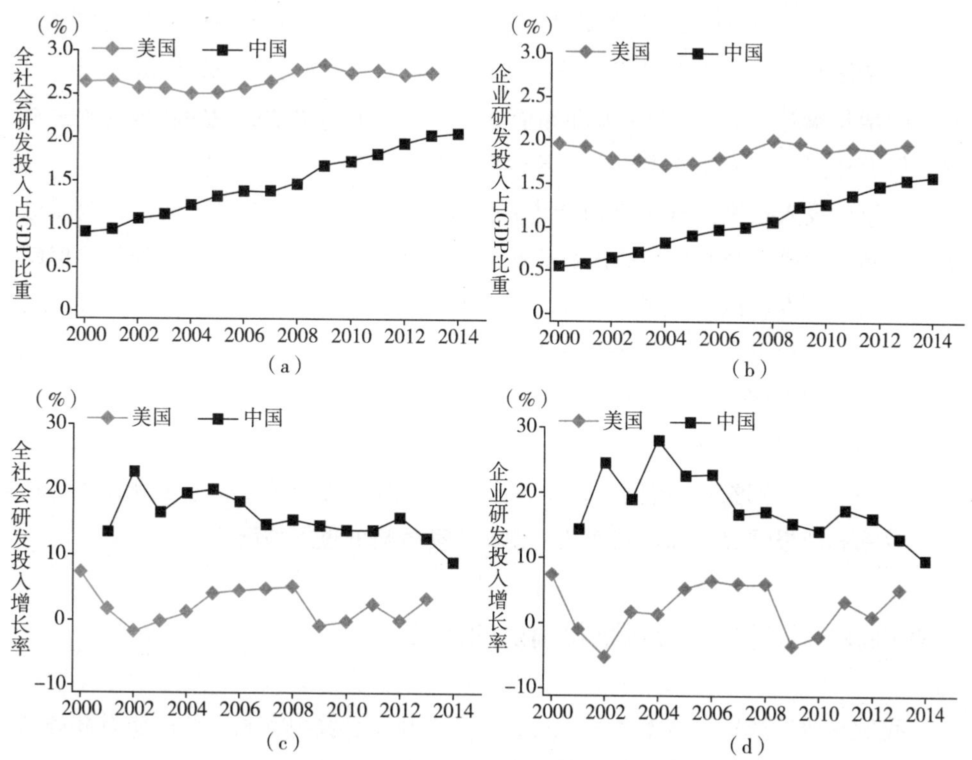

图 7.1　全社会和企业研发投入：中美对比

资料来源：OECD Stats 数据库①

发投入已达到 1.4 万亿元，研发投入强度达到 2.1%②。按照名义价格和当期汇率折算，2013 年中国全社会研发投入不到美国的一半。但是考虑价格和汇率因素后，中国研发投入与美国的差距要小得多。OECD 根据不变价格和购买力平价③，计算了各国的全社会研发投入总额，2013 年美国为 4326 亿美元，而中国达到了 3163 亿美元，占美国投入总额的 73%，而 2008 年仅为 36%，增幅超过一倍。

虽然我国研发投入增长率高于美国，但增速领先优势正在收窄。如图 7.1

① 网址：https://stats.oecd.org/。

② 国家统计局，“科技创新加力提速创新驱动作用显著——十八大以来我国科技创新状况”，2016 年 3 月 9 日。

③ 根据购买力平价，OECD 将各国的全社会研发支出折算为 2010 年美元价格水平。2008 年中国和美国分别为 1490 亿和 4153 亿美元，中国约为美国的 36%。2013 年中国和美国分别为 3163 亿和 4326 亿美元，中国约为美国的 73%。资料来源：OECD Stat-Science, Technology and Patents - Research and Development Statistics - Expenditure。网址：https://stats.oecd.org/。

（c）和图 7.1（d）所示，随着全球经济复苏，2011 年以来美国研发投入的增长率已开始回升，企业研发投入增长率回升更快。与此同时，2012 年后我国研发投入的增长率有所下滑。创新竞争没有国界，虽然创新驱动已成为我国的国家战略，但发达国家对创新的重视也普遍达到了更高程度。

大量的投入是否提升了创新能力？企业研发成果和创新效率是否有明显进展？创新是否成为企业盈利的核心动力？这些都是全社会普遍关心的问题，但缺乏细致研究。本章以金融危机为界，将 2000 年以来的时间段划分为两个阶段：2008 年前我国经济处于要素投入阶段，通过更大范围地利用低成本劳动力、土地和资本，加强技术学习和追赶，满足国内国外两个市场需求；2008 年后，低成本优势逐步削弱，创新的需求更加迫切。本章将聚焦工业企业，选择 2000 年、2008 年和 2013 年这三个时间点，在纵向上对比前后两个阶段企业创新投入、产出、效率和回报情况，综合判断我国创新驱动战略的进展情况。

企业创新能力进展：金融危机前后的比较

我们从研发经费、技术改造经费、新产品开发、发明专利、产品质量和高技术产业等维度，分析工业企业创新能力的进展。研发经费和技术改造经费衡量了企业创新的两种类型的资金投入，研发经费主要是企业内部进行研发活动的直接支出和间接的管理费、服务费等，反映了企业进行前沿性技术研发的投入。技术改造经费是企业在产品、设备、工艺等领域用已有先进技术改造落后技术，以提升产品质量、节约成本，提高综合经济效益。新产品开发和产品质量都从产品的角度出发，反映了企业对产品更新换代和现有产品改良方面的投入。高技术产业比一般产业的创新活动更加活跃，技术密集特征更明显，是一国创新能力的重要体现。我们以 2008 年金融危机为节点，选择 2000 年、2008 年和 2013 年这三个具有代表性的年份，从总量、增长率、结构、效率等视角进行分析。如果没有特别说明，下文将 2000 ~ 2008 年称为危机前阶段，2008 ~ 2013 年称为危机后阶段。

创新要素投入规模持续增长

金融危机爆发前后两个阶段，大部分创新指标在绝对数量上都有大幅增长，只有少数指标例外。首先，从资金投入来看，规模以上工业企业的研发经费从 2000 年的 489.7 亿元增至 2008 年的 3073.1 亿元，2013 年进一步增至 8318.4 亿元。企业的创新主体地位进一步增强，规模以上工业企业研发经费占全社会研发经费的比重，危机前阶段从55%提高到67%，2013年进一步提高到70%。

但是，技术改造经费支出在金融危机后下降了，这值得深思。危机前技术改造经费增幅明显，从2000年的1291.5亿元增至2008年的4672.7亿元，但在金融危机后不增反降，2013年降至4072.1亿元。这一方面是因为统计口径发生了变化，固定资产投资统计标准提高。另一方面是企业对技术改造的重视程度下降，这可能是更主要的原因，在更新现有技术和研发新技术两者之间，企业对后者投入更多。

其次，在危机前后两个阶段，发明专利申请数大幅增长。更重要的是，专利有效数量也明显增加。发明专利申请数从2001年的7970件增至2008年的59254件，2013年进一步增至205146件。同期发明专利有效数从15333件增至80252件，并进一步增至335401件。后者意义更大，它反映了专利质量的提升和创新的回报，因为维持专利有效需要付出专利维护费等成本，只有能够带来回报的专利，企业才会持续维护。

再次，从新产品研发情况来看，危机前新产品研发经费投入从529.5亿元增至3676亿元，危机后进一步增至9246.7亿元，始终略高于工业研发经费。新产品销售收入也有大幅增长，这从侧面反映了创新对企业带来的收益在提高，从2000年的9369.5亿元增至2008年的57027.1亿元，2013年进一步增至128460.7亿元。

最后，2000~2008年间，高技术企业数量从9758家快速增至25817家，由于认定标准发生变化，危机后高技术企业数量增幅很小，2013年为26894家。虽然高技术企业总数变化不大，但危机后平均经营状况明显改善，2008~2013年间，平均每家企业的主营业务收入从2.2亿元增至4.3亿元，增幅近一倍；出口从1.2亿元增至1.8亿元，增长50%；利润从1000万元增至2700万元，增幅近两倍；研发经费从253万元增至645万元，增幅也近两倍。

表7.1　危机前后工业企业创新能力比较：规模指标

大类	指标	2000	2008	2013
资金	规模以上工业企业研发经费（亿元）	489.7	3073.1	8318.4
	技术改造经费支出（亿元）	1291.5	4672.7	4072.1
专利	发明专利申请数（件）	7970	59254	205146
	发明专利有效数（件）	15333	80252	335401

续表

大类	指标	2000	2008	2013
新产品	新产品研发经费支出（亿元）	529.5	3676	9246.7
	新产品销售收入（亿元）	9369.5	57027.1	128460.7
高技术	高技术企业数量（家）	9758	25817	26894
	高技术产业主营收入（亿元）	10033.7	55728.9	116048.9
	高技术产业出口（亿元）	3388.4	31503.9	49285.1
	高技术产业利润（亿元）	673.5	2725.1	7233.7
	高技术产业研发经费（亿元）	111	655.2	1734.4

资料来源：《中国科技统计年鉴》（2001、2009、2014）

危机后创新要素规模增速放缓，但创新质量有所改善

金融危机后，虽然大部分创新指标在总量规模上持续增长，但是增速在放缓。在危机前阶段，高投资是我国经济增长的主要驱动力，与此一致，企业对于创新资源的投入也在高速增长。在危机后阶段，从各个角度衡量的创新资金投入，其增速都比危机前明显下降，如表7.2所示，规模以上工业企业的研发经费在危机前年均增速达到25.8%，危机后降至22%；技术改造经费增速则从危机前的17.4%大幅降至危机后的负增长；新产品研发经费从27.4%降至20.3%；高技术企业研发经费增速从24.8%降至21.5%。

与创新投入增速放缓一致，创新回报在金融危机后增速总体上也有下降，而且降幅更大。从经济回报来看，新产品销售收入增速从危机前的25.3%降至危机后的17.6%；高技术企业数量在危机后基本停止增长，主营业务收入增速从23.9%降至15.8%，出口额下降幅度更大（从32.1%降至9.4%）。发明专利申请数反映了研发的直接产出，其增速在危机前高达28.5%，危机后降至28.2%，降幅相对较小。

虽然反映创新投入和回报规模的指标普遍减速，但反映创新质量的两个指标增速不降反升，分别是发明专利有效数和高技术产业利润。这具有重要意义，专利有效数的增长表明专利质量有所提升。在高技术产业销售收入和出口下降的情况下，利润增速反而进一步加快，这反映了创新对提升企业盈利能力的作用更加突出。

表 7.2　危机前后工业企业创新能力比较：增速指标　（单位:%）

大类	指标	2000～2008	2008～2013
资金	规模以上工业企业研发经费	25.8	22.0
	技术改造经费支出	17.4	-2.7
专利	发明专利申请数	28.5	28.2
	发明专利有效数	23.0	33.1
新产品	新产品研发经费支出	27.4	20.3
	新产品销售收入	25.3	17.6
高技术	高技术企业数量	12.9	0.8
	高技术产业主营收入	23.9	15.8
	高技术产业出口	32.1	9.4
	高技术产业利润	19.1	21.6
	高技术产业研发经费	24.8	21.5

资料来源：《中国科技统计年鉴》（2001、2009、2014）

危机后企业创新的结构性指标明显优化

首先，从投入强度来看，规模以上工业企业研发投入强度从 2000 年的 0.58%提高到2008 年的 0.61%，2013 年则增至 0.8%，增幅明显扩大。作为工业部门中技术密集特征最强的高技术产业，其研发强度从 1.1%提高到 1.2%，再提高至 1.5%，危机后增速进一步加快。

其次，从创新的普及程度来看，有研发活动的规模以上企业比重在危机前阶段一度下滑，从 10.6%降至 6.5%，但危机后回升至 14.8%，危机前创新企业减少，一个重要原因是我国经济还处于要素驱动阶段，大部分企业通过增加投资、扩大规模就能够盈利，技术创新的重要性尚不迫切，而危机后这种发展模式就难以为继了。但是，如果将视角缩小到大中型企业，有研发活动的企业比重一直呈下降趋势，从 50.6%降至 37.1%，再降至 31.2%，只是危机后下滑速度有所减缓，有研发活动的大中型企业比重减少，是值得注意的反常现象。背后的原因很复杂，一是行业属性使然，很多大中型企业属于资源型行业和公用事业，行业竞争不足；二是规模做大之后，企业面临的竞争压力可能会减小，而成长期的中小企业可能面临“不创新就被淘汰”的压力。

再次，颠覆性创新只是极少数，大部分创新是对现有产品和流程的改进。产品质量在很大程度上体现了渐进式创新。根据国家质检总局的产品质量抽检公报，危机前后我国产品质量合格率持续上升，2001 年、2008 年、2013 年分别为 74.1%、87.7% 和 88.9%，危机前阶段产品质量有较大幅度改善，危机后提升幅度有所缩小。

表 7.3　危机前后工业企业创新能力比较：结构指标　（单位:%）

大类	指标	2000	2008	2013
资金	规模以上工业企业研发投入强度	0.58	0.61	0.8
	推算：高技术产业研发强度	1.1	1.2	1.5
创新普及	有研发活动的规模以上企业比重	10.6	6.5	14.8
	推算：有研发活动的大中型企业比重	50.6	37.1	31.2
质量	产品质量合格率①	74.1	87.7	88.9

资料来源：《中国科技统计年鉴》（2001、2009、2014）

金融危机后企业创新效率有一定提升

如果将创新本身视为一个投入产出的过程，危机后，创新也逐步转向质量效益型增长。从某种角度来理解，研发和创新是上下游两个环节，研发带来的主要是技术进展的突破，而创新则是将新技术转化为经济回报，即技术突破获得市场认可。基于上述区分，本节进一步衡量研发效率和创新效率的变化。

首先，危机后阶段，企业研发效率大幅提升。从单位研发经费带来的发明专利申请数量来看，2000 年每亿元研发经费能够产生 16.3 个发明专利，2008 年提升至 19.3 个，2013 年进一步提升至 24.7 个，危机后年均增速是 5%，是危机前的两倍有余。由于发明专利数量的高速增长存在较多质疑（如专利质量低、存在“水分”等），我们进一步计算了有效发明专利与发明专利申请数量之比②，因为对于质量低、没有经济回报的专利，企业缺乏维护的动力；从这个指标看，危机前阶段确实大幅下降，2000 年有效发明专利与发明专利申请数之比为 1.9，2008 年降至 1.4，但危机后专利质量有所提升，2013 年有效专利与发明专利之比回升

---

① 产品质量合格率来自国家质检总局的抽查公报。由于部分年度数据缺失，我们使用邻近时间的数据替代，其中 2000 年使用的是 2001 年第三季度的抽查合格率，2008 年使用的是 2009 年的抽查合格率。

② 有效专利是存量（过去多年累积的而且持续维护的专利数量），专利申请是流量（当年新发生的数量）。

到了 1.6。

其次，从创新效率来看，危机后创新投入的经济回报有一定改善，或者说恶化的趋势得到了遏制。危机前阶段，高技术产业的研发回报明显下降，2000 年高技术产业每投入 1 元的研发经费能带来 6.1 元的利润，2008 年降至 4.2 元，高技术产业的利润率也从 6.7% 降至 4.9%。危机后阶段，高技术产业单位研发经费带来的利润止跌企稳，研发经费与利润之比维持在 1∶4.2，而利润率则上升至 6.2%。每一元新产品研发经费带来的销售收入，危机前和危机后都一直延续了下滑态势，2000 年、2008 年和 2013 年分别为 17.7 元、15.5 元和 13.9 元，变化趋势相似。需要注意的是，新产品销售收入不能完全代表经济回报，例如，如果新产品研发经费降低了生产成本，那么即使销售收入下滑，利润仍会提高，这也提升了创新效率。因此，对比单位新产品研发经费产生的利润，可能更有意义，但目前缺乏新产品销售利润数据。

表 7.4　效率指标

大类	指标	2000	2008	2013
研发效率	发明专利/研发经费（个/亿元）	16.3	19.3	24.7
	有效专利/专利申请	1.9	1.4	1.6
创新效率（创新回报）	高技术产业利润/高技术产业研发经费	6.1	4.2	4.2
	推算：高技术产业利润率（%）	6.7	4.9	6.2
	新产品销售/新产品研发经费	17.7	15.5	13.9

资料来源：《中国科技统计年鉴》（2001、2009、2014）

未来展望

2016 年对于创新发展是一个具有特殊意义的年份，《国家中长期科技发展规划纲要》颁布恰满十年，十年来我国创新能力有较大进展，但在创新环境、体制机制等方面仍存在较多深层次问题。同时，2016 年作为“十三五”规划的开局之年，国家将启动新一批重大科技项目与重大工程，新一轮科技管理体制改革也正在推进。我国经济已经进入“新常态”，实施创新驱动发展战略成为转型发展的必由之路，党中央提出“到 2020 年创新驱动发展战略要真正落地”，创新资源配置效率大幅提高。展望未来，我国创新发展将呈现出以下几大特征：

第一，创新将真正成为企业发展的核心动力，企业的创新主体地位将进一步强化。随着内外部经济环境的变化，企业依靠低成本组织生产要素、简单扩大规模就能快速盈利的时代已经结束，效率提升和技术创新将成为企业发展的核心动力。传统上，我国企业的国际竞争优势主要来自低成本，因此劳动密集型产业是出口导向经济发展战略下增长最快的部门。近年来，在市场化程度较高的一些中高技术产业，我国已初步形成国际竞争力，涌现出一批具有国际影响力的企业，这既包括制造业中的华为、三一重工等，也包括服务业中的阿里巴巴、腾讯等，这代表了未来我国产业升级的方向。

第二，"十三五"期间，在具有引领作用而市场又难以发挥作用的若干重大领域，国家将进一步加大创新投入，以局部技术突破带动全局发展。2006 年以来，我国相继实施了 16 个国家科技重大专项，这是财政资金科技支出的重点。"十三五"是全面完成国家科技重大专项战略任务的最后五年，将力争在战略重点领域有所突破。此外，集成电路、航空发动机和燃气轮机作为一国工业创新能力的集中体现，未来十年正面临重大发展机遇。2014 年底，国家成立了规模超过 1300 亿元的集成电路产业投资基金，2015 年支持紫光集团等国内龙头企业兼并重组，推动产业整合。国内民营企业中，依托华为的手机终端业务，海思从 2012 年开始已成为国内最大的集成电路设计企业，初步具备了国际竞争力。2016 年 3 月，中国航空发动机集团有限公司正式组建，航空发动机从飞机制造中正式分离出来，以整合相关研发制造资源，推动我国航空发动机的技术追赶。

第三，互联网与传统产业深度融合，创新创业将延续活跃态势。互联网及其应用已成为我国具备国际竞争力的重要产业领域。随着智能制造的推进，互联网与传统产业的融合将出现沿产业链"自下而上"推进的过程，即逐步从下游的销售和供求匹配环节，过渡到上游的生产制造和研发设计环节。除了电子商务、即时通信等互联网传统业务之外，互联网与部分传统行业的融合日益紧密，对传统产业的改造提升作用越来越明显，甚至重塑了原有的产业形态，包括网络约车、互联网电视、互联网金融等。但是，技术革新是双刃剑，其潜在风险也不容忽视。例如，P2P 等互联网金融业务过度泛滥而且监管不足，出现了"e 租宝"跑路等事件。可以预期，在具有较强的传染性的互联网金融领域，未来的规范和引导将会加强，以避免泡沫过度引发系统性风险。

第四，创新激励政策渐成体系，鼓励创新将成为各类公共政策的重要目标。

随着结构性改革的推进，产业政策的着力点将转向“一高一低”，即鼓励高端创新产业和淘汰低端落后产能。去产能进程将对过剩和低效产业带来重大冲击，这意味着创新性行业将面临更广阔的增长空间。公共财政资金在引导支持产业创新的方式上，将更多利用产业引导基金通过市场化方式运作，对特定企业的直接补贴将大幅减少。公立机构科研管理体制改革将进一步加速，并在严肃纪律和鼓励创新之间寻求平衡。科研成果转化更加注重调动科研人员的积极性，在应用研究领域激励科研人员面向市场需求，以促进科技和经济的深度融合。

参考文献

金麟洙、尼尔森，《技术、学习与创新：来自新兴工业化经济体的经验》，北京：知识产权出版社，2011 年。

尼尔森，《国家（地区）创新体系比较分析》，北京：知识产权出版社，2012 年。

詹法格、博格、戴维，《牛津创新手册》，北京：知识产权出版社，2009 年。

中国科学技术发展战略研究院，《国家创新指数报告》，2013 年。

《中国科技统计年鉴》，北京：中国统计出版社，2011 年、2009 年、2014 年。

OECD Stats 数据库，Main Science and Technology Indicators。网址：https://data.oecd.org/rd/gross-domestic-spending-on-r-d.htm。2016 年 5 月访问。

第八章　全要素生产率

优化城市结构体系，提升城市生产率

何建武

要点透视

➢ 2015 年劳动生产率继续呈现下滑态势。

➢ 城市之间 TFP 增长速度差异较大且多数城市的 TFP 呈现下降趋势。从地域来看，城市 TFP 增长速度整体呈现“东低西高”的态势，西部地区 TFP 增速相对较高且较为稳定；从规模来看城市规模越小，TFP 增长速度越高，其中 2000～2013 年 50 万～150 万人口的城市 TFP 增长速度在所有城市中最快；从等级来看，等级越低的城市 TFP 增长速度越高。

➢ 从要素边际报酬来看，仍然存在通过城市结构调整提升生产率的空间。不同城市之间资本边际报酬差异较大，而资本边际报酬与城市规模之间呈现“倒 U 型”关系。如果剔除计划单列市，资本边际报酬与城市等级呈反向关系。

➢ 不同地域（这里指东中西）城市之间资本边际报酬差异明显小于不同等级城市之间和不同规模城市之间的差异。相对于区域而言，不同规模和不同等级城市结构的优化调整带来城市 TFP 提升潜力更大，提升效率的重点方向是不同等级和规模城市之间的优化配置，而非地域间再配置。

2015 年底中央经济工作会明确提出，要“加大结构性改革力度，矫正要素配置扭曲，扩大有效供给，提高供给结构适应性和灵活性，提高全要素生产率”。推动供给侧结构性改革、提高全要素生产率将成为今后保持经济持续中高速增长和提高经济增长质量的重要途径。2016 年的报告将延续过去两年的分析，继续分析全要素生产率提升的空间和潜力。

2015 年全要素生产率的变化回顾

图 8.1 给出了 2000 年以来的就业和 GDP 增长速度。2015 年就业人数增长了 198 万，新增就业人数呈现持续下滑趋势。这不仅与经济增长速度下滑存在一定关系，更与人口年龄结构的变化密切相关。从劳动生产率的变化来看，2015 年同比增长 6.6%，已经连续多年呈现下滑态势。从另外一个方面也反映出结构调整对生产率提升的边际作用在下降。虽然 2015 年的就业结构数据尚未发布，但 2014 年的数据已经显示第二产业就业比重开始下降，这意味着劳动力的再配置

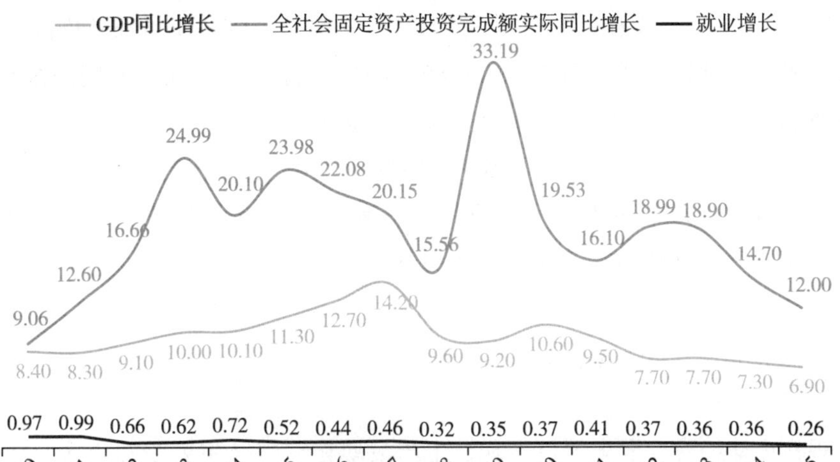

图 8.2 GDP、固定资产投资和就业增长（%）

资料来源：Wind 资讯和作者的计算

将不仅仅像过去那样从农业向第二产业和服务业流动，目前可能还存在从第二产业向服务业流动的现象，在外部需求持续低迷的状况下这种现象更容易出现。

从投资增速看，2015 年全年固定资产投资（不含农户）达到 551590 亿元，比 2014 年名义增长 10. 0%，扣除价格因素实际增长 12. 0%，实际增速比 2014 年回落 2. 9 个百分点。这一增速几乎是 21 世纪第一个十年平均增速的一半。从产出变化看，2015 年 GDP 增速虽然有所下降，但下降幅度较小。因此依据统计数据，对于增量资本产出比（ICOR）而言，应该继续呈现下降趋势，这可能表明投资效率在去产能、去泡沫过程中开始出现改善的迹象。

2016 ~ 2025 年全要素生产率的展望

在对未来十年 TFP 进行展望之前，有必要对 2015 年发生的对今后 TFP 变化趋势产生较大影响的政策或环境变化进行分析。回顾 2015 年，可能对未来 TFP 产生较大影响的还是改革。除了 2015 年实施的各项改革外，最重要的还是中央提出了要推进供给侧结构性改革，即从提高供给质量出发，用改革的办法推进结构调整，矫正要素配置扭曲，来提高 TFP。具体来讲，要实施“五大政策支柱”，即宏观政策要稳、产业政策要准、微观政策要活、改革政策要实、社会政策要托底，为推进供给侧结构性改革营造更好的环境和条件；同时要抓好“五大重点任务”，即去产能、去库存、去杠杆、降成本、补短板。这些重点任务中除了“补短板”外，其他四项任务都与提高全要素生产率直接相关。可以预期，这五大重点任务的顺利完成将会促进 TFP 较大幅度的提升。

对于未来十年 TFP 增长率的展望，主要还是沿用我们以往采用的国际经验比较法，同时结合近期发生的一些重大变化和 TFP 的顺周期特性，预期 2015 ~ 2025 年间中国的 TFP 平均增速将逐步回升至 2% 左右。

推动要素合理流动，优化城市结构体系

观察全球经济发展史可以发现，生产活动在空间（主要是都市区）上的集聚成为一种普遍现象（WDR，2009）。之所以生产活动会集聚在城市，而且能够持续下去，根本原因在于本地化信息和知识的溢出效应（Lucas，1988）。同时这也是城市之所以成为经济增长引擎的根本原因。其中，本地化信息溢出效应的主

要表现就是人口和生产活动集聚带来的外部经济（集聚经济）。具体来讲包括三个方面（Duranton and Puga，2004）：（1）共享（Sharing），城市可以提供大规模不可分的基础设施、专业化的服务、多样化的中间投入品和最终产品需求市场，企业通过共享这些设施和市场，促进分工深化和成本节约，降低生产风险；（2）匹配（Matching），城市可以提供多样化的要素市场，不仅降低了企业生产要素寻找的成本，也降低了劳动力就业成本，使要素与生产活动更好地匹配，提高生产效率；（3）学习机制（Learning），与商品和要素不同的是，知识和技术的学习和传播往往需要面对面的交流，而城市人口的集聚恰恰提供了这种学习的机制，有利于技术的创新和扩散，从而促进生产效率的提高。

然而在实际经济发展过程中，许多因素会抑制城市化对经济增长推动作用的充分发挥。比如，亨德森等人（Au and Henderson，2006）研究城市规模和城市密度对经济增长的影响，结果显示中国地级市规模只达到最优规模的一半，城市人口翻倍将使人均产出提高 20% ~35%；还比如，许多研究发现，由于地理因素、忽视城市设施和服务建设等原因，非洲的城市化并未带来经济增长。本章将主要从中国的城市结构体系出发，研究不同的城市生产率的差异及变化。

中国城市体系结构

经过几十年的城市发展和建设，大城市（含特大、超大和巨型城市）发展迅速，已成为城市人口的主体，在全国范围内初步形成以大城市为中心、中小城市为骨干、小城镇为基础的多层次城市体系。根据第六次人口普查数据，2010 年中国市区常住人口超过 50 万以上的大城市，已由 1990 年的 59 个增加到 242 个，20 年净增加了 183 个，占城市总数的比重由 12.63% 提升到 36.83%。在大城市中，市区常住人口超过 1000 万人的超巨型城市已经达到 6 个，分别是上海、北京、重庆、天津、广州和深圳；500 万 ~1000 万人的超大城市由 1990 年的 2 个增加到 2010 年的 10 个；200 万 ~500 万人的特大城市由 7 个增加到 37 个；100 万 ~200 万人的大城市由 22 个增加到 83 个；50 万 ~100 万人的大城市由 28 个增加到 106 个。城市除了人口规模结构还存在行政层级结构。三十多年来，城市总数快速增加，其中主要是地级市和县级市都出现较大幅度提升。1980 年到 2014 年城市总数增加了 430 个，其中直辖市增加了 1 个，由 1980 年的 3 个增加到现在的 4 个；地级市（含副省级）增加了 181 个，由 1980 年的 107 个增加到目前的 288 个；县级市增加了 248 个，由 1980 年的 113 个增加到 2012 年的 361 个。

研究采用的数据及方法

本研究收集了1995年以来地级以上城市的数据。为更好地反映城市的特征，这里涉及指标的统计范围都仅指市辖区。由于部分城市数据缺失，最终数据齐全的城市只有256个。具体指标涉及固定资产投资、地区生产总值、就业人数。数据主要来自国研网和各年份的城市统计年鉴。另外考虑到部分城市行政区划的调整，这里根据各地统计年鉴予以调整。在这些原始数据的基础上，进行如下处理：

估算城市的资本存量

本研究收集了1995～2013年的固定资产投资。然而估算资本存量需要的是固定资本形成的数据。因此这里利用各省相应年份的固定资本形成与固定资产投资之间的比例关系推算各城市的固定资本形成。对于1995年的初始资本存量，这里采用霍尔和琼斯（Hall and Jones，1999）提出的“折旧—贴现率”法，即初始资本存量等于初始投资与折旧率、投资增长率两者之和的比值。这里综合现有研究的基础，将折旧率设定为9%。具体资本存量的估算采用永续盘存法。

测算不变价地区生产总值（RDP）

由于需要进行历史比较，因此需要将各年份的RDP折算为统一的价格水平。这里选取2000年作为基准年，其他年份的RDP统一折算成2000年价格。

测算TFP、资本和劳动的边际报酬

这里采用索洛提出的增长核算方法。即

$$\mathrm{Ln}(\mathrm{TFP}) = \mathrm{Ln}Y - \alpha \mathrm{Ln}K - (1-\alpha)\mathrm{Ln}L$$

$$\mathrm{MPK} = \mathrm{A}\alpha K^{\alpha-1}L^{1-\alpha} = \alpha\frac{Y}{K}$$

$$\mathrm{MPL} = \mathrm{A}(1-\alpha)K^{\alpha}L^{-\alpha} = (1-\alpha)\frac{Y}{L}$$

其中，Y为产出，K和L分别表示投入的资本和劳动力；α为资本所得所占的份额，$(1-\alpha)$为劳动所得的份额。对于资本和劳动的份额这里采用各城市所在省份的相应年份的RDP推算。

主要结果与政策含义

在本研究收集的城市数据基础上，利用增长核算法对地级以上城市的生产率进行测算。主要结果如下：

城市之间 TFP 增长速度差异较大且多数城市的 TFP 增速呈现下降趋势

从测算结果来看，不同城市之间 TFP 增长速度存在较大差异。这里主要从地域、规模和行政层级三个不同维度来看城市生产率的差异。首先从地域来看，东部地区城市 TFP 平均增长速度相对较低，2007～2013 年间甚至出现了负增长，这与金融危机的冲击存在一定联系，另外也与东部地区部分城市已经趋于成熟存在一定关系①；西部地区 TFP 增速相对较高，且较为稳定，2000～2007 年和 2007～2013 年两个时段 TFP 增长速度都在 2 个百分点以上，而且 2007～2013 年间西部地区城市 TFP 平均增速大幅超过其他三大板块；中部和东北地区 TFP 增速都出现了较大幅度下滑，中部地区由 2000～2007 年间的 2.9% 下滑至 2007～2013 年间的 1.3%，东北地区则由 4.6% 下降至 1.4%。从近些年的情况来看，城市 TFP 增长速度整体呈现“东低西高”的态势。

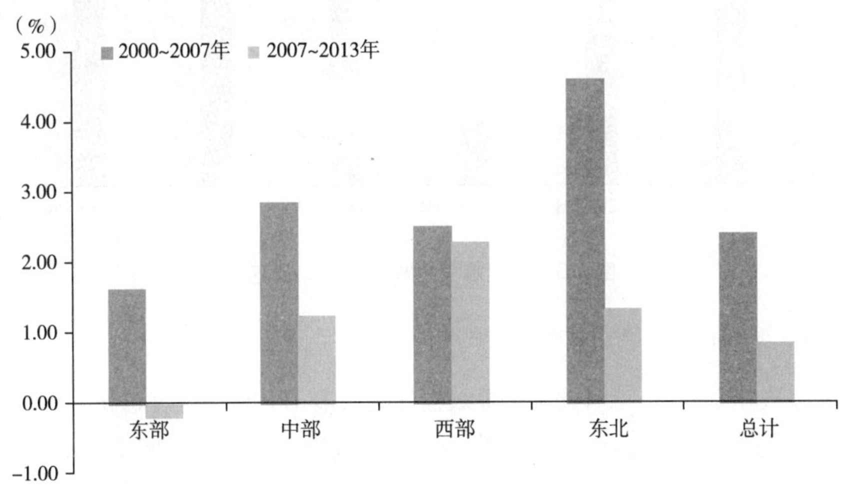

图 8.2 不同地域的城市 TFP 增长速度

资料来源：DRCNET，Wind 资讯，作者计算

其次从规模来看，不同人口规模的城市 TFP 增长速度也存在较大差异。2000～2013 年 50 万～150 万人口城市 TFP 增长速度在所有城市中最快，其中前七年基本在 3.5% 左右，后六年则在 1.5% 左右。对于其他规模的城市，两个不同时期表现不同。2000～2007 年间，TFP 增长最慢的是 150 万～200 万人的城

① 国际经验表明，经济发展水平越高，TFP 水平也相对较高。但是 TFP 的增速与发展水平之间则存在一种倒 U 型的关系，即发展初期 TFP 增长呈现加速趋势，而当达到一定的发展水平之后 TFP 的增速则会出现下降的趋势。

市，而200万人以上和50万人以下的城市TFP增速相对较高；2007～2013年间，TFP增长速度基本为：城市规模越小，TFP增长速度越高，如200万人以上的城市TFP增长较低，而50万人以下的城市TFP增速在所有城市中处于最高水平。另外从增长速度变化来看，除了150万～200万人的城市TFP增速出现了较小幅度提升外，其他规模的城市TFP增速都有所下降。

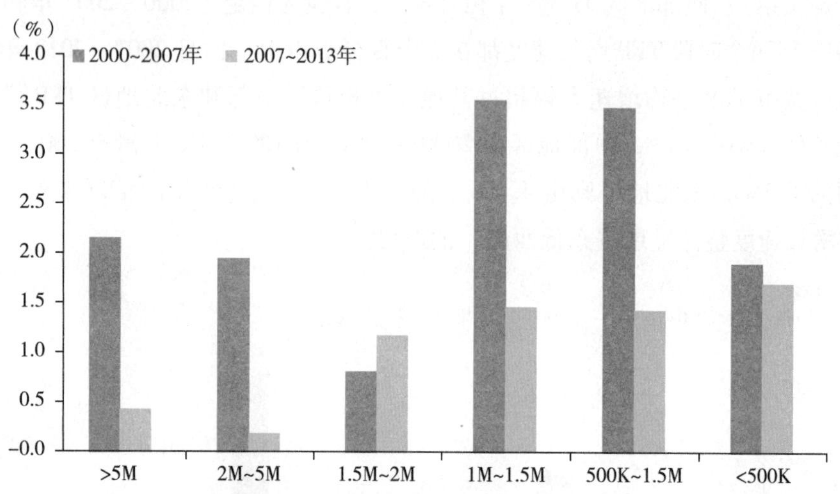

图8.3　不同规模的城市TFP增长速度

注：K＝千，M＝百万，下同。

资料来源：DRCNET，Wind资讯，作者计算

最后从等级来看，大体态势是等级越低的城市TFP增长速度越高。具体来看，21世纪初到金融危机之前，省会城市和一般地级市TFP增长速度要明显高于直辖市和计划单列市，其中直辖市最低，年均增速不足1.5%。金融危机之后，各等级城市TFP增长速度都出现了不同程度下降，尤其是省会城市和一般地级市，增速下降幅度都在1.6%以上。从不同等级城市TFP增速相对水平来看，与金融危机之前相比稍有不同。这主要表现为计划单列市在所有城市中TFP平均增速最高。如果剔除计划单列市，其他城市中仍然表现出TFP增长速度与城市等级的反方向关系。

从要素边际报酬来看，仍然存在通过城市结构调整提升生产率的空间

要素边际报酬的离散程度分别度量资本和劳动市场配置的扭曲程度。如龚关等人（2013）证明在其他条件不变的情况下，要素边际产出价值的离散程度越大，说明要素配置的扭曲程度越大，行业整体的TFP越小。本研究也希望通过比较不同城市之间要素边际报酬来挖掘城市生产率提升的空间。

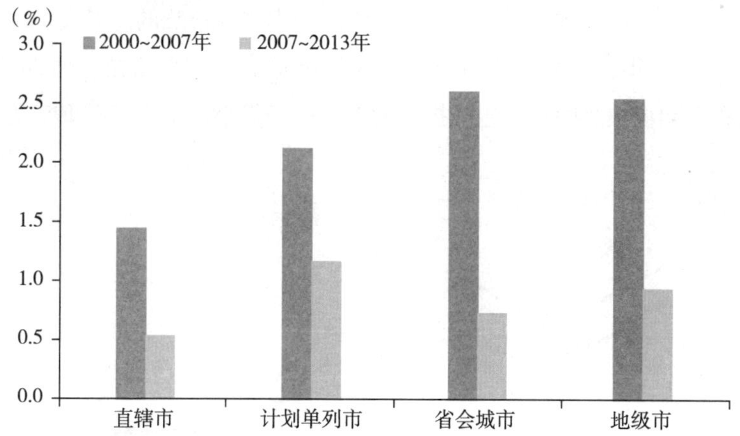

图 8.4　不同等级的城市 TFP 增长速度

资料来源：DRCNET，Wind 资讯，作者计算

整体来看，21 世纪以来城市资本边际报酬（MPK）呈现不断下滑的趋势，这与资本不断深化的趋势是密切相关的；21 世纪头几年不同城市之间资本边际报酬差异出现缩小，说明城市之间要素优化配置的程度在提高；2005 年之后，这种差异开始呈现增大的趋势，尤其是金融危机爆发使这一差异快速提升；2010 年之后这种差异才开始趋稳并呈现微弱的下降态势。

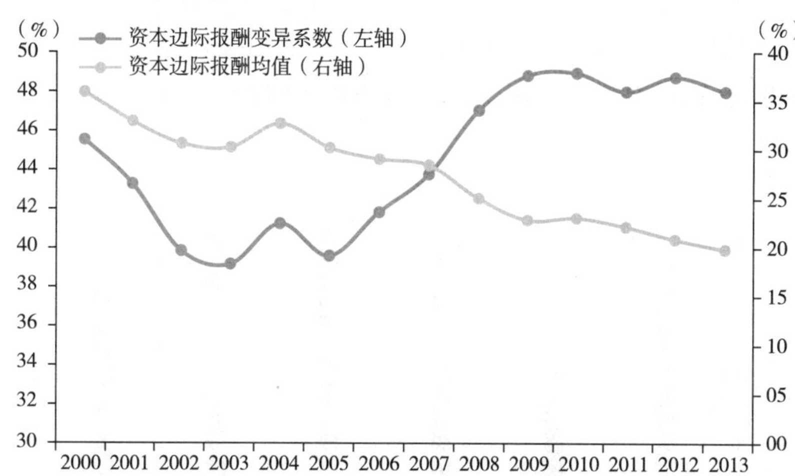

图 8.5　城市资本边际报酬及其离散程度的变化

资料来源：DRCNET，Wind 资讯，作者计算

与前面一样，这里还将从地域、规模和等级三个维度来分析不同城市资本边际

报酬的差异。首先从地域来看，不同板块之间资本边际报酬的差异大幅缩小（如图 8.6 所示）。2013 年，中部地区的资本边际报酬最高，东部次之，西部地区最低；但整体来看不同板块之间资本边际报酬的差异已经很小，基本都在 19% 左右。

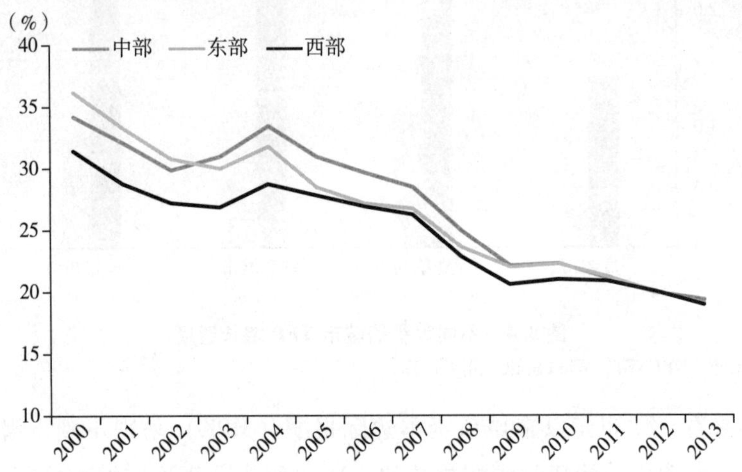

图 8.6　东、中、西部城市的资本边际报酬

资料来源：DRCNET，Wind 资讯，作者计算

其次从城市规模来看，不同城市之间资本边际报酬差异较大，而资本边际报酬与城市规模之间呈现“倒 U 型”关系。具体来看，100 万～150 万人的城市资本边际报酬最高，超过 22%；其次是 150 万～200 万人的城市和 50 万～100 万人的城市，分别达到 21.7% 和 21.6%；最低的是 500 万人以上的城市，只有 17% 左右。

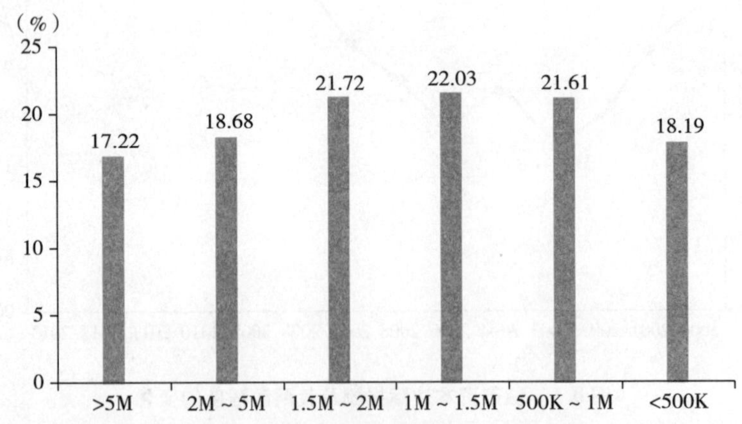

图 8.7　不同规模城市的资本边际报酬

资料来源：DRCNET，Wind 资讯，作者计算

从城市等级来看，不同城市之间资本边际报酬差异也较大，如果剔除计划单列市，资本边际报酬与城市等级呈反向关系。具体来看，在四类城市中计划单列市的资本边际报酬最高，达到26%；其他三类城市资本边际报酬都大幅低于计划单列市。在其他三类城市中，城市等级越高资本边际报酬越低。如，直辖市资本边际报酬最低，只有15%；一般地级市资本边际报酬最高，达到20.8%。

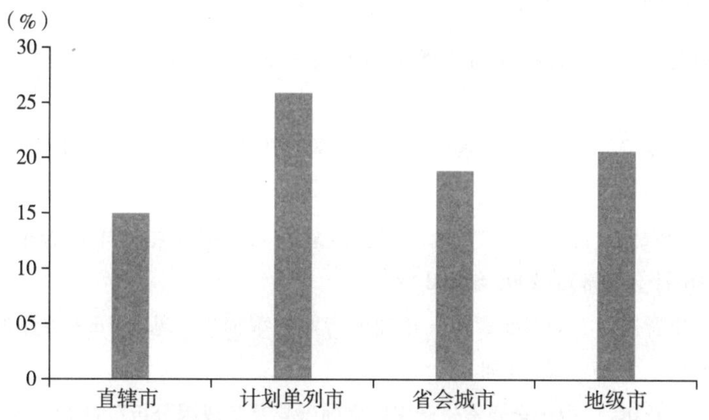

图8.8　不同等级城市的资本边际报酬

资料来源：DRCNET，Wind资讯，作者计算

为了更好地比较不同维度差异的关系，图8.9给出了不同维度下城市之间的资本边际报酬的离散程度。从图中给出的数据来看，不同地域（这里指东中西部）城市之间资本边际报酬差异最小，而不同等级的城市之间资本边际报酬差异最大。从要素市场的扭曲来看，相对于区域而言，不同规模和不同等级城市结构

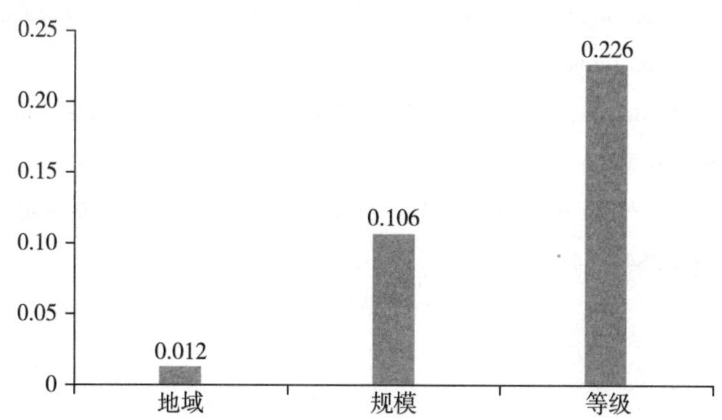

图8.9　不同维度内部城市资本边际报酬的离散程度

资料来源：DRCNET，Wind资讯，作者计算

的优化调整带来城市 TFP 提升的潜力更大。换句话说，城市要素再配置的重点方向在于不同等级和规模的城市之间，而非地域之间。

参考文献

柯善咨、向娟内，“1996—2009 年中国城市固定资本存量估算”，《统计研究》，2015 年第 29 卷第 7 期。

龚关、胡关亮，“中国制造业资源配置效率与全要素生产率”，《经济研究》，2013 年第 4 期。

郭庆旺、贾俊雪，“中国全要素生产率的估算：1979—2004”，《经济研究》，2005 年第 6 期。

王志刚、龚六堂、陈玉宇，“地区间生产效率与全要素生产率增长率分解（1978—2003）”，《中国社会科学》，2006 年第 2 期。

赵自芳、史晋川，“中国要素市场扭曲的产业效率损失：基于 DEA 方法的实证分析”，《中国工业经济》，2006 年第 10 期。

齐亚伟、陶长琪，“中国全要素生产率的空间差异及其成因分析”，《数量经济技术经济研究》，2010 年第 1 期。

简泽，“市场扭曲、跨企业的资源配置与制造业部门的生产率”，《中国工业经济》，2011 年第 1 期。

Hall E. R. and Jones I. C，1999. “Why Do Some CountriesProduce So Much More Output Per Worker Than Others”，*Quarterly Journal of Economics*，February 1999，vol. 114 No. 1，pp. 83 –116.

Duranton，Gilles and Diego Puga，2004. “Micro-foundations of Urban Agglomeration Economies”，In Vernon Henderson and Jacques – Francois Thisse（eds.）*Handbook of Regional and Urban Economics*，volume 4. Amsterdam：North-Holland，pp. 2063 – 2117.

Au，C. C. and Henderson，2006. J. V. “Are Chinese Cities Too Small?” *Review of Economic Studies*，2006，73，pp. 549 – 576.

Lucas，R. E. 1988. “On the Mechanics of Economic Development.” *Journal of Monetary Economics*，22（1），pp. 284 – 343.

第九章　汇率

迈向浮动新阶段

许　伟

要点透视

➢ “8·11”汇改之后，人民币汇率事后看（De facto）逐步转向钉住一篮子货币的区间爬行钉住（Basket Band Crawling）制度，人民币有效汇率升值步伐有所放缓，美元兑人民币汇率波动幅度进一步扩大。

➢ 由于劳动生产率追赶进程尚未结束，长期看人民币汇率仍将保持走强的态势。但在短期，由于当前美元相对强势和国内经济增速放缓、新的稳定增长区间尚未找到，市场预期并不稳定，预计2016年美元兑人民币汇率继续小幅贬值，大体上围绕6.5左右的水平双向波动。

➢ 下一阶段，人民币将迈向更加自由和清洁的浮动汇率体系。但考虑到国内各利益攸关方达成共识需要时间，而且中国作为一个开放大国，还需要考虑汇率调整对周边经济体货币体系造成的冲击，以及相应的反馈波及效应，因此人民币汇率迈向清洁浮动所需要的时间，可能较一般小型经济体更长。

“8·11 汇改”之后人民币汇率走势和短期资本流动回顾

2015 年，美元兑人民币汇率总体上呈贬值态势。具体来看，全年走势大致分为两个阶段。2015 年 8 月 11 日央行宣布采用新的人民币汇率中间价调整机制之前，美元兑人民币汇率中间价基本保持在 6.12 附近，但汇率中间价和即期汇率的偏差较大，一度超过 1200 个基点，中间价对汇率的引导有所减弱。8 月 11 日采用新的中间价形成机制以后，中间价的设定更大程度上考虑了市场变化，与在岸即期汇率之间的偏差迅速收窄。不过，也正是由于中间价的松动，人民币汇率强势的预期被打破，汇率贬值预期随之增强，尤其是在“8·11 汇改”之后半个月和 11 月中旬以后，汇率贬值压力明显，在岸汇率（CNY）和离岸汇率（CNH）的偏差扩大，最高超过 1100 个基点。尽管加大干预力度，但截至 2016 年 2 月 5 日，在岸汇率仍然贬至 6.57，较“8·11 汇改”时贬值 6.79%。

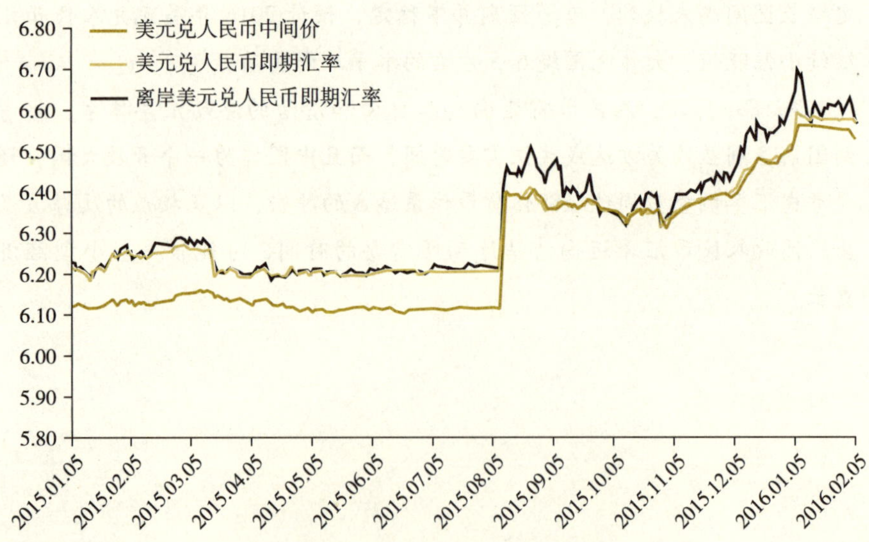

图 9.1　美元兑人民币汇率走势

资料来源：Wind 资讯

人民币有效汇率双向波动幅度较以往更加明显，但总体上保持稳定。“8·11汇改”之前，人民币有效汇率（CFETS 指数，根据人民银行公布的权重和汇率中间价计算）较 2014 年末升值 5.46%，但从汇改到 2015 年末有效汇率贬值 4.27%。全年看升值幅度不到1%。不过，如果从构成有效汇率的双边汇率来看，同期人民币对美元、港币、日元贬值幅度相对明显，其中对日元贬值 4.6%；对英镑、瑞士法郎和新加坡元的汇率变动不大；对欧元等七种其他货币的升值幅度基本上都超过了 5%。

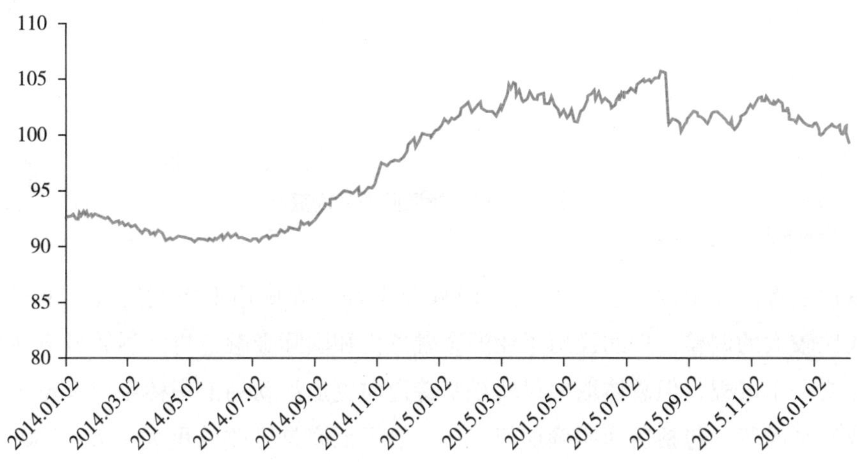

图 9.2　人民币有效汇率走势

注：2014 年 2 月 31 日为 100。

资料来源：作者根据央行公布的方法编制

短期资金跨境流出挑战凸显。2015 年外汇储备净减少 5127 亿美元。尤其是下半年，由于国内金融市场动荡和汇率贬值预期相互加强，短期资本流出速度有所加快，外汇储备净减少了 3635 亿美元。与此同时，企业也加快了外债的清偿速度。2015 年前三季度，企业以外币计价的债务下降 912 亿美元；居民持有外汇存款的动机也有所增强，2015 年，居民外汇存款累计新增超过 180 亿美元。由于中国经济转型再平衡还没有完成，中高速增长的底尚未探明，加上市场预期短期内反应容易过度，持有美元或者美元资产的倾向比较强，后续仍将面临资本流出的挑战。

如何看待本轮人民币汇率调整

基于一篮子货币的区间爬行钉住制度（BBC）意味着未来人民币兑主要货币

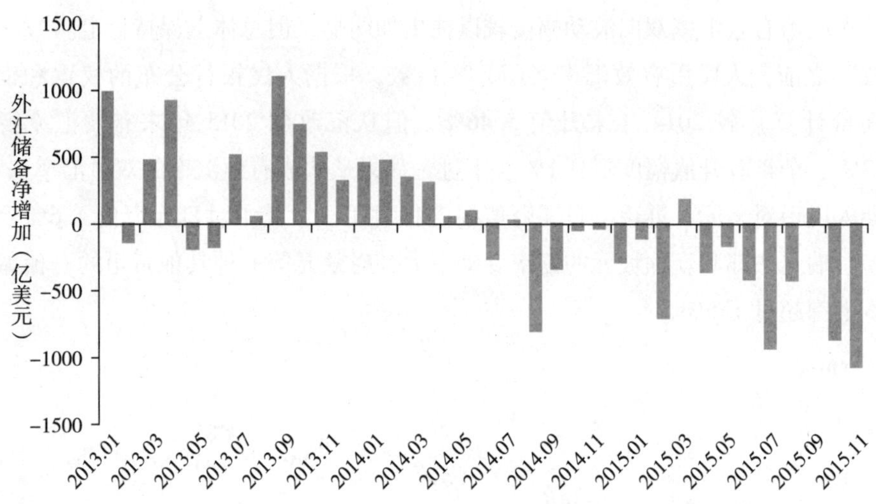

图 9.3　官方外汇储备月度变化

资料来源：Wind 资讯

的双边汇率波动幅度将会扩大。从 1994 年至今，人民币汇率制度大体上经历了三次比较大的调整，期间经历了亚洲金融危机和国际金融危机。尽管各方达成共识需要一个过程，但总体取向仍然是坚持迈向更加浮动的汇率体系。本轮中间价形成机制改革，包括后面明确如何钉住一篮子汇率是汇改的重大突破。2005 年 7 月 21 日以来，我国实行了参考一篮子，以市场供求为基础的、有管理的浮动汇率制度。中间价设定无疑会参考人民币对主要贸易伙伴国汇率波动和贸易收支情况，即期汇率围绕中间价波动的幅度限制亦逐步放宽至 ±2%。但从实际情况来看，中间价对市场实际情况的反应过去明显不足（IMF，2015a）。而新的中间价定价则主要考虑上一期汇率的收盘价，以及外汇供求和隔夜欧美市场的情况，市场因素的权重更大。

由于中国经济增速还没有阶段性企稳，加上国内资本市场动荡，对人民币贬值的预期比较明显，央行进行了一些干预。待市场磨合完成之后，市场力量对汇率走势的影响将进一步凸显，对美元等主要货币的双边汇率波动特征将更加明显。从 2012 年到现在，用日间波动和汇率的均值之比（相当于变异系数）来表示汇率波幅，人民币的波幅明显低于主要新兴经济体货币（图 9.4）。汇改之后，由于贬值预期比较强，为防止汇率过度调整，货币当局进行了干预，浮动区间反而有所收窄。

汇率调整短期引发“浮动恐惧症”，但长期看有利于消除宏观失衡。对具体

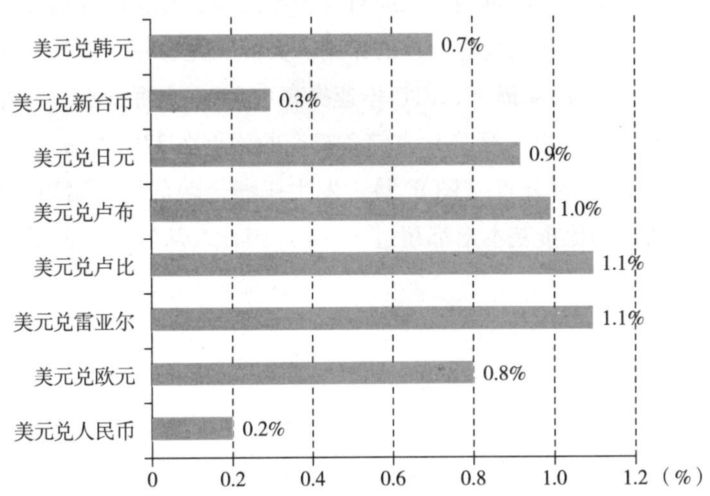

图 9.4　汇率日间波动比较

资料来源：Wind 资讯，作者计算

主体而言，汇率浮动带来的影响程度肯定不一致，关键在于如何适应汇率波动。一些对人民币汇率形成机制调整比较负面的看法，归结起来还是出于对浮动的恐惧，毕竟人民币已经强势了大概十年的时间。浮动恐惧原来是指麦金农描述东亚高储蓄两难和美元本位的汇率安排时提出的理论假说，背景是针对 20 世纪 90 年代日元升值和亚洲金融危机（McKinnon，2005）。2005 年前后部分学者对人民币升值所持的异议也基本上源自该观点。

目前各方对于人民币汇率浮动的恐惧归结起来，大体上有以下几个方面。一是中国政府已经承诺了汇率没有大幅贬值的基础，担心人民币浮动之后，汇率大幅贬值，造成政策可信度受损；二是人民币汇率波动幅度扩大之后，触发国内资产价格下跌以及更大幅度的资本外流，外汇储备进一步降低，贬值压力加大；三是中国虽在总量上并不存在明显的货币错配，但由于外汇市场还不成熟，缺乏有效的风险对冲工具，部分背负外债的企业可能受到较大冲击，从而引发资产负债表危机和无序的去杠杆；四是人民币汇率安排的变动可能引发竞争性贬值，造成国际经济和金融市场动荡。当然也存在一部分观点将浮动和贬值等同起来，担心人民币贬值会削弱对供给侧结构性改革的推进力度。

但从宏观和一般均衡视角看，汇率形成机制和币值调整不仅可以消除中国经济转型过程中宏观失衡的风险，而且调整过程本身是可控的。随着汇率机制弹性和货币政策独立性增强，决策当局在应对各种外部冲击时灵活性提高，同时还可以修正汇率高估程度，起到稳定出口的作用。实证研究表明，如果有效汇率贬值1%，在其他条件不变的前提下，出口增速提高0.5～2个百分点。另外，中国短期外债（证券投资+货币+存款）占储备资产的比重在37%左右，从2010年到现在上升了大概15个百分点（图9.5）。发生亚洲金融危机时泰国、马来西亚、印尼等短期外债占的比重基本上都超过100%。因此，从宏观层面看人民币汇率的调整还是可控的。

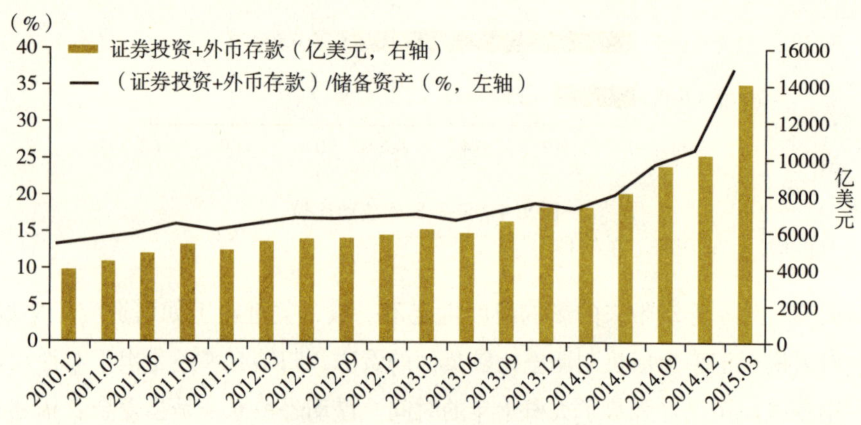

图9.5　我国对外短期负债

资料来源：Wind资讯

有效汇率不存在大幅贬值的基础。在不考虑汇率超调和非理性因素的前提下，理论上要做到汇率调整可控，关键是要把握好汇率的均衡水平。当然，对汇率均衡水平的测度本身也可能存在一些争议。首先，从国内经济形势和国际收支情况来看，2014年人民币汇率基本处在均衡水平。不少实证研究亦支持这一判断，众多过去对人民币汇率水平持批评态度的研究机构基本上都认为人民币汇率不存在低估，比如美国的彼得森国际经济研究所（Cline，2015）和IMF（2015a）。2014年，我国的出口增速保持在6%左右，经常项目占GDP比重大约为2%。2015年1～7月，中国经济相对其他经济体的增速进一步放缓，出口增速进一步放缓，有效汇率反而升值了约3%。与此同时，即期汇率长时间处于±2%波幅限制的下限（相对于中间价，市场存在持续的贬值预期），资本流出压力上升。这说明至少2015年初以来人民币兑美元汇率中间价设定没有充分反映市场力量的变化。

从利率平价角度看，贬值之后的人民币汇率基本上也处在均衡位置附近。但将一年期债券利率换成广义的资产回报率，人民币贬值预期可能会更强一些。而且，从中期视角即国际收支来看，相对于主要贸易伙伴，过去几年人民币有效汇率年均约升值5%。通常，如果经常项目盈余占GDP比重不超过2%，实际有效汇率年均升值步伐一般不超过1.5%（图9.6）。

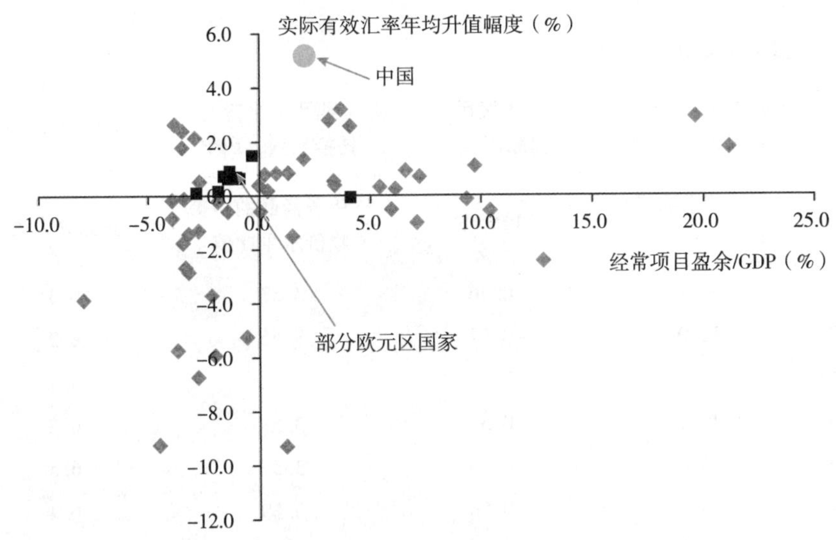

图9.6 经常项目盈余和实际有效汇率升值幅度

资料来源：Wind资讯及作者的计算

当然，上述分析都没有考虑预期过度反应导致汇率超调的可能性。人民币过去强势了差不多十年的时间，但进入2015年之后，人民币升值预期明显弱化，人民币资产的回报率下降，加上之前美联储加息预期的冲击，资本外流规模有所扩大。“8·11汇改”之后，人民币升值的预期被打破，双边波动幅度加大，试图渐进式地寻求汇率均衡位置的尝试一度诱发资本外流和汇率贬值预期的相互强化。尤其是2015年底和2016年元旦之后，这种情况更加突出。与此同时，中国入世之后，随着贸易联系和区域供应链整合的加强，诸多东南亚经济体以及一些商品国家的货币汇率安排当中，对人民币币值是否稳定越来越看重（Chinn，2013）。一旦美元兑人民币汇率出现明显调整，这些外围货币也将随着调整，而且调整幅度可能超过美元兑人民币汇率的贬值幅度，以此保持自身实际有效汇率的基本稳定。若中国要维护人民币对一篮子货币汇率的稳定，就需要对美元进一步贬值。因此，短期内有可能形成人民币和其他外围货币将会对美元竞相贬值的预期。

综合考虑上述因素，由于劳动生产率追赶进程尚未结束，长期看人民币汇率仍将保持走强的态势。但在短期，由于美元相对强势和国内经济增速放缓、新的稳定增长区间尚未找到，市场预期并不稳定，预计 2016 年美元兑人民币汇率继续小幅贬值，大体上围绕 6.5 左右的水平双向波动。

表 9.1 汇率中长期走势预测

	中国人均 GDP/美国人均 GDP	人民币实际汇率，e	购买力平价转换系数，PPP	名义汇率，E
	（%，基于购买力平价口径计算）	PPP/E	一篮子商品的中美物价水平比值	1 美元兑人民币
2012	30.1	0.56	3.53	6.3
2013	32.0	0.57	3.55	6.2
2014	33.6	0.57	3.52	6.1
2015	35.2	0.57	3.55	6.2
2016	36.8	0.55	3.57	6.5
2017	38.5	0.56	3.59	6.4
2018	40.2	0.57	3.59	6.3
2019	42.0	0.57	3.59	6.3
2020	43.9	0.58	3.59	6.2
2021	45.8	0.59	3.59	6.1
2022	47.7	0.59	3.59	6.0
2023	49.7	0.60	3.59	6.0
2024	51.8	0.61	3.59	5.9
2025	54.0	0.62	3.59	5.8

资料来源：作者计算

影响汇率安排的长期因素

如果把这一轮汇率调整和整个汇改的历程结合起来观察，人民币汇率改革是市场化取向的，汇率形成机制也更加接近浮动。关于汇率安排，“二战”后的争论大体上可以分为四类。一是赞成自由浮动和不干预。这首推弗里德曼（1953），

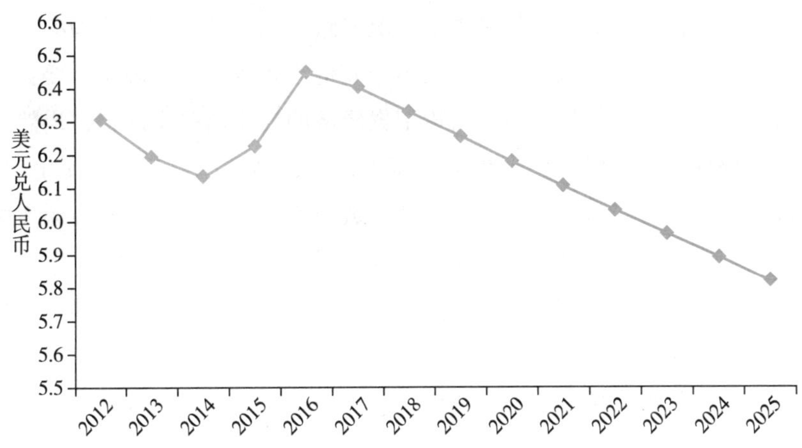

图 9.7　人民币汇率走势预测

资料来源：作者计算

他曾经提到，浮动汇率是外部冲击的隔离墙，一国经济只有锚定在国内通胀指标上，才能保证经济增长的稳定，同时还强调市场参与主体是理性的，政府应尽量少干预；二是赞成固定汇率和不干预。这种观点试图吸收 20 世纪初金本位的优点，强调固定汇率制度相对于浮动汇率更能限制国内货币当局的自由裁量权（Mundell，1999）。香港的货币局制度实际上就属于此类型。三是赞成浮动汇率，但同时又清楚干预是自由的代价之一。比如，托宾（Tobin，1978）就认为国际金融市场运转速度很快，效率很高，但其他部门的调整跟不上节奏。如果坚持货币主权，同时又要防止出现大的金融动荡，就需要在飞速旋转的砂轮撒一些沙子，人为制造一些摩擦，即对资本流动征收托宾税。四是赞成对汇率实施区间管理。比较典型的是威廉姆森（Williamson，1998），支持对货币实行爬行浮动区间管理。

从实际情况来看，不同经济体或者同一经济体在不同发展阶段采取的汇率安排可能存在差异。按照国际货币基金组织的划分，人民币汇率安排目前类似爬行区间管理（Likely crawling band）。很多追赶型经济体都曾经使用过目标区间或者爬行区间管理，不过大多数之后都过渡到了浮动安排。即便如威廉姆森当年称赞的智利和哥伦比亚等后来也采用了浮动汇率制度。

值得一提的是，评价爬行区间管理是否有效关键看以下几方面。一是参考货币或者货币篮子。参考对象一般根据贸易活动来确定，比如哥伦比亚的主要贸易对象是美国，因此哥伦比亚比索就曾挂钩美元；而智利的贸易对象相对多元化，因此智利比索就曾挂钩一篮子货币。二是确定汇率的平价水平或者中间价水平。

如果官方设定的汇率水平和经济基本面情况一致，维持爬行区间管理的可能性就很大；如果偏离均衡水平太远，要么调整中间价或者放宽波动限制，要么只能放弃汇率管理。爬行钉住的好处就是可以根据经济的变化调整中间价，当然如果遭遇巨大的外部冲击和国内经济形势下行压力过大，多数国家都放弃了汇率管理。三是允许汇率围绕中间价波动的幅度。从多数国家的实践来看，允许偏离中间价的幅度基本上都在 5% ~15% 之间。浮动限制如果过紧，不容易钉住；如果太松，基本上就是浮动汇率安排了。四是资本管制的程度。资本管制越严格，爬行区间管理的有效性越高。

这一轮中间价形成机制调整，是汇率改革的重大突破，但从目前外汇市场的运行情况来看，人民币汇率安排仍然属于爬行区间管理，而不是浮动安排。下一步是否有必要推进到浮动安排，可能还是要从相对长期的角度观察。

一是劳动生产率追赶速度放缓。2012 年以后，中国和前沿国家劳动生产率差距缩小的步伐有所放缓。比如 2013 ~2014 年，中美劳动生产率增速的差异缩

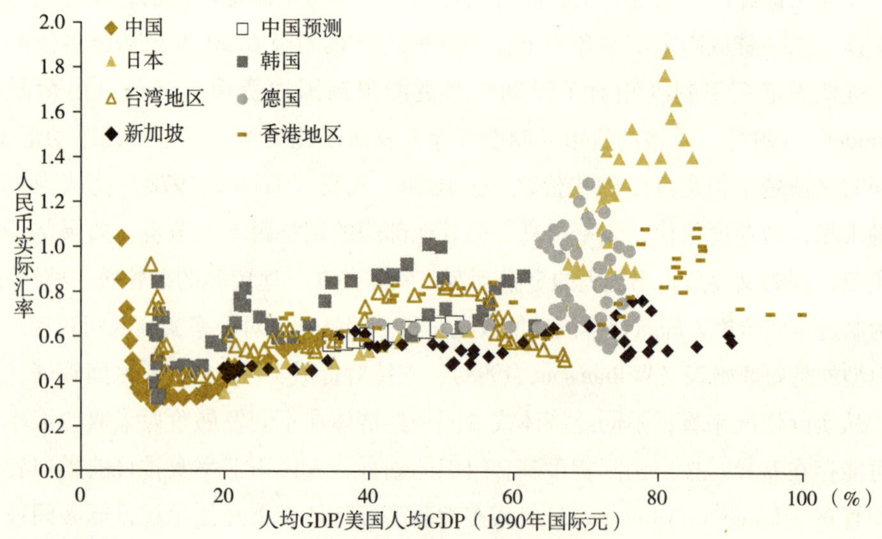

图 9.8　实际汇率和劳动生产率追赶

注：与其他基于名义汇率和价格指数的计算方法不同，本文的实际汇率是基于名义汇率和购买力平价转换系数计算的。购买力平价转换系数是针对一篮子典型商品在不同国家的价格比值，来自 PWT 数据库。与一般的汇率指数不同，本文根据购买力平价转换系数计算的各个国家的实际汇率是横向和纵向均可比的。比如，日元兑美元实际汇率为 0.8，表示一篮子商品在日本的实际估价只有美国的 80%。Taylor and Taylor（2004）在研究中也使用了与本文相同的方法来计算实际汇率水平。具体方法请参见许伟（2013）。

资料来源：Wind 资讯

小至5.5个百分点；在2003~2012年间差值则是9个百分点。截至2014年，按购买力平价计算（1990年G-K国际元），中国人均GDP基本上相当于美国的三分之一。根据成功追赶型经济体的经验，人民币兑美元的实际汇率水平已经进入平稳区间。或者说，随着中国高速追赶时期的结束，巴拉萨—萨缪尔森效应影响将不如以往那样突出，而国际收支和经济周期等因素影响权重会进一步提升。真实汇率水平快速升值阶段的结束，其实也意味着单依靠根据劳动生产率差异等长期因素来准确判断均衡的水平难度增加。

二是跨境资产配置的要求。2014年，中国对外总资产占GDP的比重约为65%，对外负债占GDP的比重约为40%，而美国、日本和德国对外资产占GDP的比重都超过了150%，美国和德国对外负债占GDP比重分别在150%和200%附近，即便是日本也接近80%。从结构上看，中国对外资产主要以官方储备为主，而在上述其他三个国家，主要由私人机构持有。近年来中国私人部门的财富增长很快，未来中国的跨境资产配置至少将呈现两个方面的趋势，一是海外资产总量持续增加，二是持有主体更加多元化。前者意味着资本账户需要进一步放开，中国境内的资本要走出去，资本项目逆差将继续扩大。后者意味着对汇率市场的干预减少，同时外汇市场能够提供更为多元的产品，满足不同主体对风险和收益的多层次需求。

三是开放经济条件下宏观经济管理框架的完善。2013年以来中国实际上遭遇了几次不大的流动性危机，包括2013年6月的钱荒、2013年底的债市大幅调整以及刚刚过去的股市波动。金融动荡背后还是“不可能三角定理”的逻辑在起作用。结合中国的实际情况来看，未来试图兼顾资本账户管制、汇率浮动和独立的货币政策难度不断增加，尤其是考虑到近年来不断涌现的金融脱媒现象。具体来讲，在汇率存在持续升值预期的背景下，经常项目和资本项目盈余增加，为了维持有管理的浮动，货币当局被迫购汇，外汇占款增多，同时为避免基础货币投放过多造成通胀，又必须以提高存款准备金等方式进行冲销。但这种方式并不能持续，比如2007年前后出现的通胀和经济过热，以及2010年以后的影子银行活动盛行，表明货币政策的效力实际上被削弱了。

2013年以后情况反过来了，随着汇率逐步接近均衡水平和经常项目盈余相对规模下降，外汇占款也逐步减少。与此同时，为了防止汇率进一步贬值，不仅需要释放外汇购进人民币，还不能轻易增加流动性，这反过来又造成国内流动性紧张，对于融资成本高、融资链条长、融资杠杆高的表外活动

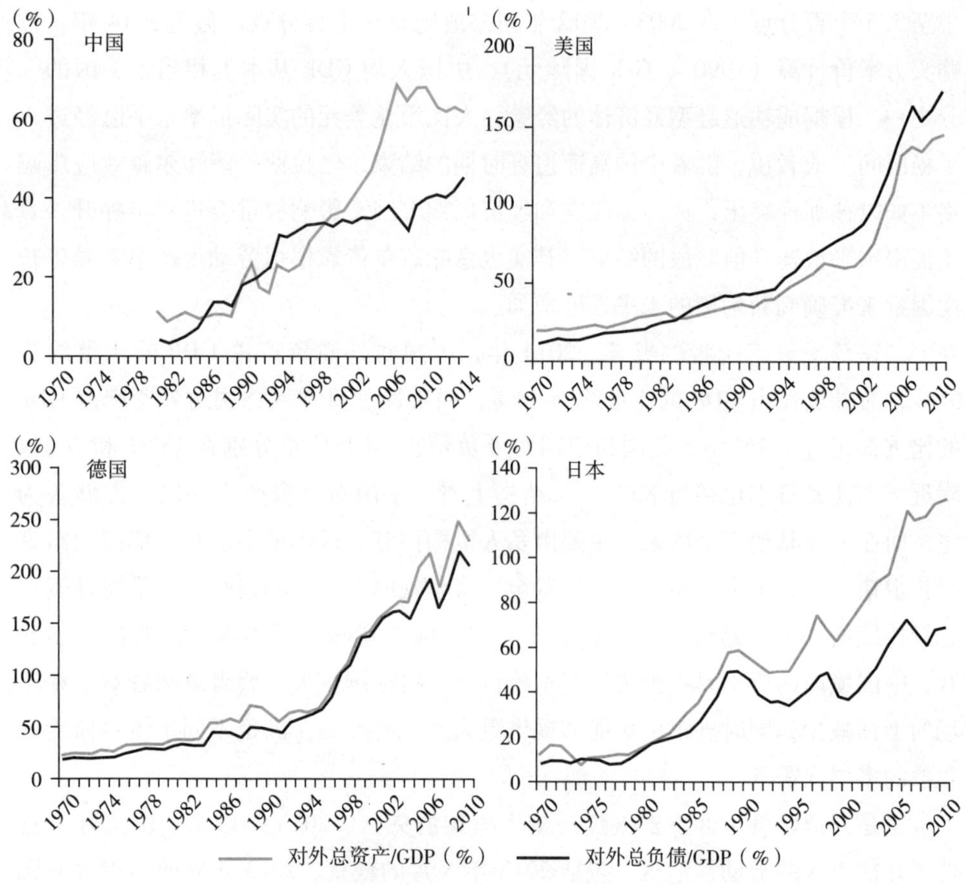

图 9.9　跨境资产配置潜力

资料来源：Wind 资讯

而言是釜底抽薪的，同时加大经济增速下行的压力。经济增速下行压力加大，又进一步强化了贬值预期，调控可能陷入两难困境。因此，为了稳定国内的就业和物价，同时防范风险，央行需要通过提高汇率形成机制市场化程度，进一步增强政策的自主性。如果资本账户管理进一步放开，汇率浮动显得更为紧迫（IMF，2015b）。

典型经济体汇率安排过渡的经验

从汇率管制到浮动安排的过渡，一般是通过扩大汇率波动区间或者逐步放弃中间价引导等方式来实现。在追赶型经济体当中，对我国汇改比较有借鉴意义的主要有两类。

一类是日韩等东亚经济体。这一类经济体与我国有比较类似的发展和追赶路径。其中，韩国从1990年3月起，用市场平均汇率体系（Market Average Rate System）取代了钉住一篮子货币的体系。在该体系下，韩元对美元的汇率由市场决定，但波动幅度受到限制。汇率基准水平为银行间市场上前一个交易日的加权平均水平，汇率的日度双向波动区间不超过该基准的±0.4%。这种汇率制度安排是一种向自由浮动区间过渡的安排。之后，对汇率波动幅度的限制逐步放宽。到1995年12月，进一步扩大至±2.25%，并一直持续到亚洲金融危机爆发。在亚洲金融危机的冲击下，韩元贬值压力十分明显。即便在1997年11月将韩元汇率的浮动区间进一步扩大至中心汇率的±10%，也难以维持原来的汇率安排。最终，韩国放弃钉住美元的汇率制度，实现自由浮动（Reinhart and Rogoff, 2002）。

台湾地区于1978年7月宣布采用有管理的浮动汇率制度，并于1979年2月成立外汇市场。至此，新台币汇率逐步过渡到由市场决定。汇率波动幅度限制设定为中心汇率（前一天的交易汇率）的±2.25%。如果市场由于季节或者异常因素导致大幅波动，台湾的“央行”仍然会进行干预。1989年4月，台湾宣布放弃中心汇率制度以及相关议价机制，±2.25%的浮动限制也被取消。不过，台湾本地银行每天最多能买进5000万美元，而本地的外资银行每天交易规模则被限制在2000万美元。到1990年12月底，进一步取消“小额议定汇率”，汇率浮动基本实现自由化（李国鼎，1994）。需要指出的是，台湾的汇改、利率市场化和金融开放是协调推进的。台湾1985年建立存款保险，1989年解除利率管制，1990年底汇率基本实现浮动，与此同时金融市场和服务业开放加快。

另一类是拉美经济体和前苏东地区，比如智利、波兰、哥伦比亚和俄罗斯等。这类经济体转轨特征比较明显，过去曾实行过爬行钉住或者有管理的浮动汇率安排，现在基本上都采取了浮动汇率安排，资本账户开放程度也有不同程度的提升。比如，智利1989年引入了区间管理，有效汇率水平参考一篮子货币（美元、德国马克和日元），波幅限制在2%，之后逐步放宽至12.5%。1998年波幅限制一度缩小，但最后仍然扩大至±15%。到1999年最终放弃爬行区间管理。

值得一提的是，像韩国和智利，由于经济基本面遭受金融危机的重大冲击，在1998年前后放弃了对汇率浮动的区间管理。比较而言，台湾地区的汇改做到了相对可控，在推出存款保险和利率市场化的同时，持续推动汇改，90年代初期汇率基本上实现浮动。因此，如果能够抓住时机，推进汇改，改革的过程还是相对可控的。从国际经验来看，从固定汇率安排相对平稳地过渡到浮动汇率体系，至少需要四个方面的支撑：（1）一个有深度和流动性好的外汇市场；（2）对汇率风险和跨境资本流动实施有效的管控；（3）外汇市场干预措施要与新的汇率制度一致；（4）汇率浮动之后货币政策框架要有新的锚以及相应有效的政策工具（IMF，2004）。

总之，后发国家资本账户开放是一个渐进的过程，汇率可以在较长时期内采取过渡安排。扩大汇率波动范围或灵活设定中间价是应对短期资本流动挑战的常用手段，同时也是汇率安排从固定或者爬行钉住转向浮动的一种过渡。汇率真正浮动需要资本账户开放、利率市场化等其他自由化手段配合。当然，即便采取了自由浮动汇率也不能完全隔离外部的冲击，关键是利弊的权衡（许伟，2014）。

克服浮动恐惧，迈向浮动新阶段

没有一种汇率制度适用所有国家所有阶段（IMF，1999）。中国当前采取的汇率体系事后看逐步转向类似参考一篮子货币的区间爬行钉住制度。作为一个开放的大国，无论从自身实际出发还是根据国际经验，未来采取更加自由的浮动体系符合中国自身利益，也有利于国际经济的稳定。问题是短期内如何克服浮动恐惧，从区间爬行钉住相对平稳地过渡到自由浮动。

一是提高货币政策和汇率政策的透明度。国际经验显示，除了指向明确的预期引导以外，更加动态一致的预期引导需要依靠规则，并设定新的锚，提高政策框架的透明度。从实际操作来看，凡是主动沟通的，事后看汇率波动幅度反而更小。

二是加强对跨境资金流动和外汇市场头寸的监测，完善宏观审慎政策框架，缓解资本顺周期加杠杆或者减杠杆的行为，尽可能减缓汇率浮动之后市场的超调幅度。同时，还可以采取不对称的资本账户开放方式，放宽对资本流入的限制，对异常的资本流出则采取适当的管制措施。

三是可以根据国内经济形势的变化，主动调整汇改节奏。从过去几次的汇改来看，中国都是根据国内经济形势，主动加快或者延缓了汇改进程。中国现在作为全球第二大经济体，需要适度考虑政策的外溢效应。

四是加快外汇市场发展。待国际市场经济形势相对稳定之后，逐步降低干预汇市的频率，放宽人民币汇率波动的限制；进一步完善外汇衍生品交易，降低交易成本，更好地满足各类企业和机构避险保值的需求；进一步扩大外汇市场参与主体的范围。

五是强化市场主体约束，完善汇率形成机制的微观基础。长期来看，汇率形成机制并不仅仅在于将汇率短期内引导至均衡水平，而在于参与外汇市场的主体是否具有硬约束机制、政府是否愿意取消在外汇市场上对汇率风险的隐性担保，以及政府是否仍将汇率视为一种发展型政策工具。从贸易、资本流动、金融稳定以及人民币国际化等角度综合考虑，当前应该进一步取消各种隐性担保，强化市场主体约束，增强其自主定价和风险管理能力。积极推进贸易和投资便利化，鼓励企业在跨境支付中使用人民币。

参考文献

李国鼎，《台湾的财政金融与税制改革（上）》，南京：东南大学出版社，1994 年 12 月第一版，第 281 ~ 287 页。

刘世锦主编，《中国经济增长十年展望（2013 ~ 2022）》，北京：中信出版社，2013 年，第 249 ~ 268 页。

刘世锦主编，《中国经济增长十年展望（2014 ~ 2013）》，北京：中信出版社，2014 年，第 228 ~ 230 页。

中国人民银行，完善人民币兑美元汇率中间价报价吹风会文字实录，2015 年 8 月 13 日，http：//www. pbc. gov. cn/goutongjiaoliu/113456/113469/2927856/index. html。

Cassel，Gustav，1918，“Abnormal Deviations in International Exchanges”，*Economic Journal*，December 28，pp. 413 – 415.

Cline，R. William，2015，“Estimates of Fundamental Equilibrium Rates”，Policy Brief 15 – 8，Peterson Institute of International Economics.

Friedman，M.，1953，“The Case for Flexible Exchange Rates”，in M. Friedman，*Essays in Positive Economics*（Chicago：University of Chicago Press），pp. 157 – 203.

International Monetary Fund，*People's Republic of China：Staff Report for the* 2015 *Article IV Consultation*，2015a.

International Monetary Fund，*Review of the Method of the Valuation of the SDR – Initial Considerations*，2015b.

McKinnon，R.，2005，*Exchange Rate under the East Asian Dollar Standard：Living with Con-*

flicted Virtue, MIT Press, Cambridge (Massachusetts) .

Mundell, Robert, 1999, "A Reconsideration of the Twentieth Century", the revised version of lecture Robery A. Mundell delivered for Nobel Prize in 1999.

Reinhart, Carmen M. and Kenneth S. Rogoff, 2002, "A Modern History of Exchange Rate Arrangements: A Reinterpretation", NBER Working Paper.

Tobin, James, 1978, "A Proposal for International Monetary Reform", *Eastern Economic Journal*, vol. 4, issue 3 - 4, pp. 153 - 159.

Williamson, 1998, "Crawling Bands or Monitoring Bands: How to Manage Exchange Rates in a World of Capital Mobility", Speeches and Papers of Peterson Institute for International Economics.

产　业

第十章　农业

深化农业供给侧改革，推动要素自由流动

伍振军　周群力

要点透视

➢ 我国农业发展面临着大宗农产品国内国际价格严重倒挂，农民生产净利润很低、全面亏损，农产品库存压顶（尤其是粮食库存极高），国家收储代价巨大等突出问题，其深层次原因是国内国际、三次产业、农业内部产业“三个资源配置扭曲”。

➢ 未来十年，中国粮食需求量将持续快速增长，到2025年，预测全国粮食总需求量为65697万吨，比2014年增加5258万吨，增长8.7%。因为边际产能退出、去库存等供给侧改革措施的推进，与2014年模型预测结果相比，本次预测调低了2016~2025年的粮食产量。

➢ 2016年，由于农产品需求继续增加，国家扶持农业的政策和农业科技贡献仍然发挥着重要作用，将继续支撑农业生产的增长。农业生产经营成本继续上升，粮食去库存压力进一步增大，国内外环境条件变化和长期粗放式经营积累的深层次矛盾逐步显现。

➢ 深化农业供给侧改革，就是要针对当前面临的重大问题，从供给侧入手，出台有力的改革举措，打破阻碍农业生产要素流动的篱笆，让市场机制在农业资源配置中发挥决定性作用，调整劳动力、土地、资金等农业生产要素投入结构，理顺“三个资源配置”，推动农业生产要素自由流动，促进农业生产提质增效，保障农民利益和国家粮食安全。

针对当前农业发展面临的重大问题，从农业供给侧入手，出台有力的改革举措，理顺国内国际、三次产业、农业内部产业之间资源配置，调整劳动力、土地、资金等农业生产要素投入结构。统筹谋划，慎重决策。既要打破阻碍农业生产要素流动的各种篱笆，让市场机制在农业资源配置中发挥决定性作用，又要更好地发挥政府作用，保障农民利益和国家粮食安全。

我国农业发展面临的突出问题

大宗农产品价格全面倒挂

玉米国内国际现货价差距很大

近几年来，玉米国内国际现货价一直保持很大差距。2014 年玉米国内现货价比国际现货价甚至高出 1700 元/吨左右。2015 年以来，玉米国内国际现货价差距保持在 1000 元/吨以上，最高超过 1400 元/吨。

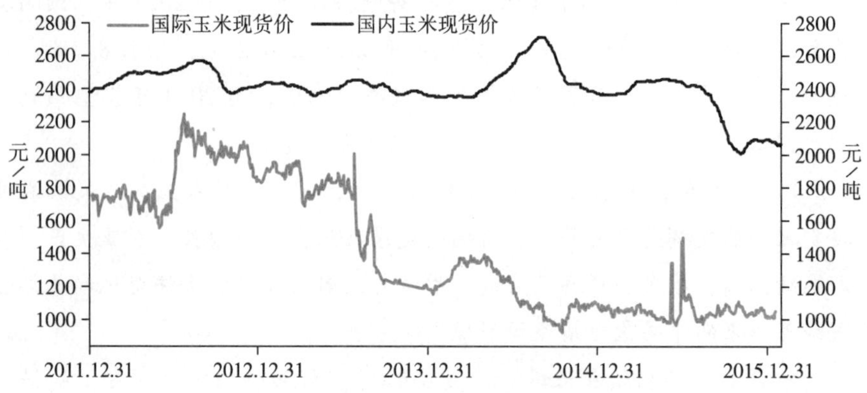

图 10.1　玉米国内国际现货价比较

资料来源：Wind 资讯

我国自 2008 年实行玉米临时收储政策以来，2015 年 9 月份首次降低玉米临时收储价格，并且幅度很大，降幅最高达 0.13 元/斤。玉米临储收购价大幅度调低，导致我国玉米价格大幅度下滑。2015 年 10 月 16 日，全国玉米现货价仅为 2062.19 元/吨，与 2014 年同期相比下降了 428.23 元/吨，下降幅度达 17.19%。即便如此，自 2015 年 9 月份以来，玉米国内国际现货价差距仍然保持在 1000 元/吨左右。

表 10.1　部分省份历年玉米临时收储价格　（单位：元/斤）

时间	内蒙古	辽宁	吉林	黑龙江
2008	0.76	0.76	0.75	0.74
2009	0.76	0.76	0.75	0.74
2010	0.91	0.91	0.90	0.89
2011	1.00	1.00	0.99	0.98
2012	1.07	1.07	1.06	1.05
2013	1.13	1.13	1.12	1.11
2014	1.13	1.13	1.12	1.11
2015	1.00	1.00	1.00	1.00

资料来源：作者研究整理

而实际上，按照 2015 年价格计算，2015 年玉米临时收储价格是继 2014 年小幅下调之后第二次调低。

表 10.2　部分省份历年玉米临时收储价格（2015 年价格）　（单位：元/斤）

时间	内蒙古	辽宁	吉林	黑龙江
2008	0.93	0.93	0.92	0.91
2009	0.88	0.88	0.87	0.86
2010	1.06	1.06	1.05	1.04
2011	1.13	1.13	1.12	1.11
2012	1.15	1.15	1.14	1.13
2013	1.18	1.18	1.17	1.16
2014	1.15	1.15	1.14	1.13
2015	1.00	1.00	1.00	1.00

资料来源：作者研究整理

若将国内玉米价格与进口玉米价格进行比较，就会发现国内玉米生产成本过高，毫无比较优势可言。与配额内玉米进口到岸完税价相比，我国玉米价格仍然较高。2015 年 10 月 16 日，我国玉米进口到岸完税价也只有 1601.97 元/吨，比国内玉米现货价低 460.22 元/吨。与进口玉米离岸价格相比，我国玉米价格更高。2015 年 10 月 16 日，我国玉米进口 CNF 价格仅为 207.38 美元/吨，合人民币 1316.86 元/吨。FOB 价格[①]为 197.38 美元/吨，合 1253.36 元/吨［根据 FOB 价格（CBOT 期价 + FOB 升贴水） = CNF 价格 - 运费[②]］，比国内玉米现货价低 808.83 元/吨。国内玉米现货价与玉米进口 FOB 价格相比，能够大致体现出国内玉米与国际玉米生产成本的差距。可见，无论是从长期的玉米现货价比较看，还是从某个时点的 FOB 监测数据看，我国玉米生产成本价格要比国际玉米生产成本高很多，我国玉米生产毫无竞争优势可言。

小麦国内国际现货价差距较大

近两年，国际小麦现货价一路走低，而国内小麦现货价则一直保持高位。近两年小麦国内国际现货价差距保持在 800 ~ 1300 元/吨之间，直到 2015 年 10 月之后，国内小麦现货价才有所下降，但小麦国内现货价比国际现货价仍然高出 900 元/吨以上。

图 10.2　小麦国内国际现货价比较

资料来源：Wind 资讯

稻谷国内国际现货价差距也很大

从数据看，自 2009 年到 2012 年，我国稻谷价格逐步攀升，从 2000 元/吨攀升到 2800 元/吨左右，并在随后三年内一直保持在 2800 元/吨左右。同期，国际

① FOB（Free on Board）价格指的是离岸价格，又称“船上交货价格”，是指从起运港至目的地的运输费和保险费等由买方承担，不计入结算价格之中的销货价格。CNF（Cost and Freight）价格指的是成本加运费价格，CNF = FOB + FREIGHT（海运费或空运费）。现货价格 = 期货价格 + 升贴水。CBOT（Chicago Board of Trade），芝加哥期货交易所，CBOT 期货价格是目前国际上最权威的期货价格。

② 玉米进口运费按照 10 美元/吨计算。

稻谷价格则在波动中逐步下降，导致稻谷国内国际现货价差距逐步拉大。2015年第二季度国际稻谷现货价有所下降，稻谷国内国际现货价差距接近1700元/吨。2015年下半年，稻谷国内国际现货价差距也在1300元/吨左右。

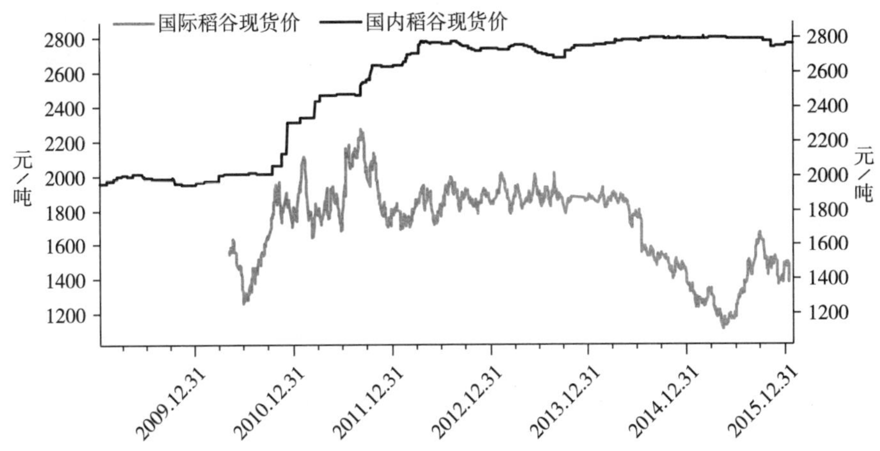

图 10.3　稻谷国内国际现货价比较

资料来源：Wind 资讯

国内猪肉价格是进口价格的两倍左右

近五年来，我国猪肉价格一直在24元/公斤上下波动，波动幅度比较大，但保持高位。而同期进口价格相对平稳，一直在12元/公斤上下波动，波动幅度很小。总体看来，我国猪肉价格保持在进口价格的两倍左右。

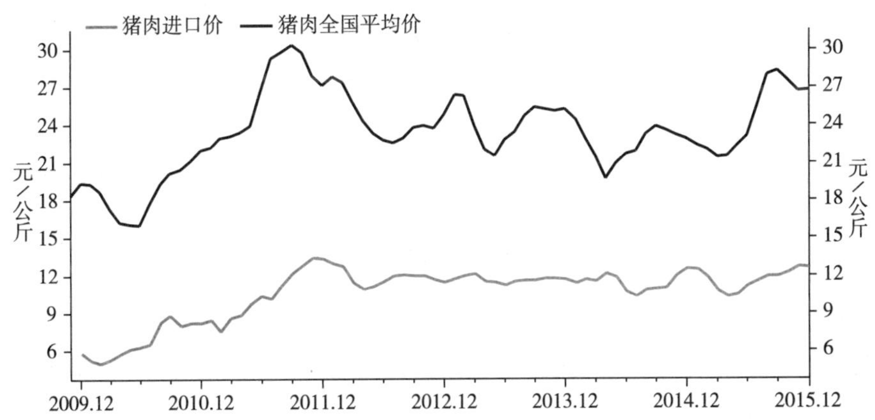

图 10.4　国内猪肉价格和进口价格比较

资料来源：Wind 资讯

但在我国猪肉价格保持高位运行的情况下，我国生猪养殖利润却长期处于低位。尤其是2014年我国猪粮比价①长时间低于6.0的保本点。

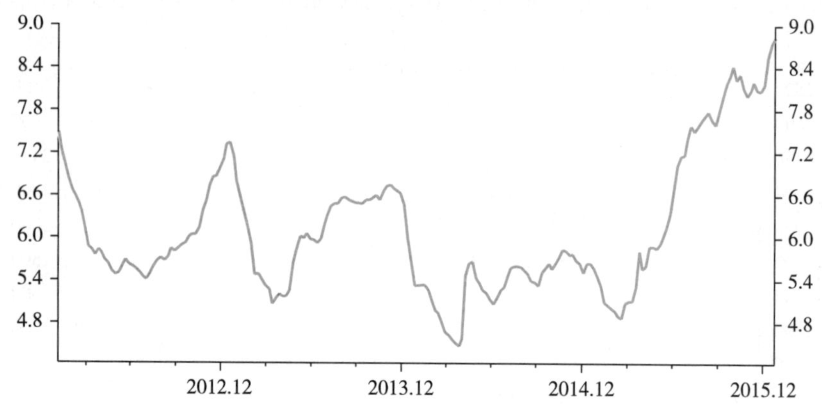

图10.5　全国22个省市猪粮比价

资料来源：Wind资讯

生猪生产成本高，养殖净利润低，我国能繁母猪存栏数量持续减少。自2013年8月至2015年12月，我国能繁母猪存栏数量连续28个月持续快速减少，从5013万头减少到3798万头，减少了1215万头，减少24.2%。根据笔者2015年8月对湖南省湘潭市生猪养殖企业的调查，湘潭市部分养猪企业2015年6月开始补栏母猪（包括原种母猪与二元母猪），能繁母猪数量持续下降趋势得到一定程度遏制。但从生产周期看，我国能繁母猪怀孕期为114天，商品猪达到100公斤的生长期约为150～170天，补栏能繁母猪转化为商品猪供给需要9个月以上的时间。若养殖企业从2015年6月开始大量补栏母猪，在没有大量进口猪肉的情况下，预计猪肉价格要到2016年第一季度末才能趋于稳定。

我国能繁母猪快速减少，导致我国生猪供给大幅度减少。在国内猪肉消费量稳定增长、进口猪肉又难以弥补国内供需缺口的情况下，国内猪肉价格必然迎来一定时期的上涨，国内猪肉与进口猪肉的价格差距将进一步拉大。

棉花价格差距大幅度缩小

自2011年我国实施棉花临时收储政策以来，国内国际棉花价格差距长期保持在6000～8000元/吨的水平，2013年底差价甚至超过8000元/吨。但从2014年初

① 猪粮比价，指的是生猪价格和作为生猪主要饲料的玉米价格的比值。在我国，猪粮比价为6.0时，生猪养殖基本处于盈亏平衡点。猪粮比价越高，说明养殖利润越好，但比值过大或过小都不正常。

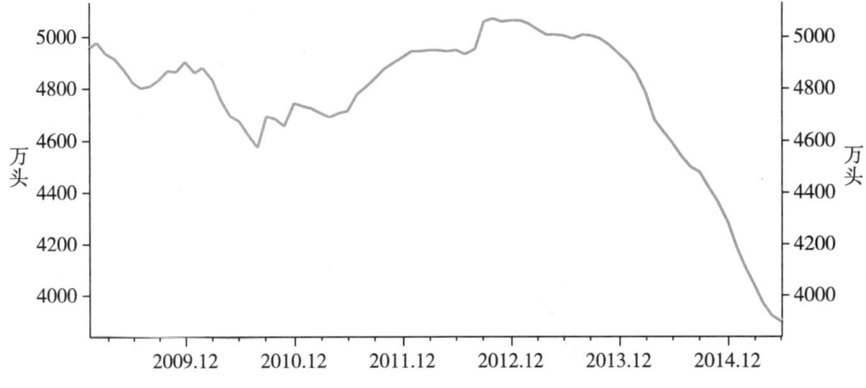

图 10.6 我国能繁母猪存栏数量

资普来源：Wind 资讯

开始，国内棉花价格大幅下降，从 2 万元/吨左右的水平下降到 12000 元/吨。与此同时，进口棉花价格也逐步下降，从 13000 元/吨左右的水平下降到 10000 元/吨。近两年国内棉花价格和进口棉花价格的差距保持在 2000 元/吨左右，差距明显缩小。

图 10.7 国内和进口棉花价格比较

资料来源：Wind 资讯

大豆国内国际价格基本趋于一致

我国大豆进口已经放开，大豆进口关税税率仅为 3%。近几年，我国大量进口大豆，已经是世界最大的大豆进口国。据 2015 年 12 月中国海关总署发布的数据显示，我国2014年累计进口大豆7140万吨，累计数量同比增加12.7%；2015年全年大豆进口量已经达到创纪录的8169万吨，又比2014年提高14.4%。因为关税很低，我国大豆和进口大豆成本价格价差保持在比较合理的水平。在进口大豆到港成本价的基础上，计入各项费用，国内国际大豆价格基本趋于一致。

图10.8 国内大豆现货价与进口大豆到港成本价比较

资料来源：Wind资讯

国内白糖价格是进口价格的两倍左右

从近几年数据看，国内白糖价格一直远高于进口价格。国内白糖价格保持在进口价格的两倍左右，价格差距则保持在2000～3000元/吨的水平。近两年，国内白糖价格有所上涨，进口价格逐步下降，国内价格与进口价格差距逐步扩大。截至2015年10月，国内白糖价格比进口价格高出3050.29元/吨，是进口价格的2.45倍。

近几年来，我国粮、棉、油、糖、肉等大宗农产品国内国际价格差距一直保持在较高水平，除了大豆等完全放开的农产品价差逐步减小之外，食糖、猪肉等农产品价格倒挂程度逐步加深，大宗农产品价格严重倒挂已经成为我国农业发展的突出矛盾，给我国农业发展带来巨大压力。

大宗农产品生产净利润很低，农民全面亏损

国内主要农产品价格居高不下的同时，大宗农产品生产净利润反而很低，农民陷入全面亏损。可以预见，2015年我国农业生产人工成本、物质费用仍处于上升势头，除了生猪等个别农产品价格有所回升、养殖利润可能提高之外，农民仍然全面亏损，可能更加严重。

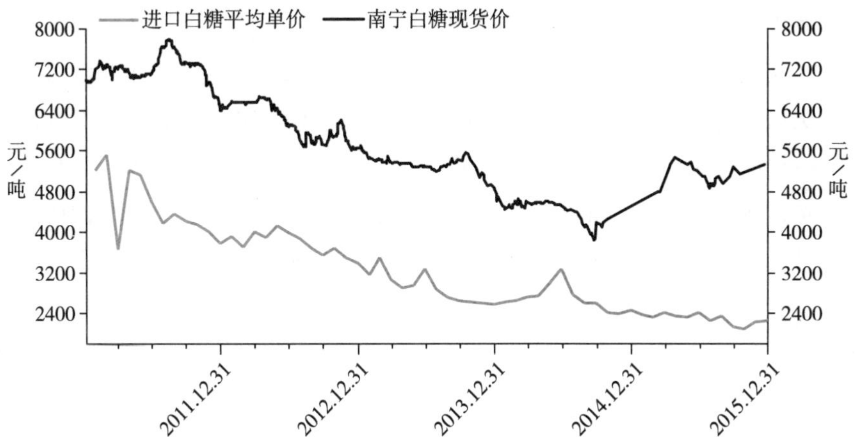

图 10.9　国内白糖现货价和进口价格比较

资料来源：Wind 资讯

三大主粮生产净利润很低

据发改委数据，我国粮食种植净利润很低。2014 年稻谷种植净利润为 204.83 元/亩，小麦 87.83 元/亩，玉米 81.82 元/亩，比 2013 年状况略有改善。但 2015 年玉米临储收购价最高降低了 0.13 元/斤，据匡算，即便玉米种植人工成本、物质费用不提高，农民也将亏损 19 元/亩，严重影响到农民增收。2014～2015 年度我国东北地区的玉米临储收购量在 7000 万吨左右，若 2015～2016 年度继续保持上一年度的收购水平，东北地区的农民收入将至少减少 182 亿元，农民亏损面很大。

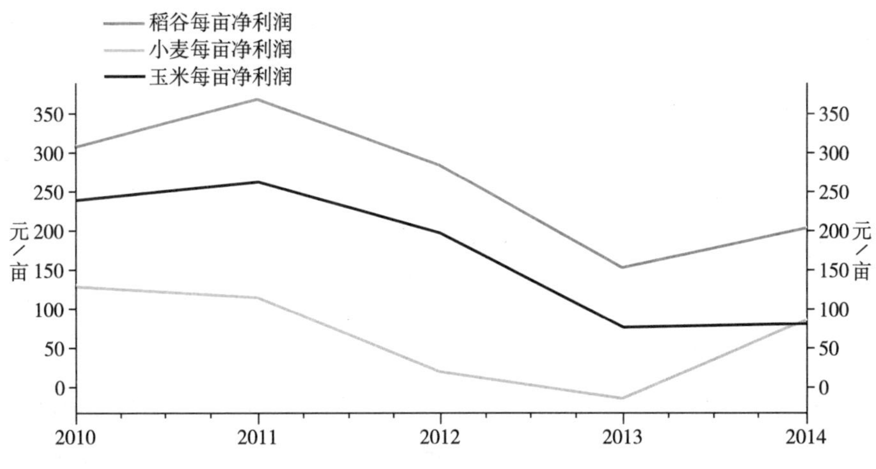

图 10.10　三大主粮生产净利润

资料来源：Wind 资讯

经济作物全面亏损，棉花亏损严重

据发改委数据，2014年我国除粮食之外的大宗农产品生产净利润几乎全为负值。从食糖生产看，我国甘蔗种植净利润为-150.04元/亩。2010~2013年间，国内甘蔗每亩净利润从785元/亩下滑到116.81元/亩，2014年降为负值。从棉花看，我国棉花净利润在2008~2010年间经历了小幅度上涨，2010年开始连续下滑。2010~2013年间，国内棉花净利润从983元/亩连续下滑到-214.98元/亩，2014年棉花下降到-686.44元/亩，农民亏损更加严重。从大豆看（这里把大豆归为油料类），2013年国内大豆每亩净利润已经下滑到33.68元/亩，接近盈亏点。因为生产成本快速增长，2014年大豆生产净利润为-25.73元/亩，降为负值。

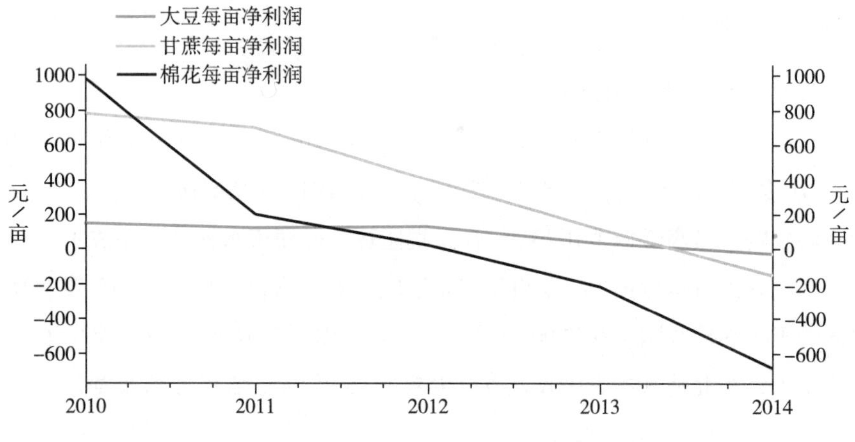

图10.11　甘蔗、棉花、大豆生产净利润

资料来源：Wind资讯

生猪养殖整体亏损

2010~2013年间，我国生猪养殖整体净利润从417.41元/头连续下降到-1.09元/头，已经处于总体亏损状态。2014年生猪养殖亏损更加严重，生猪养殖为-128.26元/头，其中散养生猪为-242.04元/头，规模生猪为-14.18/头。

农产品库存压顶

我国粮食库存压顶问题尤为突出。从三大主粮看，2015~2016年度我国玉米、小麦、稻谷的库存合计高达2.54亿吨，创历史最高纪录。我国小麦库存较高，据Wind资讯数据，预计为5559.7万吨，小麦库存消费比预计为52.5%，比

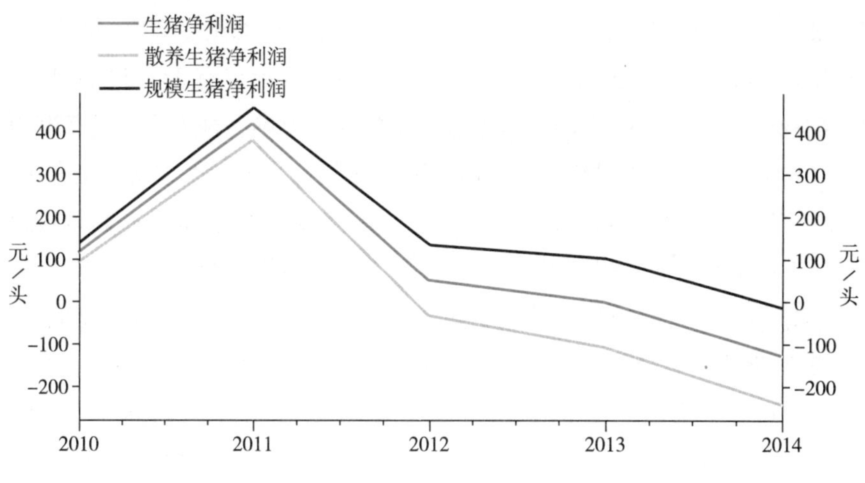

图 10.12　生猪养殖净利润

资料来源：Wind 资讯

全球高出 20.7 个百分点。玉米库存又创新高，预计高达 1.62 亿吨①，占全球库存的 85.66%。预计 2015~2016 年度库存消费比将达到 87.09%，比全球库存消费比高出 67.85 个百分点。按照库存消费比 17%②的粮食安全标准计算，我国多储备了 1.34 亿吨高价玉米。

这么高的粮食库存是怎么形成的？从供给侧看，近几年我国粮食供给快速增长。一是粮食价格支持政策有力推动产量增长。近几年我国水稻③、小麦④、玉米⑤支持价格上涨幅度很大，推动产量大幅度增长。2010 年以来，我国三大主粮总产量从 4.25 亿吨提高到 5.01 亿吨，增产 17.88%。其中，玉米增产幅度达 33.10%；小麦次之，增产 16.30%；稻谷最少，增产 4.79%。二是粮食价差驱动进口量快速上涨。2010 年以来，三大主粮国内国际价格差距一直保持在较高

---

① 国家粮油信息中心估计 2014/2015 年度我国玉米总库存 1.2 亿吨。国家粮油信息中心预计 2015 年我国玉米产量为 2.23 亿吨，预计 2015 年我国玉米净进口约 548 万吨，而玉米消费量为 1.86 亿吨，可见我国玉米库存还将增加 4248 万吨以上。合理预计 2015/2016 年度我国玉米库存将高达 1.62 亿吨。

② 联合国粮农组织认为粮食库存与消费量比例达到 17% 就是安全的。

③ 2007~2014 年我国粳稻、中晚籼稻、早籼稻水稻最低收购价分别从 0.75 元/斤、0.72 元/斤和 0.70 元/斤上涨到 1.55 元/斤、1.38 元/斤和 1.35 元/斤，分别上涨 206.67%、191.67% 和 192.86%。

④ 2007~2013 年，我国混合麦、红小麦、白小麦最低收购价分别从 0.69 元/斤、0.69 元/斤和 0.74 元/斤都上涨到 1.18 元/斤，分别上涨 171.01%、171.01% 和 159.46%。

⑤ 2009~2013 年，内蒙古、辽宁、吉林、黑龙江玉米临储收购价格分别从 0.76 元/斤、0.76 元/斤、0.75 元/斤和 0.74 元/斤上涨到 1.13 元/斤、1.13 元/斤、1.12 元/斤和 1.11 元/斤，分别上涨 148.68%、148.68%、149.33% 和 150%。

水平，驱动进口逐年增加。据国家粮油信息中心公开数据，2010 年我国稻谷(按照大米: 稻谷 =7: 10 换算)、小麦、玉米进口量合计仅有 331. 39 万吨，而到 2015 年小麦进口量达 297 万吨，玉米进口量达 473 万吨，两者合计达 770 万吨，增长了 132%。从粮食总供给看，2010 ~2015 年间，我国三大主粮产量和进口量合计从 4. 29 亿吨大幅提高到 5. 14 亿吨，增幅达 19. 81%。玉米提高幅度最大，达 35. 26%；小麦次之，提高 17. 92%；稻谷最低，也有 7. 09%。

从需求侧看，我国粮食总体消费量小幅平稳增长。2010 ~2015 年间，我国三大主粮消费量从 4. 53 亿吨小幅上涨到 4. 74 亿吨，仅上涨 4. 63%，比供给上涨幅度低 15. 18 个百分点。玉米消费量上涨 13. 76%，比供给上涨幅度低 21. 5 个百分点；稻谷仅上涨 0. 22%，小麦甚至下降 1. 8%。供需变动的结果就是 2010 ~2015 年间我国三大主粮总供给量累计达 28. 56 亿吨，而同期总消费量累计仅 27. 36 亿吨，供给比消费多 1. 20 亿吨。加上同期累计进口超过 2000 万吨玉米酒糟对饲料粮的替代作用，保守估计，粮食库存增加量或将超过 1. 4 亿吨。

从棉花看，自 2011 年我国实施棉花临时收储政策以来，国内国际棉花价格长期保持较大差距。在大量进口棉花、棉纱的替代作用下，我国生产的棉花就都进入了仓库。

2010 年我国累计进口棉花只有 283. 7 万吨，2011 年进口棉花 336. 3 万吨，比 2010 年增加 52. 6 万吨。2012 年我国累计进口棉花激增到 513. 5 万吨，比 2010 年增加 229. 8 万吨。2013 年我国累计进口棉花 414. 7 万吨，比 2010 年提高 131 万吨。2014 年以来，我国棉花价格与进口棉花价格差距逐步缩小，棉花进口量有所下降，2014 年我国棉花进口 243. 9 万吨，进口数量有所下降，但已经积累了极高库存。

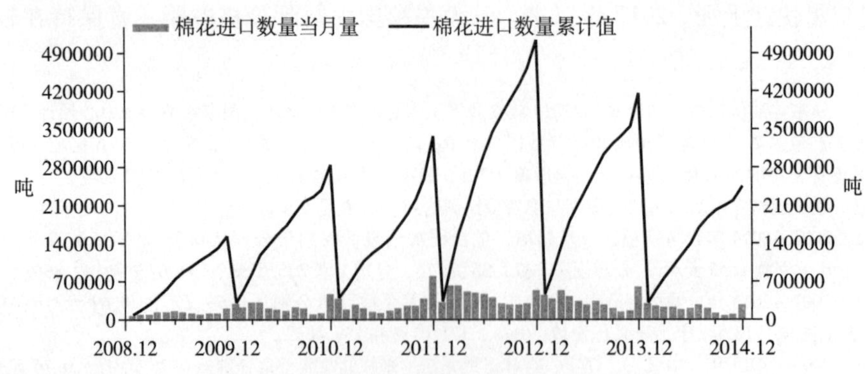

图 10. 13　中国棉花进口情况

资料来源：Wind 资讯

棉花进口激增，我国库存积压严重，虽然通过进口配额的办法挡住了一部分进口，但在国内国际棉花价格严重倒挂的情况下，国际棉花通过棉纱的形式仍然大量进口到中国。2011 年，我国累计进口棉纱线只有 90.5 万吨。实施棉花临时收储政策之后，2012 年我国累计进口棉纱线激增到 152.8 万吨，2013 年和 2014 年分别增加到 210 万吨和 201.1 万吨。2015 年我国累计进口棉纱线 234.5 万吨。相比之下，我国棉纱出口数量较低，保持在 30 万吨左右的水平，且呈不断下降趋势。

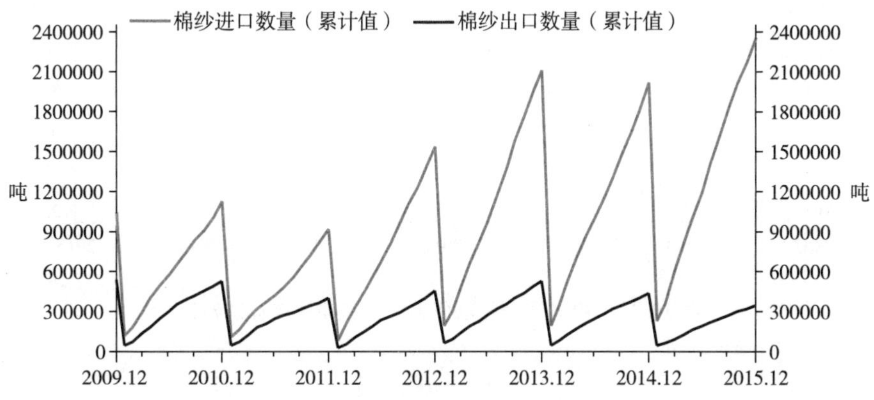

图 10.14　我国棉纱进出口数量比较

资料来源：Wind 资讯

据修正后的数据，2013 年我国棉花期末库存高达 1208 万吨，占全球棉花期末库存的 60.1%。2014 年、2015 年我国棉花期末库存分别高达 1285 万吨和 1196 万吨，皆占全球棉花期末库存的 58% 以上。

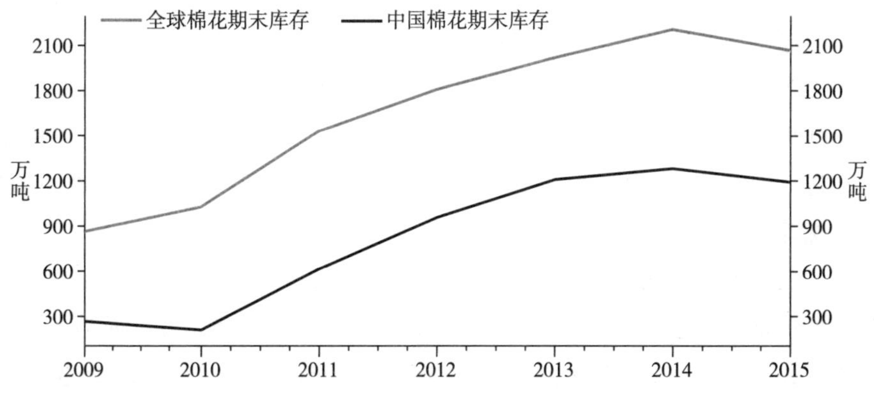

图 10.15　中国及全球棉花期末库存

资料来源：Wind 资讯

同期我国棉花期末库存消费比处于极高水平。2013～2015年间，我国棉花库存消费比分别达到161%、171%和163%，比中国以外地区棉花库存消费比分别高出112、116和112个百分点。

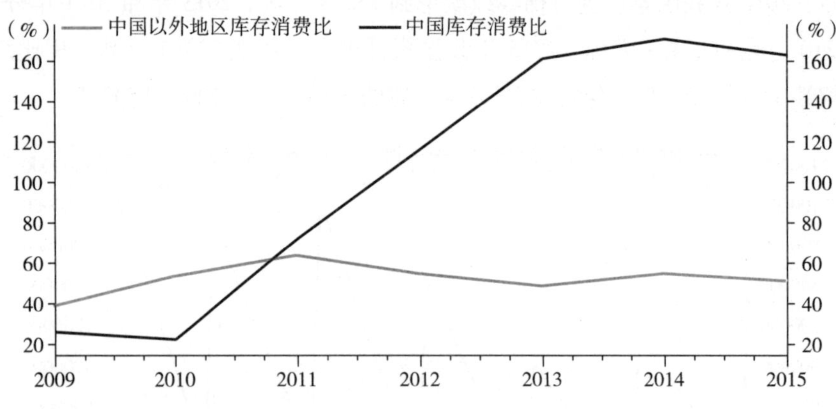

图10.16　中国及中国以外地区棉花期末库存消费比

资料来源：Wind资讯

国家收储潜亏巨大

这些年来，我国实际上是在以举国之力为世界农产品市场托底，不仅使我国面临极大的去库存压力，而且付出了巨大代价。据核算，2015年下半年，我国玉米进口到岸完税价比国内玉米批发价还要低460元/吨左右。按照我国多储备了1.34亿吨玉米计算，当前全球玉米供给充裕，若适时进口补充库存，可为国家节省600亿元以上。又据大连商品交易所人员估计，我国玉米库存费用（包括仓储、运输、利息等成本）约为300元/吨。我国多储备了1.34亿吨高价玉米，相当于多支出400亿元的库存费用，国家玉米巨量库存潜亏合计高达1000亿元。国内国际棉花大幅度价差也让国家蒙受重大损失。近两年国际棉花市场供应充足，在进口棉花价格比国内棉花价格低6000元/吨左右的情况下，若择机收储，不计算棉花仓储、运输等成本，可为国家节省近600亿元。

我国农业生产出现的严重问题让国家处于“两难困境”。一方面，若降低农产品支持价格以减轻收储压力，农民生产利润将进一步下降，亏损面更大，打击农民生产积极性，粮食产量下降、粮食安全也难以保障。另一方面，若保持或提高支持价格以保护农民利益，则国内国际价格倒挂更加严重，国家收储潜亏更大。长期看，国家补贴成本高、收储代价巨大、土地和水资源严重透支、国际农产品市场价格压力极大，严重影响了我国农业的可持续发展。

"三个资源配置扭曲"是深层次原因

我国农业发展出现的这些问题，深层次原因是以市场需求为导向调整农业生产的力度还不够。通俗地说，就是我们生产的农产品，包括质量和品种，不符合消费者的需求。政府又不能强迫消费者去消费指定的农产品，结果就是消费者需要的、市场紧缺的农产品农民没有生产，消费者不需要的农民又生产太多。中央农村工作会议也强调，要使农产品供给数量充足、品种和质量契合消费者需要，真正形成结构合理、保障有力的农产品有效供给。当前的问题实际上就是市场在资源配置中的作用没能得到很好的发挥，市场机制失灵，没有形成有效供给，是供给侧出了问题。具体来说，就是"三个资源配置扭曲"，农业生产要素流动遇到严重障碍。

国内国际农业资源配置扭曲

国内国际大宗农产品价格严重倒挂的现象，实际上表明我国未能根据国际农业资源的变化来配置国内农业资源。加入 WTO 之后，我国大幅度开放国内农产品市场，农业国际化进程不断加快，我国农业也越来越融入世界农业体系之中。2016 年中央一号文件也指出，在受国际农产品市场影响加深背景下，如何统筹利用国际国内两个市场、两种资源，提升我国农业竞争力，赢得参与国际市场竞争的主动权，是必须应对的重大挑战。

实际上，在一个逐步开放的农业贸易和投资体系中，想方设法挡住进口，短期看很危险，长期看很困难。短期国内国际大宗农产品价格倒挂现象会越来越严重，形成价格堰塞湖，一旦湖堤崩溃，将对我国农业造成巨大冲击。长期看，我国作为全球农业体系中的一员，若不能根据国际农业资源的变化来配置国内农业资源，既不符合世界农业经济发展潮流，也违背了基本的经济规律。

三次产业之间资源配置扭曲

我国三大产业就业比重中一产比例仍然偏高，尤其是近几年我国各大宗农产品价格连年上涨，减缓了农村生产要素，尤其是农村劳动力向第二和第三产业转移的步伐，降低了资源配置效率。我国人均土地规模不到 2.5 亩，劳均耕地只有 7 亩左右，农村劳动力转移步伐放缓，导致近几年我国农村人口对土地的压力几乎没有得到缓解。我国农产品加工业产值与农业产值之比偏低，2014 年，农产品加工业总产值超过23万亿元，加工品与农业总产值比值达到2.2∶1（农业发达国家约为4∶1）。农产品产量大但是加工转化率低，农产品附加值不高，丰富的农产品资源优势，并没有通过加工业的发展转化为商品优势和经济优势，都表明我国一产与二产、三产之间资源配置扭曲。

农业内部产业之间资源配置扭曲

我国土地密集型农产品比较效益一直极低。根据发改委数据，2014年我国棉花、糖料、大豆等土地密集型农产品生产净利润都是负值。2014年我国蔬菜平均每亩净利润为2069.78元，是稻谷的10.1倍，小麦的23.6倍，玉米的25.30倍。2014年苹果种植每亩净利润为3480.85元，是稻谷的17倍，小麦的39.6倍，玉米的42.5倍。据统计，全国所有产粮县中，粮食产量越集中，经济发展水平就越落后，人均财力就越低，对转移支付的依赖也就越大。这也充分说明我国粮食、棉花、糖料等土地密集型农业产业与水果、蔬菜、水产品等劳动密集型、技术密集型农业产业之间资源配置不合理。

2016～2025年中国农业发展趋势展望

未来十年粮食消费量与产量变化

未来十年，中国粮食需求量将持续快速增长，到2025年，预测全国粮食总需求量为65697万吨，比2015年增加4576万吨，增长7.5%。分品种看，2025年，预测稻谷消费量22075万吨，小麦消费量13534万吨，玉米24133万吨。未来十年，中国粮食产量会先有所下降，继而保持一定的回升趋势，但是增长率会逐渐趋缓。到2025年，预测全国粮食总产量为61702万吨，比2015年减少441万吨，下降0.7%。分品种看，2025年，预测稻谷产量21897万吨，小麦产量12885万吨，玉米产量23117万吨。

与2014年模型预测（刘世锦等，2015）结果相比，本次预测调低了2016～2025年的粮食产量，主要原因是边际产能退出、去库存等供给侧改革措施的推进，如“镰刀弯”① 地区玉米生产结构调整等因素。

① “镰刀弯”地区包括东北冷凉区、北方农牧交错区、西北风沙干旱区、太行山沿线区及西南石漠化区，在地形版图中呈现由东北向华北—西南—西北镰刀弯状分布，常年玉米种植面积占全国的1/3左右，是玉米结构调整的重点地区。

表 10.3 2016~2025 年全国粮食消费量与产量预测 (单位：万吨)

年份	2016	2017	2018	2019	2020	2021	2022	2023	2024	2025
粮食消费	61549	62306	62689	63736	63852	64120	64759	65097	65485	65697
其中：稻谷	20969	20133	20078	21065	21057	21010	21349	21598	21839	22075
小麦	12861	12773	12556	12235	12074	12380	12699	13026	13292	13534
玉米	22268	22021	22102	22514	22905	23387	23513	23907	24021	24133
粮食产量	61058	59902	58773	57564	58193	58872	59471	60192	60889	61702
其中：稻谷	20991	20687	20476	20303	20615	20897	21113	21374	21616	21897
小麦	12643	12395	12058	11626	11298	11687	12081	12359	12621	12885
玉米	21521	21248	20964	21239	21515	21818	22143	22482	22746	23117

注：作者根据 Wind 资讯数据进行预测，本表预测值为趋势消费量和趋势产量

未来十年畜水产品消费量与产量变化

未来十年，中国畜产品和水产品消费快速增长。到 2025 年，全国肉类总消费量预计为 11208 万吨，比 2015 年增加 1605 万吨，增长 16.7%。2025 年，猪肉预测消费量 6945 万吨，牛肉消费量 997 万吨，羊肉消费量 687 万吨，禽肉消费量 2549 万吨，禽蛋消费量 3680 万吨，奶类消费量 7451 万吨，水产品消费量 9835 万吨。

未来十年，中国肉类、家禽和水产品产量也将继续增长。到 2025 年，预测全国肉类产量为 10842 万吨，比 2015 年增长 2217 万吨，增长 25.7%。其中，猪肉产量 6894 万吨，牛肉产量 903 万吨，羊肉产量 593 万吨，禽肉及其他肉类产量 2452 万吨；分别比 2015 年增长 25.6%、29%、34.5% 和 22.8%。到 2025 年，全国禽蛋产量预计为 3712 万吨，比 2015 年增长 7713 万吨，增长 23.8%；全国奶类产量预计为 6723 万吨，比 2015 年增长 2775 万吨，增长 70.3%；全国水产品产量预计为 9804 万吨，比 2015 年增长 3114 万吨，增长 46.5%。与 2014 年模型预测结果相比，本次预测调高了 2016~2025 年畜产品和水产品的消费和产量增长率。因为随着城镇化进程的加快和人民生活水平的提高，饮食结构将会继续升级。

表 10.4　2016～2025 年全国畜水产品消费量预测　（单位：万吨）

	2016	2017	2018	2019	2020	2021	2022	2023	2024	2025
肉类	9806	10101	10204	10404	10653	10802	10905	10994	11113	11208
其中：猪肉	6225	6387	6425	6545	6689	6728	6779	6826	6891	6945
牛肉	840	879	894	912	933	950	964	975	989	997
羊肉	558	580	599	617	630	649	661	664	675	687
禽肉及其他	2183	2255	2286	2330	2401	2475	2501	2529	2558	2579
禽蛋	3118	3207	3278	3347	3429	3497	3560	3593	3636	3680
奶类	5056	5259	5633	5861	6206	6486	6781	7080	7273	7451
水产品	7183	7649	7948	8246	8633	8946	9193	9386	9610	9835

注：作者根据 Wind 资讯数据进行预测，本表预测值为趋势消费量

表 10.5　2016～2025 年全国畜水产品产量预测　（单位：万吨）

年份	2016	2017	2018	2019	2020	2021	2022	2023	2024	2025
肉类产量	9379	9603	9760	9934	10092	10271	10413	10553	10710	10842
其中：猪肉	5642	6094	6267	6348	6429	6492	6601	6697	6801	6894
牛肉	754	787	801	817	838	859	870	879	892	903
羊肉	419	480	503	521	537	550	561	572	584	593
禽肉及其他	2056	2132	2189	2248	2288	2370	2381	2405	2433	2452
禽蛋	3087	3170	3239	3312	3389	3458	3526	3587	3649	3712
奶类	4086	4325	4652	4881	5289	5503	5797	6114	6406	6723
水产品	6989	7348	7687	8025	8372	8695	9002	9295	9528	9804

注：作者根据 Wind 资讯数据进行预测，本表预测值为趋势产量

未来十年其他农产品产量变化

未来十年，中国重要经济作物产品生产将继续增长，但增长率会逐渐趋缓。到 2025 年，预测全国棉花产量为 693 万吨，油料产量为 3981 万吨，糖料产量为 15121 万吨，水果产量为 36239 万吨；与 2015 年产量相比，分别增长了 132 万吨、434 万吨、2592 万吨和 9158 万吨，增长 23.5%、12.2%、20.7% 和 33.8%。

与 2014 年模型相比，本次预测调低了 2016～2025 年的棉花产量，主要原因是国内价格大大高于国际市场，国际竞争加剧，中国必须对农产品生产价格支持

政策进行一定的调整。同时调高了 2016 ~ 2025 年的油料和水果产量，主要原因是油料价格形势好转。另外，随着居民收入水平的提高，对水果的需求会进一步增大。

表 10.6　2016 ~ 2025 年全国棉花、油料、糖料和水果产量预测　（单位：万吨）

年份	2016	2017	2018	2019	2020	2021	2022	2023	2024	2025
棉花	528	503	478	527	574	599	624	647	665	693
油料	3665	3712	3757	3801	3840	3872	3902	3929	3958	3981
糖料	13318	12903	13361	13692	13943	14174	14410	14659	14893	15121
水果	28166	28997	29815	30983	31879	32794	33802	34781	35586	36239

注：作者根据 Wind 资讯数据进行预测，本表预测值为趋势消费量和趋势产量

2016 年中国农业发展趋势预测

2016 年农业生产将保持稳定发展趋势

2016 年，由于农产品需求继续增加，国家扶持农业的政策和农业科技贡献仍然发挥着重要作用，将继续支撑农业生产的增长。但同时农业生产经营成本继续上升，粮食去库存压力进一步增大，农产品价格波动的因素还将继续存在。随着国内外环境条件变化和长期粗放式经营积累的深层次矛盾逐步显现，特别是 2015 年我国三大主粮收购价全线下跌，农业持续稳定发展面临的挑战前所未有。目前国内主要农产品价格超过进口价格，而生产成本在不断上升，农业生态环境受损，耕地、淡水等资源紧张，这些因素都会制约农业生产发展，预计增长速度会逐渐放缓。预计 2016 年全国主要农产品产量为：粮食 61058 万吨、棉花 528 万吨、油料 3665 万吨、糖料 13318 万吨、水果 28166 万吨、猪肉 5642 万吨、牛羊肉 1173 万吨、禽蛋 3087 万吨、奶类 4086 万吨、水产品 6989 万吨。

与 2015 年相比，总体上农业生产仍保持增长势头。其中，预计粮食减产 1.7%，棉花减产 5.9%，油料增产 3.3%，糖料增产 6.3%，水果增产 4.0%，猪肉增产 2.8%，牛羊肉增产 2.9%，禽蛋增产 2.9%，奶类增产 3.5%，水产品增产 4.4%。

表 10.7　2016 年中国主要农产品产量

	2015 年（万吨）	2016 年（预测）（万吨）	2016 年比 2015 年增长（%）
粮食	62143	61058	-2.4
棉花	561	528	-5.9
油料	3547	3665	3.3
糖料	12529	13318	6.3
水果	27081	28166	4.0
猪肉	5487	5642	2.8
牛羊肉	1141	1173	2.9
禽蛋	2999	3087	2.9
奶类	3948	4086	3.5
水产品	6690	6989	4.4

注：作者根据 Wind 资讯数据进行预测，本表预测值为趋势产量

2016 年农产品消费将持续增长

2016 年，国民经济继续增长，城镇化进程加快，国民收入增速加快，人均食品消费结构将继续改变，这些都将拉动农产品消费的增长。预计全国主要农产品的需求量为：粮食消费 61549 万吨、食糖消费 1517 万吨、猪肉消费 6225 万吨、牛肉消费 840 万吨、羊肉消费 558 万吨、鸡肉消费 1444 万吨、禽蛋消费 3118 万吨、奶类消费 5056 万吨、水产品消费 7183 万吨。

与 2015 年相比，各类农产品的消费都有所增长，特别是畜产品、水产品等。其中，粮食总消费增长 0.7%、食糖消费增长 1.3%、猪肉增长 1.9%、牛肉增长 2.9%、羊肉增长 3.2%、鸡肉增长 1.7%、禽蛋消费增长 2.3%、奶类消费增长 5.9%、水产品消费增长 4.4%。

表 10.8　2016 年中国主要农产品消费量　　（单位：万吨;%）

	2015 年	2016 年（预测）	2016 年比 2015 年增长
粮食消费	61121	61549	0.7
其中：大豆	9214	9385	1.9
谷物	43298	42302	-2.3
食糖消费	1498	1517	1.3

续表

	2015 年	2016 年（预测）	2016 年比 2015 年增长
猪肉消费	6212	6225	1.9
牛肉消费	816	840	2.9
羊肉消费	540	558	3.2
鸡肉消费	1421	1444	1.7
禽蛋食用消费	3048	3118	2.3
奶类食用消费	4774	5056	5.9
水产品食用消费	6880	7183	4.4

注：作者根据 Wind 资讯数据进行预测，本表预测值为趋势消费量

深化农业供给侧改革，推动要素自由流动

要解决这些问题和深层次矛盾，必须贯彻落实十八届三中全会“使市场在资源配置中起决定性作用”精神，深化供给侧改革，对农业资源配置进行结构性调整。以市场需求为导向，调整劳动力、土地、资金等农业生产要素投入结构。运用必要的行政手段，理顺国内国际、三次产业、农业内部产业之间资源配置，推动农业生产要素自由流动，创新思维，及早谋划，构建我国农业发展新战略。

建立三个层次农产品储备体系

充分利用国内国际两种资源、两个市场，鼓励国有和民营粮油企业在全球范围内布局，在主产国投资建立仓储物流设施，储备大宗农产品，以降低储备成本，提高储备效率，实现国家战略目标。

具体举措上，可将我国农产品储备划分为口粮、谷物和大宗农产品储备三个层次。第一层次是口粮储备。建议国家根据稻谷、小麦生产、消费周期等确定国内口粮储备安全线，以国有粮食储备单位为主体，主要在国内储备必要的口粮，确保“口粮绝对安全”。第二层次是谷物储备。加强对全球重点国家农业开发潜力、环境与风险分析，预先做好玉米等谷物进口规模、价格和来源地研究，统筹利用国际国内两个市场两种资源，保障谷物供给。国家确立谷物总体储备基本安全线，玉米及超过安全线以外的口粮，部分由国有及民营粮食企业在全球布点联合储备，部分可以参考“东盟 +3”大米应急储备的方式联合其他国家进行储备。第三层次是除口粮、谷物之外的大宗农产品储备。国家发布储备指导数量，

具体操作主要由国营民营企业共同在全球布局完成。2016 年中央一号文件指出，应“优化重要农产品进口的全球布局，推进进口来源多元化，加快形成互利共赢的稳定经贸关系”。应加强对全球重点国家，尤其是对“一带一路”沿线国家和地区及周边国家和地区的农业开发潜力、环境与风险分析，促进农业“走出去”，加快农业投资贸易步伐。

理顺农产品市场价格机制

理顺农产品市场价格机制，通过市场来调节第一产业和第二、第三产业之间的资源配置，提高农民劳动生产率。应进一步推进户籍制度改革，促进农村劳动力就地就近转移就业创业，加快培育中小城市和特色小城镇，增强吸纳农业转移人口能力，从根本上改善农村人地之间的紧张关系。同时推进农村土地确权，加快土地要素流动；推进一二三产业融合、发展“互联网 +”农业等，引导二三产业资金、技术进入农业。落实中央农村工作会议提出的“种养加一体、一二三产业融合发展”和 2016 年中央一号文件提出的“大力推进‘互联网 +’现代农业，应用物联网、云计算、大数据、移动互联等现代信息技术，推动农业全产业链改造升级等”。改善三次产业之间资源配置扭曲的情况，通过市场来调节第一产业和二三产业之间的资源配置，提高农业劳动生产率。

长期来看，除口粮等必须确保绝对安全的品种之外，应让市场在农业生产要素配置中发挥决定性作用。同时，国家把节省下的农业价格支持费用、农产品仓储费用，加上国家农产品储备“走出去”获得的盈利等资金整合起来，大力支持农产品加工业的发展，提高农产品加工转化率和附加值，增强对农民增收的带动能力；支持一二三产联动，把农产品资源优势转化为商品优势和经济优势；加大资金投入，大幅度增加农业生产能力建设补贴，降低农业单位产品生产成本；构建生产者收入保障体系，弥补价格波动导致的收入损失；同时，下力气完善农村医疗、养老等社会保障制度，提高保障水平。

加快培育农业比较优势

从世界农业发展大局看我国农业发展，根据其他主要农业国家发展特点，培育我国农业比较优势，推进我国特色农业现代化。我国人均耕地面积很少，农户平均经营规模仅相当于韩国和日本的 1/3、欧盟的 1/40、美国的 1/400。从世界农业资源配置角度看，我国如此低的人均、劳均土地资源，却下力气支持生产水稻、小麦、玉米、大豆、棉花、糖料等土地密集型农产品，对培育我国农业比较优势发挥不了太大作用。

“一亩菜十亩粮”，从数据看，我国蔬菜、水果、桑蚕等农业产业产值、利润较高。培育我国农业比较优势，应该大力支持生产蔬菜、水果、桑蚕、水产品等劳动密集型农产品。事实上我国已经成为世界上蔬菜、茶叶、水产品等劳动密集型农产品出口大国。2016 年中央一号文件指出，要“加大对农产品出口支持力度，巩固农产品出口传统优势，培育新的竞争优势，扩大特色和高附加值农产品出口”。应当把我国农业竞争力的培育重心放在能够发挥农业劳动力比较优势的农业产业上，培育和增强比较优势，参与国际农产品贸易竞争。因此，一方面要贯彻落实 2016 年中央一号文件提出的“积极培育家庭农场、专业大户、农民合作社、农业产业化龙头企业等新型农业经营主体”，加快土地、资金等资源要素向优秀的新型经营主体聚集，提高农业竞争力；另一方面要改变农业内部产业之间资源配置扭曲状况，培育我国农业比较优势，推进我国特色农业现代化。中央农村工作会议和 2016 年中央一号文件都强调“要推动粮经饲统筹、农林牧渔结合”。针对我国农业的发展现状，优化农业内部资源配置，促进农业内部生产要素合理流动，这是我国发展农业产业、实现农业现代化的有效途径。

更好发挥政府作用，保障国家粮食安全

应针对粮食生产特点，采取不同措施，保障国家粮食安全。一是贯彻“口粮绝对安全”的大政方针，防范口粮受进口冲击大幅减产。我国小麦、大米进口配额较高，关税很低，考虑到 CPI 因素，近两年小麦、水稻最低收购价实际上在连年下降，口粮生产很容易受到进口冲击。应保护好农民积极性，确保口粮安全。二是慎重制定和发布粮食保护价。保护价是农民进行种植决策的关键参考。2016 年中央一号文件强调任何时候都不能忽视农业、忘记农民。落实中央一系列文件精神，就应从保障粮食安全、保护农民利益的高度，认识和重视保护价，慎重制定保护价，发挥保护价对粮食生产规模、结构的调节作用，合理选择发布时机，避免粮食种植之后发布保护价，损害农民利益、影响粮食安全。三是尽快制定实施耕地轮作休耕补贴政策。耕地轮作休耕是贯彻“藏粮于地”战略的有力举措。2015 年农民种植玉米亏损面大，若农民预期保持地力导致更多亏损，就可能出现耕地大面积抛荒现象。应尽早制定、尽快实施耕地轮作休耕补贴政策，防止耕地抛荒，确保耕地生产能力不降低。

参考文献

伍振军，“中国农业价格支持政策须及早变革”，《中国改革》，2015年第8期。

刘世锦主编，《中国经济增长十年展望（2015～2024）：攀登效率高地》，北京：中信出版社，2015年。

伍振军，“农业供给侧改革资源配置是关键”，《农民日报》，2015年12月。

伍振军，“粮食去库存要警惕生产滑坡”，《农民日报》，2016年1月。

第十一章　制造业

砥砺前行，在分化中重塑优势

宋紫峰

要点透视

➢ 2015 年，我国制造业发展仍处于近年来开启的下降通道之中，仍处于深度调整转型时期。从总量看，增速持续放缓，企业发展面临较大困难；从结构看，行业持续分化，新动能在孕育成长，已经出现了一些可喜的、预示着未来发展方向的新亮点。

➢ “十三五”期间需要重点解决三个问题。第一，“去产能”。要充分认识到解决这个问题的难度，很可能到“十三五”末才能妥善解决。第二，重塑我国制造业竞争优势。未来 15 年将是全球制造业格局重构的关键时期，我国需要把握好这个窗口期，重点做好两项任务。一是在专业化方向上的“求深、求精”，学习掌握“背后的东西”和“默会知识”；二是在商业模式方面“求变、求新”，充分发挥多层次超大规模国内市场的优势。第三，妥善应对一些地区制造业企业集中“关停并转”带来的一系列风险挑战，重点是建立健全机制化解决办法。

➢ 未来很大程度是由现在塑造的，关键取决于我们当下采取的行动。政策建议方面，一是更多运用市场机制、激励相容地“去产能”。二是以最新国际标准为基准，构建能够反映知识资本重要性、产业融合发展特征、创新型中小企业发展状况的统计框架。三是持续完善已有政策，深入挖掘机制和政策改进空间。四是综合运用各学科成果，研究改进战略规划和政策制定的流程，提高各利益相关主体参与度，健全完善政策全生命周期评估制度。五是持之以恒解决好一些长期存在的“老问题”，包括真正确立企业的市场主体地位，营造公平竞争环境，避免用“规划”思路“管理”高水平创新活动等。

2015 年我国制造业发展情况回顾

2015 年，我国制造业发展仍处于近年来开启的下降通道之中，仍处于深度调整转型时期。受到国内外多种因素的综合影响，我国制造业发展短期内还面临着较大困难，但也出现了一些可喜的、预示着未来方向的新亮点。

从总量看，增速持续放缓，企业发展面临较大困难

我国制造业在经历了近年来的疲软表现之后，连年跌破重要发展关口。2014 年，全国规模以上制造业企业增加值结束了多年来的两位数增长态势，制造业占 GDP 的比重也下降至 30% 以下。按可比价格计算，2015 年全国规模以上制造业企业增加值同比增长 7.0%，增速较 2014 年下降 2.4 个百分点，较 2013 年下降 3.5 个百分点，规模以上制造业企业增加值增速已经低于服务业增加值增速。

表 11.1　规模以上制造业企业增加值增速已低于服务业增速　（单位:%）

	2013 年	2014 年	2015 年
GDP 增速	7.7	7.4	6.9
工业增速	7.8	7.3	6.0
规模以上制造业企业增速	10.5	9.4	7.0
服务业增速	8.3	8.1	8.3

资料来源：国家统计局

在规模速度型发展方式尚未根本转变的情况下，增速下降使得制造业企业总体仍处于微利时期，企业经营面临较大困难。2015 年，全国规模以上制造业企业共实现利润 55563.1 亿元，比 2014 年增加 1867.9 亿元，同比名义增长 3.48%，增速较 2014 年下降 2.51 个百分点，较 2013 年下降 0.92 个百分点。从利润率来看，2015 年规模以上制造业企业主营业务收入利润率为 5.63%，与 2014 年基本持平，相比其他行业依然较低。比如，据中国企业联合会、中国企业家协会发布的《2015 中国企业 500 强》报告显示，500 强中 266 家制造业企业

的营业收入合计占比为40.1%，但利润合计占比仅为18.8%。这种局面若长期维持，会进一步影响投资及后续发展潜力。

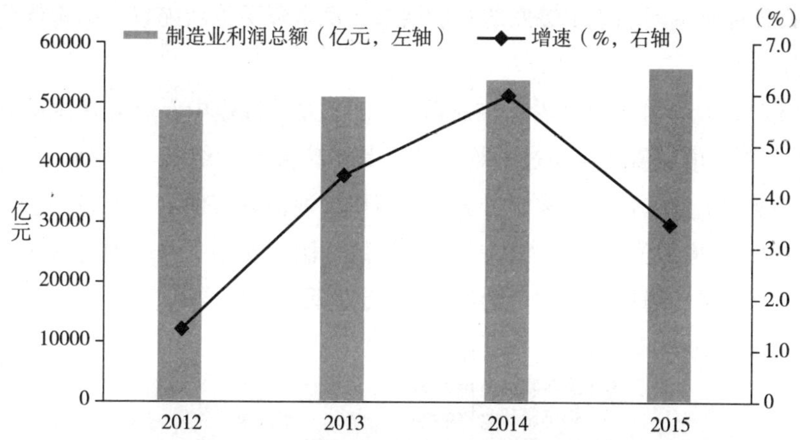

图11.1　2012～2015年规模以上制造业企业利润总额及名义增速

资料来源：国家统计局，经作者计算

2015年，制造业固定资产投资同比增速继续下降，多年来首次降为个位数。全年全国制造业完成固定资产投资180365亿元，名义同比增长8.1%，增速较2014年下降4.9个百分点，自2012年以来持续下台阶。考虑到投资对最终产出的重要先导作用，未来几年中制造业发展总体上难有很大起色。

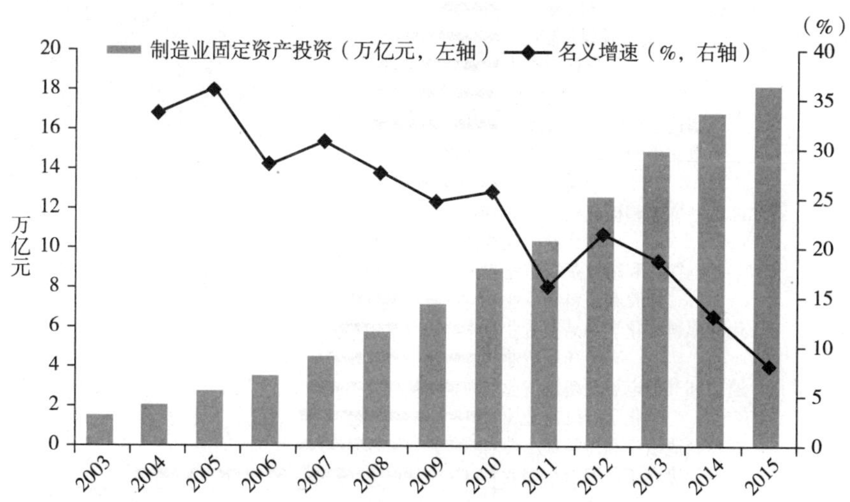

图11.2　2003～2015年制造业固定资产投资绝对值及名义增速

资料来源：国家统计局

从结构看，行业持续分化，新动能孕育成长

持续分化，是我国制造业近年来出现的明显趋势，这既是增速放缓之后原有发展模式各种弊端问题集中爆发的必然结果，也是资源重新配置、结构优化调整的崭新起点。

2015 年，从增加值增速看，在制造业 30 个大类行业中，废弃资源综合利用业等 12 个行业增加值增速超过平均增速，其中废弃资源综合利用业，有色金属冶炼和压延加工业，化学纤维制造业，计算机、通信和其他电子设备制造业这四个行业 2015 年增加值增速依然保持在两位数，医药制造业也实现了 9.9% 的增长，纺织业持平，通用设备制造业等 19 个行业低于平均增速。

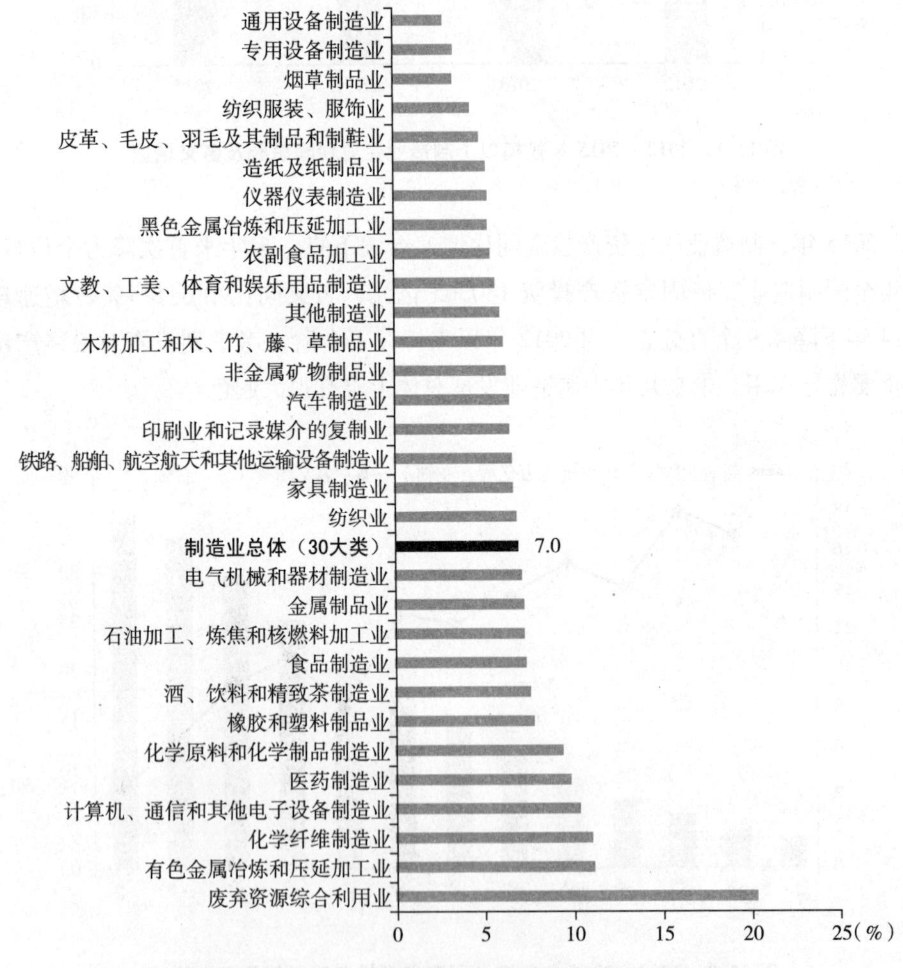

图 11.3　2015 年制造业分大类行业增加值累计同比增速

资料来源：国家统计局

从固定资产投资增速看，在制造业 29 个大类行业中，石油化工、炼焦和核燃料加工业等 11 个行业的增速高于平均增速，主要还是集中在重化工业领域；废弃资源综合利用业等 18 个行业的增速低于平均增速。

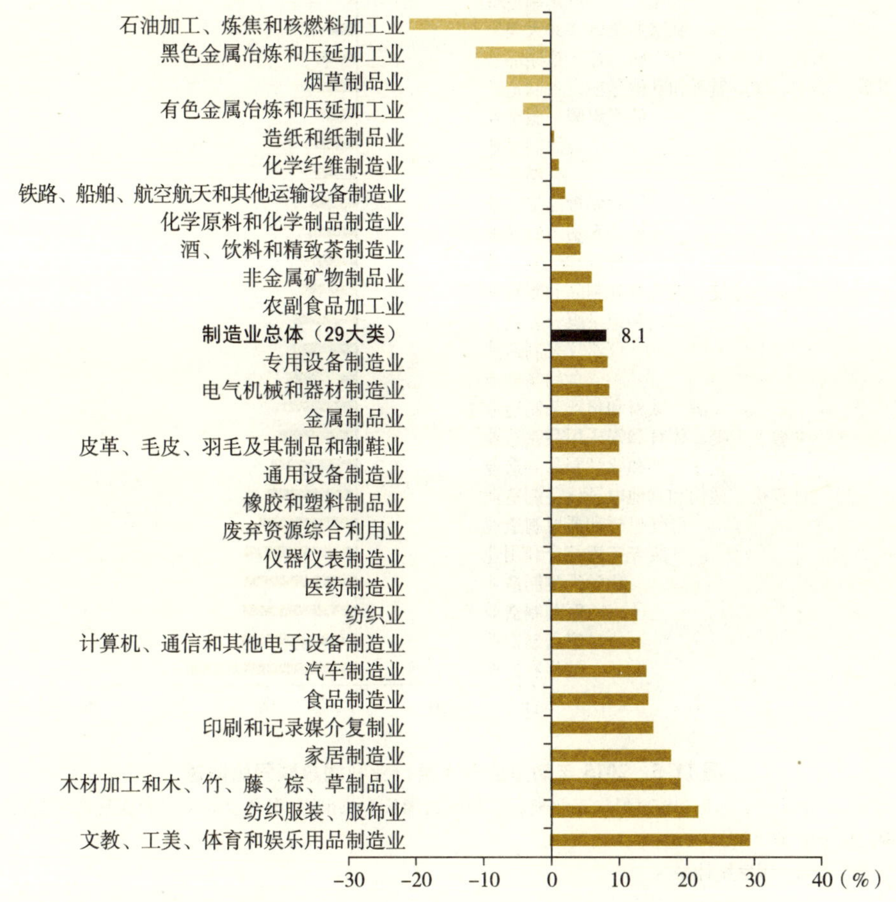

图 11.4　2015 年制造业分大类行业固定资产投资累计同比增速

资料来源：国家统计局

从全行业利润总额增速情况看，大多数行业利润总额增速高于制造业平均增速，但黑色金属冶炼和压延加工业、有色金属冶炼和压延加工业、非金属矿物制品业等少数行业下降幅度较大，拉低了平均增速；医药制造业，电气机械和器材制造业，计算机、通信和其他电子设备制造业等行业利润总额规模较大且增速较快。

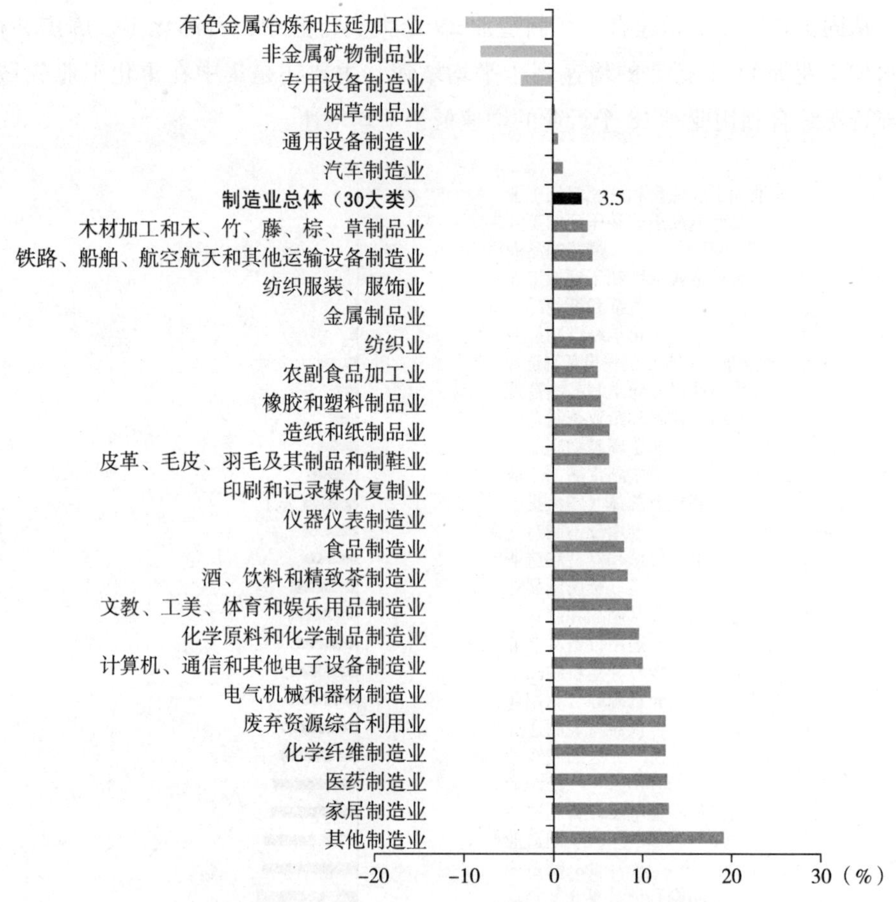

图 11.5　2015 年制造业分大类行业利润总额同比增速

注：石油化工、炼焦和核燃料加工业利润总额同比增长 566.6%；黑色金属冶炼和压延加工业利润总额同比下降 68.1%。

资料来源：国家统计局

从主营业务收入利润率情况看，基本格局与固定资产投资增速非常相近，黑色金属冶炼和压延加工业，石油加工、炼焦和核燃料加工业，有色金属冶炼和压延加工业，化学纤维制造业，造纸和纸制品业等利润率较低的行业固定资产投资增速也相对较低，这些行业的预期发展前景也不太乐观。

2015 年的情况基本还是最近几年的延续。考虑到投资对最终产出的决定性作用，以下根据各行业 2012～2015 年间的固定资产投资情况，结合增加值增速情况，大致将所有制造业行业（因“其他制造业”投资数据缺失，以下分类仅包括 29 个行业）归为五大类，进一步分析各类行业的发展态势。

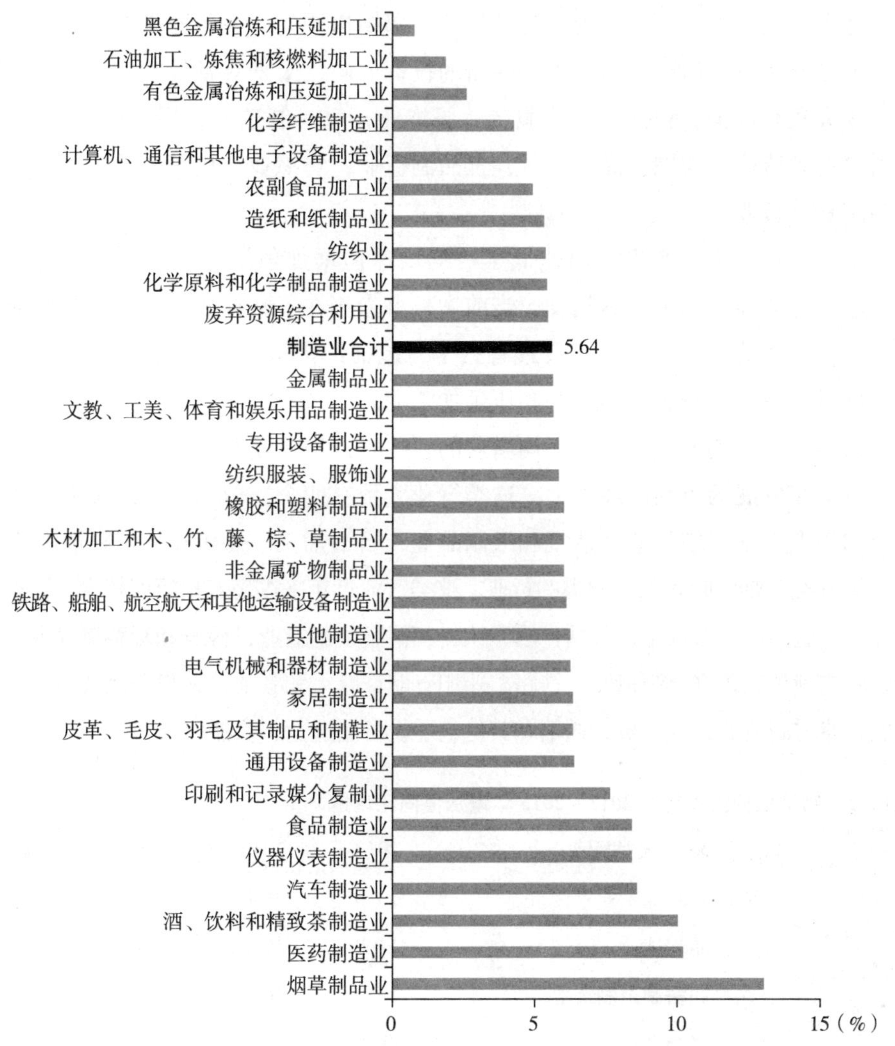

图 11.6　2015 年制造业分大类行业主营业务收入利润率

资料来源：国家统计局

第一类固定资产投资和增加值增速都高于平均增速的行业。这类行业不仅对当前制造业增长提供了重要支撑，而且这种支撑作用在未来很可能会进一步增强。这类行业大致有六个，包括：医药制造业，废弃资源综合利用业，木材加工和木、竹、藤、棕、草制品业，印刷和记录媒介复制业，文教、工美、体育和娱乐用品制造业，金属制品业。

第二类是固定资产投资增速高于平均增速但增加值增速低于平均增速的行

业。这类行业很可能正经历着相对剧烈的内部结构调整，一些原来重要的子行业正处于萎缩状态，但已经出现了一些新的投资方向，未来具备较大发展潜力。这类行业大致有八个，包括：纺织服装、服饰业，家具制造业，通用设备制造业，专用设备制造业，农副食品加工业，食品制造业，纺织业，皮革、毛皮、羽毛及其制品和制鞋业。

第三类是固定资产投资增速低于平均增速但增加值增速高于平均增速的行业。这类行业与第二类基本相反，当前增长潜力正在不断释放，但未来很可能将出现增长乏力情况。这类行业大致有三个，包括：化学原料和化学制品制造业，化学纤维制造业，有色金属冶炼和压延加工业。

第四类是两类增速都低于平均增速的行业。这类行业基本进入一个稳定衰退期，进一步发展的空间已经不大。这类行业大致有四个，包括：黑色金属冶炼和压延加工业，烟草制品业，造纸和纸制品业，石油加工、炼焦和核燃料加工业。

第五类是难以归入以上四类的行业。这类行业近年来震荡变化幅度较大，需要单独分析。这类行业有八个，包括：酒、饮料和精制茶制造业，橡胶和塑料制品业，非金属矿物制品业，汽车制造业，铁路、船舶、航空航天和其他运输设备制造业，电气机械和器材制造业，计算机、通信和其他电子设备制造业，仪器仪表制造业。

表 11.2　制造业分大类行业 2012～2015 年增加值同比增速　（单位:%）

制造业 30 个大类行业	2012	2013	2014	2015
农副食品加工业	13.6	9.4	7.7	5.5
食品制造业	11.8	10.0	8.6	7.5
酒、饮料和精制茶制造业	12.5	10.2	6.5	7.7
烟草制品业	9.3	7.2	8.2	3.4
纺织业	12.2	8.7	6.7	7.0
纺织服装、服饰业	7.2	7.2	7.2	4.4
皮革、毛皮、羽毛及其制品和制鞋业	7.7	8.1	6.2	4.9
木材加工和木、竹、藤、棕、草制品业	12.4	11.7	9.5	6.3
家具制造业	11.2	10.2	8.7	6.9
造纸和纸制品业	8.8	8.4	6.5	5.3
印刷和记录媒介复制业	10.1	11.9	10.0	6.7
文教、工美、体育和娱乐用品制造业	10.9	13.5	13.6	5.8

续表

制造业30个大类行业	2012	2013	2014	2015
石油加工、炼焦和核燃料加工业	6.3	6.1	5.4	7.4
化学原料和化学制品制造业	11.7	12.1	10.3	9.5
医药制造业	14.5	13.5	12.3	9.9
化学纤维制造业	13.1	10.3	8.5	11.2
橡胶和塑料制品业	10.1	10.7	8.6	7.9
非金属矿物制品业	11.2	11.5	9.3	6.5
黑色金属冶炼和压延加工业	9.5	9.9	6.2	5.4
有色金属冶炼和压延加工业	13.2	14.6	12.4	11.3
金属制品业	12.2	12.4	11.6	7.4
通用设备制造业	8.4	9.2	9.1	2.9
专用设备制造业	8.9	8.5	6.9	3.4
汽车制造业	8.4	14.9	11.8	6.7
铁路、船舶、航空航天和其他运输设备制造业	4.6	4.8	12.7	6.8
电气机械和器材制造业	9.7	10.9	9.4	7.3
计算机、通信和其他电子设备制造业	12.1	11.3	12.2	10.5
仪器仪表制造业	12.6	11.6	9.4	5.4
其他制造业	7.0	12.0	5.2	6.1
废弃资源综合利用业	15.1	15.4	16.5	20.4

资料来源：同花顺 iFinD

表11.3　制造业分大类行业2012～2015年固定资产投资同比增速　（单位:%）

制造业30个大类行业	2012	2013	2014	2015
农副食品加工业	32.0	26.5	18.7	7.7
食品制造业	28.1	20.7	22.0	14.4
酒、饮料和精制茶制造业	36.2	30.4	16.9	4.4
烟草制品业	-8.7	27.3	-5.3	-6.5
纺织业	12.0	18.3	12.4	12.8
纺织服装、服饰业	24.2	23.6	19.2	22.0
皮革、毛皮、羽毛及其制品和制鞋业	14.3	30.3	15.6	10.0

续表

制造业 30 个大类行业	2012	2013	2014	2015
木材加工和木、竹、藤、棕、草制品业	31.3	22.3	18.5	19.3
家具制造业	30.2	27.2	27.1	17.7
造纸和纸制品业	15.5	18.8	6.4	0.4
印刷和记录媒介复制业	24.7	22.0	26.8	15.1
文教、工美、体育和娱乐用品制造业	20.8	24.1	26.9	29.7
石油加工、炼焦和核燃料加工业	5.4	19.4	7.1	-20.9
化学原料和化学制品制造业	30.7	17.1	10.5	3.3
医药制造业	34.6	26.5	15.1	11.9
化学纤维制造业	18.7	21.8	3.1	1.2
橡胶和塑料制品业	16.7	20.6	13.2	10.1
非金属矿物制品业	17.9	14.8	15.6	6.1
黑色金属冶炼和压延加工业	-2.0	-2.1	-5.9	-11.0
有色金属冶炼和压延加工业	20.6	20.6	4.1	-4.0
金属制品业	9.9	20.9	21.4	10.0
通用设备制造业	33.7	23.5	16.4	10.1
专用设备制造业	45.6	18.5	14.1	8.5
汽车制造业	32.8	15.0	8.3	14.2
铁路、船舶、航空航天和其他运输设备制造业	4.9	16.4	16.1	2.2
电气机械和器材制造业	4.8	10.7	12.9	8.7
计算机、通信和其他电子设备制造业	12.9	20.2	10.7	13.3
仪器仪表制造业	31.1	7.3	4.9	10.7
其他制造业	—	—	—	—
废弃资源综合利用业	53.1	33.8	24.9	10.3

资料来源：同花顺 iFinD

综合来看，第一类、第二类行业主要集中在传统制造业和一些先进制造业，其中传统制造业广泛覆盖了食品加工制造、纺织服饰、家具制造、木材加工等，先进制造业主要包括医药制造、设备制造等。考虑到我国具备多层次超大规模国内市场的基本国情和产业转型升级的实际情况，这个结果是符合逻辑的。而且，这些行业的利润率基本都高于制造业平均利润率，从企业自主选择投资角度看，这两类行业应该也是目前我国制造业中具备较强竞争优势的领域。可以预见，在一段时期内，这两类行业将对制造业发展发挥更为关键的支撑作用。

第三类、第四类行业基本全是重化工业，再加上造纸这种高污染行业以及烟草制造业。如果不考虑烟草这种高度垄断专卖体制的特殊行业，其余行业近年来的利润率都比较差，产能过剩情况也比较严重，预期未来将进入一个稳定的衰退期。

除去以上这些能够较好分类的行业，剩余的第五类行业的情况各有不同。酒、饮料和精制茶制造业，橡胶和塑料制品业，计算机、通信和其他电子设备制造业，电气机械和器材制造业这四个行业近年来的固定资产投资增速总体还比较高，增加值增速基本与制造业平均增速持平，这个行业未来的发展与前两类行业更为相近。非金属矿物制品业的情况有所反复，但总体上出现了更快的下滑趋势，与后两类行业的情况可能更为接近。汽车制造业，铁路、船舶、航空航天和其他运输设备制造业，仪器仪表制造业这三个行业的走势难以确定，其中汽车制造业与消费、交通等多项政策关系紧密，铁路、船舶、航空航天和其他运输设备制造业与基础设施投资联系密切，都还存在较大的不确定性。

我国制造业发展未来十年展望

根据典型工业化国家产业及制造业结构演变的一般规律和我国产业发展的实际情况，本部分在前期研究的基础上对 2016 ~ 2025 年我国各主要工业行业比重变化趋势进行了初步预测。

从典型国家工业化发展的基本经验来看，随着人均 GDP 的不断提高，制造业逐渐由劳动和资源密集型产业向资本和技术密集型产业升级（当然，大多数国家并未真正实现产业转型升级，结果是长期锁定在中低端环节），制造业内部各部门占 GDP 比重达到峰值的时点不尽相同。

一般而言，劳动和资源密集型产业比重回落出现的时间点较早，在工业化早期就接近峰值。对照来看，未来十年，类似纺织缝纫皮革工业、造纸及文教用品工业、食品工业等的比重将延续已经表现出的回落态势。

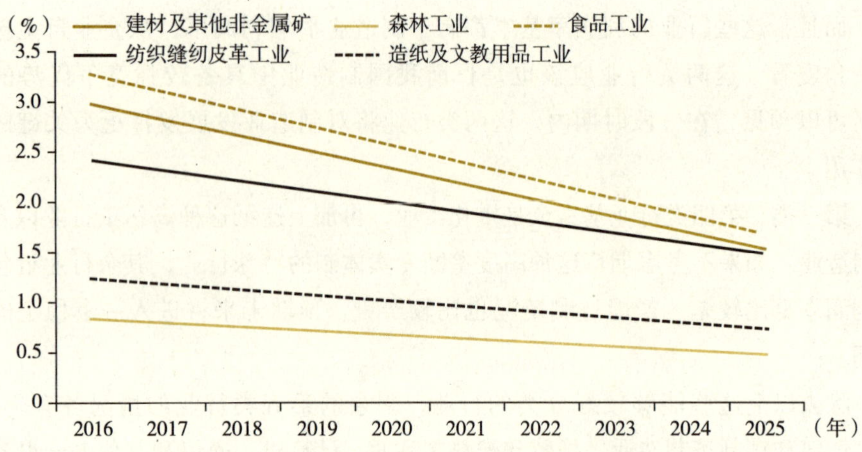

图 11.7　主要轻工业行业占 GDP 比重预测

资料来源：DRC 行业景气监测数据库，作者预测

在人均 GDP 达到 11000 国际元左右，很多重化工业占 GDP 的比重相继达到历史峰值，并逐渐回落。对照来看，2015 年我国人均 GDP 已经在 11000 国际元左右，再加上 2009 年应对国际金融危机大规模刺激政策的推动，我国重化工业占 GDP 比重的峰值基本已经到来。未来十年，我国冶金工业、电力工业、煤炭工业、石油化学工业的比重也基本将呈现回落趋势。

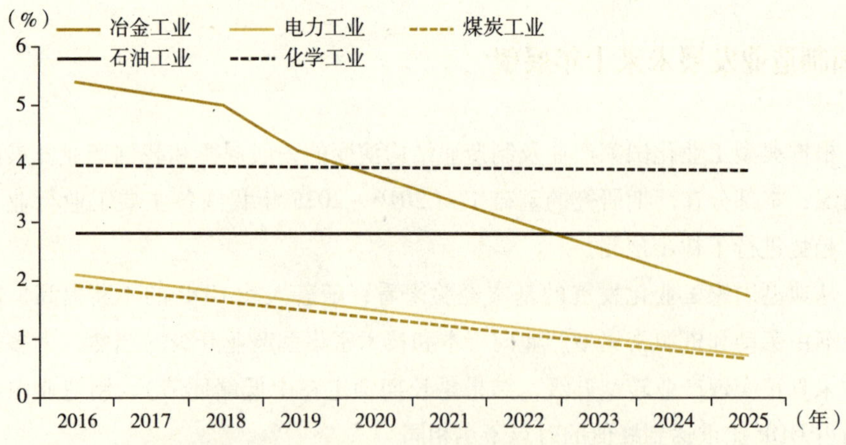

图 11.8　主要资源型重工业行业占 GDP 比重预测

资料来源：DRC 行业景气监测数据库，作者预测

在人均 GDP 达到 15000 国际元左右之前，如装备制造等相当一部分资本和技术密集型行业还处于较快发展阶段，之后会趋于稳定。基于我国人均 GDP 将

于2020～2021年左右达到15000国际元，预计金属制品业、机械制造业、交通运输装备制造业、电气机械及器材制造业、电子及通信装备制造业等行业的比重将于这个阶段达到峰值，并在后续保持基本稳定。

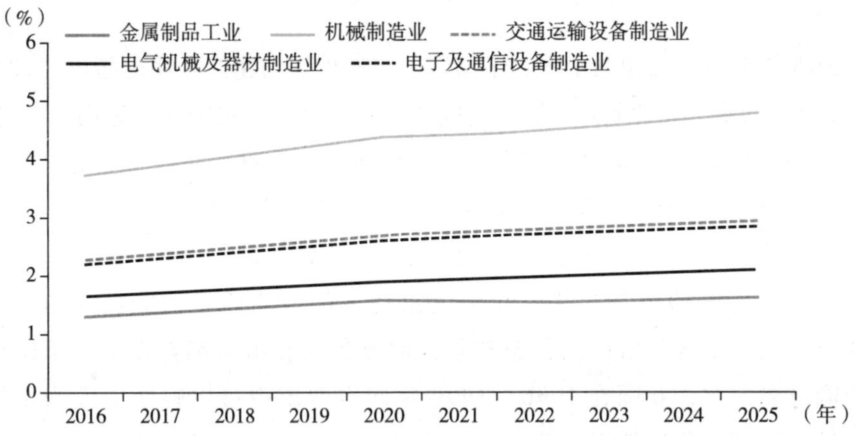

图11.9　主要高技术制造业占GDP比重预测

资料来源：DRC行业景气监测数据库，作者预测

总的看，未来十年中，我国制造业还将在分化中重塑。一些产能严重过剩的制造业行业，如钢铁、平板玻璃等，必将经历兼并重组，相当一部分不具竞争力的企业将会退出，尽管这些制造业行业占GDP的比重很可能会下降，但这些行业整体的技术、质量、安全、能效、环保水平等会不断提高，企业经营水平也将恢复到较为合意的水平。与此同时，将有一批新兴产业，如电动汽车、工业机器人、设备生命周期管理服务、能效管理服务等，实现快速发展，并达到相当规模。尽管以满足新需求为目标的新兴产业还不多，新兴产业总体上还是对传统产业的替代，但这些新兴产业是新技术、新产品、新业态、新商业模式综合发展的成果，普遍具有成本更低、效率更高的特点，其发展对提升制造业整体发展水平和国际竞争力至关重要。

“十三五”需要解决的重点问题

十年展望是对未来发展情形的一个趋势性判断，其中一些如制造业在国民经济中的比重下降等是由经济发展客观规律所决定的，不以人的意志为转移。但还有一些如制造业结构优化调整、中高端制造业持续向好等还是基于我们的主观期望，这部分未来是由现在塑造的，关键取决于我们当下采取哪些行动。考虑到2016年是全面建成小康社会决胜阶段的开局之年，下文重点讨论“十三五”时期需要加以解决的重点问题。

一些行业产能严重过剩

2015年11月，《中共中央关于制定十三五规划的建议》明确指出“部分行业产能严重过剩，企业效益下滑”的问题，并提出要“更加注重运用市场机制、经济手段、法治办法化解产能过剩，加大政策引导力度，完善企业退出机制”。12月，中央经济工作会议提出2016年的五大任务，其中排在第一位的就是“去产能”。产能过剩，无疑是我国经济领域中的一个高频词。

事实上，自2012年以来，我国就出现了新一轮严重产能过剩问题。尽管产能过剩是市场经济中的普遍现象，世界各主要国家都曾发生过不同程度的产能过剩问题，我国在1996～1999年间也曾出现过以轻纺工业为主体的产能过剩问题，但这轮以重化工业为主的产能过剩具有范围广、程度深、体量大、延续时间长等特点，并且与一些长期没有得到根本解决的体制机制问题以及国资国企、金融体制等改革仍不到位的问题相互交织，化解难度很大。

从工业总体看，2016年1月，全国工业生产者出厂价格环比下降0.5%，同比下降5.3%，工业生产者出厂价格指数已经连续47个月负增长。

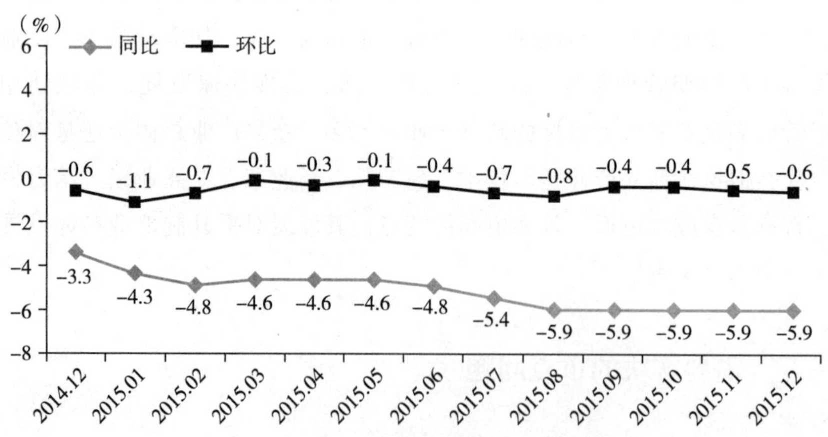

图11.10　2015年工业生产者出厂价格涨跌幅

资料来源：国家统计局

从具体行业看，需要分门别类区分这个问题。光伏等得到大量优惠政策支持的新兴行业，尽管因为在短期内集中增加了很多新产能，导致产能利用率一度低于60%，但由于长期市场前景依然看好、企业兼并重组进展较为顺利等原因，产能利用率能够较快恢复到一个合意水平。与之相比，钢铁、电解铝、平板玻璃、水泥这些产量已经基本在峰值前后，产品同质化程度高、生产连续性强的行业面临的矛盾最为突出。近年来，上述四个行业全部表现出产能利用率、企业经营效率“双低”的局面。一方面，2012～2015年间，这四个行业的产能利用率平均在73%左右（比全球平均水平低约10个百分点），而这些行业的生产工艺特点决定了其合意产能利用率本身就应该更高，如平板玻璃行业应该在90%左右，钢铁行业应该在80%～85%左右，实际产能利用率与合意产能利用率差距较大。实际调研中发现，这种产能过剩在局部地区表现得更为突出，例如某西部省份钢铁行业产能利用率仅为约1/3。

表11.4　四个重点行业2012～2015年产能利用率情况　　（单位：%）

行业	2012	2013	2014	20151～11月
钢铁	72.0	74.9	74.8	70%
电解铝	71.9	73.5	74.1	80%
平板玻璃	73.1	73.5	68.3	70%
水泥	73.7	75.7	70.0	66%

资料来源：国务院发展研究中心产业经济研究部（2015）

另一方面，这些行业的经营效益较差，行业平均销售利润率很低甚至为负，亏损企业数量占比居高不下。以炼钢行业为例，销售利润率自2012年以来基本都低于1%，2015年8～10月甚至持续为负；亏损企业数量占比近年来震荡上升，2015年全年基本维持在30%以上。再以水泥、石灰和石膏制造行业为例，销售利润率在2011年达到11%左右的高位之后，近几年快速震荡下降，2015年各月基本都在3.4%以下；亏损企业数量占比在2015年大幅攀升至35%左右。

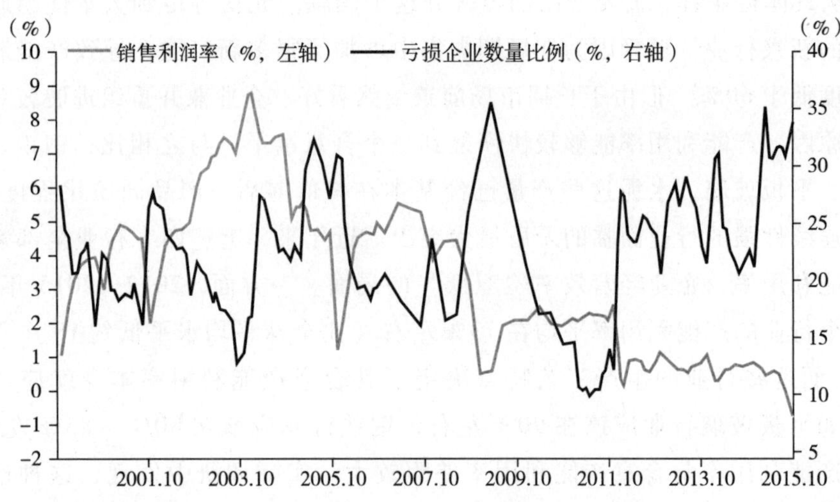

图 11.11　炼钢行业销售利润率和亏损企业数量比例

资料来源：同花顺 iFinD

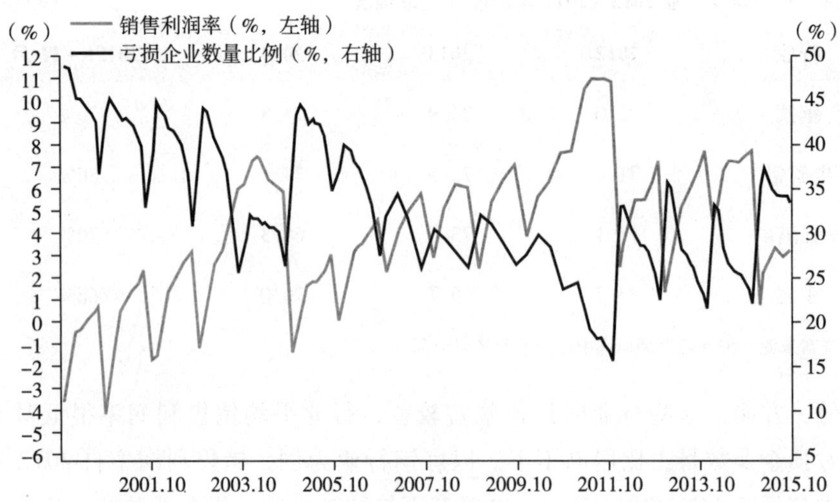

图 11.12　水泥、石灰和石膏制造业销售利润率和亏损企业数量比例

资料来源：同花顺 iFinD

在当前国内外经济环境下，产能过剩问题还与很多其他突出矛盾和问题相互交织、相互影响，蕴含的风险挑战很大。从国际上看，很多国际贸易争端都集中在少数严重产能过剩行业。以钢铁行业为例，我国钢铁产能约占全球总产能的一半，2015 年钢材出口 1.17 亿吨，同比增长 21.7%，同期进口下降 12.3%。据

OECD 钢铁委员会统计，2014～2015 年，全球钢铁行业共发生 36 起反倾销，其中绝大多数都是针对我国钢铁出口的，多个国家将本国钢铁产能过剩问题和经营困难归因于我国的钢材出口。从国内来看，产能过剩行业集中的地区，经济增速和财政收入都面临较大困难，地方政府化解产能过剩问题的动力和财力仍显不足；此外产能过剩行业中的国有经济比重普遍相对较高，一些企业已经变成“僵尸企业”。总的来看，一些行业出现的严重产能过剩问题，已经严重影响了经济发展的质量和效益，迫切需要予以妥善解决。

需要引起足够重视的是，在我国现有的体制机制和政策框架下，一些行业中存在的严重产能过剩问题，在短期内是很难解决的，需要做好打“持久战”的准备。

制造业竞争优势重塑时不我待

切实解决产能过剩问题是制造业实现良好发展的一个重要基础，但从中长期视角来看，在全球产业发展迎来重大变革以及我国经济发展进入新常态的大背景下，如何实现我国制造业竞争优势重塑，才是关系长远健康发展的重中之重。

自国际金融危机爆发以来，全球产业发展及我国产业发展格局都出现了重大变化。从国际上看，全球制造业正逐渐进入一个转折变革时期。第三次工业革命、工业 4.0、产业互联网等，新的概念层出不穷，令人应接不暇。笔者总体判断，尽管这些概念的一部分构想在短期内还难以实现，比如发达国家也至少需要 15 年时间才能真正实现“工业 4.0”的愿景，但这些概念都是建立在对发达国家制造业发展实践的深度观察以及对新兴技术创新发展应用前景的合理推测基础之上的，在我们已知的范围内，基本预示着未来制造业乃至产业发展的基本前景。以汽车产业为例，作为零部件数量多、生产组织复杂的代表性行业，汽车产业近年来的变革速度显著快于过去一个时期。在汽车产品方面，电动汽车、无人驾驶等成为新热点，基本上各家传统汽车厂商近年来都在这些方面集中发力，汽车产业新进入者也大都以此为切入点；在汽车生产制造方面，以模块化生产（MQB）为代表的大规模定制方式已相对成熟，分散化个性化生产也有可能兴起；在商业模式方面，分时租赁等共享模式、以智能网联为基础的汽车产品新应用迅速涌现，汽车社会内涵继续丰富。很多行业都或多或少、或快或慢地出现了重大变化，这会改变产业竞争力的原有内涵和核心要素，也必然会改变全球产业和竞争力的既有格局。从国内来看，我国总体进入工业化中后期阶段，重化工业发展高峰时段基本成为过去，再加上低成本劳动力优势快速削弱和资源环境容量的限制，制造业发展的阶段和比较优势都出现了显著变化，发展方式转变和竞争优势重塑时不我待。

竞争优势重塑，路径有多种，对我国制造业而言可行的主要有两种。一是在专业化方向上的“求深、求精”。以生产制造为例，国内现在很多工厂的装备水平、信息化和自动化水平已经很高，但生产出来的产品在一致性或者精度要求方面与国外同类型工厂仍有差距，究其原因很多是数据积累不足或者经验积累不足，没有吃透其中的诀窍，没有学会那些“默会知识”。这方面的差距要缩小，唯有摒弃“狗熊掰棒子”的心态持之以恒做下去。从国内外很多产品定价实例看，这种求深、求精背后蕴含的附加值是非常高的。从政策角度看，要真正鼓励企业走这个方向，就必须保持一个相对稳定的宏观经济环境从而使“付出”与“回报”之间有合理的匹配，还必须牢固树立“以人为本”的发展理念，把充分调动和发挥现有人力资源积极性和潜力作为施策方向。二是在商业模式方面“求变、求新”。多层次、超大规模国内市场是我国诸多产业发展面临的最大机遇之一，这种市场空间给了很多商业模式创新以及成长的空间。比如，打车软件的兴起既体现了制造业、服务业融合发展的特点，还将改变汽车产业价值链分布和全球汽车产业格局，而这个方面全球范围内发展较快的国家主要是美国和中国。其中一个重要原因是平台化发展模式必须要有大量用户基础才能显现出黏性和价值。类似这种商业模式创新还有很多，我国在这方面的进展步伐也相对较快。从政策角度看，要鼓励这些商业模式出现和成熟，必须创造一个好的有利于驱动创新的环境，特别是政府监管的理念和方式要跟得上技术、产业快速发展的变化。

还有一个值得注意的重要问题是，以研发投入衡量创新的做法，在宏观层面很可能是正确的，但在微观层面却有误导性。在世界各地，大多数企业从不开展研发活动，比如美国3/4的企业就是如此，我国2014年规模以上工业企业中有研发活动的企业比例仅为16.9%，但不能简单认为没有研发活动的企业不具有创新性。我们观察到的很多创新型企业并没有研发活动的这样一个事实，至少有两方面原因，一是主要靠其他企业的研发活动及知识外溢；二是现行研发统计无法捕捉所有创新来源。其政策含义是，以研发投入为重要基础制定的一系列微观政策，很可能并不是最有效的。

一些地区制造业企业会集中面临关停并转

制造业布局调整，是产业发展重塑过程中必然会出现的伴生现象。在国家与国家之间是如此，在一国之内也是如此。以美国为例，布鲁金斯学会的研究表明

（Mauro et. al，2015），美国 50 个先进行业（以人均研发支出和拥有科学、技术、工程、数学类学位员工比例这两个指标来衡量，其中包含 35 个制造业行业）在 2013 年的区域分布比 1980 年更为集中，基本集中在大的都市圈周边；存在于中小都市圈的主要包括两种情况，一是某些高端制造业密集，二是依托于高校、研究所和实验室。

我国制造业发展也将表现出类似情形。在过去很多年中，由于制造业扩张迅速，尽管在增量扩张的同时也存在基于专业化和比较优势等因素的存量转移调整，但前者的重要性明显占优于后者，后者的重要性还没有充分显现。但在经济发展进入新常态后，经济增速将进入新的中高速时期，制造业在国民经济中的支撑作用也会有所下降，增量扩张的重要性必然会让位于存量转移调整。考虑到 2020 年前后我国经济社会各项改革将取得实质性突破的预期，各地方政府发展保留本地制造业的一些不合理激励也将会减弱乃至消失，制造业兼并重组和区域性调整的体制机制障碍也将随之化解。这个过程，是资源优化配置的过程，是制造业向更加专业化、集聚化发展的过程，也是一个正常的过程。但这个过程，必然打破过去各地制造业体系“大而全、小而全”的格局，也会导致一些不具备相关制造业竞争优势的地区出现企业相对集中的关停并转，对此需要有清醒的认识，也需要提前有所应对。

政策建议

要妥善解决以上问题，进而实现我国制造业持续健康发展，必须不断提高政策精准度和可执行性。当前一个时期，建议重点做好以下几项工作。一是扎实做好去产能工作。更多通过市场机制来解决市场出清和过剩产能化解问题。进一步完善破产法、担保法，妥善解决恶意逃债、行政过度干预、三角债、担保链条风险等问题。加强再就业培训。

二是切实加强和改进相关统计工作。以最新国际标准为基准，构建能够反映知识资本重要性、产业融合发展特征、创新型中小企业发展状况的统计框架，为宏观决策提供坚实支撑。

三是持续完善已有政策，深入挖掘机制和政策改进空间。研究改进支持企业开展技术改造、发挥产业投资引导基金作用的相关政策，提高政策效能。

四是综合运用各学科成果，研究改进战略规划和政策制定的流程，提高各利益相关主体参与度，健全完善政策全生命周期评估制度。

五是持之以恒解决好一些长期存在的“老问题”。推进国资国企改革，真正确立企业市场主体地位。推进基础产业体制改革，简政放权，营造平等准入、公平竞争的市场环境。强化企业创新主体地位，改进创新组织模式和激励方式，避免用“规划”思路“管理”高水平创新活动。

参考文献

国务院发展研究中心产业部，《防范和化解产能过剩长效机制研究》，2015 年 8 月。

刘世锦主编，《中国经济增长十年展望（2013～2022）：寻找新的动力和平衡》，北京：中信出版社，2013 年。

刘世锦主编，《中国经济增长十年展望（2014～2023）：在改革中形成增长新常态》，北京：中信出版社，2014 年。

刘世锦主编，《中国经济增长十年展望（2015～2024）：攀登效率高地》，北京：中信出版社，2015 年。

宋紫峰，“对知识资本研究进展的总结及认识”，国务院发展研究中心调查研究报告，2014 年。

宋紫峰，“第三次工业革命对全球汽车产业的影响”，国务院发展研究中心调查研究报告，2014 年。

宋紫峰，“对德国工业 4.0 的几点新认识”，国务院发展研究中心择要，2016 年。

Mark Mauro, Jonathan Rothwell, Scott Andes, Kenan Fikri, and Siddharth Kulkarni, 2015, “America's Advanced Industries: What they are, Where they are, and Why they matter”, Brookings.

第十二章　服务业

制度改革扩大有效供给

刘　涛

要点透视

➢ 2015年，我国服务业发展“稳”的基础没有改变，“进”的势头得到巩固，服务业增加值比重超过50%，消费、投资、出口三大需求出现一些新变化。

➢ 未来十年，我国服务业增加值比重将保持平稳上升趋势，到2025年将突破64%。在流通性服务业比重缓步走低的同时，生产性服务业比重持续较快上升，个人服务业比重稳中有增，社会服务业比重逐步提高。并且，社会服务业比重预计在2020年超过流通性服务业比重，成为仅次于生产性服务业的第二大行业。

➢ 2016年是第一个百年奋斗目标冲刺阶段的开局之年，服务业发展站在了更高平台和新的起点上，预计2016年服务业将延续较快发展势头，增加值比重达到52%以上。

➢ 近年来，影响我国服务业发展的结构性矛盾越发突出，供给侧问题日益凸显。“十三五”时期，要以供给侧结构性改革为动力，通过创新供给带动需求扩展，借助扩大需求倒逼供给升级，不断提升供给质量和效率，增强供需适应性及匹配度，推动服务业实现创新、协调、绿色、开放、共享发展。

本章回顾了2015年我国服务业发展的主要特点，并依据长期预测模型展望了未来十年我国服务业增长前景及2016年发展趋势；针对近年来服务业发展中存在的结构性矛盾和供给侧问题，提出了深化制度改革以扩大服务业有效供给。

2015年我国服务业发展回顾

过去一年，在经济增长平稳减速的背景下，我国服务业发展“稳”的基础没有改变，“进”的势头得到巩固。

服务业保持较快增长，增加值占GDP比重突破50%

2015年，我国服务业实现增加值341567亿元，同比增长8.3%，增幅比2014年提高0.5个百分点，同时，服务业增速比GDP和第二产业增速分别高出1.4和2.3个百分点，连续三年实现“双超越”（见图12.1）。服务业增加值占GDP比重达50.5%，比2014年上升2.4个百分点，创下1986年以来的最高年度增幅。

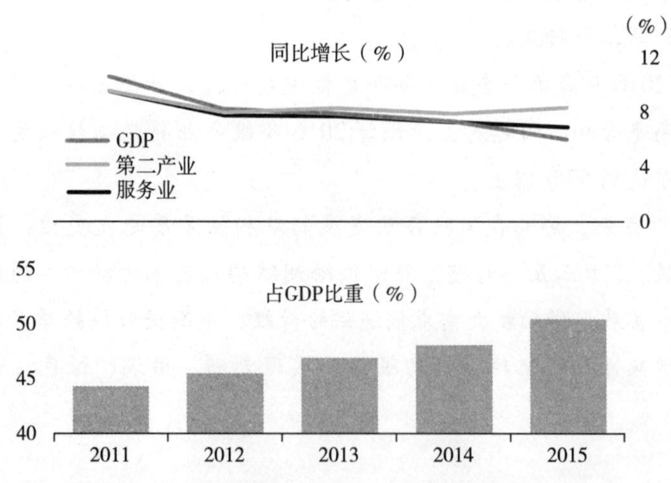

图12.1　2011～2015年我国服务业增加值的增速及占GDP比重

资料来源：国家统计局

服务消费增势强劲，消费方式创新层出不穷

随着生活水平的提高，人们的消费逐渐从有形产品转向更多服务消费，由模仿型排浪式转向多样化、个性化。2015 年，我国城乡居民服务消费支出快速增长，并呈现新的特点。一是从线上推广到线下消费、再到线上反馈的完整闭环正在逐步形成；二是终端设备商、通信运营商、内容服务商之间的跨界互动活跃，打破了原有产业链条的结构；三是移动支付应用场景的拓展及与社交平台、金融业务的融合发展，激发出庞大的消费能量；四是消费者特别是新生代年轻人，不再一味追求低价，而对服务体验和质量提出了更高要求；五是消费内容不断细分，零散、小众的长尾需求开始获得满足感，消费潜力得到释放。

从 2015 年服务消费主要支出项看，我国国内旅游突破 40 亿人次、旅游收入超过 3.4 万亿元，出境旅游近 1.3 亿人次、境外消费 1.5 万亿元，国内游和出境游的人次和消费额均列世界第一；养老旅游、研学旅游、邮轮游艇旅游、低空飞行旅游等明显升温。文教娱乐消费规模持续扩大，以网络试听为代表的新兴消费形态快速发展；全国电影总票房达 440.7 亿元，同比增长 48.7%，增幅创五年来新高。可穿戴设备、智能电视等信息产品消费继续保持稳健增长，而预约打车、餐饮外卖、远程医疗等信息内容与应用服务的消费增长迅猛。

服务业投资增速整体放缓，少数行业仍维持高增长

2015 年，我国服务业固定资产投资增幅逐月回落，累计同比增长 10.6%，比 2014 年回落 6.2 个百分点。分类来看，共有六个行业的固定资产投资同比增速低于整个服务业的水平。其中，金融业，文化、体育和娱乐业，房地产业，公共管理、社会保障和社会组织四个行业的增长率分别比 2014 年下降 10.2、10.0、8.6 和 4.5 个百分点。另外十个行业固定资产投资同比增速高于整个服务业的水平。其中，科学研究和技术服务业、租赁和商务服务业等七个行业的增长率相比于 2014 年出现不同程度放缓；仅有农林牧渔服务业，卫生和社会工作，居民服务、修理和其他服务业的固定资产投资同比增速分别比 2014 年加快 5.3、2.1 和 1.3 个百分点（见图 12.2）。

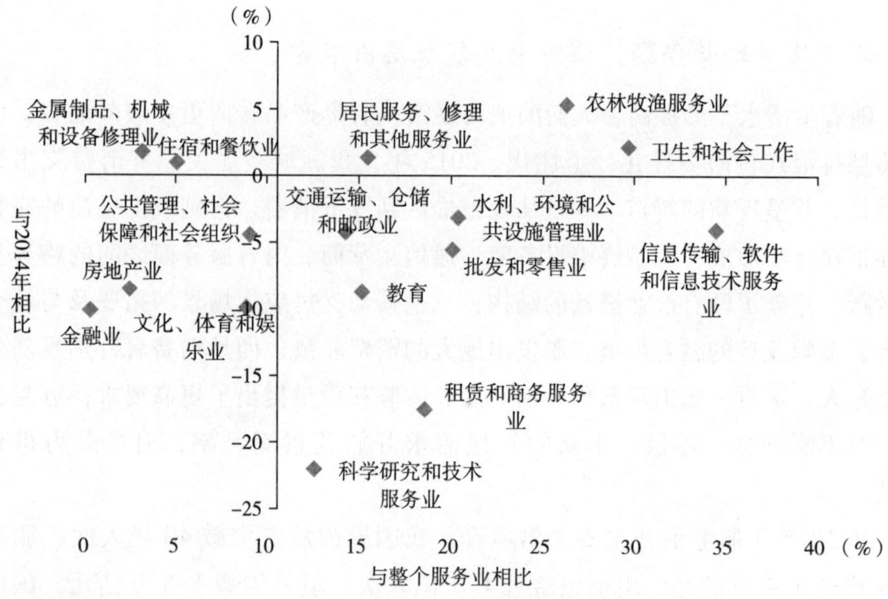

图 12.2　2015 年我国服务业固定资产投资的增速

资料来源：CEIC 数据库

服务贸易提速发展，高附加值服务出口明显扩大

继 2014 年我国服务贸易规模超过德国跃居世界第二后，2015 年实现服务进出口总额 7130 亿美元，同比增长 14.6%。其中，出口 2881.9 亿美元、进口 4248.1 亿美元，同比分别增长 9.2% 和 18.6%，增幅均比 2014 年有所提高。特别是市场采购贸易、跨境电商等新业态蓬勃发展，有力地促进了我国外贸的优进优出。全年服务进出口总额占对外贸易总额的比重为 15.4%，较 2014 年提高 2.7 个百分点。

在世界经济深度调整和再平衡的背景下，2015 年我国高附加值服务出口规模进一步扩大，带动了贸易结构的优化。通信、计算机和信息服务出口 270 亿美元，同比增长 25%，占服务出口总额的比重增加 1.5 个百分点；专业管理和咨询服务出口 291 亿美元，同比增长 13.6%，占比提高 0.7 个百分点；知识产权使用费、广告服务出口同比增幅分别达到 64.9%、37.1%，占比也都出现一定幅度的上升。

未来十年我国服务业发展展望

分析模型的更新

对未来十年我国服务业发展趋势的分析和预测，是依据典型工业化国家服务业结构演变的经验事实，结合我国人均 GDP（以 1990 年国际元衡量）的预测值，对照这些国家在相近收入水平上的流通性服务业、生产性服务业、个人服务业和社会服务业的增加值比重，以其均值作为我国这四类服务业增加值比重的基本走势。在此基础上，综合其他影响因素（第二产业增加值比重、城镇化率等），对预测结果进行必要的验证和修正。最后，加总前述的四类服务业比重预测值，得到整个服务业增加值比重的变动趋势。需要说明的是，运用这一方法得到的预测结果更多地是反映我国服务业发展的中长期趋势，具体年份的预测结果可能会存在一定的误差。①

根据这一分析模型对 2015 年的预测，与实际情况基本相符。尽管目前还无法获得完整的分行业统计数据，难以归并得到四类服务业增加值的准确比重，但利用已公布的主要行业增加值数据仍可做一判断。2015 年，我国服务业内部变化最显著的是生产性服务业中的金融业及以社会服务业为主，也包含了部分生产性服务业和个人服务业的其他服务业。具体来看，金融业增加值比重为 8.5%，比 2014 年上升近 1.2 个百分点；其他服务业增加值比重是 19.3%，比 2014 年提高 1.1 个百分点。另外，生产性服务业中的房地产业增加值比重为 6.1%，比 2014 年略增 0.1 个百分点。批发和零售业，交通运输、仓储和邮政业等行业的增加值比重则基本持平（见图 12.3）。

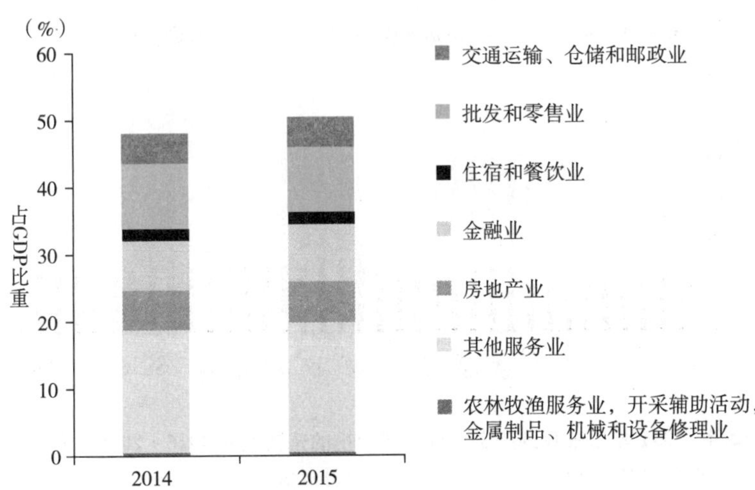

图 12.3　2015 年我国服务业内部主要行业的增加值比重

资料来源：国家统计局

① 参见刘世锦主编，《中国经济增长十年展望（2013～2022）》北京：中信出版社，2013 年，第十三章。

对 2016～2025 年服务业发展趋势的预测

未来十年，我国服务业增加值比重将继续保持平稳上升的态势，2016 年服务业增加值占 GDP 比重将突破 52%；2025 年超过 64%，达到 64.3%。具体来看，在流通性服务业比重缓步走低的同时，生产性服务业比重持续较快上升，个人服务业比重稳中有增，社会服务业比重逐步提高。并且，社会服务业比重预计在 2020 年超过流通性服务业比重，成为仅次于生产性服务业的第二大行业（见图 12.4）。

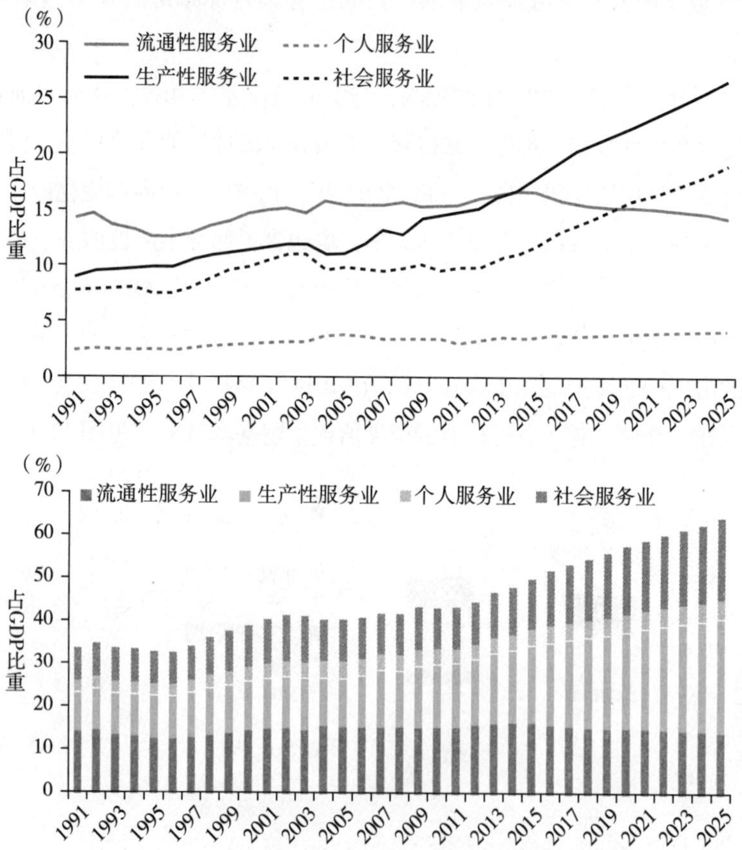

图 12.4　1991 年以来我国服务业增加值比重的走势及对 2016～2025 年的预测

资料来源：相关年份的《中国第三产业统计年鉴》及作者估算

2016 年我国服务业发展趋势

2016 年是第一个百年奋斗目标冲刺阶段的开局之年，服务业发展站在了更高平台和新的起点上。预计 2016 年我国服务业将延续较快发展势头，为新常态下经济转型和民生改善提供有力支撑。

落实“三去一降一补”将为相关服务业发展提供有利条件

“去产能、去库存、去杠杆、降成本、补短板”是实施供给侧结构性改革的五项重要任务。通过处置“僵尸企业”推动去产能，有利于优质企业的生存和发展，相应地扩大生产性服务业市场需求。通过鼓励非户籍人口在就业地购房或租房，着手建立购租并举的住房制度，有利于化解高库存，推动房地产业平稳健康发展。通过依法处置信用违约、推进地方政府存量债务置换等防范化解金融风险，有利于增强金融业融资服务能力，在服务实体产业中实现自身良性发展。通过全面推开“营改增”、降低社会保险缴费率、降低用气用电价格、取消部分涉企收费等一系列举措，切实减轻企业税负、人工成本、能源资源成本、融资成本、创新创业成本等，有利于为各类服务业市场主体发展创造更为宽松的市场环境，最大限度地激发服务业发展活力。另外，打好扶贫攻坚战，加快补上现代农业、生态环境、社会事业中的短板，也将会为服务业全面发展奠定基础。

消费结构升级和消费观念变化将推动个人服务业创新发展

随着生活条件的改善和消费观念的变化，我国居民消费结构正加快向发展型和享受型升级，文化娱乐、休闲旅游、教育培训、健康养生等服务消费将保持持续较快增长。

另外，基于移动互联网的应用创新空前活跃，将促使新业态、新商业模式不断涌现。预计移动网购、支付、游戏、音视频、即时通信以及位置服务等还将延续强劲增长态势，在满足消费者日益增长的多样化需求的同时，有利于增强服务的便利性和参与感，提高对“80 后”“90 后”用户的黏性，推动个人服务业的创新发展。

政府财政加大民生投入将促进社会服务业稳步发展

2016 年，国家将继续实施积极的财政政策，调整优化支出结构，压缩“三公”经费等一般性支出，按“可持续、保基本”的原则，安排好民生支出，强化财政综合扶贫投入体系，完善有利于绿色发展的政策和制度体系，这些将有利于推动社会服务业的不断发展。另外，政府还将创新公共服务方式，能够通过政府购买服务提供的，不再直接承办，能够由政府和社会资本合作提供的，广泛吸引社会资本参与，从而促进社会服务提供主体的多元化以及服务水平的提升。

综上所述，2016 年我国服务业增加值比重预计将达到 52% 以上。其中，流通性服务业比重为 16.2%，回落 0.5 个百分点；生产性服务业比重为 19.1%，上升 1.1 个百分点；个人服务业比重为 3.9%，略增 0.1 个百分点；社会服务业比重为 12.9%，提高 0.9 个百分点。

着力提升我国服务业供给质量和效率

“十三五”时期，立足经济新常态，我国服务业发展要以供给侧结构性改革为动力，通过创新供给带动需求扩展，借助扩大需求倒逼供给升级，不断提升供给质量和效率，增强供需适应性及匹配度，推动服务业实现创新、协调、绿色、开放、共享发展。

我国服务业供给体系存在的突出问题

近年来，影响我国服务业发展的结构性矛盾越发突出，供给侧问题日益凸显。

服务业有效供给能力不足

一方面，生产性服务业、流通性服务业提供的高质量中间服务明显不足，部分知识、技术高度密集的服务供给严重依赖进口。以物流业为例，在物流组织创新、技术创新的推动下，近年来发达国家物流业发生了重要变化，运输中介、设施运营等新兴物流行业快速发展，越来越成为物流业发展的新支柱。而我国以运输仓储为基础、以多样化和专业化新兴物流服务为主导、以物流设施及要素服务为支撑的现代物流业发展还不充分，难以满足日益变化的市场需求。

另一方面，个人服务业、社会服务业的发展还不适应消费结构升级的步伐。一些领域的低端、同质化供给明显过剩，精细、高品质供给短缺，致使很多服务消费流失到境外。

服务业供给结构性失衡明显

一是服务业结构层次依然较低，产业发展的创新能力和核心竞争力不强，传统低成本的比较优势不断弱化，新的比较优势有待培育发展。二是服务业所有制结构仍以国有经济为主导，远高于第二产业的国有比重。以投资结构为例，2014 年我国服务业固定资产投资中的国有控股投资占比达 43.1%，比第二产业高出 25.1 个百分点。特别是交通运输、仓储及邮政业，水利、环境和公共设施管理业，教育三大行业的国有控股投资占据绝对优势。三是经济增长对个别服务业的依赖程度上升。在服务业主要行业中，金融业对 GDP 增长的贡献率由 2011 年的 5.1% 大幅提高到

2015 年的 19.6%，仅次于“其他服务业”；而批发和零售业、房地产业对 GDP 增长的拉动作用则显著回落（见图 12.5）。四是服务业充分就业的潜力还有待挖掘，服务业就业比重长期落后于增加值比重的格局尚未得到明显转变。

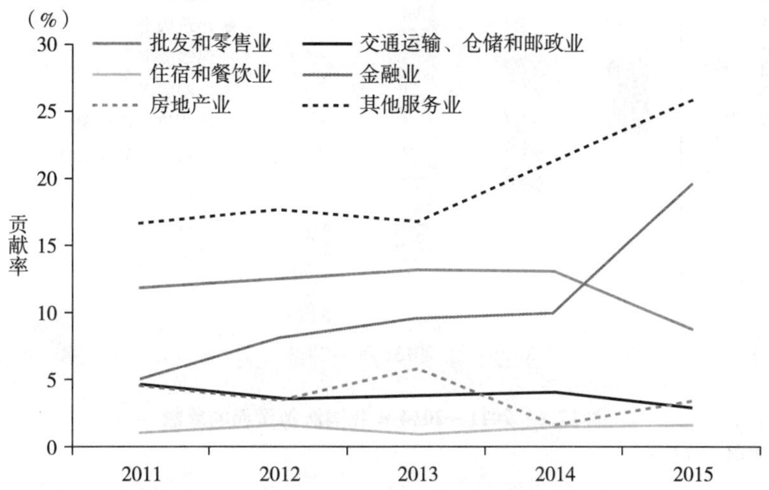

图 12.5 2011～2015 年我国服务业主要行业对 GDP 增长的贡献率

资料来源：国家统计局

服务供给缺乏国际竞争力

2011 年以来，我国服务贸易逆差额由当年的 549 亿美元猛增至 2014 年的 1599 亿美元，2015 年有所回落，为 1366 亿美元。[①] 具体来看，2014 年旅游服务逆差额达到 1079 亿美元，是 2011 年的 4.5 倍，已成为我国服务贸易逆差的最大来源。运输服务逆差额由 2011 年的 449 亿美元扩大到 2014 年的 579 亿美元，保险服务、专有权利使用费和特许费的逆差额也分别从 2011 年的 167 亿美元和 140 亿美元增加到 2014 年的 179 亿美元和 220 亿美元。另外，通信服务由原来的小幅顺差转为 2014 年的逆差，逆差额为 5 亿美元。仅有咨询、建筑服务、计算机和信息服务、广告宣传及其他商业服务连续保持着贸易顺差（见图 12.6）。

服务业劳动生产率增速放缓

“十二五”期间，我国服务业的劳动生产率持续提高，由 2010 年的 17907

① 实际上，我国服务贸易自 1995 年以来已连续 21 年出现逆差。这其中既有经济发展带来的消费能力增强，加入 WTO 后扩大开放、增加进口的原因，同时也反映出我国服务贸易层次偏低、服务业整体竞争力不足的问题。

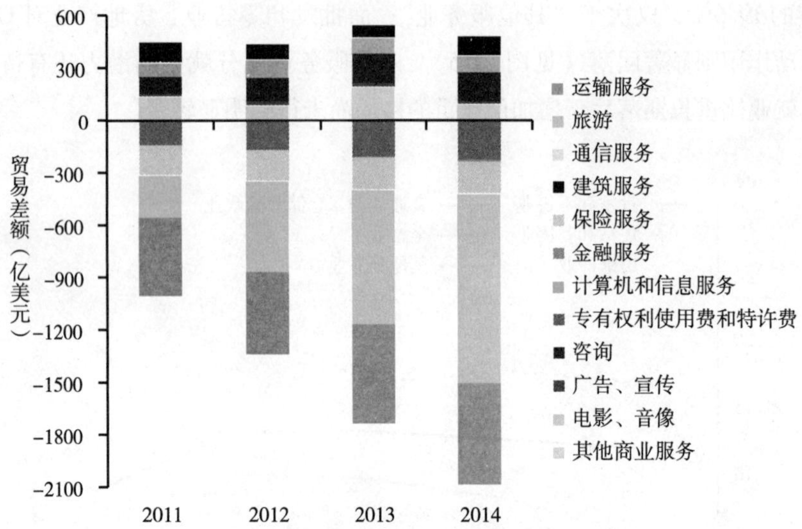

图 12.6　2011～2014 年我国服务贸易的差额

资料来源：商务部

元/人增长到 2014 年的 21147 元/人，但这一时期劳动生产率年均仅增长 4.2%，低于第二产业 6.5% 的增幅，2014 年服务业劳动生产率水平仅相当于第二产业的 43.6%。如果从更长时期看，服务业劳动生产率的年均增速在 1979～1990 年为 4.0%，1990～2000 年提高至 4.2%，2000～2010 年大幅攀升到 8.0%，而"十二五"前四年并未延续这一势头，劳动生产率增幅出现较大回落（见图 12.7）。

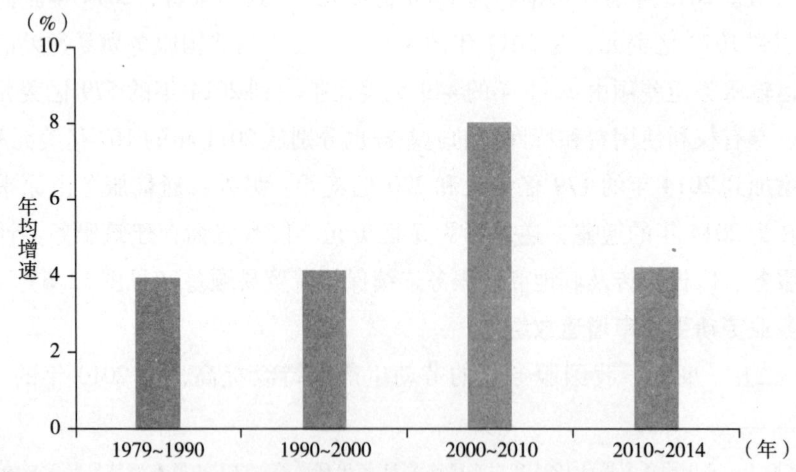

图 12.7　不同时期我国服务业劳动生产率的增速

资料来源：根据《中国统计年鉴 2015》整理而成

推进服务业供给侧改革和创新

第一，进一步放开服务业市场准入，加快转变监管方式。对现有各类行政审批统一建章立制，缩减前置审批、清理后置审批，规范审批行为，将非行政许可事项全部“清零”，降低服务业市场主体的制度性交易成本。完善安全、环保、技术等方面的准入要求，对专业性要求较高的审批事项，可转由行业协会或具有认证认可资质的机构审核。与此同时，切实扭转以检代管、以罚代管的局面，全面规范监管自由裁量权。强化大数据的应用，加强对服务业市场主体经营行为的监管，充分发挥行业协会、征信机构、金融企业在资质审查、经营行为记录、信用评估等方面的作用，建立守信激励和失信惩戒机制，推动形成竞争有序、成熟稳健的发展环境。

第二，深化国有企业和事业单位改革，培育多样化服务主体。进一步加快服务领域的国有企业、事业单位改革，以有效竞争为目标导向，形成兼顾规模经济和竞争活力的市场格局。同时，鼓励适合行业特性的服务主体加快发展，适应新兴服务业主体“轻资产”的特点，强化服务业人力资本投资，引导资源要素向激励人才的方向倾斜。促进新兴服务行业和业态的知识产权保护与运用，探索新商业模式的知识产权保护制度。

第三，完善有利于服务业扩量增质的税收制度。加快清费立税，取消不合理收费、搭便车收费等。在全面完成“营改增”的基础上，适时简并增值税税率，增强税收中性，推动增值税立法。优化服务贸易出口退税方式，适当扩大期末留抵退税政策和出口服务零税率的适用范围，提高我国服务贸易的竞争力。延长企业所得税税前弥补亏损的年限，加大企业在研发投入、技术改造等方面的税收激励，进一步鼓励新兴服务行业和业态投资。

第四，创新多样化的金融服务。引导商业银行按照风险可控、商业可持续原则，开发适合服务业特点的金融产品和服务。支持符合条件的服务业企业上市融资、发行债券。积极发展供应链融资、商业保理等融资方式，推动完善我国动产融资服务体系。

第五，全面扩大服务业对内对外开放。加大力度清除隐形市场壁垒，打破地区、行业间的割据状态，鼓励各类服务要素跨地区自由流动，开辟新的、真正有市场需求的投资渠道。优化服务贸易结构，适当扩大新兴生产性服务要素进口，充分发挥技术和知识溢出效应，改善国内服务业供给。对接高标准国际经贸规则，推动自由贸易试验区创新发展，提升国际服务业产业转移层次，在互惠互利基础上推动我国与贸易伙伴国家之间的贸易投资自由化和便利化。

第六，改善服务业基础设施。继续加大综合交通运输体系、城市公用服务设施等方面的建设力度，加快“三网融合”相关技术发展及应用，推进下一代互联网规模化商用，进一步提高城乡宽带网络普及水平和接入能力。同时，完善现代商品流通和物流服务体系建设，鼓励线上线下协调互动、公平竞争，推动实体商业创新转型。

第七，健全服务业统计调查制度。进一步改进现行服务行业增加值的核算办法、基础数据采集方法等。加强常规统计，特别是针对近年来快速发展并已占服务业增加值38%左右的“其他服务业”进行分解细化，提高统计数据质量。另外，建立健全服务业主管部门、统计部门和主要行业协会的信息沟通机制，及时有效地反映服务业发展最新动向。

参考文献

安筱鹏，《制造业服务化路线图：机理、模式与选择》，北京：商务印书馆，2012 年。

李强，《中国服务业统计与服务业发展》，北京：中国统计出版社，2014 年。

刘世锦主编，《中国经济增长十年展望（2015～2024）》，北京：中信出版社，2015 年。

刘涛，《新常态下服务业发展趋向与税改动力》，北京：商务印书馆，2016 年。

王一鸣，“中高速增长中蕴含着新变化新亮点新动能”，《人民日报》，2015 年 10 月 23 日。

吴敬琏等，《供给侧改革》，北京：中国文史出版社，2016 年。

杨敬年，《科学·技术·经济增长》，天津：天津人民出版社，1981 年。

原毅军，《服务创新与服务业的升级发展》，北京：科学出版社，2014 年。

第十三章　金融

重构监管框架，护航金融稳定发展

陈道富

要点透视

➢ 金融综合化经营具有深刻的宏微观基础，是当前经济金融发展阶段的内在要求。

➢ 我国金融体系从三个层面响应金融综合化经营的要求。一是金融企业通过组织调整、股权合作实现金融的综合化经营。二是金融机构之间的业务合作。三是金融要素通过契约进行功能性重构。选择不同层面进行重构，是市场主体在特定环境下对市场和企业边界的不同选择。

➢ 互联网技术改变了金融的实现形式，提高了金融市场的可及性和丰富性。互联网降低了信息成本和交易成本。大数据和复杂计算技术实现了金融的精确营销，改变了市场信任基础。互联网的去中心、去中介和跨界，规避了原有的金融监管，提高了金融的市场化程度，实现了跨市场融合。

➢ 我国监管部门需更多关注行业和系统性风险。加强“一行三会”、中央和地方在监管方面的分工合作。强化政府在平衡市场力量（消费者、投资者保护，反垄断和不正当竞争等）方面的职责，发挥行业协会在促进行业发展中的作用。充分发挥市场服务机构的作用，推动服务中介的去行政化进程。

➢ 预计 2016 年我国人民币贷款增加 12.89 万亿元左右，M2 增速 11.8%，社会融资总量达到 17.17 万亿元左右。

2015 年金融发展回顾

M1 大幅反弹，M2 实现年初设定的增长目标

2015 年 M1 持续回升，从 3 月份同比增长的最低点 2.9% 上升到 11 月份的 15.7%，年底达到 15.2%，尤其是 2015 年 6 月以后更是快速攀升。单位活期存款同比快速增加是 M1 上升的主要因素。

2015 年 M2 同比增速在年终快速攀升，并保持在较高增速，全年的同比增速达到了年初预定的目标。在股市大幅震荡期间，中央银行大规模提供资金救助是导致 M2 快速上升并保持在高位的主要因素。

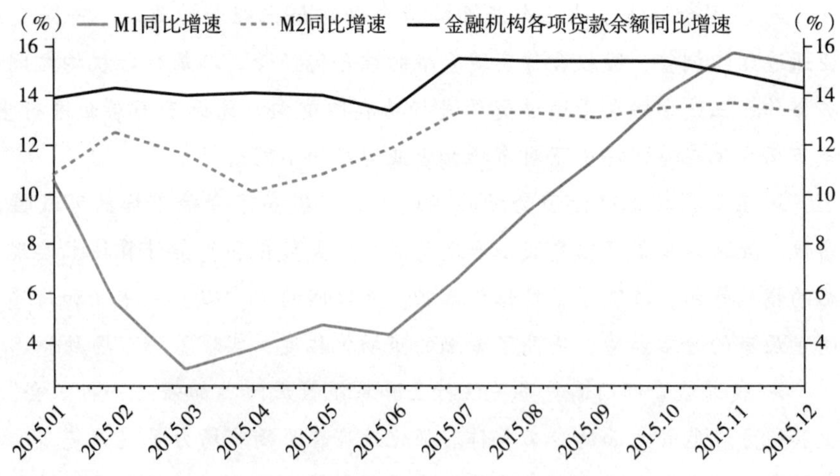

图 13.1　2015 年货币信贷同比增速

资料来源：Wind 资讯

社会融资需求有所萎缩，银行表外业务回表现象明显

2015 年全年的新增社会融资总量相对 2014 年而言，仍处于下降态势，全年新增社会融资总量减少了 1.05 万亿元人民币。但上半年下降态势较为明显，下半年有所减缓甚至个别月份出现增长。

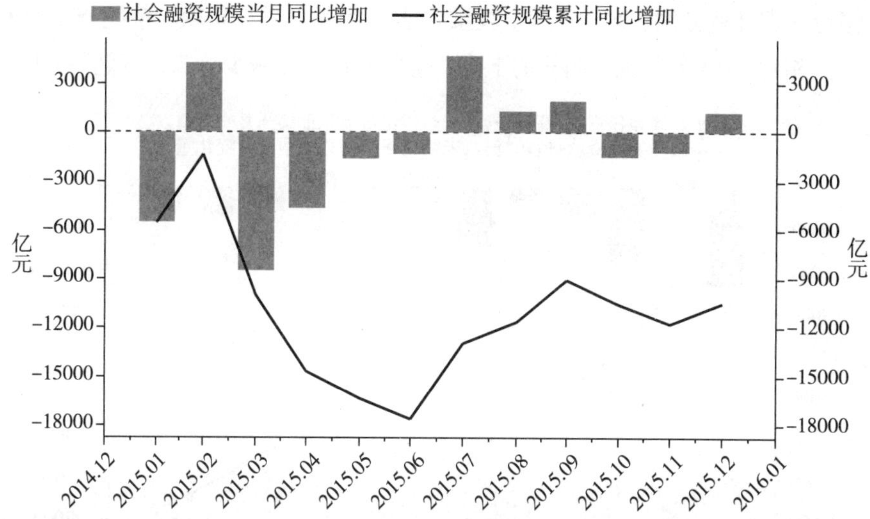

图 13.2　当月和累计新增社会融资总量同比变化情况

资料来源：Wind 资讯

人民币贷款保持在较高水平，超过了 M2 的增速。但非金融企业的贷款增速出现下降，尤其是中长期贷款同比增速终止了 2012 年开始的持续上升态势，开始逐月下降。

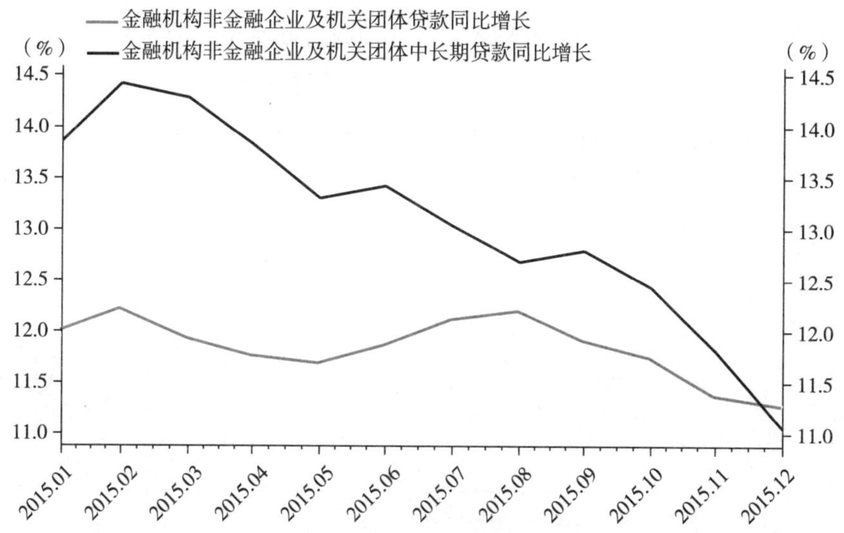

图 13.3　金融机构的非金融企业贷款（中长期贷款）同比增长情况

资料来源：Wind 资讯

银行的表外业务回表现象明显。主要的表外业务（委托贷款、信托贷款和未贴现票据）相对2014年出现了明显的下降，全年累计同比减少约2.3万亿元人民币。

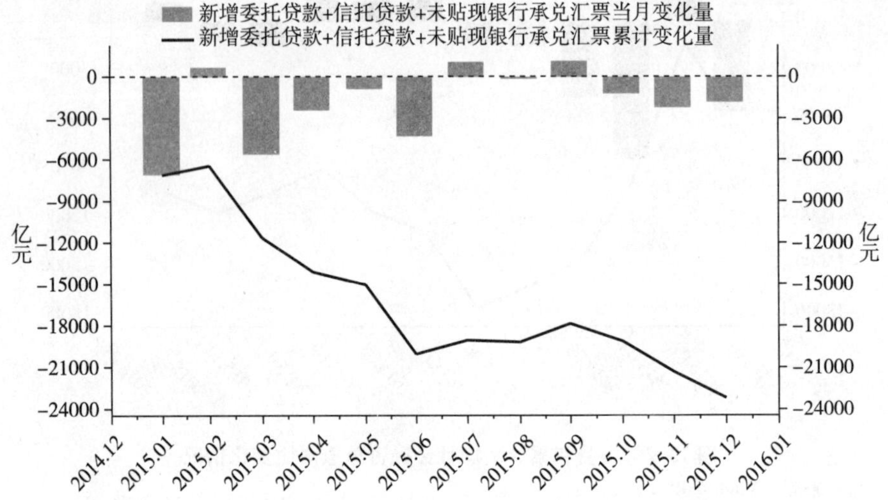

图13.4　2015年银行表外业务变动情况

资料来源：Wind资讯

企业融资成本有所下降

2015年各类资金价格均出现下降。其中票据贴现利率从年初的4.5%左右下降到年底的3.0%左右，评级为AAA的企业债收益率从年初的4.5%下降到年底的2.5%左右。

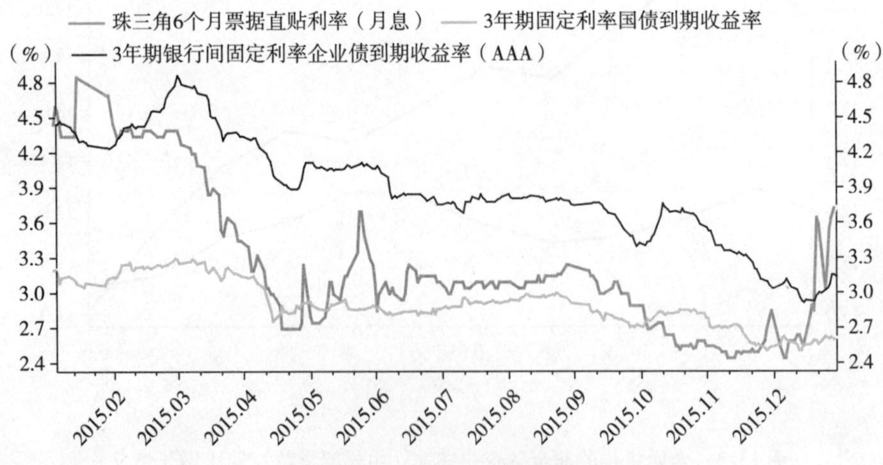

图13.5　各类资金价格走势图

资料来源：Wind资讯，中国债券信息网

银行的人民币贷款平均利率2015年出现较大幅度的下降，从年初的7%左右下降到年底的6%左右。

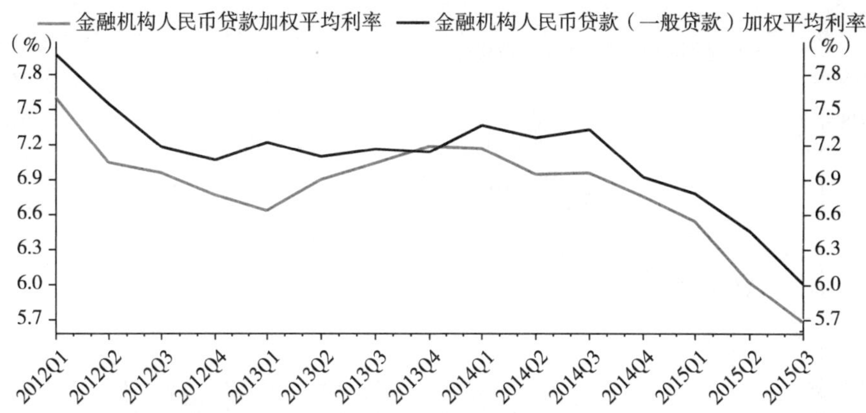

图13.6　金融机构人民币贷款加权平均利率走势图

资料来源：Wind资讯

信用利差继续分化

2014年底产业债和城投债总信用利差均达到阶段性高点，2015年两类债券的总信用利差均出现下降。但城投债总信用利差下降幅度远超产业债。城投债总信用利差从年初的3.0个百分点下降到1.8个百分点，产业债总信用利差从3.9个百分点下降到3.0个百分点左右。

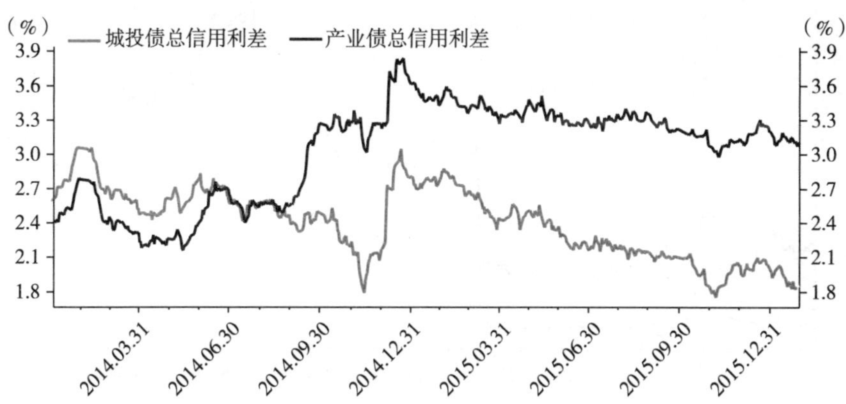

图13.7　城投债和产业债总信用利差变动情况

资料来源：Wind资讯，中国债券信息网

2015 年高等级信用债利差（相对于国开行债券利率）也出现大幅下降，从年初的 0.9 个百分点下降到 0.3 个百分点。

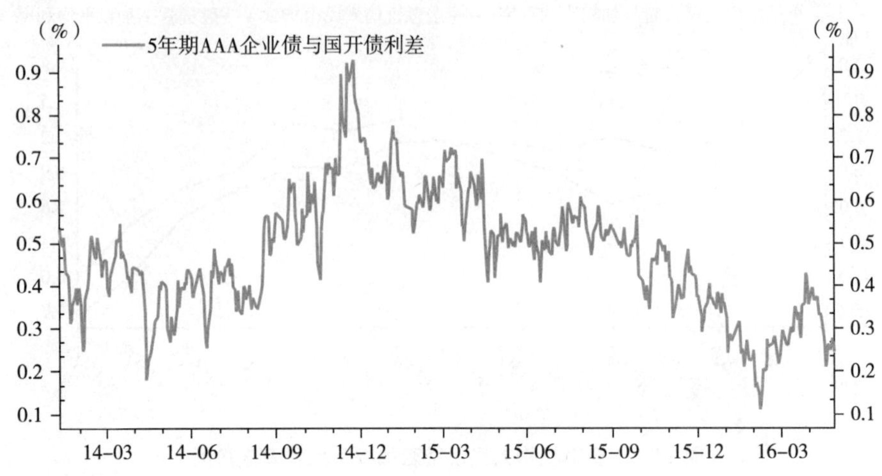

图 13.8　高等级信用利差变动情况

资料来源：Wind 资讯，中国债券信息网

资金持续外流，人民币兑美元汇率出现贬值

2015 年人民币兑美元汇率出现较为明显的贬值，中间价从年初的 6.2 左右贬值到年末的 6.55 左右，尤其是“8·11 汇改”后汇率市场出现了大幅贬值。

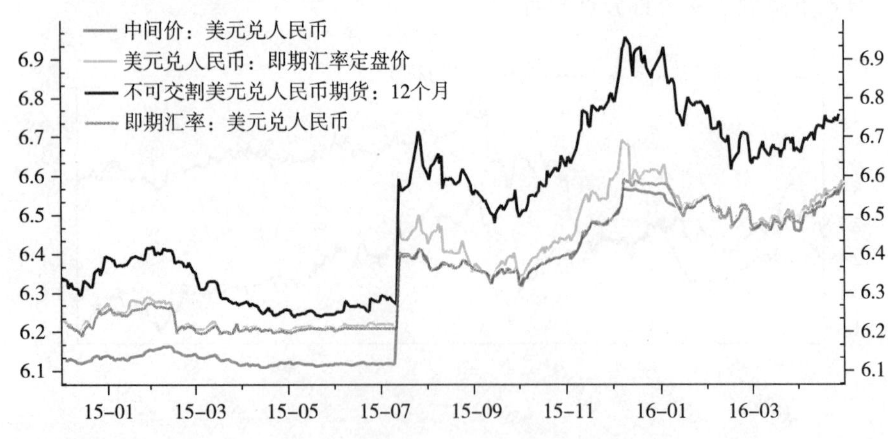

图 13.9　美元兑人民币汇率走势图

资料来源：Wind 资讯

与人民币汇率贬值相一致的是我国的外汇资金出现持续的大幅外流。2015

年金融机构的外汇资产累计减少2.8万亿元，货币当局的外汇占款累计减少2.2万亿元，外汇储备累计减少5126亿美元。在我国当前的外汇管理体制下，基础货币甚至出现净减少。

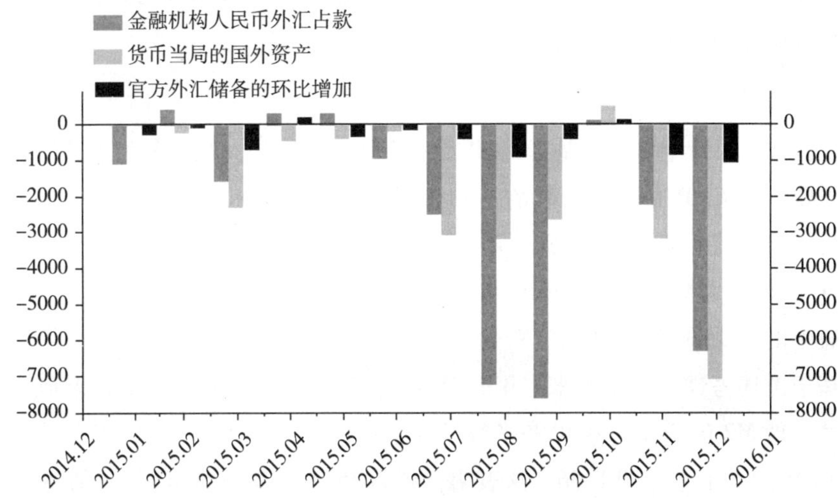

图13.10　2015年外汇资产变动情况

资料来源：Wind资讯

金融风险开始出现集中暴露迹象

近年来，我国股市大幅波动，美元兑人民币汇率跌宕起伏，“泛亚金属交易所”和“e租宝”等民间金融事件集中爆发，银行不良贷款持续攀升。我国当前正处于重大转型期，处于突破前的混沌和阵痛期。在经济增速持续放缓的背景下，随着我国经济金融转型的不断深入，过去多年积累的体制机制矛盾，资源错配风险不断暴露，我国目前已进入金融风险集中暴露期。

中国金融未来十年发展状况展望

金融业增加值测算

未来十年将是我国市场化和对外开放的重要时期。这个时期我国金融业发展与日本、美国20世纪70～80年代的情况类似。日本金融增加值占GDP的比重从1980年的4.9%上升到1990年的6.96%，十年间增加了2.06个百分点。美国金融业增加值占GDP的比重从1970年的4.25%上升到1991年的6.38%，20年间增加了 2.13 个百分点。

考虑到未来十年是我国金融业市场化改革和发展的重要时期，特别是我国经济将跨越中等收入阶段，可假设我国金融业增加值在 2025 年末占 GDP 的比重，达到日本 1990 年和美国 1991 年的水平，设为 6.5%。这表明 2025 年金融业的增加值将达到 10.07 万亿元人民币。

M2 测算

我国 M2 的计划增速是基于 GDP 及物价水平确定的，往往是为了适应货币深化的需要，在 GDP 加平减指数的基础上，增加投放 1～2 个百分点。2003 年以后，为了解决流动性过剩问题，又适当低于 GDP 加平减指数之和。2009 年 M2 与 GDP 的比例大幅上升后，2010 年和 2011 年又逐步减少 M2 的供应，以使社会上流通中的货币量保持适度。

基于上述考虑，我国未来十年的 M2 应在 GDP 和平减指数之和的基础上，保持中性。即 M2 的增速与 GDP 和平减指数之和相同。也就是 M2/GDP 的比重保持在 2010 年的水平上，即 1.66。这表明，到 2025 年，我国的 M2 绝对值将从 2015 年的 139.23 万亿元提高到 257.24 万亿元。

从 GDP/M2（即货币流通速度）的变化来看，国际上从制度角度研究货币流通速度，往往用货币深化、金融发展和复杂化及福利措施等因素，解释货币流通速度的长期变化趋势。许多研究发现，货币深化会导致货币流通速度减缓，而金融体系的发展与复杂化及福利制度的改善，会导致货币流通速度加快。前者在金融发展初期是主导因素，因此货币流通速度趋于下降，但随着金融的发展，后者的作用逐渐凸显，货币流通速度呈上升趋势。因此，从长期来看，货币流通速度整体上呈现出 U 型结构。我国的货币流通速度从 2003 年已趋于稳定（除 2009 年由于应对美国金融危机而大幅扩张货币以外），可认为货币流通速度在未来十年保持稳定的可能性较大。

社会融资总量测算

社会融资总量统计时间不长，从社会融资总量占 GDP 的比重来看，波动较大。我们以人民币贷款为基础，综合考虑社会融资结构的变化，在融资结构趋于稳定后，我们假设社会融资总量占 GDP 的比重也趋于稳定，预计在 20% 左右。从总规模看，预计 2025 年社会融资总量将达到 30.99 万亿元人民币。

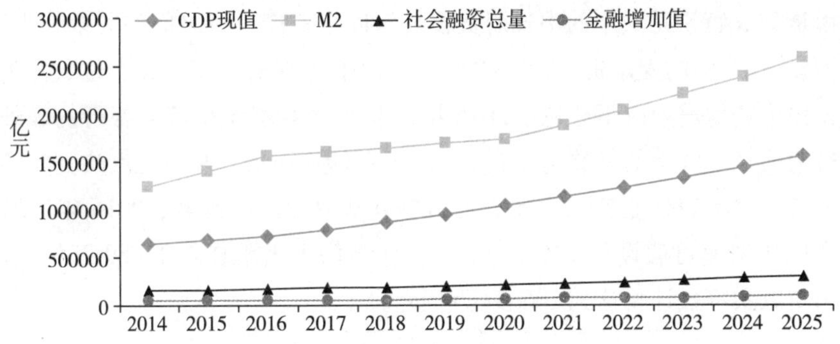

图 13.11　未来十年金融增加值、M2 和社会融资总量预测

资料来源：Wind 资讯和作者测算

表 13.1　2016～2025 年金融发展指标预测

时间	GDP 现值	M2	社会融资总量	金融增加值
2016	720666	1556567	174117	46843
2017	789707	1597447	182398	51971
2018	865441	1638328	190678	57098
2019	947841	1679208	198959	62225
2020	1036198	1720089	207240	67353
2021	1127011	1870838	225402	73256
2022	1222908	2030027	244582	79489
2023	1325149	2199747	265030	86135
2024	1433984	2380413	286797	93209
2025	1549637	2572397	309927	100726

资料来源：作者根据有关数据计算整理

2016 年金融发展展望

展望 2016 年金融发展，有必要对 2016 年经济增长和通货膨胀做一个假设。这里假设 2016 年 GDP 增长 6.5%，CPI 上涨 1.6%。据此，我们对 2016 年的一些金融变量做出预测。

人民币贷款

2012 年以来我国经济处于持续下行阶段，固定资产投资增速中枢不断下沉。

人民币贷款（特别是其中的中长期贷款）与固定资产投资之间的关系较为密切。如果假设2016年的固定资产投资增速相对2015年略有下降，在个位数水平，则新增人民币贷款增速应不会超过2015年的水平。考虑到2015年银行的表外业务回表较为明显，大量的贷款实际上是表外业务转换而来，并不能反映真实的贷款需求增长。剔除表外业务回表和人民币贷款基数偏高的因素，2016年新增人民币贷款同比增速可假设为10%，则2016年新增人民币贷款12.89万亿元左右，人民币贷款余额预计将达到106.84万亿元。

M2

银行的存款来源，主要包括由信贷直接派生的存款，以及非信贷资产扩张带来的存款扩张。此外，还需要加上由央行的货币投放带来的现金增加（M0），每年净增加额只有2000亿~3000亿元，可忽略。

进一步分析我国可能的非信贷存款来源。我国非信贷存款的来源是外汇资产、同业净资产和债券等资产的增加。2015年存款类金融机构外汇资产增加4906亿元，同业净资产增加2万亿元，银行持有的各种债券余额增加5220亿元，合计约3万亿元。考虑到明年银行外汇资产的增速会有所下降甚至净减少，但持有的地方政府债券、各类专项债券的数量会有所增加，可假设非信贷资产增加量在2016年不发生变化，据此可判断2016年非信贷存款来源会在2015年基础上略有增加，假设增加20%达到3.6万亿元，加上12.89万亿元左右的信贷产生的货币创造，共有16.49万亿元左右的存款增加。这意味着，2016年底，我国的货币存量将达到155.72万亿元，同比增速约为11.8%。

社会融资总量

考虑到委托贷款、信托贷款、未贴现银行承兑汇票受金融风险暴露和银行回表行为继续下降，但债券市场和股票市场融资功能有所恢复，能在一定程度上弥补银行表外业务下降带来的影响，其他融资项目保持稳定，2016年新增社会融资总量中贷款占比略有下降，假设新增人民币贷款占新增社会融资总量比例为75%，预测2016年新增社会融资总量为17.19万亿元，同比增长13%。

重构我国金融监管框架

近些年我国金融体系的发展和变化

近些年随着我国金融放松管制，金融跨业和跨界融合日趋丰富，大量金融创新和金融业务游离于传统金融领域外。

金融综合经营

金融综合经营是我国金融发展的内在要求。随着我国直接融资市场的发展，微观主体金融需求的多元化，以及金融创新、放松管制和金融业竞争的加剧，金融业的发展逐步从以产品为中心转向以客户为中心。金融综合化经营具有深刻的宏微观基础，是当前经济金融发展阶段的内在要求。

金融综合化经营可通过多种方式实现。到目前为止，我国金融体系从三个层面响应金融综合化经营的要求。

一是金融企业通过组织调整、股权合作实现金融的综合化经营。组织和股权合作，是金融体系将现有金融组织作为基本要素进行重构。在我国表现为从金融机构的事业部制改革，到创建金融控股公司，再到银行控股公司等金融集团等。已出现的综合经营金融集团雏形可分为四类：1. 以商业银行为主体的银行控股公司，如中国工商银行、中国银行；2. 纯粹的金融控股集团，如光大集团、中信集团；3. 非银行金融机构主导的控股公司，如中国平安、长城资产管理公司等；4. 地方政府设立的管理地方金融资产的公司，如天津泰达、上海国际集团。此外，一些央企、民企参股控股了部分金融机构，形成产融结合集团。

二是金融机构之间的业务合作。业务合作是金融体系将业务模块作为基本要素进行重构。在我国表现为从金融机构间一般性的战略合作，到各类“通道”业务及其他各种业务合作，主要体现为开发各类理财产品。

三是金融要素通过契约进行功能性重构。金融要素以契约方式进行功能性重构，具有重大意义，是将金融最基本的要素，如信用增级、期限转换、销售推广等按照客户需求进行功能性重构。典型如资产证券化、财富（资产）管理以及互联网金融中涌现的各种创新、区块链等。

选择不同层面进行重构，是市场主体在特定环境下对市场和企业边界的不同选择。这三个不同层面金融要素组合的重构，反映了企业组织结构、法律结构、产权结构、业务结构、管理结构可以相互分离，并在不同层面上进行重新组合。

互联网金融的发展

互联网金融是指在互联网上，借助大数据、云计算等信息技术，开展金融业务，实现资金和风险在不同个体上的重新配置。

互联网金融拓宽了货币的创造来源，创造出虚拟货币、网络货币，产生非主权货币雏形。互联网技术改变了金融的实现形式，提高了金融市场的可及性和丰富性。互联网降低了信息成本和交易成本。大数据和复杂计算技术实现了金融的精确营销，改变了市场信任基础。互联网的去中心、去中介和跨界，规避了原有的金融监管，提高了金融的市场化程度，实现了跨市场融合。互联网金融已发展成较完善的体系。第三方支付与网络货币实现了从传统金融向互联网金融转换，是互联网金融体系的基础。第三方支付指运用信息网络、电子货币及电子认证技术，提供个人、企业和机构用户之间支付结算、资金清算等货币资金转移及其延伸服务，从而实现电子交易中资金流与信息流高效匹配的现代化银行金融中介服务机构。互联网货币广泛用于网络经济活动，并在网络社会与央行法定货币相竞争。

互联网金融有两种基本业务模式：P2P 和股权众筹。P2P 网络借贷是指资金借入者和借出者（主要是个人），利用网络平台实现资金借入和借出的撮合、资金转移以及记录。股权众筹是指项目筹资者借助众筹融资平台发布项目信息，寻找并最终获得项目出资者的出资。

随着参与互联网金融主体的增多，专业分工也在互联网金融机构内部不断深化。市场在资金出借方和资金需求方延伸出多类业务。资金出借方出现了专门的互联网理财和各类搜索引擎网站，资金需求方则出现了互联网征信等业务，市场上还出现了提供各类交易软件等服务提供商。

银行脱媒与表外、“表表外”业务的快速发展

近些年，我国直接融资市场快速发展，以银行为主的间接融资体系在整个金融体系中的占比不断下降。新增人民币贷款占新增非金融企业社会融资总量的比重，在 2013 年 1 月份曾降到最低点，仅为 42%，从存量上看，人民币贷款余额占社会融资总量余额在 2015 年稳定在 67% 左右。其中股票市场流通市值曾高达 58.64 万亿元人民币，2015 年底股票市场流通市值为 41.79 万亿元人民币，债券市值为 36.76 万亿元人民币。

银行的表外业务和“表表外”业务快速膨胀。2014 年，银行表外融资业务（信托贷款、委托贷款和未贴现银行承兑汇票）累计增加 2.9 万亿元，2015 年出现大幅下降，累计增加 5734 亿元。2015 年底这三项表外融资业务余额 21.17 万亿元。截至 2015 年 9 月各类资产管理余额 32.69 万亿元，2014 年 12 月各类资产管理业务规模仅为 20.5 万亿元人民币，增长了 64%。

非法集资、金融诈骗和庞氏骗局广泛存在

非法集资案件频发，尤其在互联网金融领域。截至 2015 年 11 月份，P2P 平台公司数量已达到3769家，累计交易量8485.57亿元，待还金额4005亿元，但问题平台已累计达到1157个，平均每三个P2P平台就有一个成为问题平台。我国的实体经济回报率持续下降，已不能很好支撑金融的付息要求，以负债支撑金融扩张的“庞氏骗局”广泛存在。截至2015年11月，全国规模以上工业企业资产同比增速仅为8.11%，利润总额5.54万亿元，同比下降1.9%。与此同时，其他存款性公司总资产同比增速高达15.6%，M2同比增速13.7%，9月份各类贷款加权平均利率5.7%，显著高于大部分行业的资产回报率。

我国现有金融监管体制存在的主要问题

我国金融监管体系的问题集中体现在监管“空白、重叠和错位”上。从现象上看，我国存在大量“三不管”的灰色地带，即监管空白。这是金融创新活跃的地带，也是监管部门职责划分不清的结果，缺乏风险管理可能带来系统性金融风险和社会风险。我国还存在大量监管重叠的区域，这是金融综合经营和金融创新等金融市场发展的结果，带来监管标准的不统一和监管标准的无序竞争，既可能加重金融机构的负担，也可能带来无序发展。我国监管体系还存在大量的错位，监管部门与金融机构的所有者职责、行业发展职责、宏观调控和财政支持等职责，甚至金融体系稳定职责相互交织。这既是我国在渐进改革过程中，在配套措施不完善的情况下相互“补台”的结果，也带来体系的内在关系过于复杂。

金融监管、金融行业发展、金融机构的所有权、宏观调控及金融安全之间的职责划分不清晰

首先，在相当长时期内，我国金融体系事实上承担着除资源优化配置外的宏观调控、产业政策的功能，“窗口指导”“行业目录”广泛存在。

其次，我国政府（中央和地方、一行三会、监管部门和行业协会、投资者保护机构）在金融领域的职责和管理架构，特别是政府和不同市场主体在风险管理和风险承担方面的界线并不清晰。政府在金融领域中，所有者、监管者、行业促进者、经营者的职责交错，甚至承担了部分社会安全网的职能，中央政府和地方政府，权责（险）利并不能很好地匹配，大量的金融风险最终转化为财政风险和货币风险。事实上，我国有必要将监管部门从关注微观金融风险中解放出来，更多关注行业风险和系统性风险。加强“一行三会”、中央和地方政府在监管方面的分工合作。强化政府在平衡市场力量（消费者、投资者保护，反垄断和不正当竞争等）方面的职责。需要发挥行业协会在促进行业发展中的作用。充分发挥市场服务机构的作用，推动服务中介的去行政化进程。

最后，实体经济除了承担大量经营风险，还不得不管理并承担大量的金融风险。金融机构应在风险管理方面有一定的自主性并因此承担相应的风险损失，获取必要的风险收益。在这种背景下，企业可以将主要精力放在实体经济的经营上，而不是不得不应对流动性风险（资金使用的期限，与金融体系真正提供的资金期限不匹配，不得不从事期限匹配的流动性管理），甚至卷入金融操作（杠杆率不断提高，通过委托贷款等方式，为其他企业提供资金支持，乃至进入国外被归入金融业的房地产业和地下金融行业）。

地方经济金融发展、地方金融监管与地方金融风险救助之间的职责不完全一致

中央监管部门关注的是中长期国内金融市场稳定、防范系统性风险和区域性风险。而地方金融监管机构作为地方政府的组成部门，其职能除了防范金融风险、维护地方金融稳定外，地方政府往往还要求地方金融能够推动经济发展。总体而言，地方金融办的职能，首要的是融资和招商，其次才是监管和化解风险。因此，目前全国大部分省市的金融办主要为地方发展融资，存在“重发展、轻监管”的现象。地方金融管理部门还关注如何突破现有的金融体系约束，通过强化地方金融，加快金融机构积聚，尽可能拉动当地经济快速增长。一些欠发达省份和发达省份的欠发达地区，还存在通过行政干预来促进地方金融的发展。如一些地方的金融办或金融管理局制定社会融资和贷款任务，对地方金融机构（如农商行、农信社、村镇银行）进行考核排名，考核贷款增速，并对排名靠前的金融机构进行奖励。

尽管地方政府广泛参与了地方金融监管，但却面临着严重的金融监管与风险处置责任不对称问题。由于区域性金融风险与地方经济存在复杂的内在联系，地方政府承担主要风险处置责任，有其合理性和必然性，有效性也已被实践所证明，但地方政府却不具有与之对称的金融监管职责。一方面，地方政府承担的部分金融监管职责“有形无实”，既没有明确的法律依据，也没有统一的监管职能部门，更缺乏规范科学的监管制度和标准；另一方面，地方政府并不拥有城商行、农信社等地方法人金融机构的监管权，无法及时获取有效的监管信息。权责分离和监管信息不对称，造成地方政府在风险处置过程中非常被动，既缺乏应有的预见性，难以进行事前风险防范；也缺乏足够的有效性，难以保证事后处置效率，并加大了风险处置成本。

地方风险救助体系建设滞后。尽管有国务院主导的地方金融风险处置案例

（如德隆案件），但方式是一事一议，地方在处置风险中可动用的资源并未明确，风险分担比例及如何分担也缺乏制度性规定。尽管有风险应急预案，且有年度演习，但预案仍仅限于本部门，能否实施跨部门、跨行业仍需验证。

金融监管的有效性，还高度取决于中央地方金融监管体制的相关配套改革。但目前地方国有金融资产管理体制改革、中央金融监管机构中央层与派出机构之间职责的划分和调整等，已制约了地方金融监管的有效性。

一是地方国有金融资产管理体制的改革。绝大部分地方政府对部分金融机构拥有资产和人事管理权，还是风险处置第一责任人，但由于同时作为股东和监管者，存在较大的利益冲突，也缺乏监管的必要手段，往往只能在大的问题暴露后，花费大量人力物力去做被动处置。

二是中央金融监管机构中央层与派出机构之间职责的划分和调整。中央金融监管部门的派出机构缺乏必要的自由裁量权，无法立足实际对地方金融实施更有针对性的监管，以体现区域特征和差异性，从而更有利于中央监管机构与地方金融监管部门之间的沟通协作，增强地方金融监管的有效性。

资源和能力不足影响了我国金融监管机构的执行力

“巧妇难为无米之炊”，提高监管效率和执行力，还有赖于合理配置必要的监管资源。2010 年，国际货币基金组织和世界银行对我国金融部门进行了评估，其中“监管资源严重不足”是其对银监会监管有效性评估的重要结论。但 6 年来这一情况没有得到根本改善。银监会成立 12 年来总编制人数基本不变，保持 2 万多人的规模，许多县级监管办事处只有 3～5 个工作人员，但可能监管着上百个机构实体，资产规模总计数十亿元。随着地方金融机构的不断发展，可以预期未来基层监管压力还将持续上升。

对地方金融监管机构来说，监管资源不足也是巨大的制约因素。相对庞大复杂的监管对象，地方金融监管部门缺乏必要的人员、技术知识和经费支持，资源相当有限。在类金融机构迅速发展的背景下，地方金融监管力量显得严重不足，这既体现为监管人员严重不足，也体现为专业性监管人员少。面对这么庞大、复杂的地方金融体系，各省的金融监管却由金融办、商务厅、工信部等部门中的少数人管理。省级金融办一般只有几十名人员，有些金融办还要负责地方政府融资等任务。这些专职人员，对金融缺乏深入了解和理解，缺乏专业知识储备和实际业务经验。商务厅、工信厅等从事金融管理的人员更少，甚至与其他行业的管理部门共用一个管理人员。以广州市金融监管人力为例，广州市金融办目前编制

41 人[①]，其中融资性担保机构监管处 5 人，真正负责融资担保公司监管的只有 1.5 人（其他人负责其他任务），但广州市融资担保公司达 76 家，这导致金融办对融资担保公司每季度上报数据的整理分析工作都难以完成[②]；又如广州市金融办小额贷款机构监管处负责“小贷公司”监管的只有 3 人，而目前广州“小贷公司”已达 52 家。又比如在监管专业性方面，广州金融办有金融从业经验的监管人员也仅占 1/5 左右。

此外，地方监管部门的行业监管手段严重不足。目前，最高层级为部门规章（最高可以罚 10 万）、规范性文件（只能警告）。地方金融监管部门缺乏后续监管手段，不能实施行政处罚（比如吊销营业执照）。地方金融监管部门在监管实践中，也想采取“轻准入监管，重日常监管”，但由于严重缺乏监管手段，缺乏必要的执法权，导致只能采取较多的准入监管和行政性监管。

金融监管框架背后逻辑的初步思考

金融监管既是经济学问题，回答“为什么要管”“管什么”和“谁来管”等监管理念、边界和技术问题；也是管理学问题，回答监管“如何组织实施”的组织设计和资源调配等问题。金融监管还具有鲜明的时代特征，是内嵌于经济社会管理体系，反映并平衡其他经济社会管理体系，尤其是司法体系和社会稳定、宏观调控体系。

经济理论表明，当微观主体能为自己的行为承担全部责任，即获得行为的全部收益，并承担行为的全部成本和风险时，经济系统才能有效运作。但由于各种原因（如法律制度、惯例、契约或者产品设计等原因），责权利的完全对应并不是在任何时候都成立的，这会扭曲微观主体的行为。系统性风险，从根源上总是来源于体制机制设计上的偏差，从而产生系统性同方向的行为累积。为实现宏观上的平衡，防止不负责任行为的累积，需要设立出另一套机制，从相反方向纠正权责利的内在不一致性问题。

金融领域至少存在以下平衡机制。一是有限责任制、高杠杆与审慎监管要求（资本充足率）。有限责任制是为了鼓励企业家的冒险精神而在立法上对权责利

---

① 广州金融办于 2001 年成立，最初为发改委下设的一个处；2005 年升格为正局级单位，但仍挂靠发改委；2009 年成为独立部门；2013 年编制从 28 人增加至 41 人。大连市地方金融监管机构的编制相对比较多。

② 广州市金融办认为，这种情况的出现并不是金融办缺乏权威性，而是其他原因导致的，比如渠道不畅，比如融资担保市场低迷，一些担保公司已经没有正常运营。

的一种破坏。股东仅以出资额为限对公司承担有限责任，一旦公司的损失超过资本金（含留存收益）后，损失责任转嫁给债权人等。现代金融企业一般都引入有限责任制，但金融机构往往高杠杆经营，具有较大概率处于“破产”边缘，权责利的对应关系时常处于不一致的边缘。为此，在宏观上就需要监测并管理金融机构的资本（吸收最终风险）能力。

二是部分准备金制（期限转换）。银行等金融机构并不对短期债务持有100%的现金准备，各国普遍采取部分准备金制。这就要求当金融机构出现短期流动性风险时，宏观上要有流动性救助机制，日常则要求对金融机构的流动性状况进行监测和管理。

三是社会安全网的存在破坏了微观主体的权责利一致性。国家往往会从维护社会稳定出发，为中小储户提供额外的隐性或显性担保，甚至出现“大而不倒”的现象。这会改变储户以及金融机构的行为，需要设计合理的风险救助体系（清偿能力）。享受这种安全网的机构获得了额外的信用增级，有必要承担为中小储户提供基本金融服务的义务，或者需要提前为此付费。

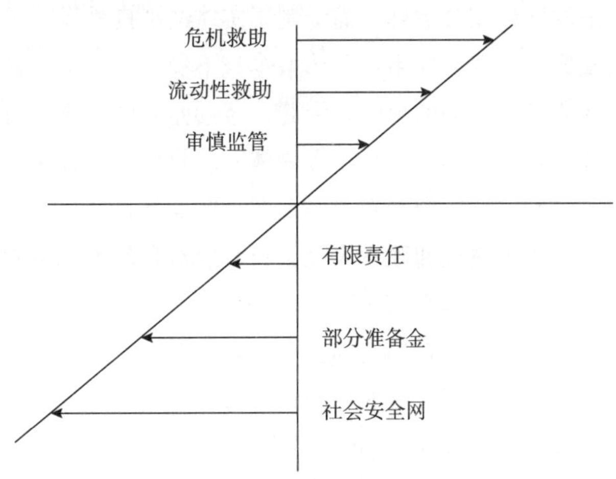

图 13.12　金融管理体系逻辑图

除此之外，由于金融业存在较为明显的专业性、规模和范围经济等特点，金融体系还需要非市场力量的介入，实现以下目标：（1）平衡市场力量，如中小投资者和消费者保护；（2）市场行为监管，保证信息披露，不产生利益冲突和滥用市场力量等行为；（3）实现包容性发展。

理论上这些职责可以由一个超能的机构全部承担，但考虑到分工对效率的提升作用以及管理能力的问题，仍有必要进行适当分工。因此，这些职责的组织实施就存在理论上最佳的分工边界问题。

总之，我国当前出现了金融与实体经济关系的不平衡，金融体系过度扩张，金融体系内风险不断暴露。所有这些都从不同侧面暴露出我国现有监管体系的不足和缺陷，为我们推进金融监管框架的重构提供了重要契机。我国有必要在平衡金融和实体经济关系，在金融体系的“救火”过程中，从制度重构入手，从根本上完善我国的金融监管框架。

金融监管改革应遵循的基本原则

金融监管是属于宏观管理范畴，需遵循管理学上的一些基本原则。在具体内容上，如监管理念、部门的职责目标设定和划分、手段与目标关系上，则反映了金融监管的特殊要求，需要结合我国当前金融运行和社会管理的特点统筹设计。

以金融体系稳健、高效、包容式发展作为金融监管体系设计的最终目标

金融是在处理风险过程中获得收益并实现资源的优化配置的，发展和规范是永恒的矛盾。金融行业需要充分发展，才能更好地为实体经济服务。作为一个服务行业，金融不是发展越充分越好，需受制于实体经济良性发展的需要，不宜自我发展式的过度发展。当然，如果金融体系本身不稳定，不但不能实现其服务功能，甚至会成为实体经济波动的根源。因此，金融监管的根本目标，是保证金融体系能安全、有效地实现实体经济赋予金融体系的目标，需在平衡金融高效、稳健和包容三者关系中确定特定金融发展时期的金融监管目标。

区分利益协调、政策决策和政策实施，将政府对金融业的多重目标协调、政策决策和政策实施分层实现和考核

目标和手段总是相对的。在确定的目标下，相对有限、确定的政策手段，存在理性决策。但不同目标之间没有好坏对错之分，只是一种选择。或者上升到更高一层次“目标—手段”体系中，低一层次的“目标—手段”体系中的不同目标成为高一层次“目标—体系”中的手段，则存在理性决策。当无法提升时，对不同目标的选择，本质上是利益协调，需要运用利益协调的机制来产生合意目标。一旦产生合意目标，则在手段运用上需要专家的理性计算和严格的效率考核。不同目标之间，有必要区分是否属于同一层次的目标，还是属于某个目标手段层次关系下，还是隶属于不同目标手段层次关系中。

对金融业的不同诉求包括：（1）金融行业的发展，规模适当、结构合理、财务回报适度（行业协会和股东）。（2）金融体系稳健（风险管理体系）。（3）包容性发展（财政部门）。(4）产业政策和宏观调控（宏观调控部门）。这些目标间不宜构成目标手段关系，尤其是金融监管与宏观调控之间，目标选择本身并没有对错之分，需要通过合适的利益协调机制来平衡。任何目标都有其合理性，在不同的经济发展阶段，目标间的权衡反映了当时的主要利益诉求，并决定了金融体系的最终走向。一旦这些目标权衡确定后，相关部门则需要进行政策决策，选择为达到这个目标的最优工具组合和实施时机。一旦工具和时机确定下来后，则完全转化为落实和实施问题。各个部门在实施时，无须再为目标的合理性和工具的有效性争执，只需保证执行的实施效率。

监管机构的调整要以监管理念转变为基础，合理确立风险管理的水平分工和垂直分工

组织和制度总是基于某种理念，基于对现实运行的某种理解。只要是不同组织的职能相对独立又相互补充，不产生不必要的交叉重叠，又避免监管空白，且保证实现每个分工目标的手段归因直接，都是合理的分工模式。具体采取哪种分工模式，取决于对所管理对象的理解。

根据上文对监管逻辑的理解，金融监管在某种程度上是对金融上某些偏离权责利原则制度设计的纠正，或者说金融监管是为了保证满足制度良性运作的设计前提。为此，基于功能监管理念，有必要按照权责利一致的原则确立监管主体和部门边界，并确保监管手段与监管目标之间的归因关系简单直接。

具体而言，金融监管的理由主要有四项：(1）基于宏观周期、流动性、社会安全的宏观审慎管理，可对具有系统重要性金融机构适当加大监管成本。(2)基于资本金等金融微观主体稳健性的微观审慎管理，保证进入以及在金融市场运行的微观金融机构是有专业能力、具有诚信和有资本实力保证权责利基本一致的适宜主体。(3）以信息披露为主的基于公开、公平、公正的市场秩序维护部门，保证市场参与主体能拥有充分、及时、真实的信息进行决策，从而是真实意志的表达并自我负责。(4）考虑到金融业务的专业性和后验性（金融服务是在购买后才能检验和享受)，基于市场力量基本均衡的充分竞争考虑等，有必要加强对市场的弱势群体保护，实施中小投资者和消费者保护。可根据这四个相对独立又相互补充的金融监管目标，在水平上，可设立四个不同的部门进行监管。

此外，金融行业的发展，可考虑由各类行业协会负责。国有股东的股东职责，由国有资产管理部门负责。个别风险则由各个金融机构的内部管理部门负责。部分金融服务具有准公共品性质，对三农、小微企业、双创企业的金融服务具有一定的财政支持性质，则通过财政部补贴和政策性金融机构、政策性金融业务实现，在合理设计的情况下，政策性金融机构和业务也可按照一般金融机构和业务，由监管部门统一监管，政策性业务的类型和补贴等，需要专门立法，且由财政部等部门与国家其他部门、政策性金融机构进行利益协调。

根据同一类金融风险影响范围和程度的不同，有必要对金融风险管理进行垂直分工。可考虑针对金融体系的三种不同状态，采取不同的金融稳定应对框架，形成垂直分工的风险管理框架体系。（1）日常监管：金融体系处于稳定区域并将在近期仍继续保持这种状态。在这种情况下，主要采取预防性措施，依靠私人部门的市场约束机制（金融机构的自我风险管理和行业自律）以及官方监管（日常监管）等常规方式来维护金融稳定。（2）宏观审慎监管：金融机构对金融体系具有系统重要性，或者金融体系处于稳定区间，但开始向不稳定边界移动，可能是金融体系内部的失衡状况出现恶化，也可能是金融体系外的环境出现变化。这时，维护金融稳定需要施加宏观审慎监管，并采取救助性措施如道义劝说和强化监管等。（3）危机管理：金融体系处于金融稳定区域外，不能充分发挥其功能。此时，政策措施应相机抉择（可能包括危机处置）并着眼于恢复稳定。

表 13.2　金融稳定政策工具

工具	防范 执行现有政策 维护金融稳定	救助 采取措施减少 金融风险因素	处置 进行政策干预 恢复金融稳定
市场约束机制	保持、调整	增强	相机抉择
自律	保持、调整	增强	相机抉择
金融安全网	保持、调整	增强	最后贷款人、存款保险
监测	保持、调整	增强	进一步强化
监督和管理	保持、调整	增强	相机抉择
官方交流	执行现有政策	道义劝说	恢复信心
宏观经济政策	保持、调整	减少失衡	相机抉择
法律体系	保持、调整	增强	相机抉择

资料来源：加里 J. 希纳西，《维护金融稳定：理论与实践》，北京：中国金融出版社，2009 年

保证充足的监管资源

有效的监管行为是需要充足的监管资源支撑的。金融监管需要制定大量的监管规则、进行持续监督、不间断实施非现场监管和常规、非常规现场检查，并配合必要的执法行动。金融监管既是高度复杂的专业性工作，也是劳动密集型工作，资源是否充足直接决定监管质量。与所承担的监管任务相比，我国监管机构的资源严重匮乏。为了实现监管目标，需要给予足够的监管手段和监管资源。

在愿景清晰的情况下采取问题导向的分步改革策略

改革既可以是愿景导向，也可以是问题导向。当改革涉及根本性转变时，仅仅从现实问题出发，容易陷入技术细节，不能触及深层利益格局和内在的理念。现实改革不是在一张白纸上设计的，是在继承原有体系基础上的改造，是要在变革过程中不出现空白期，保证该体系仍能发挥其基本功能。问题是最好的显示器，它反映了现有制度体系与市场运行不协调的地方，这是改革的入手点。从问题导向可以保证改革是回应现实问题而不是空中楼阁。但对问题产生背后的制度性原因的挖掘有不同的层次，制度的修改也有不同的方向。要保证从更深层次上解决现有问题，并保证所有改革都沿着相同的方向推进，需要有一个清晰的、取得共识的改革愿景，所有基于当前问题的制度改进都朝着这个共同的愿景调整。

我国金融监管框架改革建议

不论采取什么样的监管框架，都需要面对并解决中国当前的金融监管问题。我国金融监管问题核心有三个：一是缺乏与中国金融体系运行实际相适应的、被广泛接受的金融风险管理理念和管理框架的理论体系。二是协调问题，包括货币政策、宏观审慎和微观审慎之间的协调，也包括不同监管部门间的协调问题。三是如何提高金融监管实施效率问题。

近期改革重点：问题导向的职能重设和监管协调

做实金融监管协调办公室职责，强化过渡期的金融监管协调和监管理念的重构工作

不论采取何种监管组织框架，都需要面对监管真空、交叉、错位等问题。而且在机构重组过程中，不但面临监管理念调整，还面临组织和人员调整带来的混乱和空白期。为此，有必要设置临时的监管协调部门，主要目的，一是保证监管的连续性，二是为新理念、新监管制度和组织提供综合性研究，三是直接进行监管协调。

具体而言，当前我国需要一个相对独立的部门直接负责以下监管协调问题的研究、制度设计和决策：

（1）危机救助的协调机制。特别是金融机构债务重组和破产清算、流动性救助（央行再贷款）和清偿能力救济（存款保险制度），金融市场的危机应对等。

（2）金融混业经营和金融控股集团监管协调。

（3）资产管理、财富管理、资产证券化等基于信托、委托代理的市场行为监管协调。

（4）债券市场的统一和基准利率体系建设问题。

（5）互联网金融的监管框架和制度。

（6）民间金融、金融欺诈、庞氏骗局和市场操纵等。

为此，可考虑成立一个相对独立、专业精深的日常机构，如可由现成立的国务院金融监管协调办公室承担。

该协调机构可主要集中做三类事。一是为国务院金融协调会议提供秘书性服务。二是对特定金融监管问题进行协调，一步一个脚印加快推动中国金融的整体改革步伐。三是坚持问题导向，专职研究协调监管中的交集问题、焦点问题。该协调机构选择金融发展中急需协调的事，一事一议，研制详细、可操作方案和法规制度。

该机构的人员主体为宏观经济学家和全面熟悉金融市场混业经营的人员，可主要从现“一行三会”中抽调，减记现“一行三会”人员编制，也可从社会上招聘少许，但坚持精兵简政，人员精干原则。

该机构既可以作为过渡性机构，弥补监管组织制度改革过程可能产生的监管真空，并完成制度设计、监管协调的历史使命，也可在未来转为综合金融监管委员会，统筹金融监管。

重点明确货币政策、宏观审慎和微观审慎的边界

从角色和目标看，微观审慎管理着眼于单个金融机构的稳健运行，宏观审慎管理着眼于整个金融体系的稳健运行，货币政策是稳定经济活动的价格和产出。似乎各自的定位清晰明确，但在现实操作中，三者之间的关系却并不像理论上显示的那么截然分明。原因：（1）目标与工具之间的对应关系。宏观审慎的概念还在不断发展之中，尤其是尚未发展出一套与之相关的政策工具体系，目前的操作绝大部分是附加于微观审慎监管工具上的。这就使得宏观审慎尚无法完全独立成为一个宏观管理领域。（2）金融稳定与经济周期密切相关。金融既是经济周期的重要肇因，也是经济周期的主要表现形式。作为周期性调控工具——货币政策无法与金融体系稳定完全分离。

宏观审慎管理，起源于1979年6月在库克委员会（Cooke Committee，巴塞尔银行监管委员会前身）。在此后的30年间，一直断断续续地讨论此问题，关注的重点和内容不断丰富。从最初表示当微观经济问题变为宏观经济问题时，不能不关心宏观审慎性的朦胧提法开始，到进一步发展为对整个金融体系的监管套利、衍生品市场定价、流动性、信息透明、支付结算体系超负荷等内容的研究（欧洲货币委员会，1986），对重要资产市场的研究（IMF，1998），以及对宏观审慎监管的严格定义及更宽范围内的讨论（国际清算银行，2000）。

宏观审慎在国际上真正流行，被各国政府、国际组织所广泛重视，则是这轮美国危机之后。2008年金融危机后，国际主流机构主要从监管的角度对危机进行反思，认为基于单个金融机构的微观审慎监管并不足以保证金融体系的整体稳健运行。“危机爆发后，大家都逐渐认识到金融体系的顺周期波动和跨市场风险传播会对宏观经济和金融稳定带来冲击，甚至引发系统性风险采取宏观审慎政策的主要目的就是为了应对这种问题。”①

归纳近些年国际社会对宏观审慎问题的讨论，主要涉及两个方面的重大关注。

一是“大而不倒”问题。部分机构由于业务规模庞大、业务联系广泛且复杂、风险暴露巨大，单个机构的风险暴露将会影响整个金融体系的稳定，从而威胁金融体系功能，国家不得不动用公共资源救助。从宏观金融稳定和公平的角度，要对“大而不倒”的金融机构加强监管，并为其可能耗费的公共资源提前积累资金。

二是逆周期和风险传递等带来的金融系统性风险防范体系问题。“在宏观货币政策和微观审慎监管之间，存在怎么防范系统性风险的空白，这就需要宏观审慎政策来填补。”②

我国在2010年末的中央经济工作会议上，正式引入了宏观审慎政策框架，并在2011年初开始，主要依靠资本充足率的自我约束和经济增长的合理需要来逆周期计算合意贷款规模，以及利用差别存款准备金率等工具形成激励约束机

① 周小川2016年初接受财新记者的采访。

② 同上。

制。2015 年底，人民银行提出的实施宏观审慎评估体系（MPA）有七个方面的指标，包括资本和杠杆、资产负债、流动性、信贷政策执行情况等。

观察近些年宏观审慎政策框架的设计和实施实践，导致宏观审慎、微观审慎及货币政策界限不清的主要原因有以下三个方面。

（1）逆周期的宏观审慎政策与结构性的日常监管高度重叠。从实际的实践过程来看，我国的微观审慎监管承担了大量宏观调控的任务。不但执行着发改委的行业政策，还经常根据宏观形势变化调整监管政策，包括资产风险权重、各种业务如银行理财等的管理规定等。现有的宏观审慎政策管理的实施，也不完全是逆周期的宏观政策体系，而是针对单个机构的高频管理政策，在地方层面上有相当的灵活性，带有行政性和年度（甚至月度）规模管理的痕迹。这使得在实际执行过程中，宏观审慎和微观审慎使用基本相同的政策工具，并且各自带有对方特征的混合体。

（2）政策设计和执行能否分开。有一种观点认为设计和执行不能分开，否则会出现相互扯皮现象。分工和制衡是现代社会的一个重要特征。西方普遍实行的“立法、司法、行政”三权分立就含有政策设计和执行的分工合作制衡的思想。这与需要应对“流动性救助”或者系统性风险管理责任，就需要把机构的日常监管纳入管理链条的逻辑一脉相承。经济学就是在买与卖、生产与消费、资产和负债等不断分离过程中，从自给自足的经济中走向分工合作的现代经济，并在不断领域分工和环节外包过程中走向繁荣。正是在这种分工经济中，能有效降低社会协调成本的社会资本才显得尤为重要，纸币、规则、政府管理才能有效地提高经济效率。事实上，政策设计和政策执行是两套完全不同的评价体系，政策设计关注的是系统的有效性，政策执行关注的是执行效率，两者更应该由不同部门分别执行并采取不同的评价指标进行评估。

（3）是货币政策传导效率问题还是金融稳定问题。在中国当前环境下，货币政策调控存在更多困境。其中一个重要的困境来源于微观主体特征。我国是以国有金融机构为主体的金融体系。国有金融机构的行为不完全同于一般的市场机构，特别是在人事任命并非完全市场的环境下更是如此。因此，真实的金融供给会表现出明显不同于市场经济的特征。如保留较多的缓冲，以保持本身机构的灵活性；并不完全从市场效率出发进行信贷决策，存在运动性和政策性贷款冲动；利益性指标不如数量型控制指标对微观主体的行为约束有效等。2015 年末，我国的信贷规模已达到 99.3 万亿元，但银行间债券市场仅为 43.9 万亿，国债规模仅为10.7万亿元，大量的债券还由银行直接持有到期。高管的任职资格、行业牌照、资本充足率等比例性监管指标，对银行等金融机构的激励约束远远超过价格指标。此外，我国的货币政策还承担大量结构性调控目标，政府对金融机构的支付义务还有超过正常金融承诺的社会稳定要求，这使得出现传统的西方货币政策工具在中国不足以实现货币政策目标的问题。

从金融稳定的角度，其实我国央行职责中就一直有维护金融体系稳定要求，并且央行也早就成立了金融稳定局专司负责金融稳定问题。但金融稳定局面临的困境在于，一是缺乏必要的数据和模型来评估金融体系的稳定状况；二是即使发现甚至预警了金融不稳定因素，也缺乏足够的手段来防范、纠正。

有鉴于此，近期的任务重点放在理顺央行和银监会的宏观审慎政策框架和微观审慎管理之间的职能和管理边界。建议当出现以下情况时，两者共同监管：

（1）对于界定为系统重要性金融集团、金融机构的监管；

（2）风险敞口巨大，威胁金融体系稳定的金融集团、金融机构；

（3）需要人行提供流动性救助或者存款保险机构给予清偿能力救济的金融机构。

除上述三类机构央行直接与金融监管部门介入现场检查和风险监测和处置外，宏观审慎管理政策主要致力于经济周期预测、金融系统性风险的识别和评估，并根据宏观周期和系统性风险状况，动态提出额外的逆周期资本和缓冲资本要求。宏观审慎管理政策也可根据现有的逻辑设计出模型化的资本要求，但具体的实施交由微观审慎管理主体具体负责。

构建监管信息共享机制

近期有必要尽快加强监管信息共享机制的建立。一方面，存在信息系统的重复建设问题，另一方面又给被监管机构带来巨大的监管成本。

为此，应尽快明确，一是所有非现场监管信息全部分层级共享。（1）建立集中的、基于金融机构内部业务和管理信息系统联网的、自动常规信息采集和报送系统。（2）信息在央行和金融监管部门共享，但采取分层查阅和处理权限的办法确保信息安全和保密问题。

二是提高现场监管的信息共享。对于现场检查，分为常规性现场检查和非常规性现场检查。常规性现场检查除了事前约定的事项发生（如需要宏观审慎监管介入），由央行和金融监管部门共同开展现场检查外，主要由金融监管部门开展。常规性现场检查的结果，按照一定的密级在央行和监管部门内共享。

划分中央和地方金融监管职能

地方基于以下理由介入了金融监管。一是上一轮农信社改革，中央将地方农信社的管理委托交由地方政府负责，地方政府委托给农信社省级联社管理。二是出于地方金融发展和招商引资的需要。中央金融监管集中管理后，地方政府无法有效影响全国性金融机构为促进地方经济发展而进行信用扩张，从而有动力通过股权、地方金融政策等促进地方金融发展，进而促进地方经济的发展。三是出于风险处置的需要介入金融管理。一旦金融机构，甚至准金融机构出现风险事件，中央政府往往要求地方政府全方位介入。四是中央没有明确规范，但地方又普遍存在的准金融形式（小贷、融资租赁、担保、典当、互联网金融等），为了规范发展，既为地方经济服务又避免最终为这些准金融机构的风险事件埋单，加强了对其监管。五是在中央金融监管协调不足时期，在一定程度上发挥了不同金融机构之间的协调作用。

从近些年地方金融监管实践看，这些金融监管职能绝大部分由地方金融办负责，但仍分散于多个职能部门，受人员编制和监管能力的制约，主要关注如何让金融更好地为地方经济服务，如何处理金融风险，尤其是非法集资等问题。由于准金融机构风险承受能力较差，目前各地普遍出现政府主导推动的联合、共同进行流动性管理等做法。由地方政府管理农村信用社是一个过渡方案，大量农信社已转化为农商行，农商行与省农信社联社之间的矛盾较为突出，未来的管理不宜仍由省政府代管。

为此，**一是进一步明确地方金融监管的法律依据和职责范围。**我国宜明确界定地方政府的金融管理职责，赋予地方政府在“风险处置”和“区域性金融稳定”方面的职责，明确地方政府一定的管理权力，提高其加强金融监管的主动性和有效性。我国可从国家或省级层面，制定出台地方金融监督管理条例，明确规定地方金融监管的监管机构、监管对象、监管职责、法律责任等相关内容，对地方金融监管局的权责进行规范化和制度化。

在确定地方金融监管权限时，（1）要坚持合理分工原则。历史上，我国的中央层级的监管部门，往往将好管的自己管，不好管的归到地方去。而应根据金融业态的运行和风险特征，结合中央和地方的专业能力和信息优势，确定划分标准，非负债类及区域性的负债类机构的监管，都可以由地方监管。（2）要基于底线思维。要划定底线，确定什么不能做，全国统一标准，避免主体监管的做法。发牌照的话把草根金融的路关闭了，可考虑引入负面清单和真正的备案制管理方式。

如可考虑地方负责中央驻地方金融监管部门法定监管范围之外的，吸收少数客户资金、限定业务范围、风险外溢性较小的新型金融组织和金融活动，包括辖区小额贷款公司、融资性担保公司、民间资本管理机构、民间融资登记服务机构等新型金融组织，和权益类、大宗商品类（中远期）等具有金融属性的交易场所，以及融资租赁、典当、拍卖、股权投资、创业投资、农业保险等金融业务，在中央统一制定监管规则的前提下，地方承担相应的监管分工。地方政府要加强对民间借贷、新型农村合作金融组织的引导和规范，有效防范和打击金融欺诈、非法集资等各类违法违规行为，不断强化金融消费者保护职责。

二是加快推进地方金融业务统一管理。过于分散的金融监管，特别是将金融监管交由非金融主管部门监管，导致金融监管边缘化，服从于主管部门主导业务的发展。由于以前地方政府没有金融工作部门，一些明显具有金融属性的行业分属地方不同部门监管（对应于国家部委职能设置，如股权投资在发改委，典当、融资租赁在商务厅等）。在各省市基本已设立金融管理部门后，可考虑对地方金融业务实行统一管理，设立省、市、县三级地方金融监管局，赋予地方金融监管局与风险防范处置责任相匹配的独立监管权。尤其在省级层面宜积极推进，进一步增强地方金融监管的协调性，有效防止个别行业和局部地区风险蔓延和扩散。

三是完善地方金融监管立法，配备与监管职责相适应的监管资源。（1）完善地方监管立法，适当赋予地方监管灵活性。地方应积极跟进国家有关立法，制定出台相应的金融监管实施细则。同时按照地方立法权限，抓紧研究制定各省的发展和监管条例，为加强地方金融监管、促进金融业持续健康发展提供法制保障。省级监管部门宜结合本省地方金融新业态发展的实际，依据国家金融监管法律法规和政策规定，研究制定和完善本省金融新业态组织监管制度，确保地方金融新业态组织的合法合规经营。在条件成熟时，可按程序提请制定地方金融法规。

（2）不断强化地方金融监管队伍和能力建设。围绕地方金融监管工作需要，加强对各级地方金融监管局工作人员培训，尽快提升监管能力和水平，同时从不同渠道遴选适宜人才，充实地方金融监管队伍。加强相关行业监管信息数据交换与整合，建立健全地方金融数据监测平台，为制定监管政策、开展监管工作提供科学依据。

（3）完善县域办事处设置。随着县域银行业服务职能的强化，银行业县域监管的任务越来越繁重，而基层银行监管部门机构设置和资源配备均存在较大缺口和不足，需要进一步充实和完善。

（4）充分利用行业协会力量。在地方监管实践中，既要强调地方监管的统一性，适当集中监管权限和资源，也要充分利用各类行业协会的作用。考虑到地方金融监管与中央层级监管的不同，更要加强行业自律。行业自律要创新，不一定单靠行业协会。关键是以市场化的手，提供正激励引导行业自律（分类监管、奖优罚劣，引导规范发展）。

（5）推动金融监管技术外包。对于现场监管、非现场监管，地方监管部门除了利用技术力量外，还可考虑适当外包给专业技术公司和评级公司，进行初步的数据分析和风险评级，地方监管部门可在此基础上进行更加专业的判断和监管。

（6）在业务信息系统基础上强化系统性风险管理。监管能力的高低，与监管工具、监管人员和资金有关，但更重要的是监管理念和制度、技术的提升。目前很多省级金融管理部门推动小贷公司建立全省统一的核心业务运营的计算机业务系统。这种建立在业务系统基础上的信息系统，有助于监管部门实时监测到所监管机构的真实业务信息，有助于提高监管的及时性和有效性，在有条件的地区应积极推广使用。但与此同时，也要看到这种监管技术手段的有限性。金融风险的识别和管理，需要基于真实业务信息，但又要有专门的技术方法和制度，进行汇总和处理。地方监管部门只有在此基础上进一步开发有效的风险识别和管理系统，才有可能更加有效地使用这套系统。

中期改革重点：组织机构的重构

组建综合的金融监管委员会，下设微观审慎管理局、市场和行为管理局

可考虑在未来3～5年内将目前的银监会、证监会、保监会合并，设立综合金融监管委员会。并打散现有的三会设置，下设微观审慎管理局、市场和行为管理局。

其中微观审慎管理局负责对金融机构的市场准入（可采取分层牌照）、日常监管和市场退出。其中的金融机构不仅包括银行、证券、保险、基金管理公司等金融机构，还包括各类需要专业能力和诚信经营的市场参与者。根据需要可在微观审慎管理局下设置现场监督局和非现场管理局。

市场和行为管理局负责信息披露、内幕交易、市场操纵等市场和行为的管理。其中，可考虑将银行间、交易所的市场进一步打通，并统一债券市场的管理

机制。保留财政部、国企出于国家和国有资产利益的额外限制，但任何主体参与债券市场，应遵循债券市场的统一规定。进一步统一股权市场，建立多层次资本市场的统一、分类管理规则。

将分散于各个监管部门的中小投资者和消费者保护机构统一为中小投资者和消费者保护局

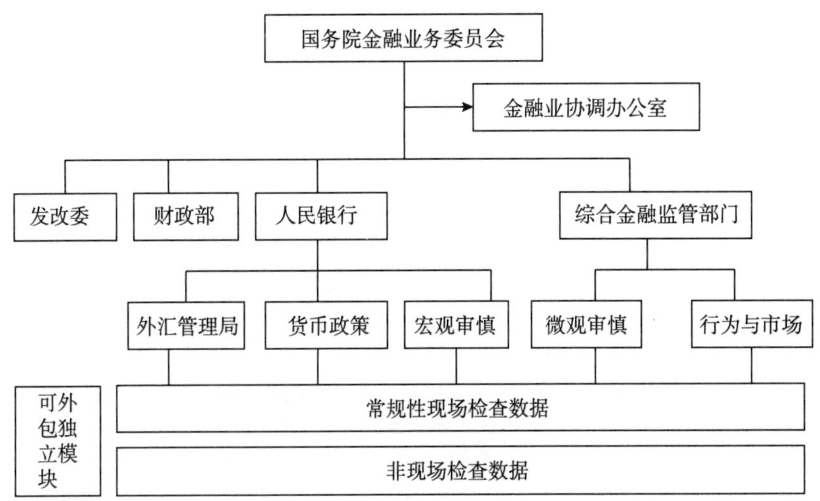

图 13.13　设想中的金融监管框架图

可考虑将央行及三个监管部门分别设立的中小投资者和消费者保护机构独立出来，统一设立中小投资者和消费者保护局，专门从事中小投资者的教育和消费者保护事宜。

区域和城市

第十四章　区域发展

拓展区域发展空间，缩小区域差距

刘云中　何建武

要点透视

➢ 2015年我国绝大多数区域经济增速均低于2014年，而且区域间增长态势分化依然明显。其中西藏、重庆和贵州三个省市的增速保持在10%以上，而辽宁、山西、黑龙江等省份的增速较低，甚至负增长。

➢ 2015年的区域经济增长和前两年也有显著的不同，已有个别省份的经济增速出现了轻微的上升，这既包括经济转型较为成功的广东、浙江，也包括经济较为低迷的河北、黑龙江等地，是我国区域经济增长的积极现象。

➢ 根据对我国1978~2014年各省份人均地区生产总值的分析，从1978年开始经济体制改革以来，我国的地区差异收敛速度约为2%，这已与美国、日本、欧洲等发达国家的收敛速度相近。

➢ “十三五”时期，区域之间经济增长速度更加收敛，区域经济增长速度最高与最低的省份之间的差距预期将由5个百分点缩小至3个百分点左右。

2015 年中国区域经济运行

2015 年中国区域经济增长

2015 年的区域经济反映了我国经济中高速增长的基本特征。2015 年全国只有三个省级行政单元的经济增长速度保持在 10% 以上，分别是西藏、重庆和贵州，少于 2015 年的四个省份。其他增长较快的省份还有天津、江西和福建，其增速在 9% 以上。增长速度偏低的省份仍然是辽宁、山西、黑龙江、吉林和河北等省份，这些省份的增速已经低于完成了向服务业转型的北京和上海（详见图 14.1）。东北三省和山西、河北等地的经济减速再一次表明了经济转型的艰巨。但是 2015 年的区域经济增长和前两年也有显著的不同，前两年是各个省份经济增速的普遍下降，但 2015 年虽然总体上仍然是在减速，但已有个别省份的经济增速出现了轻微的上升，如云南的增速增加了 0.6%、浙江增加了 0.38%、广东增加了 0.24%、西藏增加了 0.2%、重庆增加了 0.1%，即使是经济增长令人担忧的地区，也有部分省份的增速趋稳反弹，如河北的增速增加了 0.3%，吉林和黑龙江的增速与 2014 年持平，这不能不说是一个较为积极的现象。当然，大部分省份的经济增速仍趋于下降，其中下降较多省份的是辽宁、山西、陕西、内蒙古、江西等省（详见图 14.2）。

与 2013 年和 2014 年的情形相似，2015 年区域经济增速的变化反映了经济转型的艰巨。近年来，中国经济一直都在寻求结构转型，冀望逐步减轻对投资、重化工业的依赖。同时由于国际大宗商品价格的剧烈波动，尤其是能源价格的大幅下降，致使原来高度依赖原材料、能源产业的省份经济出现了困境，如山西、陕西、内蒙古等省。从观察区域发展角度讲，人口流动是更为综合的指标，毫无意外，大家较为关注的东北地区，其人口增长极为缓慢，近年来，还出现了人口的净流出。而且，其中流出的很多人口还是素质较高的劳动力。以辽宁为例，2014 年 1‰人口抽样的数据显示 6 岁及以上人口大专以上水平的人数为 6013 人，比 2013 年减少了 911 人，降幅不小。东北三省劳动年龄人口数量的减少和人力资本

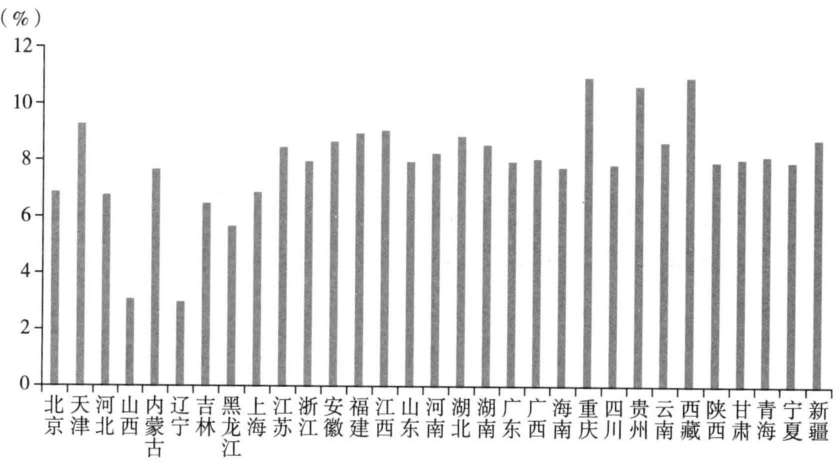

图 14.1　2015 年各省市 GDP 的增速

资料来源：Wind 资讯和作者计算

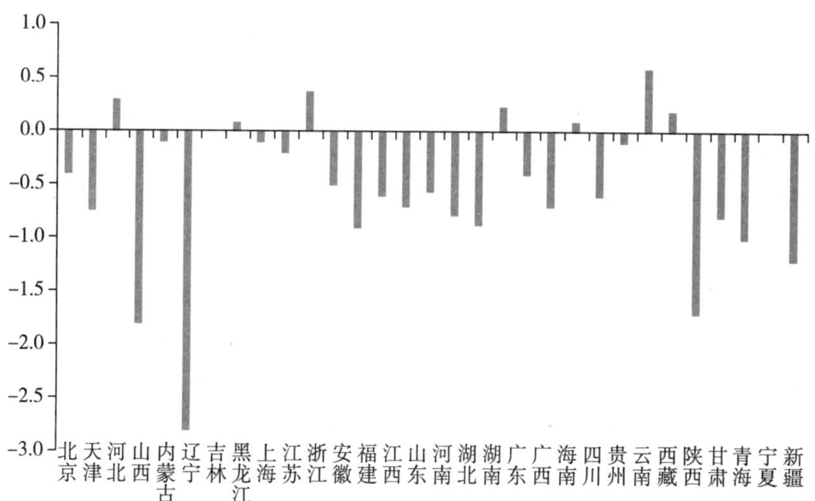

图 14.2　2015 年各省市 GDP 增速相对 2014 年的变化

资料来源：Wind 资讯和作者计算

的流失，会对东北地区的发展长期产生不利影响。

2015 年中国区域规划和区域政策

2015 年在区域规划和区域政策方面有多项重要的基础性工作。首先是针对近年来区域规划编制任务较重、需要厘清的问题较多的情况，国家发改委发布了《国家级区域规划管理暂行办法》，对国家级区域规划的对象、立项、内容、成果形式、审批实施、评估修订等做了详细规定，该暂行办法的出台将有助于规范区域规划编制，澄清社会上对区域规划的诸多疑惑。其次是针对新区、新城的建设，尤其是对国家级新区这一担负国家改革发展重大任务的综合功能区，国家发改委等四部门发布了《关于促进国家级新区健康发展的指导意见》，提出了国家级新区发展的总体要求和基本原则，对国家级新区的发展环境、产业升级、带动辐射、生态环保和体制创新等多方面给予了规范，该指导意见将是未来建设国家级新区的重要指引。2015 年共批准设立湖南湘江新区、江苏南京新区、福建福州新区、云南滇中新区和黑龙江哈尔滨新区五个国家级新区。第三项重要基础性工作是发布了《关于进一步加强区域合作工作的指导意见》，围绕落实“一带一路”、长江经济带、京津冀协同发展等国家战略，对区域合作的重点领域、合作平台、合作机制等方面提出了指导意见，将有助于跨省、省内等多个层次的区域合作的开展。

拓展区域发展新空间，缩小区域发展差距

2015 年的报告曾经讨论了我国区域经济增长的效率，2007 ~ 2012 年间我国大部分省份的全要素生产率增速下降，对区域经济增长的贡献率也有所减少。2015 年党的十八届五中全会对“十三五”时期的经济社会发展做了总体部署，在区域方面，最为重要的就是要拓展区域发展的新空间，缩小区域发展差距。

未来，要在区域发展总体战略的基础上，大力落实“一带一路”建设、京津冀协同发展、长江经济带建设，逐步形成沿海沿江沿线经济带为主的经济轴带。在空间范围较大的区域方面，重要的城市群将成为区域发展新空间的重要组成部分，例如京津冀、长三角、珠三角三大城市群，以及东北地区、中原地区、长江中游、成渝地区、关中平原等城市群。从支撑未来经济增长的战略性区域来看，战略性区域首先是处于经济结构快速变动的地区。也就是工业化和城镇化空间还比较大的区域，因为高速工业化和城市化能推动劳动力、资金、技术等要素从生产效率低的部门大规模转向生产效率高的部门，通过经济结构的转换效应实现经济的高速增长。战略性区域还应该是能够吸引要素集聚的地区。一个地区的经济增长是劳动力、资金、物流、土地等生产要素在集聚中优化配置的结果。战略性区域必须是吸引人口迁移的目的地，而不是人口的净输出地；必须是资本汇聚之地，而不是资金外溢之地。根据这些原则，可以看到在广大的中西部地区的

省会城市和地级城市都还具有较大的发展空间，经过初步挑选，像安徽的合肥市等35个城市具有较大的发展潜力，是未来支撑中国经济发展的重要潜力区域。促进上述新的战略性区域发展有助于缩小区域差距。

表14.1　潜在的战略性城市

城市	城市	城市
合肥市	贵阳市	长沙市
淮南市	海口市	连云港市
福州市	廊坊市	宿迁市
厦门市	唐山市	南昌市
泉州市	武汉市	赣州市
宁德市	湘潭市	营口市
龙岩市	昆明市	枣庄市
莆田市	玉溪市	莱芜市
南宁市	嘉兴市	潍坊市
贺州市	台州市	滨州市
钦州市	舟山市	西安市
防城港市	重庆市	成都市
六盘水市		

资料来源：侯永志等（2015）

随着市场经济的发展以及国内市场一体化程度的提高，不同区域之间的发展差距将进一步缩小。根据威克斯等人（Weeks and Yao，2003）的研究，1952～1977年间，中国省级人均GDP水平的收敛速度为每年0.41%，而1978～1997年间，中国省级人均GDP水平的收敛速度为每年2.23%。我们对1978～2014年省级人均GDP水平的收敛速度进行了估计，1978～2014年间省级人均GDP水平的收敛速度为2%。因此，无论是我们自己的估计还是威克斯等人（2003）的估计，我国在进行市场化改革之后，各地区间经济发展水平的收敛速度已经和罗伯特·巴罗等人测算的美国、日本和欧洲内部地区人均收入水平约2%的收敛速度接近（Barro et al.，2004）。因此，有理由相信随着全面改革的深入推进，我国区域经济的发展差距将至少会按照发达国家的平均水平收敛。

表 14.2　省级人均 GDP 的收敛速度

期间	初始人均 GDP 水平的回归系数	
	回归系数的估计	渐近标准差
1978～2014	0.0199	0.005
1987～2014	0.0178	0.00497
1980～1990	0.0136	0.00509
1990～2000	0.0234	0.00626
2000～2010	0.0139	0.00771
2000～2014	0.0191	0.00714

资料来源：作者的估计

区域经济增长展望

区域经济增长预测方法简介

过去的多份报告（国务院发展研究中心“中长期增长”课题组，2013，2014）预测了各省的增长速度以及由此得到的 GDP 占比数。但是这些预测是基于各个地区自身演变所做出的估计，对于地区之间的联系、地区和全国经济之间的联系并没有做过多的考虑，同时对于区域经济预测数的合并数据与全国的数据是有差异的。从此次报告开始，我们尝试采用区域链接的多区域模型来预测各个省份的经济增长速度。该方法的优点在于，不仅考虑了各地区自身的发展条件、发展基础和不同区域之间的经济联系，而且还保持了全国指标和区域指标之间的协调和一致性。

基于区域连接的多区域模型的经济增长速度预测

基于多区域连接模型的增长速度的协调过程

具体协调过程如下：①构建一个包含大陆各省（市、区）的多区域可计算一般均衡模型，选择这一模型的具体理由将在下文具体阐述；②分析影响“十三五”期间经济增长的因素，这里不仅要分析影响全国经济增长的因素，还要分析影响区域经济增长的因素；③将前面因素分析所做的假定引入多区域模型进行模拟并得出初步结果；④进行结果的比对和微调，这里主要是将区域的初步结果与全国的估计进行比对并根据全国估计对区域估计进行调整，由于前面模拟的过程也充分考虑影响全国经济增长的因素，所以得到初步结果与全国的估计不会相差太多，因此只需要进行微调即可得到最终的结果。

这里选择构建包含国内各省（市、区）[①] 的多区域可计算一般均衡模型。具体来讲，这一模型有两个大的优势：

第一，该模型可以直接汇总得到全国数据，从而有利于与国家规划协调。这一模型直接包含了各省市区，因此可以直接汇总测算全国增长速度。同时模型详细刻画了经济发展的各个方面，因而可以将影响各区域增长的条件与影响国家增长的条件对接起来，比如各地区的出口与国家整体的出口。这样不仅可以确保影响增长的主要因素在地区层面和国家层面基本一致，也将有利于地区增长目标和国家目标的协调。

第二，该模型详细刻画各地区经济运行内在逻辑以及区域之间的经济联系，可以如实反映各地经济增长的实际状况和真实潜力。多区域可计算一般均衡模型不仅详细刻画了各区域自身的生产活动、消费活动、政府行为、要素市场、国际贸易等，同时还引入区域之间的经济联系，因而不仅可以反映各地区自身环境变化对经济增长的影响，还可以反映区域之间经济增长的相互影响（参见图 14.3）。利用这一分析框架可以确保估算各地区的增长目标能够比较真实地反映区域实际情况和未来的可能性。

基于多区域连接模型推算的“十三五”时期区域经济增长

第一，“十三五”时期区域经济增长格局将在很大程度上继续延续“十二五”的变化态势。从模拟的结果来看，“十三五”时期将延续之前的变化趋势：东部随着大多数省份工业化和城市化的完成，经济将更加趋于成熟，经济增长的速度也将进一步下降，预期“十三五”时期将略高于6%；中部地区除了个别省份外，将快速推进工业化和城镇化的过程继续保持相对较高的增速，预期“十三五”时期平均增长速度将达到7%左右；西部地区受益于内陆地区的扩大开放以及工业化、城市化的较快推进等因素，经济也将保持较高的增速，预期“十三五”时期平均增速将超过7%；而东部三省受制于人口年龄结构以及经济转型等因素的影响，经济增长仍然将保持相对较低的速度，预期“十三五”时期平均增速将保持在略高于5%的水平。

第二，区域之间经济增长的速度更加趋于收敛。从模拟的结果来看，虽然

① 由于缺乏西藏的投入产出表，所以目前的多区域模型中不包含西藏自治区。

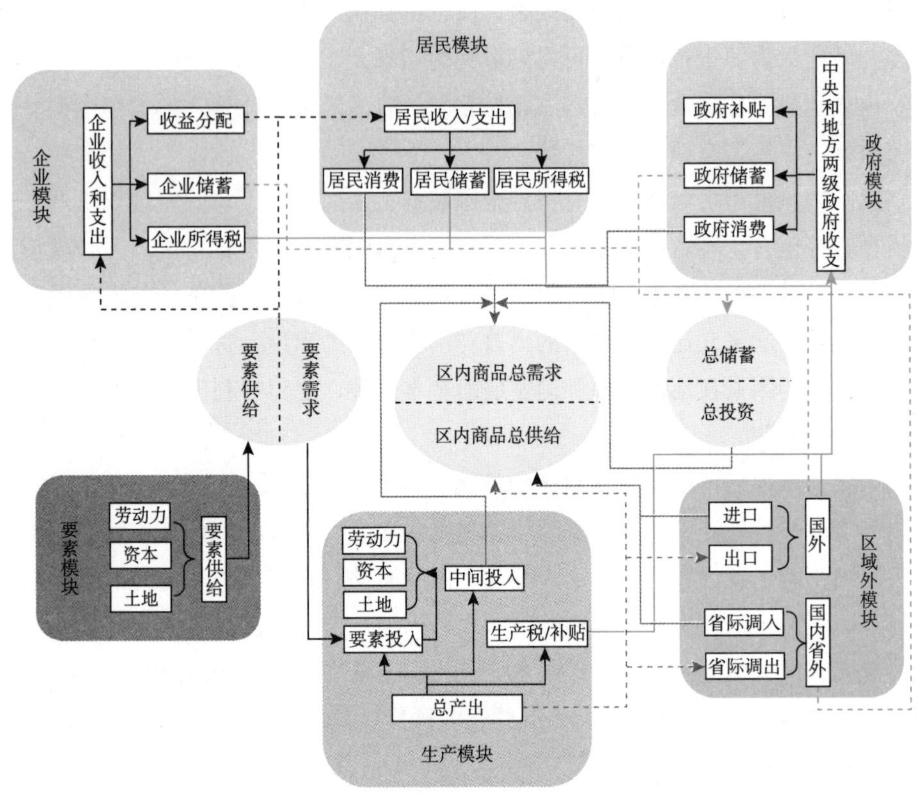

图 14.3　多区域可计算一般均衡模型模块构成

资料来源：Wind 资讯

“十三五”时期区域之间在增长速度上仍然存在一定差异，但是差异进一步缩小。“十二五”时期，经济增长最高的省份与最低的省份之间相差有近 5 个百分点，而模拟的结果显示“十三五”时期区域经济增长速度最高与最低的省份之间的差距预期将缩小至 3 个百分点左右。

表 14.3　各省“十三五”期间经济增长速度的估算

	2014 年 GDP（亿元）	2014 年 GDP 所占权重（%）	“十三五”时期增速最终推算值（%）
北京	21330.8	3.1	5.0
天津	15722.5	2.3	6.5
河北	29421.2	4.3	6.7
山西	12759.4	1.9	5.9

续表

	2014 年 GDP（亿元）	2014 年 GDP 所占权重（%）	“十三五”时期增速最终推算值（%）
内蒙古	17769.5	2.6	7.6
辽宁	28626.6	4.2	5.3
吉林	13803.8	2.0	5.7
黑龙江	15039.4	2.2	6.1
上海	23560.9	3.4	5.0
江苏	65088.3	9.5	6.3
浙江	40153.5	5.9	5.4
安徽	20848.8	3.0	7.0
福建	24055.8	3.5	5.9
江西	15708.6	2.3	7.4
山东	59426.6	8.7	7.4
河南	34939.4	5.1	6.3
湖北	27367.0	4.0	5.4
湖南	27048.5	4.0	7.6
广东	67792.2	9.9	7.1
广西	15673.0	2.3	6.9
海南	3500.7	0.5	6.7
重庆	14265.4	2.1	6.9
四川	28536.7	4.2	6.7
贵州	9251.0	1.4	7.9
云南	12814.6	1.9	7.2
西藏	920.8	0.1	6.9
陕西	17689.9	2.6	6.5
甘肃	6835.3	1.0	7.2
青海	2301.1	0.3	7.7
宁夏	2752.1	0.4	6.3
新疆	9264.1	1.4	8.0
全国		100.0	6.5

资料来源：作者估计

2016 年中国区域经济展望

第一，2016 年在中国经济整体保持中高速增长的情况下，各区域经济也将延续中高速增长态势，发生根本变化的可能性较小。

第二，2015 年各地区经济增速变化出现了一些积极现象，2016 年这些积极现象将更为明显，区域经济增长处于筑底趋稳时期。经济增速较为低迷的东北地区、河北等地的经济增速下滑趋于稳定；经济结构转型较早、创新能力较强的广东、浙江、江苏、上海、北京等地经济增速有望小幅回升；内地的重庆、贵州等后发追赶地区，其经济增速仍将保持较快增长。

第三，鉴于国际能源原材料等大宗商品价格的波动和低迷，中西部地区部分对原材料能源等产业依赖较高的省份，如山西、内蒙古等，经济增长会承受更大的压力。

第四，以沿边开放和重要经济走廊建设为推动力量的双向开放经济格局，将对国内区域经济产生明显影响，尤其是“丝绸之路”经济带和海上丝绸之路的建设将促进我国西北、西南以及沿海地区的发展。

第五，国家级新区、跨省区经济合作和沿大江大河经济带的建设将成为促进区域发展的重点。

第六，围绕高铁和航空运输枢纽节点城市建设逐步成为推动区域和城市发展的重要力量，一些重要的航空新区和高铁新城将逐渐显现出新的发展动力和势头。

参考文献

侯永志，张永生，刘培林，《支撑未来中国经济增长的新战略性区域研究》，北京：中国发展出版社，2015 年。

刘世锦主编，《中国经济增长十年展望（2015～2024）：攀登效率高地》，北京：中信出版社，2015 年。

刘云中，“人口流动和东北地区的增长活力”，《中国发展观察》，2016 年第 2 期。

罗伯特·巴罗等，《经济增长》（第二版），上海：上海三联出版社，2004 年。

沈坤荣和马俊，“中国经济增长的‘俱乐部收敛’特征及其成因研究”，《经济研究》，2002 年第 1 期。

Melvyn Weeks, James Yudong Yao, “Provincial Conditional Income Convergence in China, 1953–1997: A Panel Data Approach”, *Econometric Reviews*, 2003, 22 (1): 59–77.

第十五章　城镇化

城镇融资年龄人口比重变化下的去库存与去杠杆

卓　贤

要点透视

➢ 城镇化率增速扭转了近五年来趋缓的势头，流动人口市民化进程加速。

➢ 2016 年城镇化率预计达到 57.46%，2019 年突破 60%，未来十年平均每年提高 0.97 个百分点。

➢ 城镇融资年龄人口（25～49 岁城镇人口）比重呈现稳步上升的态势，在宽松购房政策出台后，释放出较强运用金融杠杆的意愿和能力。

➢ 城镇住房去库存和去杠杆并非政策单选项，可以通过优化市场结构、融资结构和空间结构兼而得之。

2015 年的城镇化：就业和市民化驱动的增速回升

城镇化率增速扭转了近五年来趋缓的势头

截至 2015 年末，中国大陆总人口 13.75 亿人，比 2014 年末增加 680 万人，同比少增 30 万人。从城乡结构看，城镇常住人口 7.71 亿人，比 2014 年末增加 2200 万人，同比多增 395 万人；乡村常住人口 6.19 亿人，减少 1520 万人，同比多减 425 万人。城镇人口占总人口比重为 56.1%，城镇化率比 2014 年末提高了 1.33 个百分点。2015 年城镇化进程明显加快，成为“十二五”期间城镇化率提升速度最快的一年，扭转了近五年来趋缓的势头（见图 15.1）。这与我们在 2015 年报告中对我国城镇化速度已经进入减缓通道的判断并不相符。由于 2015 年是“十二五”的收官之年，不排除其中有地方政府为完成城镇化率目标的水分，2015 年的回升可能反映的是短期波动。未来，新增城镇人口将保持较大规模，但城镇化率提升的速度仍有很大可能趋缓。

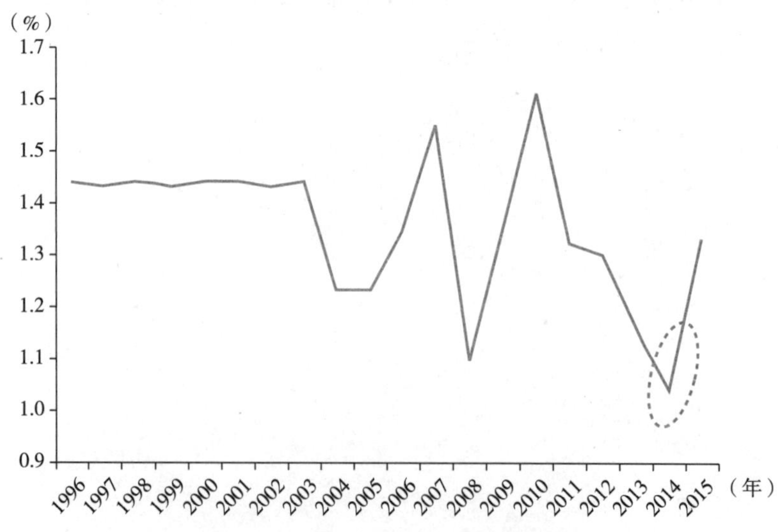

图 15.1 1996～2015 年我国城镇化率年提高值

资料来源：历年《中国统计年鉴》和统计局网站

城镇就业人口保持快速增长态势

2015年末，全国就业人员达到7.75亿人，其中城镇就业人员4.04亿人，城镇就业比重达到52.17%，比2014年同期提高1.29个百分点。对于新增城镇就业人口，我国目前有两个口径（见图15.2）。根据统计局各年城镇就业人员的存量指标测算，2015年城镇就业人员新增1100万，比2014年多增30万。根据人社部的统计，2015年城镇新增就业1312万人，比2014年少增10万人，但也是仅次于2014年的历史第二高度。无论使用哪一个指标，都完成了中央政府年初制定的城镇新增就业1000万人以上的目标。城镇就业人口的快速增长来之不易。在需求侧，这是在经济下行压力加大和结构调整加快推进的进程中实现的增长；在供给侧，这是在16周岁以上60周岁以下（不含60周岁）的劳动年龄人口连续四年减少下（2015年减少487万，2013～2015年累计减少1447万）实现的增长。

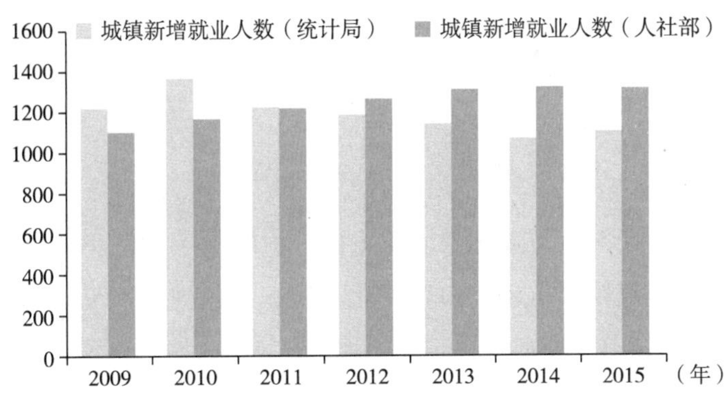

图15.2　两种口径的城镇就业人员增长情况

资料来源：Wind资讯

服务业是城镇就业人口快速增长的重要支撑

城镇新增就业人口之所以在6.9%的经济增速下仍能保持强劲势头，很重要的一个因素是服务业的快速发展。2015年，我国服务业增加值341567亿元，增长8.3%，增速分别比一产和二产高4.4和2.3个百分点；服务业增加值占GDP的比重为50.5%，比2014年提高2.4个百分点，已经高于第二产业10.0个百分点；服务业增加值对经济增长的贡献达到57.7%，比二产高20.6个百分点。相比于规模化经营程度不断提高的农业以及自动化程度越来越高的第二产业，第三产业发展目前仍处在以劳动力密集型服务业为主导的阶段，对城镇就业人口增长的弹性更高。如图 15.3 所示，近年来，服务业就业占比上升较快，2014 年已经达到 40.6%，超过二产就业占比 11.1 个百分点。2013 年和 2014 年，服务业就业占比分别提高 2.4 和 2.1 个百分点，远超过城镇化率的提升速度。

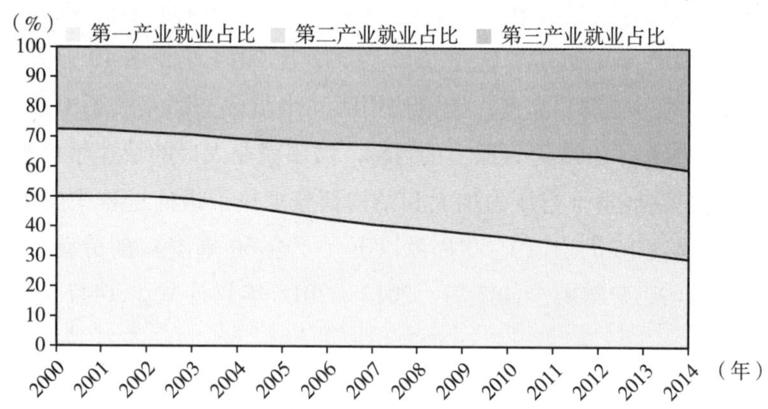

图 15.3　三次产业就业占比变化

资料来源：Wind 资讯

流动人口市民化进程加速

测度人口流动情况，通常使用两类指标。2015 年，这两类指标出现了相反变化，背后很可能反映了流动人口市民化进程正在加速。从流动人口类指标来看①，2015 年末，全国居住地和户口登记地不在同一个乡镇街道且离开户口登记地半年以上的人口（即人户分离人口）2.94 亿人，比 2014 年末减少 377 万人，其中流动人口为 2.47 亿人，比 2014 年末减少 568 万人。从农民工指标来看，2015 年末，全年农民工②总量 27747 万人，比 2014 年增加 352 万人，增长 1.3%，增速比上年回落 0.6 个百分点，延续了 2012 年以来的回落态势。新增流动人口与新增农民工这两个指标在 2015 年出现了 920 万的差距，这是两个指标自有统计以来从未出现的现象（见图 15.4）。农民工指标的上升，显示从事非农产业人口在不

---

① 根据国家统计局的定义，“人户分离人口”是指居住地与户口登记地所在的乡镇街道不一致且离开户口登记地半年以上的人口。“流动人口”的范围要小于人户分离人口，是指人户分离人口中不包括市辖区内人户分离的人口——市辖区内人户分离的人口是指一个直辖市或地级市所辖区内和区与区之间，居住地和户口登记地不在同一乡镇街道的人口。

② “农民工”指户籍仍在农村，在本地从事非农产业或外出从业 6 个月及以上的劳动者。

断增加；而同时流动人口指标的下降，则表明流动人口落户速度加快。2015 年我国户籍人口城镇化率达到 39.9%，比 2013 年提高了 4 个百分点，快于同期城镇化率的提高速度。因此我们判断，流动人口的下降并不反映农民工从城镇返回农村成为趋势，而是与 2015 年以户籍制度改革为主的流动人口市民化进程加速有关。户籍制度改革的推进，提高了流动人口进城落户的意愿和可能性，是今年城镇化率加速的重要因素之一，也是未来城镇化率持续提高的动力所在。

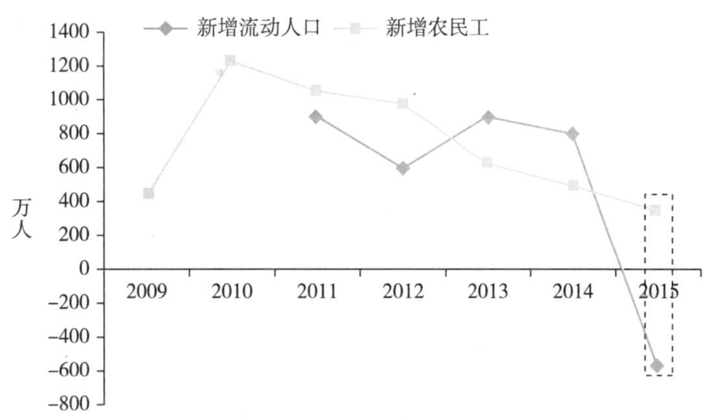

图 15.4　新增流动人口与新增农民工

资料来源：统计局网站

对未来十年我国城镇化率的展望

在 2015 年的报告中，我们利用 Logistic 模型预测 2015 年城镇化率的预测值为 56.19%，这非常接近于 2015 年的实际值 56.1%。本章继续沿用 Logistic 模型预测中国未来的城镇化发展趋势。Logistic 模型可表达为如式（1）所示的函数，其中 t 代表时间，U（t）代表时间 t 上的城镇化率，K 代表所研究对象城镇化率的饱和值，A 和 B 分别表示城镇化起步的早晚以及城镇化发展速度的快慢。拟合 Logistic 曲线的关键是要恰当估计模型的 K、A 和 B 三个参数。包括联合国在内的多数研究用取对数的办法将这一非线性拟合问题转化为线性模型后再估计参数。这一方法的缺陷在于需要对城镇化率的饱和值 K 进行估计，具有较强的主观性。为此，本章不预设中国城镇化的饱和值，而是通过非线性模型拟合的方法直接估计 Logistic 曲线的三个参数：

$$U(t) = \frac{K}{1 + A\exp(-Bt)} \tag{1}$$

在数据选择上，我们对1980年以后城镇化发展轨迹进行拟合，这需要重新确定该段S型曲线的起始基点。根据曲线前溯的趋势特征，我们将该基点确定为17%，得到如式（2）所示的模型：

$$U(t) = \frac{K'}{1 + A\exp(-Bt)} + 0.17 \tag{2}$$

利用我国1980～2015年的城镇化率历史数据，我们估计出如式（3）所示的Logistic模型。估算结果显示，我国城镇化率的饱和值为73.9%（预测值K'+基点值0.16）。通过外推我们得到未来我国城镇化率预测值：2016年城镇化率达57.46%，比2015年提高1.36个百分点；我国城镇化率预计将在2019年突破60%；十年之后的2025年达到65.77%，未来十年平均每年提高0.97个百分点。

$$U(t) = \frac{0.569}{1 + 14.22\exp(-0.098t)} + 0.17 \tag{3}$$

表15.1　未来十年我国城镇化率预测值　（单位：%）

年份	2016	2017	2018	2019	2020
城镇化率预测	57.46	58.59	59.67	60.70	61.68
年份	2021	2022	2023	2024	2025
城镇化率预测	62.60	63.47	64.29	65.05	65.77

资料来源：作者的预测

关于城镇化率指标，笔者在本研究的系列报告中对其改进方法进行过讨论。在2013年的报告中，笔者根据流动人口享受公共服务的情况构建了“加权城镇化率”指标；在2014年的报告中，笔者又在国际比较的基础上提出了“市民化率”的指标。上述研究都试图改进既有的城镇化率指标，使之在反映城镇化速度的同时，也体现城镇化的质量。这些研究成果已被相关部门和文件加以吸收应用①。

① 统计局2015年11月18日在其官方网站上发布的信息指出，“市民化系数内含就业、义务教育、公共医疗、保障性住房、低保和养老等因素，用以反映农村转移人口市民化的程度，并设想通过不同权重，测算出相应系数，对城镇化率进行加权。能够更全面更好地反映城镇化质量和市民化进程，也是《国家新型城镇化规划（2014～2020年）》指标体系涉及的重要内容”。见 http：//www.stats.gov.cn/tjfw/jytadf/rddbjy/201511/t20151118_1277641.html。

城镇融资年龄人口、金融杠杆与住房去库存

从2015年底中央经济工作会议，到刚刚召开的“两会”，中央都把“三去一降一补”作为2016年的工作重点。从目前来看，房地产市场特别是住宅市场似乎是响应最快的领域，房地产销售异常火热，70个大中城市住宅价格在分化中明显上涨，一线城市房屋总价值在分析师们的算术板中已可买下半个美国。支撑房地产去库存的重要力量之一是金融杠杆。杠杆的提升是刚需在宽松政策下的释放，还是投机游离于监管的盛宴？住房市场加杠杆会有哪些得失？房地产去库存和去杠杆如何兼而得之？本节将带着这些问题展开分析。

城镇融资年龄人口比重变化下的杠杆

住房兼具居住和投资属性，但前者是住房的最基本属性，也是决定后者长期走向的基础。因此，居于万千广厦间的“人”，就成为我们判断住房投资与价格长期趋势的决定因素。如第一部分所述，从人口的流动看，2015年我国城镇化率升至56.1%，比2014年末提高1.33个百分点，是“十二五”期间城镇化率提升速度最快的一年，扭转了近五年来趋缓的势头。一个更具深意的对比是，2015年我国农民工总量与流动人口总量的一增一减，在一定程度上反映了大量农民工获得了城镇户籍，摆脱了流动人口的身份，未来住房潜在需求的人群在扩大。

如果仅以城镇化率的变动解释住房市场的起伏，未免过于草率。不少研究以人口年龄结构变化为考量，将2011年作为房地产人口驱动周期的结束，因为自那之后我国劳动年龄人口连续四年出现下滑，迄今累计减少1447万。近期公布的2015年上海常住人口减少14.77万、北京常住人口微增18.9万的数据，以及2016年1月个人住房按揭贷款的快速增长，更容易让人将此轮房价上涨视为房地产货币驱动周期确立的标志。

当前有效住房消费需求，来自于城镇有融资能力的人口。随着房价特别是一线城市房价的升高，单个普通住宅价值动辄数百到上千万，全额支付房款的比重在下降，只有符合银行贷款资质的人群，才是潜在住房消费的主力。为此我们将上述人口流动和年龄结构指标结合起来，用“城镇化率×25～49岁年龄人口比重”的值，来衡量“城镇融资年龄人口”的比重。尽管大部分银行对个人按揭贷款的年龄上限是男性60岁、女性55岁，但现实生活中50岁以上人群按揭贷款的需求和获批可能性都较低，因此我们将年龄区间设在了25～49岁这一人生

事业的上升期。

城镇融资年龄人口比重呈现稳步上升的态势。过去十多年，尽管我国25～49岁人口比重出现起伏，但在2008年39.55%的谷底后出现了回升，2014年末达到41.3%。加上城镇化率的较快提升，城镇融资年龄人口比重在2010～2014年间每年提高0.53个百分点，城镇平均每年增加有融资可能的潜在人口约730万人。当然，730万人并不是人人都具备融资购房的能力，这既取决于个人可支配收入，也取决于贷款、税收等购房政策。

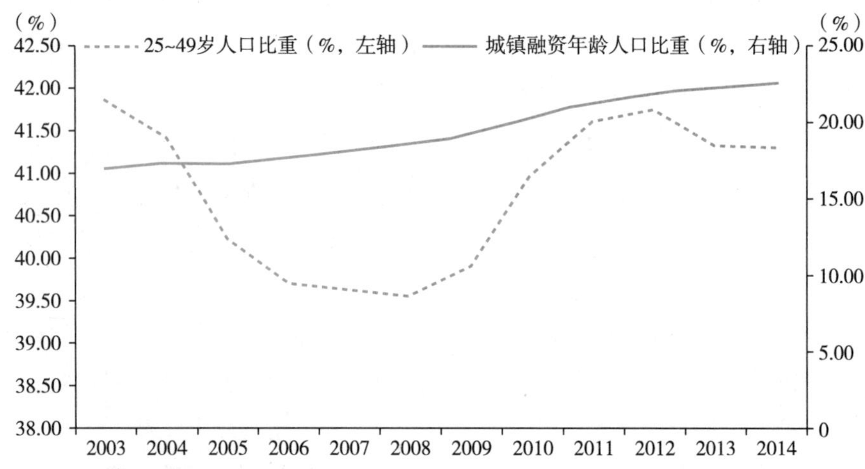

图15.5　我国城镇融资年龄人口比重

资料来源：国家统计局

在松绑限购、降首付比例、调整交易环节契税营业税等一系列宽松购房政策出台后，多年累积的城镇融资年龄人口释放出较强的撬动金融杠杆的能力。2016年1月，我国住户中长期贷款增加4783亿元，同比多增1489亿元。在一线城市中，深圳人口平均年龄为30岁左右，远低于北上广，仍处于“城镇融资年龄人口红利”期，近期住房按揭贷款增长得也最快。2015年全年，深圳新发放个人住房贷款3408亿元，增长2.1倍；2016年1月，深圳市金融机构人民币各项贷款比年初增加1104.07亿元，是去年同期的2.24倍。

从城镇融资年龄人口比重的变化趋势来看，购房政策宽松下的此轮住房市场量价齐升，有一定刚性需求的支撑。从2015年末按揭贷款占GDP的比重为19.36%来看，银行体系的居民住房融资杠杆也还有进一步提高的空间。然而，这并不能掩盖其中存在的问题与风险。

住房市场提杠杆的得与失

住房按揭贷款是金融史上极富社会意义的一个创新。它能熨平个人职业生涯的跨期收支盈缺，有利于年轻人尽早安居乐业，有助于维护社会稳定。但这并不意味着住房按揭贷款是“居者有其屋”的唯一通道，也不意味着所有城镇新增融资年龄人口都具备贷款的资质。在当前以提杠杆方式降低房地产库存的趋势下，须注意以下两个方面的问题或风险。

首先是银行加杠杆的风险。作为经营风险的企业，银行天生具备提高经济中杠杆的功能。在实体经济艰难转型和银行经营压力增大的背景下，银行有动机加大房地产市场的杠杆。近年来，银行利润增速不断下滑，利润考核的压力从总行的财务会计部传导到基层的信贷员。在实体经济优质项目有限和整体不良贷款率攀升的情况下，银行将有很大的冲动扩张风险权重较小、资本占用较少、静态不良率较低的住房按揭贷款。如图 15.6 所示，住房按揭贷款不良率（2014 年为 0.29%）不仅远低于其他领域的贷款，还保持着逐年稳中有降的趋势，是银行眼中的优质业务。2015 年 1 月，我国个人住房按揭贷款增长了 2.5 万亿，2015 年末占 GDP 比重比 2014 年提高了 2.7 个百分点；从 2016 年 1 月份披露的数据来看，可能出现更快上升的趋势。根据公开披露的信息，深圳按揭贷款平均成数高，2015 年 12 月份达到 65%，同比高 3.2 个百分点，接近了监管法规 70% 的上限。但总量的激增和杠杆的提高，也意味着住房按揭贷款风险敞口和风险权重的提升。

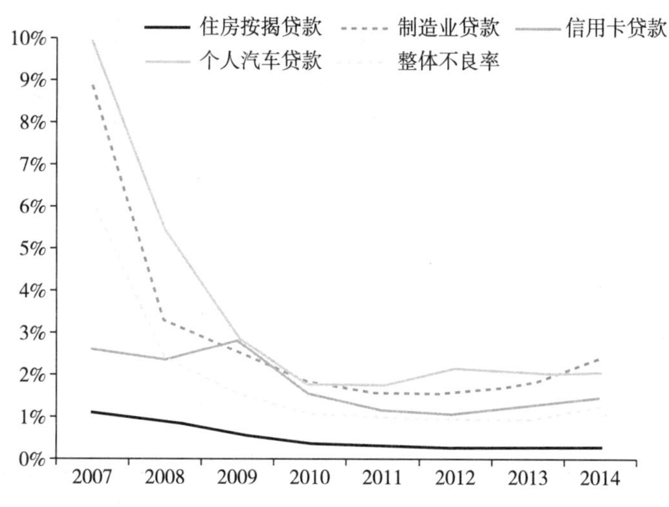

图 15.6 商业银行各贷款品种不良率

资料来源：Wind 资讯

有人将银行放松住房按揭贷款的条件比作股市中的场内配资。实际上，信贷市场是一个非公开的场外市场，透明度和信息对称程度远不及资本市场。一只股票的涨跌，会有万千股民和众多机构投资者盯市，自动化的止损机制很大程度上起到风险控制的效果。从投资属性的角度，住房是不同于证券的非标准化投资品，每一套住房的价格都是独一无二的，每一个借款人还款能力的变化也很难被信贷员实时跟踪。因此，在目前证券化程度较低的我国住房按揭贷款市场，并不容易出现如同美国次贷危机或我国去年股市动荡时的断崖式下跌和流动性风险，但仍然隐藏着由贷款违约而导致的坏账风险。

二是“中国式次贷”的风险。在这一轮房地产行情中，除了银行渠道的住房按揭贷款，房产中介和互联网金融企业等通过为购房者提供“首付贷”、众筹等影子融资，进一步降低了购房门槛，提高了房地产投资的杠杆，也增加了银行按揭贷款的违约概率，有可能形成“中国式次贷”风险。

对于不以自住或租赁为目的的短线炒房者，他们可以通过综合运用各种影子贷款大大提高杠杆率。由于要归还影子贷款与银行按揭贷款的高额利息，短线炒房者必须不断倒手房产以获得增值。一旦房价涨幅低于利息率，或二手房市场有价无市，又或者信贷政策尺度发生变化，击鼓传花的投机游戏就会中断，在房价未有明显下跌甚至企稳时就有可能出现违约，并刺破房地产价格泡沫，从而引发系统性金融风险。

对于有实际住房需求的贷款者而言，炒房者抬高的房价有可能逼迫他们在不具备融资能力的情况下，利用首付贷降低其购房门槛，提前实施购房计划。鉴于首付贷的高利率以及高按揭成数，购房者的利息支出很高，一旦其家庭财务状况发生变化，不论房价是否波动都有可能出现违约。虽然出现系统性风险的概率并不高，但由于违约者是属于自住性质的购房者，银行将陷入清收不良贷款和承担社会责任的两难境地。

另外，在现有模式下，住房融资涉及房地产、银行、互联网金融这三个领域，每一个领域出现的风险都有可能相互传染并产生连锁放大效应。

去库存和去杠杆如何兼得

同样是杠杆下的价格上涨，为什么对于股市大部分人在大部分时间乐见其成，而对于房市大部分人在大部分时间却忧心忡忡呢？股市毕竟连接着实业，行情上涨或多或少有实体经济的支撑，适度的杠杆有利于更快引导资源要素在新技术、新产业、新商业模式中聚集，高价格一定程度反映了资产未来潜在高收益，有助于促进产业创新升级。但房地产杠杆往往反映的是交易市场上的投机动机，不仅容易积累风险，还会挤占实体经济中的资金、人才、土地等资源。另外，杠杆下的房地产泡沫还容易抑制社会的企业家精神，影响实体经济正常的投资和创新活动，引起产业空洞化和资产虚拟化。如图15.7所示，当日本经济增速在20世纪70年代下台阶后，土地资产价格泡沫却越来越大，泡沫反过来又拖累了实体经济的发展，带来日本经济至今仍在延续的“失去的20+年”。

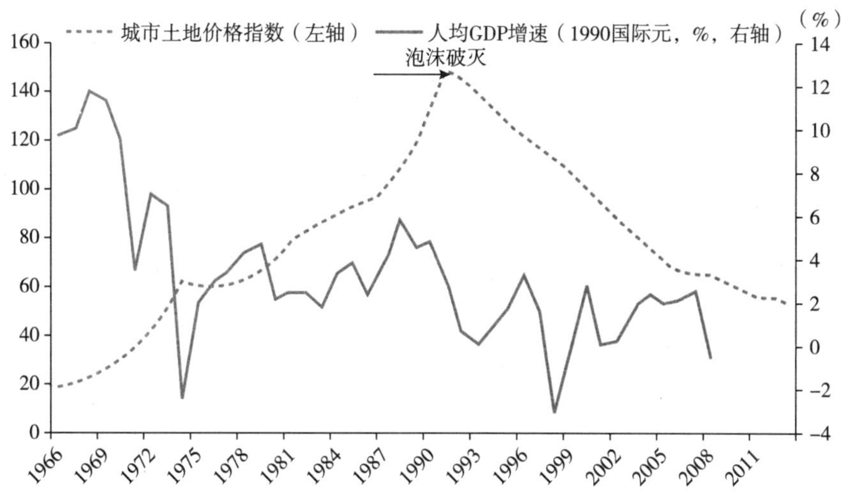

图15.7　日本的经济增速与土地价格泡沫

资料来源：Wind资讯，国务院发展研究中心“中长期发展数据库”

对于两难之事，我们常会使用鱼和熊掌的比喻。其实，孟子本意并非说二者不能相容，只是强调“二者不可得兼”时，当“舍鱼而取熊掌者也”。本章认为，去库存和去杠杆，并非政策单选项，可通过以下几方面的政策组合协调共济。

一是优化住房供给结构。对于库存低、杠杆高的一线和部分二线城市，要增加土地供应以稳定预期，提高中小套型配比。对于库存高、杠杆低的三四线城市，要放慢供地节奏，发挥中小城市的优势与特色，将部分库存住房改造为养老公寓、旅游地产。建立“购租并举”的住房制度，出台相关税收优惠政策，发展专营住房租赁企业，培育一手房租赁市场。探索房企、专业租赁企业、购房者按一定比例共享产权的形式，购房者在未来可优先按“成本+利息”的价格购买剩余产权，或按产权比例获得将来在二手房市场上的出售收益。

二是优化杠杆结构。相对于企业和地方政府，中央政府和居民部门仍具有一定的提杠杆空间。应适当增加中央财政支出和政策性贷款规模，进一步提高棚户区改造和保障房建设的货币化安置比重。对于库存低、杠杆高的一线和部分二线城市，仍要切实执行已有的限购政策，并对除首套和二套改善型之外的购房需求保持较高的首付比例，遏制高杠杆投机。对于库存高、杠杆低的三四线城市，要落实优惠的税收和信贷政策，支持家庭自住和改善型购房需求，化解过剩库存。与此同时，监管部门应加大对房地产中介非法融资活动的惩处力度，对 P2P 等互联网金融公司参与房地产融资出台相关的规定指引。

三是优化城镇空间结构。我国要以城市群为发展载体，大力发展连接城市群内部的轨道交通，实现城市间交通与城市内交通的无缝连接。推进基本公共服务在各个城市群内部率先实现均等化，使得中小城市也能有效地融入城市群生产网络、消费网络和服务网络之中。这样，才能引导部分流向一线城市房地产市场的资金和人口向周边中小城市转移，从而缓解一线城市的住房供需矛盾以降低其杠杆，提升中小城市的住房价值以消化其库存。

参考文献

刘世锦主编，《中国经济增长十年展望（2015～2024）》，北京：中信出版社，2015 年。

野口悠纪雄，《泡沫经济学》，北京：三联书店出版社，2004 年。

约翰·P·卡尔弗利，《被绑架的全球房价》，北京：石油工业出版社，2010 年。

卓贤，“不良贷款处置之道”，《财经》，2015 年第 37 期。

资源环境

第十六章　能源

需求增长逐步恢复，结构优化加快

王金照

要点透视

➢ 2015 年能源消费总量43.0 亿吨标准煤，比2014 年增长0.9%。其中煤炭消费量下降3.7%，石油消费量增长5.6%，天然气消费量增长3.3%，电力消费量增长0.5%。2015 年能源需求增速大幅下降，既有趋势性因素，比如我国产业结构调整加快，节能减排提升用能效率；也与短期性因素相关，比如重化工业的大幅下降，2015 年粗钢产量下降2.3%，水泥下降4.9%，这在近十年是首次出现。

➢ “十三五”期间，能源需求增速预计在3%左右，与“十一五”期间8.4%的平均增速和“十二五”期间4%的增速相比，有明显下降。与此同时，结构优化步伐加快，预计2020 年煤炭消耗占比将下降到60%以下，而天然气、非化石能源占比快速上升至10%和15%。

➢ 2015 年能源需求增速为3.1%。其中煤炭需求有所下降，石油需求增速为4%左右，天然气需求增速为10%左右。预计2016 年电力需求增速将有所回升，增长为4%左右。

➢ 近年来，中国石油天然气进口量和对外依存度会持续上升，尽管目前全球石油天然气供应充分，不存在短期的能源供应安全问题，但从中长期来看，中国能源供应安全的状况在不断恶化。“一带一路”地区在全球能源供应占有核心地位，也是我国能源进口的主要来源地，结合这“一带一路”的建设，加强与沿线国家的互利共赢合作，提高保障我国能源安全的能力。

2015 年能源行业的供需情况回顾

根据《2015 年国民经济和社会发展统计公报》初步核算，全年能源消费总量 43.0 亿吨标准煤（简称标煤），比 2014 年增长 0.9%。其中煤炭消费量下降 3.7%，原油消费量增长 5.6%，天然气消费量增长 3.3%，电力消费量增长 0.5%，水电、风电、核电等非化石能源消费达 12%，比 2014 年提高 0.8 个百分点，煤炭消费量占能源消费总量的 64.0%。万元 GDP 能耗下降 5.6%。

在供应方面，2015 年能源生产总量 35.8 亿吨标煤，同比下降 0.5%；全国煤炭产量 36.8 亿吨，同比下降 3.5%；原油产量 21331 万吨，同比增长 1.8%；天然气产量 1350 亿立方米，同比增长 5.6%；电力装机达到 14.7 亿千瓦，同比增长 7.5%；能源进口量 7 亿吨标煤，其中石油 3.3 亿吨，天然气 614 亿立方米。石油对外依存度超过 60%，天然气对外依存度超过 30%。

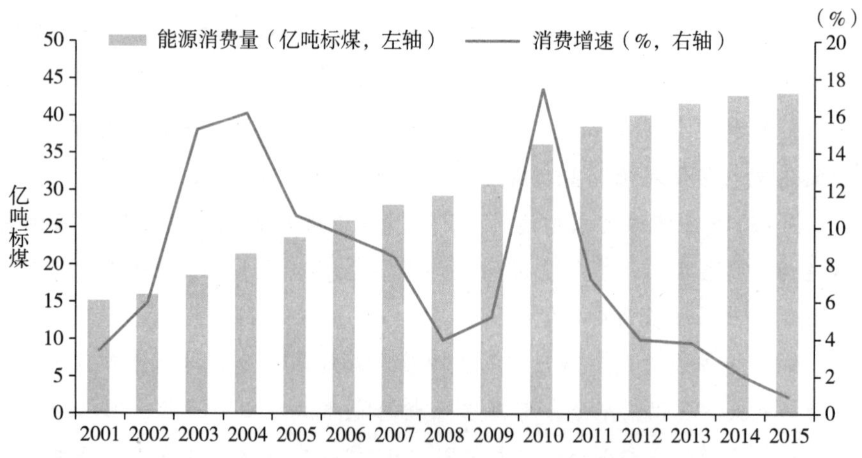

图 16.1　近年来能源消费总量和增长速度

资料来源：国家统计局

2015 年能源需求增速显著下降，既是中国中长期经济结构变化的体现，也有短期的波动因素，具体原因如下：

一是经济结构调整进一步深化。中国经济增长将从改革开放前30年年均10%的高增长阶段向中高速增长阶段转换，2008~2012年是阶段的转换期，也是在寻找新的经济增长均衡状态的一个过程。从2012年第二季度开始，经济增长在7.6%上下波动，2014年为7.4%，2015年进一步下降至6.9%。在结构变化上，2015年的经济结构调整进一步加快。一是第三产业的增速继续大于第二产业，第三产业增加值增长速度为8.3%，第二产业增加值增长速度为6.0%；第三产业增速仍持续大于第二产业增加值。二是第三产业比重继续超过第二产业的比重，全年第三产业的比重更是达到50.5%，首次超过GDP的一半。第三产业对国民经济的带动作用超过第二产业。上述变化将对能源消费增速、能源消费弹性系数以及能源消费结构产生深刻影响。

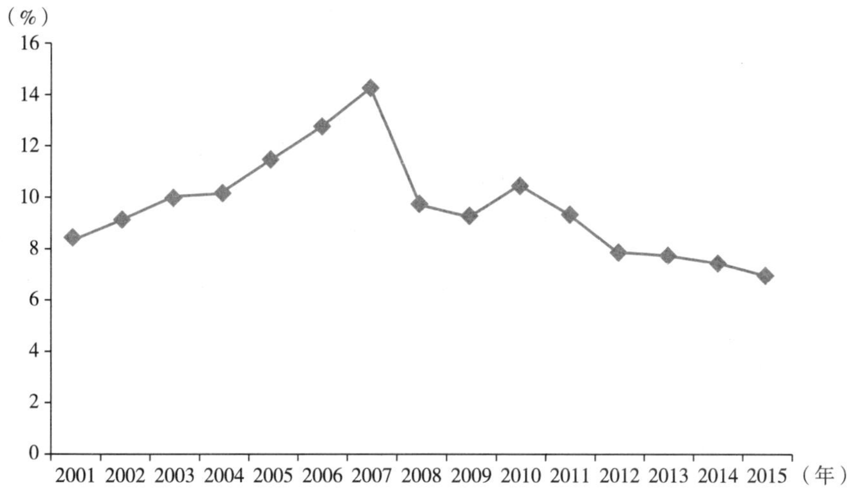

图16.2　近年来GDP增长速度的变化

从能源消耗增速和能源消耗弹性系数来看，能源消耗增速从2002~2011年年均8.3%的高增速下降到2012年的4.0%和2013年的4.6%，2014年下降至2.2%，2015年进一步下降至0.9%。能源消费弹性系数也明显下降，2013年，中国的能源消费弹性系数为0.6，2014年为0.3，而2015年下降至0.15。

从能源消费结构，尤其是从煤炭行业来看，2014年全国煤炭消费量同比下降3.7%。分行业看，2015年前11个月，电煤消耗约下降了6.2%，钢铁行业用

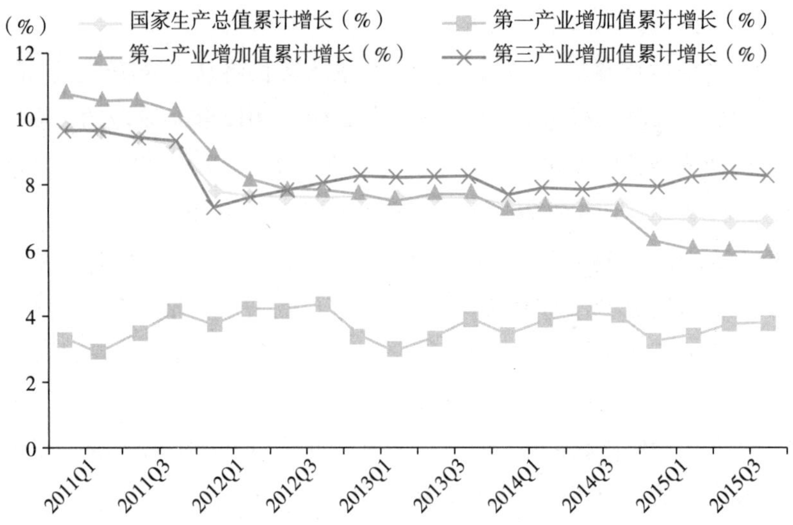

图 16.3 近年来三次产业的增长速度

资料来源：国家统计局

煤消耗下降了 3.2%，建材用煤消耗下降了 8.2%，化工用煤消耗增长了 8.5%。与 2014 年相比，发电用煤、钢铁用煤、建材用煤持续下滑。2014 年电煤同比下降 1.2%，钢铁行业耗煤同比下降约 1.1%，建材行业耗煤同比增长约 0.3%，化工行业耗煤同比增长约 7.8%，只有化工用煤保持增长。

在石油领域，2015 年，国内石油表观消费量估计为 5.43 亿吨，比 2014 年增加 0.25 亿吨，剔除新增石油储备和库存因素，估计实际石油消费增速为 4.4%，较 2014 年增加 0.7 个百分点。其中国内成品油消费增速总体放缓，成品油表观消费量 27616 万吨，增长 1.2%，与生产相关的石油消费出现负增长，与生活相关的石油消费增长仍保持较快增速。其中，汽油增长 7.0%，柴油下降 3.7%。2014 年汽油消费增长 9.9%，柴油消费下降 0.2%。从 2014 年开始出现了汽油保持较快增长，而柴油增速负增长的格局。

电力需求结构也发生重大变化。2011 年以前，中国的电力需求增长格局是工业用电快于商业用电和居民用电，在工业中，重化工业的增长速度又快于轻工业。但是从 2012 年以来发生了重大变化。2012 年，工业用电增长 3.6%，其中，重工业增速为 3.3%，而第三产业和居民用电增速分别是 11.5% 和 10.8%。2014 年，这种格局得以继续延续，2014 年，第三产业电力消费增速为 6.4%，明显高于工业用电 3.7% 的增长速度，受到夏季气温较往年同期较低等因素影响，居民用电增速降低，为2%。2015年，第三产业用电增速和生活用电增速保持较快增长，而工业用电特别是重化工业用电增速较慢的格局仍然持续，且反差更为明显，2015年第三产业用电增速仍然高达7.5%，生活用电增速增长为5%，轻工业用电增速为1.3%，而重工业增速则下降1.9%。

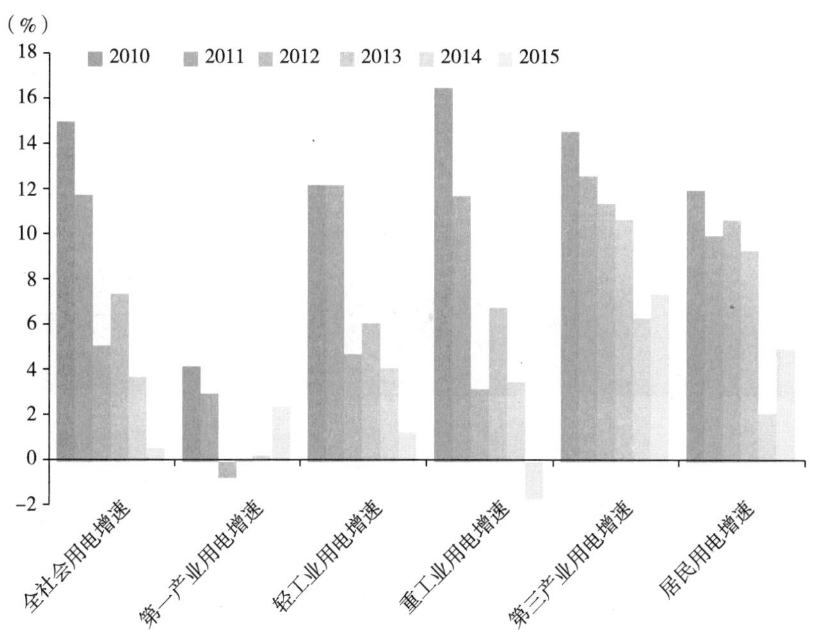

图16.4　近年来我国用电增速及结构

资料来源：国家能源局

需要说明的是，2015年能源需求增速及能源需求弹性大幅下降，既有趋势性因素，即我国产业结构调整加快，节能减排提升用能效率的影响，也与短期性因素相关，比如，2015年重化工业的大幅下降，2015年粗钢产量下降2.3%，水泥下降4.9%，为近年来的首次负增长。考虑到我国仍然处于工业化的过程中，钢铁、水泥会在现有产量平台上保持一段时期，初步认为近期的钢铁、水泥等能源原材料产量大幅下滑的局面是短期现象。

对2020年之前能源供需形势的基本判断

根据模型分析，“十三五”期间的能源消耗增速在3%左右，明显低于2001~2010年年均8.4%的增长速度，也明显低于“十二五”期间4%的增速。

2020 年中国能源消费总量将在 50 亿吨标煤左右。

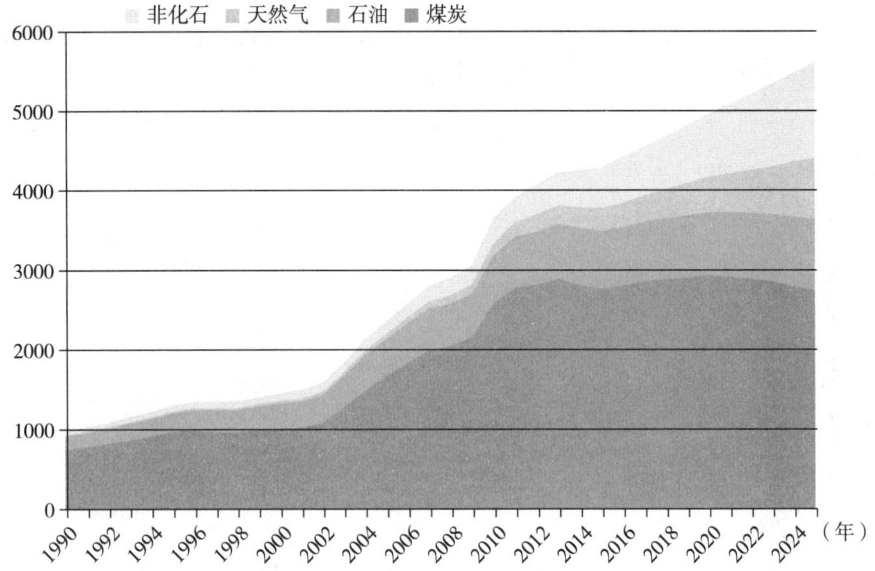

图 16.5　未来十年中国的能源消费总量和品种

资料来源：历史数据及定量分析

从需求部门的变化来看，随着中国工业化逐步由中期阶段向后期阶段过渡，中国工业用能的需求增长逐步放缓，2020 年随着中国完成工业化任务，工业能源消费可能会出现略有下降的局面。建筑和交通将是未来能源消耗增长的主要领域。从能源需求品种的变化来看，终端能源需求结构的变化会对各能源品种的需求产生连锁影响。

对于电力而言，尽管重化工业的电力需求放缓，但服务业、居民生活以及加工工业的电力需求将持续增长，电力需求总体将保持一定增长。即使在采取需求侧管理以及提高终端能效等措施后，但由于经济增长以及家庭和交通部门更多采用电力作为能源，电力需求仍将保持中速增长。

对于天然气而言，随着经济发展和环境监管标准提高，对天然气等优质能源的需求会大量增加，天然气在未来 20 年内将保持快速增长，“十三五”期间预计年均增长 10%，到 2020 年中国的天然气需求将超过 3500 亿立方米。工商业、居民、城市供暖是推动天然气需求增长的主要领域，发电和交通也是天然气的重要需求力量。天然气将在加工制造业、商业服务业、城市供暖等领域逐步替代煤炭，在交通和制氢等化工领域则逐步替代一定量的石油。

对于石油而言，由于未来人均行驶里程不断增长，石油消耗将持续增长。预计“十三五”期间石油消耗保持在3.5%左右，石油消耗仍将持续增长，2020年石油消耗量将超过6亿吨。

对于煤炭而言，随着经济转型和能源结构调整，钢铁、水泥等耗能行业需求逐步达到峰值，重化工业对煤炭的需求将趋于稳定。“十三五”期间煤炭需求将稳中有降。

对于非化石能源而言，由于能源需求持续增长。考虑到近年来风电、太阳能光伏发电价格大幅下降，相关政策已经制定出台并逐步落实，预计非化石能源将快速增长，2020年非化石能源将接近8亿吨标煤，年均增长12%以上。

对2016年能源供需形势的初步预测

展望2016年，世界经济仍然处于国际金融危机之后的深度调整期，IMF、世界银行等机构下调了2016年的经济增速，总体复苏疲软态势难以有明显改观；石油市场预计仍将延续供需宽松的格局。预计中国2016年GDP增长6.5%左右。初步测算，2016年全国能源消费总量同比增长3.1%，能源消费弹性系数约为0.47，其中煤炭产量略有下降，石油产量基本持平，天然气产量稳步增长，电力装机、发电量小幅增长，能源进口保持增长，能源供应能力总体有保障。能源消费预计维持低速增长态势，供需宽松的格局仍将延续。具体分品种来看：

煤炭需求继续下降，消化产能超前建设和全社会煤炭库存的任务依然艰巨。预计2016年煤炭消费下降2%左右，经过2~3年的去产能，煤炭供销才能逐渐达到平衡。

石油需求预计温和增长。预计国内汽油将保持较快增长，全年消费增速8%左右，柴油消费量基本稳定，石油消费增速在4%左右。石油消耗量将超过5.5亿吨，对外依存度将超过60%，继续攀升。天然气消费量也保持较快增长，预计2016年消费增速接近10%，天然气的进口依存度进一步扩大，预计2016年天然气进口依存度将超过1/3。

电力增速预计高于2015年。重化工业用电显著下降的局面在2016年将有所好转，工业用电基本保持稳定，第三产业用电将持续增长，家庭用电稳定增长，预计2016年电力需求增速在4%左右。

“一带一路”能源合作的思路和对策

2016年，中国石油天然气进口量和对外依存度会持续上升，分别超过60%和1/3，尽管目前全球石油天然气供应充分，不存在短期的能源供应安全问题，但从中长期来看，中国的能源供应安全状况在不断恶化。“一带一路”地区在全球能源供应占有核心地位，也是我国能源进口的主要来源地，结合这一带一路的建设，加强与一带一路国家的互利共赢合作，将对保障我国能源安全有重要意义。

全球能源变革背景下“一带一路”能源合作的战略意义

“一带一路”仍然在全球能源供应占有核心地位

石油和天然气是全球能源贸易的主要品种，也是影响各国能源安全的主要领域。“一带一路”地区的油气资源丰富，即使在北美实现页岩油气革命的情况下，仍然是全球油气的供应中心。按照将页岩油、油砂、重油以及深海石油等非常规资源包括在内的统计口径，2014年全球石油储量前10位的国家，有7个分布在“一带一路”地区，包括沙特、伊朗、伊拉克、俄罗斯、科威特、阿联酋、利比亚，仅这7个国家，其石油储量占全球石油储量的54.7%。在天然气资源方面，储量前10位的国家，也有7个分布在“一带一路”地区，包括伊朗、俄罗斯、卡塔尔、土库曼斯坦、沙特、阿联酋和阿尔及利亚，仅这7个国家，其天然气储量占全球天然气储量的68.1%。其中全世界天然气储量排名前4位的国家均在“一带一路”区域，伊朗、俄罗斯、卡塔尔、土库曼斯坦4个国家天然气储量占全球的58%，占到全球天然气资源的半壁江山。

从资源质量的角度来看，“一带一路”地区油气资源是优质资源，非常容易开采，开采成本低，是稳定的全球油气供应地。比如说，沙特的石油开采成本在10美元/桶，美国的页岩油开采成本在40～60美元/桶，加拿大的重油开采成本在60美元/桶左右，委内瑞拉的重油成本在80美元/桶。无论国际油价如何波动，中东、中亚和俄罗斯、北非都是稳定的石油供应地。从运输的角度来看，“一带一路”地处整个欧亚大陆的中心区域，无论是海上运输，还是陆路运输，“一带一路”都是必经之地，可以说“一带一路”扼住了全球油气运输的咽喉。

“一带一路”是保障中国能源安全的关键所在

我国石油天然气对外依存度高。2015年，我国石油净进口量3.28亿吨，对外依存度达到 60.6%，天然气进口量为 614 亿立方米，对外依存度达到 31.8%。由于我国石油天然气需求未来将持续增长，而石油天然气资源有限，我国石油天然气的进口量和进口依存度还会持续上升，预计到 2030 年，石油对外依存度将超过 70%，天然气对外依存度将超过 40%。“一带一路”是主要的石油天然气进口来源。2014 年我国前 10 大石油进口来源地有 9 个位于“一带一路”区域，占 2014 年我国石油进口的 80.4%。10 大天然气进口国均位于“一带一路”区域，占我国天然气进口的 95% 以上。考虑到全球石油天然气资源分布和供求格局，“一带一路”作为中国油气主要供应地格局不会改变，甚至会进一步强化。

从运输的角度来看，“一带一路”更是我国能源运输的主要通道。石油的陆路运输都要经过“一带一路”区域，海路运输大体如此，中国石油进口量的 80% 要经过马六甲海峡，38% 要经过霍尔木兹海峡。天然气海陆运输的主要通道均在“一带一路”区域。

从地缘政治的角度来看，美国的页岩油气革命带来的能源独立对全球格局产生重大影响。从不利的一面看，美国在推进中东民主进程时将不再受石油问题的牵制而更加强硬和激进，甚至通过政治军事等手段强硬干预，国际能源市场将增加新的变数。从有利的一面看，页岩气革命导致欧洲市场上液化天然气和来自美国的低价煤炭供应增加，俄罗斯、中东国家等国的天然气所占份额和影响力下降，希望进一步加强与亚洲地区国家的能源联系和合作，给我国“一带一路”建设和保障能源安全带来新的机遇。

能源合作对于实现“一带一路”整体战略的重大意义

中国巨大的市场需求拉动当地国家一起实现资源开发、外输和“变现”，促进当地经济增长。同时，我国能源行业积累了丰富的技术、经验、人才和基础建设产能，“一带一路”沿线国家可以很好地承接中国产业转移，可以解决制约当地经济发展的能源和基础设施的瓶颈问题。中国与“一带一路”沿线国家在能源领域利益契合度高、开展长期稳定合作的愿望和基础强。2016 年 1 月，习近平主席在访问阿拉伯联盟时提出了“1 + 2 + 3”的合作构想，其中“1”是以能源合作为主轴，深化油气领域全产业链合作，维护能源运输通道安全，构建互惠互利、安全可靠、长期友好的中阿能源战略合作关系。“2”是以基础设施建设、贸易和投资便利化为两翼。加强中阿在重大发展项目、标志性民生项目上的合作，为促进双边贸易和投资建立相关制度性安排。“3”是以核能、航天卫星、新能源三大高新领域为突破口，努力提升中阿务实合作层次。

综合上述分析，可以看出，“一带一路”是保障我能源安全的关键所在，考虑到能源安全在保障国家发展全局的重要地位，能源合作是“一带一路”建设的重头戏，要通过“一带一路”合作来提升我国能源安全保障程度。同时，能源产业可以带动“一带一路”沿线国家发展，我方有很强的制造和建设能力，是推动“一带一路”建设的先行官。能源合作对于“一带一路”建设具有举足轻重的作用。

“一带一路”能源资源合作的现状、进展和问题

“一带一路”能源合作取得的重要进展

我国与“一带一路”相关地区多个国家在能源合作的各个领域取得了一系列先期成果，在能源贸易、能源基础设施建设和双向投资方面取得重大进展①。

在中俄合作方面，2014 年 5 月中俄签署价值 3800 亿美元的东线天然气供气购销合同，同年 11 月，西线天然气供应的合作备忘录和框架协议也达成。电力、煤炭等领域的贸易规模也不断扩大，我国累计已接受俄罗斯电量 143 亿千瓦时。两国合作已经摆脱了简单的买卖贸易模式，步入上下游开发并进、相互投资的新阶段。中石油收购诺瓦泰克持有的亚马尔液化天然气股份公司 20% 的股份，中俄签署合资开发博托宾斯克油田项目，合资兴建天津东方炼油厂。能源技术和设备方面的合作规模也不断扩大，田湾核电站二期则是标志性项目。

在中亚和中国合作方面，中国—中亚天然气网进一步完善，能源基础设施互联互通水平升级，中亚天然气管道 D 线预计将于 2016 年底通气，届时来自中亚的输气能力将达到 850 亿立方米。除了管网的互联互通，中国在中亚进行了大量的上游投资，比如，在土库曼斯坦，中石油投资了作为中国进口气主要气源地的阿姆河右岸巴格特亚尔雷克气田群；在哈萨克斯坦，中石油投资了哈萨克斯坦石油公司和阿克纠宾石油公司。

中国和中东国家的能源合作也取得重大进展。以中国和沙特合作为例，目前中国每年从沙特进口 5000 万吨原油，沙特是中国最大石油进口来源国，同时中国也是沙特最大的石油出口国。除了贸易，在双向投资方面也得到了长足发展。沙特阿美石油公司与中石化在福建省共同投资的炼油乙烯大型项目已正式投产运营。中国石化与沙特阿美在沙特延布的炼油厂于 2016 年 1 月 20 日举行了投产启动仪式，该项目投资近 100 亿美元，设计原油加工能力约为 2000 万吨/年。

① 龚婷，“‘一带一路’能源合作初结硕果”，《中国石油报》，2015 年 11 月 4 日。

中国—东盟互利互惠能源合作呈现提速之势。2013年双方《纪念中国—东盟建立战略伙伴关系10周年联合声明》中明确提出，加强在能源领域的合作，制订"中国—东盟新能源与可再生能源合作行动计划"。区域间电网互联互通和跨境电力贸易是中国和东盟合作的特点。截至2014年底，南方电网公司累计向越南送电302亿千瓦时，越南北部有8省1县的电力供应是由南方电网承担的。向老挝送电7亿千瓦时，从缅甸进口电量110亿千瓦时。在投资方面，2009年中国国家电网公司获得菲律宾国家电网公司40%的股权，并开始25年的特许经营，该投资不仅取得了较好的经济效益，而且有力支撑了菲律宾电力供应，取得了很好的社会效益。

"一带一路"能源资源合作存在的问题

一是"一带一路"能源资源合作的潜力尚未充分实现。单从贸易量上看，我国大部分的能源进口来自于"一带一路"地区，与"一带一路"区域能源出口在全球供应体系中的作用大体相当。但如果从对贸易的影响能力来看，我国的影响力比较弱，中国是"一带一路"地区最大的能源进口国，但油气的贸易中心和定价中心并不在中国或"一带一路"国家，而是由第三方国家来决定价格。并且在定价过程中，金融的作用越来越大，放大了能源价格的波动，对石油生产国和消费国的物价和国际收支平衡产生巨大的负面冲击。在投资领域，中国虽然在上述国家的油气和电力领域有一定的投资，但是这种投资相对于中国的进口量和中国目前的工程建设能力而言，还有较大的差距，未来提升投资的空间巨大。

二是安全供应的保障体系尚未建立。尽管中国主要的能源运输通道均在"一带一路"上，但安全畅通的运输体系尚未建立起来。以石油运输为例，中国原油运输80%靠海运，并且海运量的80%要经过马六甲海峡，38%要经过霍尔木兹海峡，但中国在这一区域的影响力和安全保障能力还十分有限。另外，从承运人的角度来看，只有不到20%的海上石油进口是由中国船只承运的。

三是贸易投资的经济效益尚待提升。不少能源合作项目目前处于亏损状态。比如，2008年中国与卡塔尔签订高价格的L.G进口合同，目前处于严重亏损状态。导致项目亏损有三个方面原因，一是在当时高油价、能源供需紧张的背景下，包括中国在内的石油进口国签订合同的价格普遍较高。二是我国企业只参与贸易环节没有参与投资环节，所以高的进口价格无法通过上游投资收益加以弥补，日本、韩国企业往往会参股进口气源地的项目，上游的投资收益可以在一定程度上对冲下游的贸易风险。三是保障国家能源安全以及服务国家外交大局的考虑。从保障能源安全的角度来看，获得稳定气源是一个重要的因素；从促进外交来讲，签订大的合作项目有利于提升双边关系，结果使得该项目在不合理的高价位上签订合同。在这个价位很多日韩的进口商放弃签署合同，但是我国的国有企业从保障能源安全和促进双边关系的角度考虑还是签订了高价位的合同。上述案例是一个比较典型的情况，还有不少投资项目存在上述问题。更有甚者，以国家能源安全和服务外交大局来掩盖投资决策过程中盲目轻率带来的负面后果。

四是部分项目在建设运营过程中与当地沟通交流上还存在不足。以中电投密松水电站为例，这个项目在经济性以及带动当地经济社会发展、解决当地电力短缺等综合效益上，都是非常好的一个大型工程项目。尽管该项目是在两国政府的电力合作协议框架下进行的，而且履行了所有发电手续，但是由于缺乏对当地复杂的政治局面和独特的文化习惯的了解，特别是缺乏与非政府组织沟通协调，造成工程项目长期搁置，不仅前期投资要背负巨大的利息损失，而且对中国和缅甸合作产生不利的影响，教训很大。

加强“一带一路”能源资源合作的思路和政策建议

战略定位和总体思路

考虑到“一带一路”能源合作的重要意义，在战略定位时要明确两个优先，一是将“一带一路”区域作为保障我国能源资源供应和国际能源资源合作的优先区域。二是将能源合作作为推动“一带一路”建设的优先领域。基于这一战略定位以及当前存在的问题，推动“一带”时应坚持以下原则：

一是既要把“一带一路”地区作为我国能源资源合作的优先领域，又要坚持实行资源的多元化供给，不能将鸡蛋放在一个篮子中。实现进口来源多元化是保障能源进口安全的关键。从区域层面，除了继续加强“一带一路”地区能源合作，还要积极拓展与美国、加拿大、巴西等能源大国的合作。在“一带一路”区域内部，也要实现多元化的能源进口，均衡地推进与中东、中亚、俄罗斯、东南亚和非洲的能源合作。

二是既要关注资源开发的合作，又要重视运输通道的重要作用，把保障运输通道安全和市场平稳运行放在更重要的位置上。要努力实现进口通道多元化，加快推进中俄、中土等油气运输管道建设，加快“一带一路”区域储存运输港口、码头建设，提高“国油国运”的比例，逐步降低对马六甲海峡、霍尔木兹海峡等运输通道的严重依赖。

三是要统筹考虑能源资源合作和产业金融合作，充分发挥我国综合优势。

中国不仅是能源资源的进口国，还有强大的制造能力，并且随着中国劳动力成本的上升以及我国企业实力壮大以后全球化经营的需要，产业“走出去”是大势所趋。而增加基础设施供应、培养自主产业能力、解决当地就业是资源国政府最为看重的因素，中国要发挥制造业和基础设施建设能力强的优势，综合考虑和资源国的合作，在实现双方合作共赢的同时，提高我国能源供应的保障能力。随着我国金融资源的增加以及亚洲基础设施投资银行等多边金融机构和我国主导的丝路基金、中非基金等金融机构的成立，中国还可以利用金融资源来推动能源合作。

四是要统筹考虑经济利益和战略利益，把战略利益放在经济可行的基础上。由于能源项目巨大，并且周期很长，比如说中俄天然气东线项目长达30年，合同金额达4000亿美元，对于类似的项目，经济性是项目合作的基础。如果缺乏经济性，单靠双方政府的强制推进难以维持其持续发展，并且很可能成为合作双方的包袱。因此，在推动双方能源合作时，还是要将项目的经济性放在基础性的位置上，然后再考虑为合作国带来的社会效益以及外交、能源安全和地缘政治利益。

五是要坚持开放多元，实现我国、资源国和第三方合作者的互利共赢。能源合作项目要为我国的战略利益服务，要发挥引领作用，但同时要照顾到资源国、过境国以及相关地区主要有影响力国家的利益，多方合作，才能够应对资源国和过境国国内的政治动荡和区域的地缘政治风险，实现项目的稳定安全运营。另外，要从更高一个层面来看待“一带一路”的能源合作问题，不仅仅着眼于自身的能源供应安全，而且要考虑到其他国家的核心关切和整个地区的能源安全，中国要为维护国际能源市场安全提供公共产品，并承担相应的责任。

促进“一带一路”能源资源合作的政策措施

一是制定“一带一路”能源资源合作的总体战略。在已有的“一带一路”愿景和行动计划的基础上，进一步制定能源资源合作的专项规划。从保障能源安全、加快“一带一路”建设以及促进地区经济繁荣等方面来考虑和规划未来的能源贸易、运输和对外投资布局，并明确对外投资和长期贸易安排的一些重要原则，减少对外投资的盲目性和随意性，提高对外投资的效率。同时，对一些影响整个欧亚大陆乃至世界能源流向的重大能源项目和基础设施提前做出布局。

二是加强与资源国的综合性双向合作。加强与资源国能源全产业链合作。鼓励国有及民营企业走出去，在资源国投资发展上游业务，遵循商业原则，注重项目的投入成本、风险和盈利性；鼓励企业到资源国投资炼化等中游环节，生产基础化工产品并与国内化工企业形成产业链合作关系；特别是加强与海湾合作委员会等资源国合作，以便利石油和化工产品贸易和投资。鼓励中资企业和东道国以及第三方合作投资资源国的能源化工产品的物流设施，提高能源化工产品的外送能力。在当前油价低迷、资源国财力普遍紧张的情况下，发挥我国金融资源充沛的优势，通过石油换贷款或者是直接股权投资的方式加大对资源国的投资。

三是加强运输通道安全的合作和市场平台建设，构建能源资源供需双向安全共同体。首先是加强能源运输通道安全。提高国油国运的比例，建立海上石油运输的保险体系，加强能源主要运输通道物流仓储体系建设，实现和运输通道经过地区利益共享和安全绑定；加强海军能力建设，打击海盗和恐怖主义行为，保障运输通道安全，维护地区稳定，增强救援等人道主义行动的能力。其次，充分发挥我国能源需求大和作为中东、中亚和俄罗斯油气出口交汇点的优势，加强市场交易平台的建设。包括加快我国石油期货交易中心建设，推动天然气交易中心的建设，力争把上海天然气交易中心建设成亚洲乃至国际性的天然气交易中心。另外，和石油输出国构建能源安全共同体。中国要大量进口石油，有能源供应安全问题，沙特等石油出口国要靠石油出口来保障经济发展和社会问题，这些国家有中国的能源需求安全问题。可以和上述国家构建能源安全共同体，吸引这些国家在我国和我国能源运输通道上建立石油储备和物流转运中心，这对于保障我国能源供应安全也有重要意义。

四是规范企业海外投资运营行为，实现与资源国的互利共赢。鼓励企业树立中国境外投资与全球“和谐发展”的理念，积极承担社会责任、与东道国形成互利共赢的可持续发展关系，建立造成恶性影响的黑名单，进一步维护和提升中国境外投资的声誉和国际影响力。加强对境外投资行为的监管，探索将企业境外行为与在国内的监管相结合，建立企业境外投资的信用档案。

五是加强资源国风险预警，建立快速反应体系，防范和化解政治风险。从对外来看，完善我国资源国风险防范和应急处理的工作机制。适时发布境外安全风险预警和提示；充分发挥行业协会、智库、专业咨询机构等机构在风险评估、预测和防控中的作用，建立全球各地各国的风险评估机制，尤其要加强对重点地区和国家的信息搜集、监测和研判；加强对“走出去”企业人员的安全教育和培训工作，建立常态机制。从对内来看，逐步建立涵盖石油、天然气等能源品种的应急综合管理系统。加快国家石油储备立法进程，完善制度保障；建立国家、企业、社会三级石油储备体系，不断优化国家石油战略储备布局；建立应对油价快速上涨的政策储备。

六是深入开展国际交流与合作。将维护国际能源市场稳定作为开展国际互利合作的主基调，更加积极地开展多个层次、多种形式的国际合作。除了加强国际能源署（IEA）、石油输出国组织（OPEC）等国际或地区能源机构之间的合作外，考虑到未来的全球石油天然气贸易主要发生在“一带一路”地区，即中东、西非、中亚和俄罗斯的石油天然气向东亚、东南亚和南亚出口，可以考虑提议建设“一带一路”能源合作机制，或亚洲能源合作机制。建设由石油天然气出口国和进口国共同组成的合作机制，以保障市场平稳运行和公平合理的能源价格，推动全球能源治理结构的重建和优化，提升我国在全球能源治理中的地位。积极参与国际投资规则制定和投资争端解决机制建设，大力推进高水平的国际投资协定谈判和推动现有投资协定升级，加强对对外投资的保护条款。在加入国际能源宪章后，要积极参与，增强自身的影响力和组织的活力，使其成为促进中国能源对外投资的一个重要平台。

参考文献

国务院发展研究中心和壳牌国际有限公司联合课题组，《中国中长期能源发展战略研究》，北京：中国发展出版社，2014 年。

国务院发展研究中心和壳牌国际有限公司联合课题组，《中国天然气发展战略研究》，北京：中国发展出版社，2014 年。

赵晋平，《聚焦“一带一路”：经济影响和政治举措》，北京：中国发展出版社，2015 年。

王金照，“‘一带一路’能源合作的思路和政策”，国务院发展研究中心调研报告，刊印中。

王辉、罗雨泽，“贸易畅通指数报告”，2015 年中国经济年鉴一带一路卷，2015 年。

龚婷，“‘一带一路’能源合作初结硕果”，《中国石油报》，2015 年 11 月 4 日。

姜星莉，《经济全球化背景下中国能源安全问题研究》，武汉大学博士论文，2010 年。

第十七章　水资源

落实制度与补齐短板

张　亮

要点透视

➢ 2014～2015 年，我国总用水量继续保持相对平稳，主要类型用水变化不大；《水污染防治行动计划》正式出台；最严格水资源管理制度落实扎实推进；水权市场建设得到进一步推进。

➢ 预计未来十年总用水量延续缓慢增长态势，水资源约束持续趋紧的局面不会改变；区域性缺水仍将是水资源短缺的常规表现形态，北方地区严重缺水的态势难以得到根本改变；环境污染带来的水质型缺水问题不容忽视。分类型看，工业用水将会在“十三五”期间达到峰值后趋稳，此后呈现稳中略有下降态势；农业用水总量将会在稳定水平下小幅波动；生活用水稳步增长态势不会改变；生态环境用水未来将会有所增加。

➢ “十三五”期间，仍然存在一些如何落实用水总量红线、遏制水质恶化特别是地下水污染进一步恶化、构建促进节约用水的政策体系提升用水效率；水生态修复问题特别是地下水超采区的综合治理以及水利基础设施工程建设融资等问题，为此，通过政府政策管控与市场机制调节，不断完善水资源优化配置制度，做到“用水不超量”；制定并严格执行水资源污染防治措施，改变“有水不能用”的局面；全面加强用水强度控制，解决“用水不珍惜”的问题；以生态修复为抓手，加快地下水严重超采区综合治理；完善水利基础设施建设的投融资机制，拓展资金来源渠道。

2014～2015 年我国水资源利用及管理的基本状况

我国总用水量继续保持相对平稳

根据水利部统计，2014 年用水量比 2013 年略有下降。2014 年全国总用水量 6094.86 亿立方米。其中，生活用水占总用水量的 12.6%，工业用水占 22.2%，农业用水占 63.5%，生态环境补水（仅包括人为措施供给的城镇环境用水和部分河湖、湿地补水）占 1.7%。

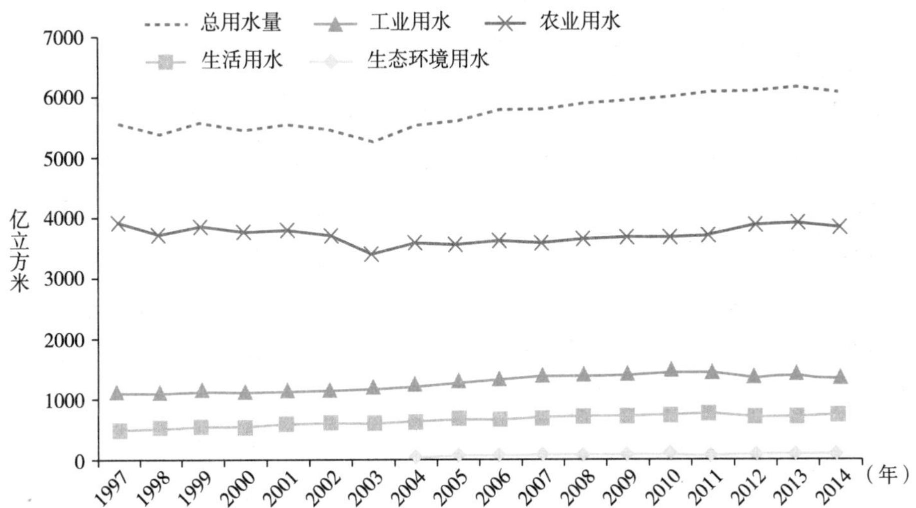

图 17.1　1997～2014 中国用水量变化情况

注：2012 年将生活用水中的牲畜用水调整至农业用水中。

资料来源：《中国水资源公报》（1997～2014）以及国家统计局网站

《水污染防治行动计划》正式出台

为切实加大水污染防治力度，保障国家水安全，2015 年 4 月 2 日，国务院正式印发《水污染防治行动计划》（以下简称《水十条》），提出全面控制污染物排放、推动经济结构转型升级、着力节约保护水资源、强化科技支撑、充分发挥市场机制作用、切实加强水环境管理等十个方面的意见，标志着我国水污染防治将进入一个新的阶段。相关实施情况评估考核办法和实施细则也在加紧编制中。

最严格水资源管理制度落实扎实推进

一是最严格水资源管理制度的考核。2015 年，根据《国务院关于实行最严格水资源管理制度的意见》（国发〔2012〕3 号）和《实行最严格水资源管理制度考核办法》（国办发〔2013〕2 号）的要求，水利部会同发改委、工信部、财政部、国土资源部、环保部、住建部、农业部、统计局等有关部门，制订了考核工作方案，成立了考核工作组，对 30 个省（自治区、直辖市，新疆除外）2014 年度实行最严格水资源管理制度情况进行了考核，相关结果已公布。二是扎实推进各行业节水，万元工业增加值用水量、灌溉水有效利用系数指标提前完成“十二五”目标。三是强化水功能区分级分类监管，重要水功能区监测覆盖率达到 80% 以上，175 个重要饮用水水源地中优于Ⅲ类标准的达到 98.8%。

水权市场建设得到进一步推进

2014 年 7 月，水利部提出在宁夏、江西、湖北、内蒙古、河南、甘肃和广东 7 个省区开展水权试点，试点内容包括水资源使用权确权登记、水权交易流转和开展水权制度建设三项内容，试点时间为 2 ~ 3 年。根据水利部水资源司的统计，7 个水权试点取得阶段成果，如内蒙古水权收储转让中心与 7 家用水企业签订交易合同，完成投资 3 亿元；河南出台南水北调水量交易管理办法，平顶山与新密签署 2200 万立方米/年的南水北调水量交易意向书；宁夏建立区市县三级水权分配体系，推进水资源使用权确权登记。

未来十年我国水资源利用态势预测

未来十年总用水量将会继续缓慢增长，水资源约束持续趋紧的局面不会改变

随着国家最严格水资源管理制度的严格落实和“三条红线”控制指标省、市、县三级全覆盖，并且已开始严格考核，同时国家全面进行节水型社会建设，用水总量将得到严格控制。从近几年的用水总量来看，总体呈现小幅上升态势。

未来十年，这一缓慢上升态势不会改变。预计总用水量在2025年将达到6700亿立方米左右。

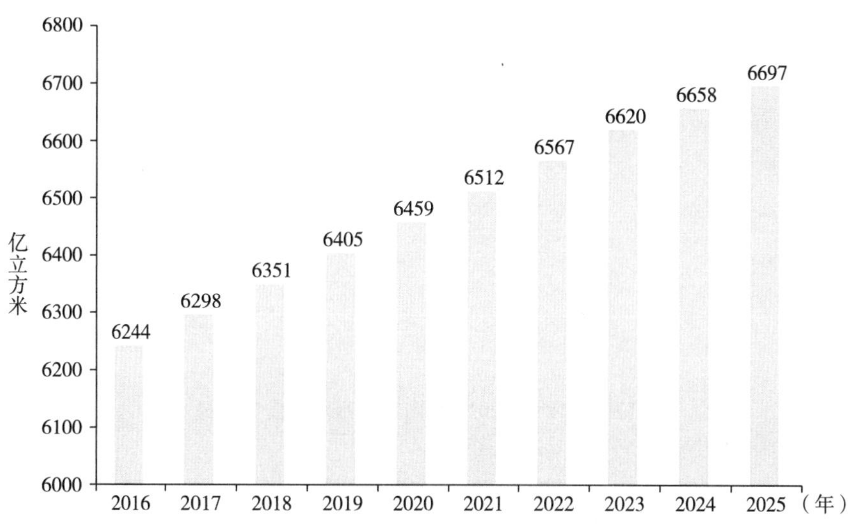

图17.2　2016～2025年中国总用水量的预测值

资料来源：作者预测

工业用水将会在“十三五”期间达到峰值后趋稳，此后呈现稳中略有下降态势

在剔除用水效率的影响后，一般工业用水与第二产业比重的变化密切相关。未来十年，中国的工业化进程将基本完成，第二产业的比重将逐步下降。同时，对新增工业用水和废水排放限制日益严格。从近十年工业用水的变化情况也可以看出，总量的增长幅度已非常小，个别年份曾出现减少态势（见图17.3）。预计工业用水将在“十三五”期间达到用水高峰，然后将逐步稳定。

农业用水总量将会小幅波动

随着国家对农业水价形成机制的改革的逐步推进，农业用水的效率会有所上升，综合考虑到气候、实际灌溉面积以及实际灌溉亩均用水量等因素，基本上处于相对稳定的阶段，主要是受气候等因素的影响，相对有所波动，但整体基本没有增长①。预计未来十年，农业用水效率会有较大提升，同时有效灌溉面积也会

① 2012年，将生活用水量中的牲畜用水调整至农业用水中，致使2012年统计的农业用水量有了较大幅度的提升。

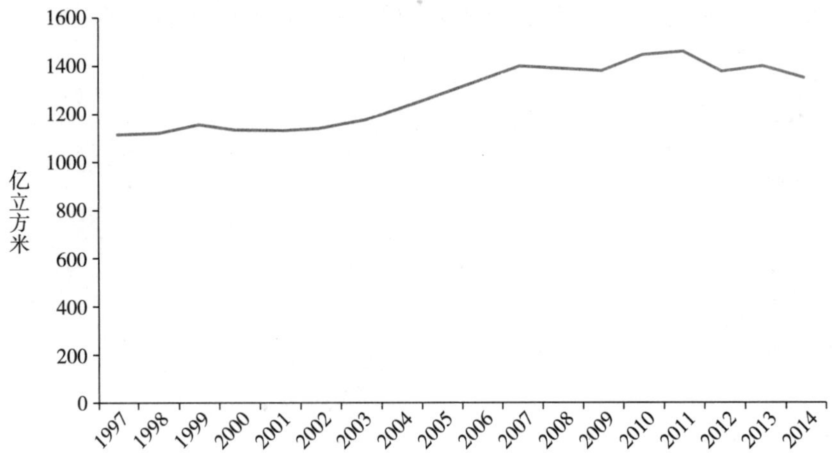

图 17.3　1997～2014 中国工业用水量变化情况

资料来源：《中国水资源公报》（1997～2013）

有较快的增长，总体来看，农业用水将不会有较大增长，总量可能会在 4000 亿立方米左右呈现小幅上下波动的状态。

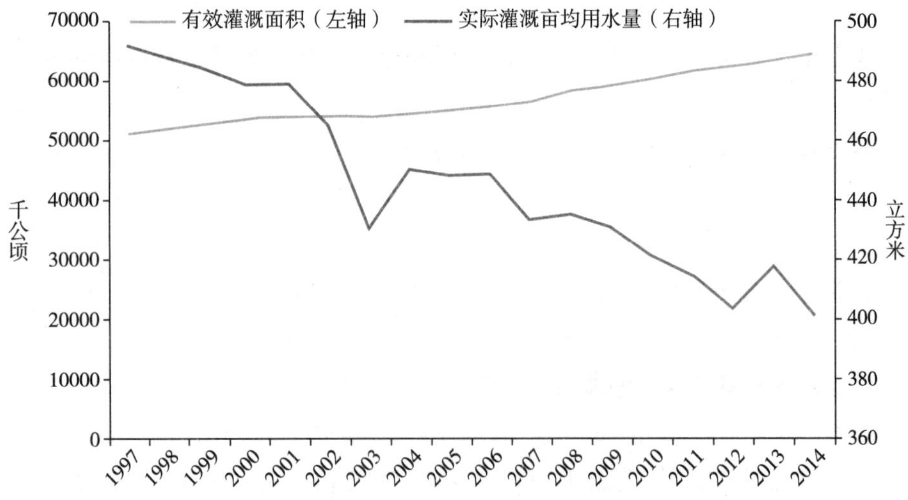

图 17.4　1997～2014 年中国农田有效灌溉面积及用水量变化

资料来源：《中国统计年鉴》（2014）、《中国水资源公报》（1997～2014）

生活用水稳步增长态势不会改变

生活用水与人口总数及城乡分布直接相关，城镇居民的人均生活用水（含公共用水）约为农村的两倍多（如图 17.5 所示）。未来十年，随着生育政策的调整等因素，中国的人口总数将继续增加，城镇化率也将会以年均近 1 个百分点左右的速度稳定上升，因此，城镇生活用水也将会延续稳步上升的态势，从近十年实际的生活用水量来看，中国每年的增加量在 15 亿立方米左右，并且生活用水效率变化不大，预计未来十年继续呈现稳定增长态势。①

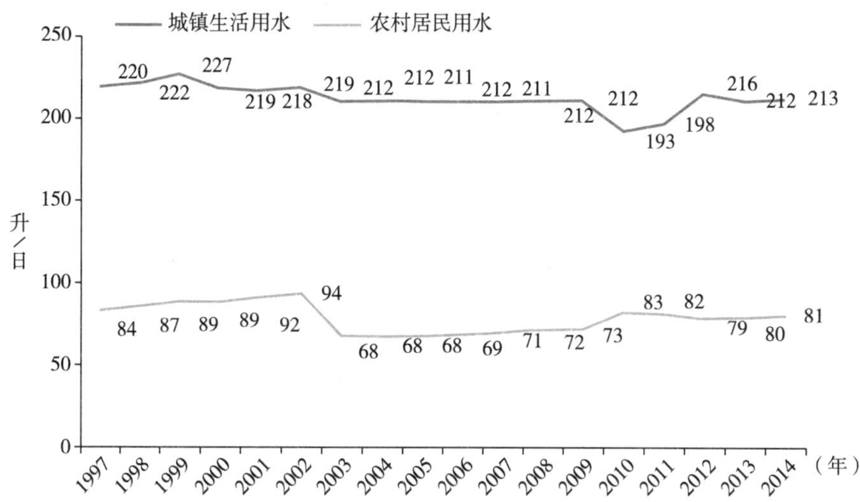

图 17.5　中国城镇和农村人均生活用水量对比

资料来源：《中国水资源公报》（1997～2014）

生态环境用水未来将会有所增加

此部分用水占总用水的比重较小，并受降水量的影响较大，近几年基本呈现小幅波动，没有明显的增加，预计未来几年，在供水紧张的情况下，环境用水的增长较小，此后将会有一个稳定的增长。

区域性缺水仍将是水资源短缺的常规表现形态，北方地区严重缺水的态势不会得到根本改变

水资源时空分布不均、南多北少的情况不会得到根本改变，北方地区国土面积、人口、耕地面积和生产总值分别占全国的 64%、46%、60% 和 45%，但其水资源总量仅占全国的 19%，其中黄河、淮河、海河三个水资源一级区水资源总量合计仅占全国的 7%。尽管南水北调东线一期工程于 2013 年 11 月正式通水，

① 生活用水量中的牲畜用水调整至农业用水。

中线一期工程也于2014年12月正式通水。据统计，中线一期工程累计为沿线省市调水25.8亿立方米。东线一期工程连续两年完成调水任务，抽江水95.6亿立方米，向山东供水6亿立方米。并且供水量也会逐渐加大，但短时间内仍难以改变北方缺水的现实状况。

环境污染带来的水质型缺水问题不容忽视

随着我国经济的发展，各种工业废料、农业化学物质大量排放，造成水资源严重污染。目前由水质型缺水引致的水危机现象也逐渐增多。国际经验表明，城镇化率超过50%以后，将是水污染危机的高发期，也将是水污染治理的关键时期。根据全国人大有关资料显示，一些地方产业布局不合理，约80%的化工、石化企业布设在江河沿岸，带来较高的环境风险隐患。2014年，环保部直接调查处理的重大及敏感突发环境事件中，超过60%涉及水污染。同时，饮用水水源保护区制度落实不到位。全国329个城市中，集中式饮用水水源地水质全部达标的城市为278个，达标比例为84.5%。86个地级以上城市141个水源一级保护区、52个水源二级保护区内未完成整治工作，且缺乏明确的考核制度和责任规定。

2016年我国水资源利用态势及其管理政策预测

用水量总体保持相对平稳

通过1997年以来我国用水量的变化情况以及经济社会的现实情况来看，2016年，我国总用水量将继续保持平稳增长态势，预计达到6200亿立方米左右。分类型来看，工业用水将缓慢增长，农业用水不会有太大的变化，可能在原有基础上稍有增加，生活用水将继续维持稳步增长态势。生态环境用水将会维持在100亿~110亿立方米左右的水平。

农业水价形成机制改革将会得以推进

长期以来，农业一直是用水的大户。但是现行农业水价标准低、实收率低，水费难以维持灌排工程正常运行。同时，农民承受能力低，农业水价改革难度大。目前已有很多县试点农业水价改革，2016年1月，国务院印发《关于推进农业水价综合改革的意见》，决定稳步推进农业水价综合改革，以促进农业节水和农业可持续发展。预计农业水价形成机制的改革将会得到加快推进，取得一定的突破。

水权交易和确权试点工作将会加快推进

党的十八届五中全会《建议》提出，建立用水权初始分配制度。水利部已经提出，2016 年，全面完成 53 条跨省江河水量分配任务，统筹规划和组织好其他跨省江河流域水量分配工作。这些都为用水权的初始分配提供了重要基础。预计 2016 年将会加快推进在全国开展水权确权与交易的试点及其经验的总结，为全国层面推进水权制度建设提供经验借鉴和示范。

“十三五”期间水资源供需及其管理方面亟待解决的一些重要问题

“十三五”期间，保障水资源安全，着力解决水资源约束趋紧的问题将是水资源方面面临的重要任务，但是，目前仍有一些亟待解决的问题，关系到“十三五”期间水资源供需的整体态势。

缓解水资源总量短缺，保证用水总量红线的落实问题

2012 年 1 月，《国务院关于实行最严格水资源管理制度的意见》（国发〔2012〕3 号）确定了用水总量的红线，提出 2020 年力争将全国用水总量控制在 6700 亿立方米以内。实行总量控制制度是为了更好地应对我国水资源约束趋紧局面的一种重要措施。“十三五”期间，将是落实总量控制红线制度的关键时期，如何通过政府控制和市场调节在经济发展与水资源总量控制制度寻求平衡将是面临的重要任务。

全面遏制水质恶化态势，特别是要应对地下水污染进一步恶化

在水资源总量不足的背景下，水质污染更是迫切需要解决的现实问题。一方面，地表水污染较为严重。根据环保部的统计，2014 年，全国地表水总体为轻度污染，部分城市河段污染严重。如海河流域劣 V 类水质断面达到 61.7%。另一方面，地下水严重污染的态势进一步恶化。2014 年，全国 202 个地级及以上城市的 4896 个监测点中，61.5% 的监测点位水质较差甚至极差，其中较差的监测点比例为 45.4%，极差的监测点比例为 16.1%。我们应该看到，地下水一旦受到污染，污染物、水和介质间的相互作用过程很复杂，让水质恢复周期较长，甚至需要上百年的时间，并且治理的难度巨大，治理费用高得难以承受。

构建促进节约用水的政策体系，切实提升我国水资源利用效率

长期以来珍惜水资源意识较为淡薄，生产、生活用水利用效率不高，水资源浪费问题非常突出，这对水资源短缺的我国而言，更加急切。万元 GDP 用水量和万元工业增加值用水量均远高于发达国家水平，全国城市污水处理直接回用率尚不足 20%。另外，用水量占到 60% 以上的农业用水效率也一直较低。根据国际灌排委员会（ICID）的资料，美国节水灌溉面积达到其灌溉面积的 57%，俄罗斯为 78%，法国为 51%，以色列接近 100%，而中国不到 8%。不难看出中国在节水农业发展方面与发达国家的差距依然较大。改变水资源紧缺背景下的浪费问题刻不容缓。

水生态修复问题，特别是地下水超采区的综合治理问题

长期以来，北方省份地下水供水量则占相当大的比例，其中河北、河南、北京、山西和内蒙古 5 个省市地下水供水量占总供水量约一半以上。由于地下水的大量开采，华北平原东部深层承压地下水水位降落漏斗面积达 7 万多平方公里，部分城市地下水水位累计下降达 30 ~ 50 米，局部地区累计水位下降超过 100 米。全国已经造成了 400 多个地下水超采区，总面积累计 19 万平方公里，约占全国平原面积的 11%。《水污染防治行动计划》已经提出了到 2020 年地下水超采得到严格控制的目标，必须采取多种措施加以落实。

水利基础设施工程建设的资金投入问题

我国各地自然禀赋、水资源条件、发展水平不同，水利发展不平衡问题十分突出。而全面建成小康社会的目标要求，必须加快补齐补强水利基础设施短板，尽管国家的投资逐年增加，仍存较大缺口，除地方投入意愿不强投入不足外，社会资金投入缺乏动力也是主要原因。根据国家发改委的数据，2011 年水利投资约为 2000 亿元，到 2014 年，水利投资规模达到 4881 亿元，已经超出 10 年规划均值。如何建立起有效的资金筹措机制，解决困扰水利基础设施建设的关键瓶颈问题，将是“十三五”期间面临的重要任务。

相关政策建议

通过政府管控与市场机制调节，不断完善水资源优化配置制度，做到“用水不超量”

为了更好地落实用水总量控制，“十三五”期间必须加快相关制度的建设。

具体来看，第一，建立健全用水总量的统计监管评价体系。一是根据国家总量控制的指标，进一步指导各地区完善水资源综合规划体系，不断健全覆盖省市县三级的用水总量红线控制指标体系。二是加快推进国家水资源监控能力建设，建立更为科学的覆盖中央、流域、省市县等各级主体的全面监控评价体系。三是严格实施总量红线的考核制度，并建立相应的责任追究机制。第二，建立对用水全过程的控制制度。一是建立严格的取水许可制度。要根据当地的用水总量指标，重新规划各用水主体的用水量指标，从而有计划地发放取水许可，严格新增用水的审批。二是建立更为严格的水资源论证制度。加快推进国民经济和社会发展规划、城市发展规划和涉水建设项目的水资源论证，充分考虑水资源的承载能力，真正做到量水发展。三是强化水资源统一调度管理，优化水资源的配置方案，实现科学调度和精准调度。四是规范用水主体的行为。严厉打击改变取水用途以及盗取水等不规范的用水行为。第三，加快开展初步水权分配，逐步推进水权交易制度。推行水权交易制度是发挥市场作用、推进区域间水资源优化配置的重要手段，是落实用水总量控制制度的一种重要补充手段。我国的水权交易推进应遵循循序渐进、试点先行的原则，加快开展初始水权分配，在水资源供需矛盾突出的地方率先推进水权交易的试点，探索建立地区间交易与用户间交易相结合的模式，同时政府应该建立健全水权交易规则制度、水权交易登记制度以及水权交易的监督管理制度，保障水权交易制度的顺利推进。

制定并严格执行水资源污染防治措施，改变“有水不能用”的局面

在水资源紧缺的背景下，解决污染引致的“有水不能用”问题显得更为紧迫。“十三五”期间应在《水污染防治法》的指导下，不断落实《国务院关于实行最严格水资源管理制度的意见》《全国地下水污染防治规划（2011～2020）》以及《水污染防治行动计划》等文件对水环境污染防治的目标要求，建成有效的包含地下水和地表水的中央、流域、省区市等多级的水污染防治体系。既要严格落实源头管理，清除影响水源地水质的污染源，通过建立生态补偿机制等，支持对水源地的保护。同时也要确定更为严格的排污许可标准，并建立对重要污染源的监控，防止末端的进一步污染。另外，做好防护的同时，也要继续加大治理被污染水源的投入。最后，要建立更为严厉的水环境污染的责任追究和惩罚机制，提高违法排污的成本。

全面加强用水强度控制，解决“用水不珍惜”的问题

“十三五”期间，首先应根据《国务院关于实行最严格水资源管理制度的意见》提出的用水控制三条红线的总体要求，编制专门的节水型社会建设规划，指导全社会的节水行为，加快推进节水型社会的试点，大力推进节水型社会综合示范，抓紧实施用水产品、重点用水行业和灌区等方面的水效领跑者引领行动，全面实行水效标识制度，同时，加快推进合同节水管理制度建设、平台建设和试点建设，积极培育专业化节水管理服务企业。第二，与用水总量控制相结合，加强对高耗水行业或重点用水户的监控，设定更为严格的用水额度，严格限定新增用水，鼓励其加强水资源的循环利用。第三，加快推进各行业的节水改造。加大农业节水支持力度，通过全面实施灌区节水改造，积极推广先进适用的节水灌区技术，大幅提高农业用水效率。根据工业行业和企业的不同用水情况，设定合理的节水标准，加快淘汰落后的用水工艺、设备和产品。加大城市生活节水的示范与宣传，推广节水器具的普及使用。第四，加快推进水价形成机制改革。在城市全面推进阶梯水价的基础上，合理调整水价，同时要加快完善农业水价形成机制。最后，加强对于再生水、云水、雨水、海水淡化等非常规水资源的开发利用，鼓励“适水适用”，缓解“无水可用”的问题。

以生态修复为抓手，加快地下水严重超采区综合治理

一是加快国家地下水监测系统建设。尽快建设地下水监测站网工程，逐步建立国家、流域、省三级地下水监测网络，全面提升地下水的监测水平、预报预警水平和决策支持能力。二是严格地下水开发利用的控制。严格地下水开发利用总量和水位双控制，加大地下水的限采和压采力度，充分利用南水北调东线、南水北调中线通水的契机，减少对地下水的依赖，逐步实现采补平衡。三是合理调整地下水开发利用布局，重点治理地面沉降区、海水入侵区、生态脆弱区等重点地区的地下水超采问题，实施重点流域水生态修复。

完善水利基础设施建设的投融资机制，拓展资金来源渠道

一方面，加大财政资金的支持力度。发挥开发性金融作用，用好过桥贷款、专项建设基金、抵押担保贷款、融资担保等扶持政策，争取中央和地方财政贴息政策。另一方面，创造条件鼓励社会资本投入。加强对社会资本参与重大水利工

程建设运营试点的跟踪指导，鼓励社会资本以特许经营、参股控股等多种形式参与具有一定收益的重大水利工程建设和运营，建立健全政府和社会资本合作机制，合理选择 BT（建设—移交）、BOT（建设—经营—移交）和股权投资等合作模式。同时，完善价格形成机制，确保项目合理盈利水平，增强吸引社会投资的能力。

第十八章　土地资源

严格保护与科学开发

张　亮　程　郁

要点透视

➢ 2014～2015年，全国国有建设用地供应总量继续减少，城市建设用地维持缓慢增长态势，土地成交总量回落，但成交土地的溢价率显著提高，一线城市的溢价率明显高于二三线城市。

➢ 预计未来十年我国城市建设用地总量会保持缓慢增长态势，总体增速会逐步回落。随着中央城市工作会议对城市发展的部署，优化城市建设用地结构将会处于更加重要的位置，居住用地和商业用地将会逐步提高，工业用地比重将会逐步下降。

➢ "十三五"期间，土地供需及管理面临最严格的耕地保护制度激励不足、城乡建设用地市场分割、规划滞后于发展需要等挑战。应该建立耕地和生态保护的补偿制度，以生态资产价值实现强化保护激励；加强土地利用的科学化和精细化管理，发挥转变方式、调整结构、优化布局的引导和约束作用；支持低效土地再开发利用的模式创新，盘活存量建设用地和实现挖潜增效；统筹城乡建设用地管理，确保城乡二元市场并轨的平稳过渡。

2014～2015年土地利用及土地市场的总体状况

全国国有建设用地供应总量继续减少

2015年，通过强化耕地保护政策和节约集约用地政策，鼓励盘活利用存量土地，开展低效工业用地调查清理，规范节地评价考核制度体系，用地效率有了一定的提升，全国国有建设用地供应总量继续下降。2015年全国国有建设用地供应53.4万公顷，同比下降12.5%。其中，工矿仓储用地12.5万公顷，同比下降15.2%；房地产用地12.0万公顷，同比下降20.9%；基础设施等其他用地28.9万公顷，同比下降7.1%。

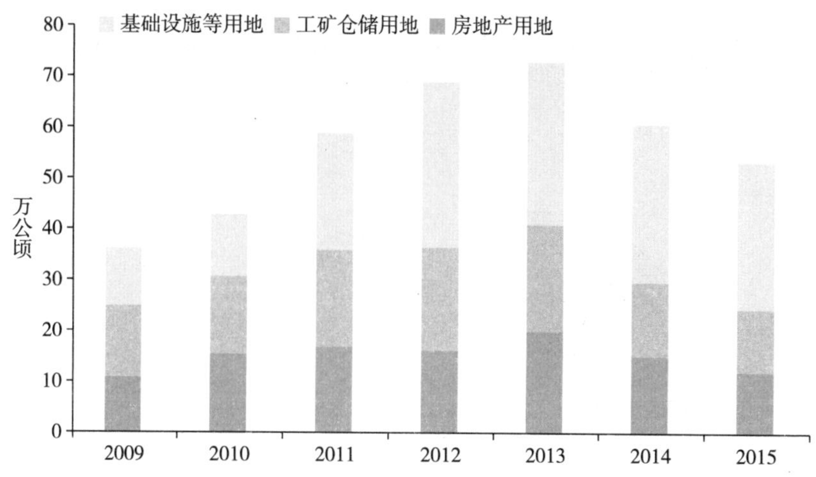

图18.1　2009～2015年全国国有建设用地供应结构

资料来源：Wind资讯

城市建设用地维持缓慢增长态势

2014年，我国城市建设用地规模增加到49982.7平方公里，较上一年增长6.1%。人均建设用地由2013年的124.97平方米/人增加到2014年的129.57平方米/人。从用地结构看，与2013年相比，变化不大，居住用地、工业用地、商服用地占比略有上升。2014年，我国城市建设用地中，工业仓储用地占比为

22.99%，纯工业用地为19.88%，商服用地为6.78%。

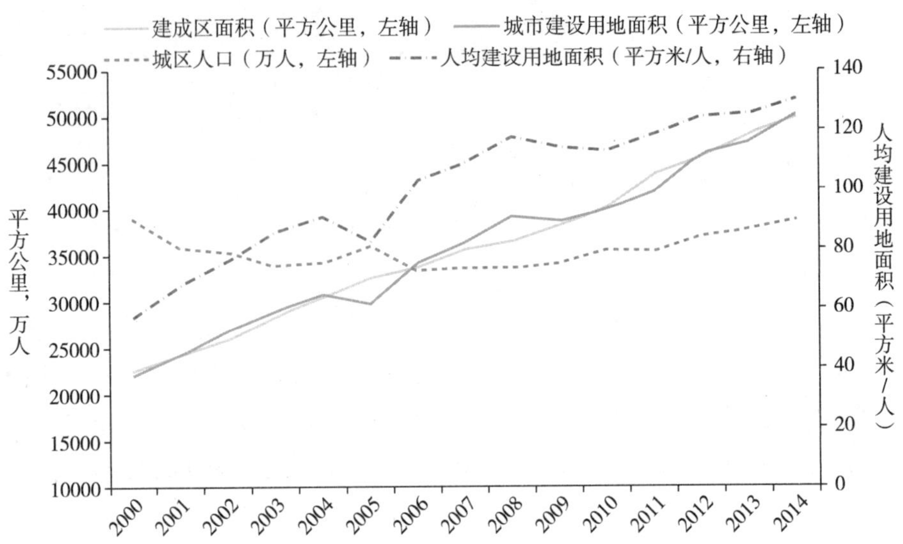

图18.2　2000～2014年我国城市建成区、建设用地面积、城区人口等变化情况

注：2005年、2009年城市建设用地面积不含上海市。

资料来源：《中国城市建设统计年鉴2014》

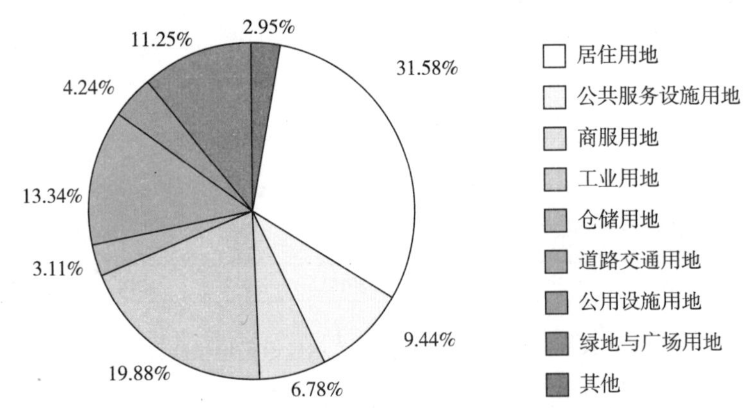

图18.3　2014年我国城市建设用地结构图

资料来源：《中国城市建设统计年鉴2014》

土地成交总量继续回落，但成交溢价率显著提高

如图18.4所示，从2015年100大中城市的土地交易数据来看，成交土地数量和成交土地面积总体呈现回落态势，2015年，100大中城市成交土地11314

宗，成交土地面积47677.11万平方米，较2014年分别下降15%和16%。从成交土地的溢价率来看，2015年平均溢价率为16.71%，大大高于2014年的11.75%。从各级城市的成交溢价率来看，一二三线城市的溢价率比2014年均有所回升，其中一线城市的溢价率明显高于二三线城市。

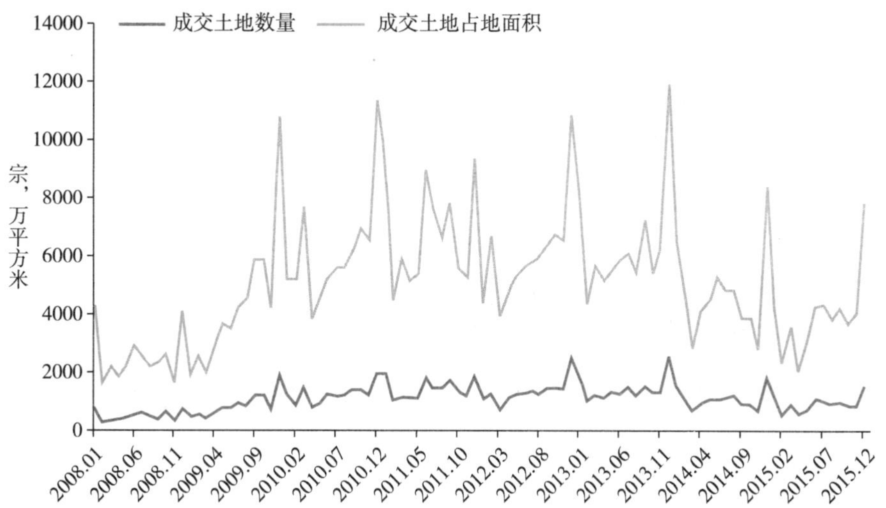

图18.4　100大中城市成交土地数量和成交土地面积

资料来源：Wind资讯

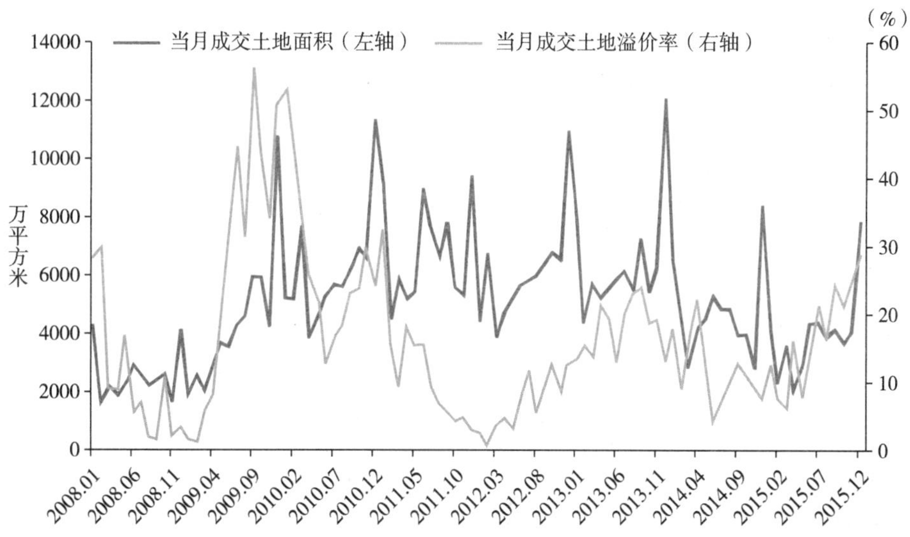

图18.5　2008~2015年100大中城市成交土地面积及溢价率

资料来源：Wind资讯

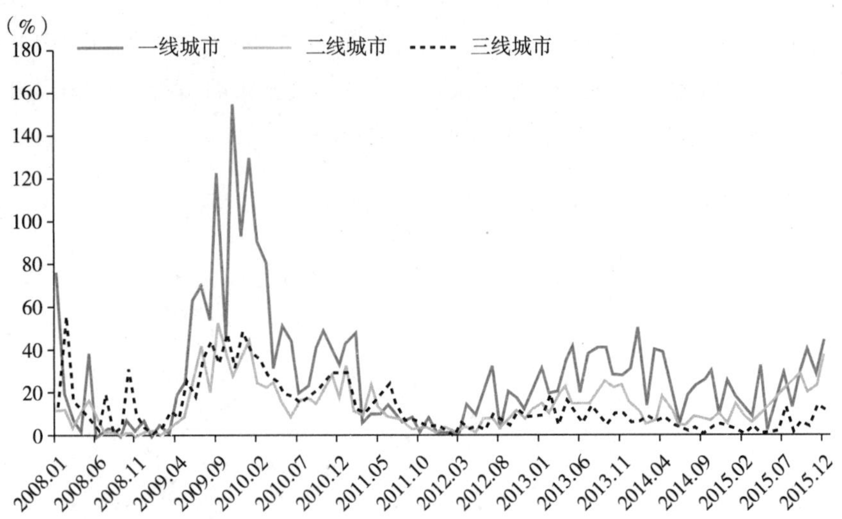

图 18.6　2008～2015 年 100 大中城市成交土地溢价率（不同城市类型）

资料来源：Wind 资讯

未来十年土地利用及市场趋势预测

未来十年我国城市建设用地总量继续缓慢增长

2000～2014 年间，我国城市建设用地从 22113.7 平方公里增加到 49772.6 平方公里，年均增长 5.86%。结合发达国家的经验，2016～2025 年我国城市建设用地总量还将继续增长。不过，考虑到我国以前城市建设用地增长较快，城区蔓延较快的现实状况，新增建设用地供应将面临严格控制，政策的着力点是优化建设用地结构，因此预计未来十年建设用地总量增速可能会逐步放缓。

优化城市建设用地结构更加重要

以往，城市化速度较快，蔓延式扩张态势较为明显，城市用地总量增加迅速，且利用效率不高。针对这种情况，2015 年 12 月召开的中央城市工作会议指出，我国城市发展已经进入新的发展时期，并明确提出，要控制城市开发强度，划定水体保护线、绿地系统线、基础设施建设控制线、历史文化保护线、永久基本农田和生态保护红线，防止“摊大饼”式扩张，推动形成绿色低碳的生产生活方式和城市建设运营模式。要坚持集约发展，树立“精明增长”“紧凑城市”

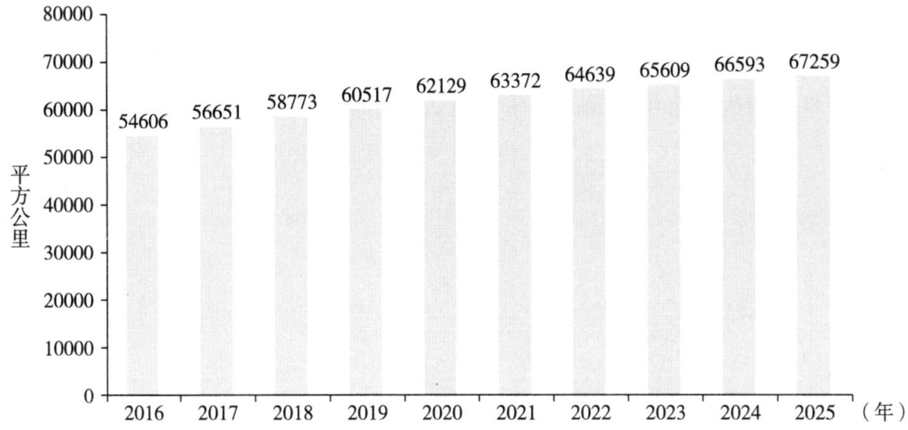

图 18.7　2016 ~ 2025 年我国城市建设用地预测

资料来源：作者预测

理念，科学划定城市开发边界，推动城市发展由外延扩张式向内涵提升式转变。党的十八届五中全会《建议》更是明确提出，“坚持最严格的节约用地制度，调整建设用地结构”，预计未来十年随着城市发展思路的改变，建设用地总量快速增长将会受到限制，优化结构将是未来城市建设用地面临的一个重要任务。

居住用地和商业用地将会逐步提高

长期以来，我国工业用地利用效率较低，且在城市建设用地中占比偏高，而居住用地在整个城市用地的比重偏低。据统计，我国大中城市的工业仓储用地比重大多介于 20% ~30% 之间，而国外综合性城市的工业用地比重一般为 15% ~17%，发达国家城市一般为 5% ~10%。未来十年，中国的工业化进程将基本完成。根据国际经验，这一时期工业用地的比重趋于稳定或逐步下降，交通、居住、旅游用地的比重趋于上升。另外，结合我国工业用地快速增长、占比已经过高且用地效率较低的现实状况，未来将严格控制新增工业用地的供应，降低工业用地比例，增加居住用地和商业用地的供应。

2016 年我国土地利用政策及市场趋势预测

土地交易市场城市间分化态势将更加明显

2015 年，在房地产销售明显回暖的情况下，全国房地产开发投资同比增长

1%，远低于2014年的10.5%。2016年房地产销售预计会继续改善，房地产开发投资增速可能会有所反弹。不过，除一线城市和少数二线城市外，大部分城市，特别是三四线城市中长期库存压力仍然十分突出，相应的土地市场可能出现明显分化。

图18.8　2010～2015年间房地产投资变化

资料来源：Wind资讯

存量土地盘活将成为土地供应的重要来源

新增建设用地的限制将会更加严格，优化建设用地结构，促进闲置用地处置、低效用地再开发将逐步成为未来满足发展用地需求的主要途径。同时，未来土地供应的方向为补短板，重点保障创新驱动发展战略、大力推进大众创业万众创新，支持培育发展新产业、新业态发展用地。

稳步推进土地整治，耕地保护制度将会得到严格贯彻

中共中央国务院《关于落实发展新理念加快农业现代化实现全面小康目标的若干意见》（2016年中央1号文件）明确提出，坚持最严格的耕地保护制度，坚守耕地红线，全面划定永久基本农田，大力实施农村土地整治，推进耕地数量、质量、生态“三位一体”保护。落实和完善耕地占补平衡制度，坚决防止占多补少、占优补劣、占水田补旱地，严禁毁林开垦。全面推进建设占用耕地耕作层剥离再利用。实行建设用地总量和强度双控行动，严格控制农村集体建设用地规模。完善耕地保护补偿机制。2016年预计将会稳步推进土地整治工作，继续加

大永久基本农田划定、保护和建设的力度。

“十三五”期间土地管理面临的突出问题

最严格的保护制度激励不足

党的十八届五中全会《建议》再次突出强调了稳定农业生产和建立生态保护屏障的目标，要求“坚持最严格的耕地保护制度，坚守耕地红线，实施藏粮于地、藏粮于技战略”和“划定农业空间和生态空间保护红线”“发挥主体功能区作为国土空间开发保护基础制度的作用”。一直以来，我国不断强化对耕地占用的管制，在耕地占比平衡的严格要求下，耕地增加面积大于减少面积，总量从2009年后稳定在20.3亿亩左右。但由于建设用地与耕地比较收益相差巨大，保障农业主产区和生态功能区发展的补偿机制尚未建立，一定程度上可以说保护将意味着限制发展，保护与发展之间平衡成为“十三五”期间急需破解的首要难题。

一是缺乏激励的高压管制，难以调动保护的积极性、主动性与自觉性。党中央、国务院历来高度重视耕地保护工作，但通过划定耕地红线实现耕地总量保有控制，却难以避免耕地占优补劣的问题。有些地方基本农田甚至被调到了山上，根本无法建设高标准基本农田和保证稳定的粮食生产能力，并威胁到长期的生态可持续发展。特别是在耕地保护和粮食生产的强责任约束下，耕地的增长以牺牲生态为代价，耕地侵占林地、湿地的现象时有发生，耕地保护与生态保护之间缺乏协同性。

二是保护与合理发展之间的矛盾仍未破解。针对耕地保护中出现的新问题，我国不断强化耕地保护制度，2014年开始推进永久基本农田划定工作，按照布局基本稳定、数量不减少、质量有提高的要求，确保划定的基本农田全部上图入库、落地到户，防止农田被侵占或转变用途。但伴随着我国农业现代化、规模化的发展，农业设施、生产资料储藏、配套加工生产以及机耕道与运输道路等也有占地建设的需求，在遥感等现代科技的动态监测和严厉的追责机制下，合理用地的供地机制存在困难，制约农业的转型发展。同样，生态功能区在被划定后其建设发展受到限制，却又未能给予合理补偿或提供适合的发展路径，使得这些区域面临难以摆脱贫困落后的局面，加剧了区域间的不平衡发展。

在经济下行背景下落实最严格的节约用地制度面临着较大压力

十八届五中全会《建议》要求，“坚持最严格的节约用地制度，调整建设用地结构，降低工业用地比例，推进城镇低效用地再开发和工矿废弃地复垦”。在新的发展时期，既要严守耕地红线和生态红线，又要保障发展的建设用地需求，就必须在严格控制新增建设用地增长的基础上倒逼土地利用方式转型，实现节约集约用地。节约集约的土地利用主要依靠盘活存量来保障用地需求，加大对闲置、低效土地的二次开发利用，通过盘活现有建设用地资源支持新产业、新业态发展。然而，土地的二次开发与征用耕地开发不同，政府不仅不能从土地用途变更中获得巨大的增值收益，相反拆迁改造还需要巨大的投入。在当前土地存量盘活单一依靠收储后再出让模式、二级转让市场不健全的条件下，政府在土地收储、拆迁安置补偿上的资金压力巨大。特别是经济下行一方面导致建设用地需求下降、地价增长空间收窄，政府土地拆迁整治资金回笼速度减慢，另一方面政府财政收入增速放缓，部分地区甚至出现财政收入下降的情况，地方财力不足且融资渠道不畅，将难以支撑对存量建设用地的二次开发。

同时，经济下行时期，各地方保发展、保稳定、保就业面临严峻挑战，地方政府迫切希望促进新产业项目的投资落地以保障地方经济的发展，而以低地价吸引投资是其招商引资的重要手段。为实现低成本的高效供地，地方政府可能对相对成本高、周期长、阻力大的存量土地二次开发缺乏积极性。

土地管理需要适应新型城镇化对空间结构优化的要求

我国正处于由城镇化快速扩张阶段向质量内涵提升阶段转变时期，新型城镇化要求遵循以人为本、四化同步、优化布局、生态文明、文化传承的原则。针对当前城镇化发展所存在的大城市过密化、小城镇和开发区服务功能不完善、城乡结合部人居环境较差以及空间布局与资源环境承载能力不匹配等问题，“十三五”期间需要根据资源环境承载力构建更为科学合理的城市化格局，以和谐发展为目标创建生态文明城市。但要适应新型城镇化发展和管理要求，土地利用管理还需要更加精细化和科学化。

一是建设用地的供需不平衡加剧，需要做好长期土地利用规划调节城市密度和结构功能布局。大城市可利用建设用地资源稀缺紧张，城市过密化发展导致资源环境与公共服务超载严重。随着人们收入提高，对环境和服务要求日益提高，城市化的发展更需要重视产业用地、居住用地、公共服务设施用地与生态用地的合理平衡。小城镇和开发区出现建设用地需求量价齐降现象，产业支撑不足和城市功能不完善制约城镇集聚功能发挥，土地资源的利用效率难以有效提升。

二是适应经济新常态的发展，需要以土地利用管理为抓手促进经济发展方式转变和结构优化调整。产业的有序更迭是保障经济持续活力的关键，但早期产业用地出让期限过长、使用权推出机制不健全，使得很多落后产业的用地难以退出，在严格控制新增建设用地增长的条件下，新兴产业的用地需求难以满足、用地成本过高阻碍了产业结构的转型升级。特别是一些老旧企业靠地生存，成为“二房东”蚕食新兴产业利润，加剧了新兴产业创业难。

城乡建设用地二元市场接轨面临巨大挑战

长期以来，我国城乡建设用地市场的分割阻碍了要素资源的合理流动，在政府垄断国有建设一级市场的条件下，农村的建设用地使用权难以获得合理的保障，失地农民无法分享城镇化带来的土地增值收益。在巨大的城乡建设用地利差下，违规用地和新增建设用地的规模难以有效控制。2015 年 2 月 27 日第十二届全国人民代表大会常务委员会第十三次会议决定，授权国务院在北京市大兴区等 33 个试点县（市、区）行政区域暂时调整实施有关法律规定，启动了农村集体建设用地入市试点改革，旨在逐步建立统一的城乡建设用地市场。但目前，我国农村集体建设用地的权能不完善，其产权实现缺乏充分保障影响市场的接受和认可度，集体建设用地使用权抵押、转让的障碍使得需求者望而却步；集体建设用地管理不规范加剧了土地利用管理的困难，集体建设用地违规、违章建设和低效粗放利用的普遍存在将影响整体的土地节约集约利用，并给现有建设用地市场带来冲击。另外，集体建设用地原本是作为农村集体自用的建设用地，当可以进入市场用以谋利时，在当前农村土地规划管理尚不完善和执行力度不强的条件下，集体所有制下的自治决策会更倾向于集中整治建设用地甚至暗中转变农地用途，使得耕地保护和乡村建设管理更加困难。

部门管理衔接不畅，规划滞后于发展需要

自 2014 年开始，我国在 28 个县开展“多规合一”试点，旨在实现国民经济和社会发展规划、城乡规划、土地利用规划、生态环境保护规划等多个规划的相互融合和衔接。但从实施的过程来看，由于缺乏统一的信息平台和各部门之间的标准、法规分立，规划和建设项目管理的整合存在较大障碍，也制约了土地利用管理的精细化、科学化发展和土地执法监管的严格有效实施。比如，目前县域层

面缺乏地理信息系统，国民经济和社会发展规划、城乡规划、土地利用总体规划没有一个统一的地形图；国土和住建部门用地分类的标准不同；各个规划适用的法律不同，各部门法规之间存在矛盾和冲突，各部门建设项目种类繁多、审批标准也各有不同，土地指标和建设指标甚至总体上难以吻合。而同时，各部门新的发展变化和建设需求不能及时反映到土地利用规划中，规划修改的滞后使得具有法律效力的土地利用规划可能成为新产业、新业态发展的重要障碍。

政策建议

“十三五”是我国经济转型的关键时期，土地政策需要在严守耕地和生态红线、严格控制新增建设用地的基础上，通过科学的规划布局、差别化的用地管制与调控，推动土地利用方式转型和利用结构优化，为稳增长、调结构、促转型提供支撑保障。

完善耕地和生态保护的补偿制度，强化保护激励

加大财政对耕地和生态保护的转移支付支持力度，统筹中央、地方财政收入、地方土地出让收益、耕地占用税等资金，支持发行生态补偿专项债，共同设立耕地与生态补偿基金，对划定的永久基本农田、禁止开发的生态保护区给予经济补偿。借鉴美国土地发展权购买和转让的经验，与划定永久基本农田和禁止开发的生态保护区的当地政府、农户共同签订耕地与生态保护协议，在其履行耕地和生态保护承诺的基础上，用生态补偿基金对其放弃开发生产的行为给予补偿支持。同时，在严格城市、产业区等开发区土地利用管理的基础上，要求开发建设需要按照一定标准向保护区购买生态保护指标，按照开发建设面积设定一个基准的生态保护指标购买要求，然后根据开发建设需要提高高度、密度、容积率以及降低绿化率等情况额外增加生态保护指标的购买要求，从而以生态保护指标购买费的形式补充生态补偿基金，形成由发展区向保护区的转移支付的补偿机制。建立这样的生态保护指标交易制度，既可以解决单一依靠财政支撑生态补偿能力不足的问题，又可以通过开发成本的提高倒逼土地使用者节约集约利用土地，并能够使生态资产的价值得以实现，当地政府和土地承包经营者能够通过保护耕地和“青山绿水”实现收入提升。

加强土地利用的科学化和精细化管理

根据当地水土资源的承载能力和环境容量，科学制定区域的经济、产业、城

市规划，在此基础上统一编制市县空间规划，按照统一的土地分类标准，划定生产、生活、生态空间，分区安排土地用地指标和进行土地用途、建筑密度、建筑限高、容积率、绿化率等规范管理。加强与相关行业部门的工作对接与协调，针对发展面临的新需求和新趋势，及时将新产业、新业态及其配套设施与服务的发展需求纳入土地利用规划，提前为新兴业态预留土地。探索符合产业生命周期的弹性供地制度，对不同类型的产业分别给予不同出让年限，确定项目相关的配套设施服务、产出绩效等要求。建立健全土地利用的全过程管理评估机制，持续跟踪评价土地利用主体开工投产进度、遵循开发建设标准、土地利用绩效、生态环境影响等的履约情况，明确对土地利用不达标的使用主体劝告主动退出或要求强制退出，防止土地的违规和低效利用，提高土地利用效率和周转速度。联合多部门建立综合的土地差别化管理政策体系，分行业和企业类别、分档次合理制定差别化的财政、税收、信贷、用电等优惠政策，发挥综合政策奖惩叠加效应，强化土地节约、集约利用的激励约束。

支持低效土地再开发利用的模式创新

开展用地状况调查，摸清低效建设用地的历史、现状、产权关系和再开发利用潜力，实现低效利用土地在影像图、土地利用现状图和土地利用规划图上的标图建库管理，以此为基础编制低效土地“二次开发”专项规划，根据发展需要和财力支撑情况，合理安排改造时序、确定改造用地开发强度控制要求、明确改造目标与方式。完善土地“二次开发”的支持政策，强化对低效土地再开发利用的引导和激励。一是建立兼顾政府、改造投资主体、原持有单位或个人的改造收益多方共享的分配机制，调动相关主体参与低效土地改造利用的积极性。通过政府二次开发出让收益返还、原使用者一定比例留用地返还以及土地入股联合改造等多种方式，让原土地使用者积极参与到开发改造过程中，分享二次开发的增值收益。二是妥善解决低效土地再开发后的产权和土地利用问题，鼓励原使用者自行改造和多元化社会主体实施开发改造。历史违规用地在按照新的规划要求进行二次开发改造后，可给予新的开发和使用者办理合法的产权证书和用地手续。为鼓励社会资本参与低效土地开发改造，在符合土地利用规划的条件下，可给予改造投资者一定容积率、开发密度、建设层高奖励，而不额外增加土地价款。三是以财税金融政策引导低效存量用地的再开发利用。对闲置低效土地征收土地闲置税，倒逼土地使用者的利用方式转型，同时可对于符合新兴产业引导方向、公共利益发展诉求的项目再开发改造给予土地使用税和房产税的一定减免。统筹安排财政、土地出让、土地闲置费等收入，加大对社会资本参与困难项目的土地回购、改造和收储的投入力度。协调出台对存量用地二次开发的金融支持政策，对于符合规划要求的二次开发项目给予优先和优惠利率的贷款支持，尚无产权证明的可开通绿色通道支持补办产权证明或出具可抵押的权证，探索发行土地二次开发专项债券支持公益性、长期性项目的开发建设。

确保城乡二元市场并轨的平稳过渡

推动集体建设用地入市试点改革过程中，要逐步健全农村集体建设用地产权权能，赋予上市交易的集体建设用地与国有建设用地相同的使用、收益、转让、抵押等权益，并在符合发展规划要求的条件下与国有建设用地同等地进行开发使用，相应地按照权责对等原则上市交易的集体建设用地也需要交纳土地使用税和土地增值税。加强城乡建设用地的统一管理，上市交易的集体建设用地必须要纳入统一的建设用地市场交易和城乡土地利用规划的规范管理，不得私下交易和违规使用，拟上市交易的集体建设用地也需纳入建设用地供应总量盘子，统筹考虑供需平衡。在集体建设用地的规范管理尚不健全的条件下，以建立公平合理的土地增值收益分配机制为目标改革征地制度，通过扣除成本后出让收益返还、留用地返还、集体拍卖变性为国有建设用地的原有土地的出让金返回等政策，支持集体对土地增值收益的分享。进一步规范完善建设用地增减挂钩政策，统筹考虑转入区和转出区长期的发展需求，避免不合理的跨区域交易导致区域发展不平衡的加剧，确保村集体和原有土地使用权人在集体建设用地指标交易过程中的合理收益分享。

第十九章　碳排放

降低减排的社会成本

刘培林

要点透视

➢ 2015 年，全国万元 GDP 能耗下降 5.6%。能源结构低碳化程度进一步提高，水电、风电、核电、天然气等清洁能源消费量占能源消费总量的 17.9%，原油消费量增长 5.6%，天然气消费量增长 3.3%，煤炭消费量下降 3.7%。

➢ 特有的体制优势使得中国在全球主要经济体中有条件率先实施全国性的排放权交易安排。总结中国七个省市试点经验和其他国家的相关经验，科学设计排放权交易体系，将使中国在减排和完善气候治理工具创新方面，为全球做出新的重大贡献。

本章将在回顾2015年碳排放情况、2016年乃至更长时期排放变化的基础上，重点分析有利于降低减排社会成本的制度安排。

2015年回顾：节能减排取得新进展

根据《2015年国民经济和社会发展统计公报》的初步核算数据，2015年能源消费总量43.0亿吨标煤，比2014年增长0.9%，电力消费量增长0.5%。全国万元GDP能耗下降5.6%。高能耗产品能耗水平进一步降低，工业企业吨粗铜综合能耗下降0.79%，吨钢综合能耗下降0.56%，单位烧碱综合能耗下降1.41%，吨水泥综合能耗下降0.49%，每千瓦时火力发电标准煤耗下降0.95%。同时，能源结构低碳化程度进一步提高，水电、风电、核电、天然气等清洁能源消费量占能源消费总量的17.9%，原油消费量增长5.6%，天然气消费量增长3.3%，煤炭消费量下降3.7%，煤炭消费量占能源消费总量的比重降低到64.0%。2015年末全国发电装机容量150828万千瓦，比2014年末增长10.5%。其中，火电装机容量99021万千瓦，增长7.8%；水电装机容量31937万千瓦，增长4.9%；核电装机容量2608万千瓦，增长29.9%；并网风电装机容量12934万千瓦，增长33.5%；并网太阳能发电装机容量4318万千瓦，增长73.7%。[①] 考虑到能源结构低碳化所取得的进展，2015年单位产出的碳排放量比2014年的降低幅度，应该高于5.6%。

2015年产业结构进一步升级。全年第三产业增加值占GDP的比重为50.5%，比2014年提高2.4个百分点，高于第二产业10.0个百分点。需求结构进一步改善。全年最终消费支出对GDP增长的贡献率为66.4%，比2014年提高15.4个百分点。[②] 产出结构呈现的第三产业比重提高、第二产业比重降低的趋势，和总需求结构呈现的消费支出比重提高、投资比重降低的趋势，是相互印

① http://www.stats.gov.cn/tjsj/zxfb/201602/t20160229_1323991.html.

② http://www.stats.gov.cn/tjsj/zxfb/201601/t20160119_1306083.html.

证的。

工业内部结构也延续了升级态势。2015 年全国规模以上工业企业增加值按可比价格计算比 2014 年增长 6.1%。分三大门类看，采矿业增加值比 2014 年增长 2.7%，制造业增长 7.0%，电力、热力、燃气及水生产和供应业增长 1.4%。工业内部结构升级的显著特点是新产业增长较快，全年高技术产业增加值比 2014 年增长 10.2%，比规模以上工业企业快 4.1 个百分点，占规模以上工业企业比重为 11.8%，比 2014 年提高 1.2 个百分点。其中，航空、航天器材及设备制造业增长 26.2%，电子及通信设备制造业增长 12.7%，信息化学品制造业增长 10.6%，医药制造业增长 9.9%①（参见表 19.1）。

表 19.1 2015 年规模以上工业企业增加值同比增长（单位:%）

规模以上工业增加值	6.1
分三大门类	
采矿业	2.7
制造业	7
电力、热力、燃气及水生产和供应业	1.4
主要行业增加值	
农副食品加工业	5.5
食品制造业	7.5
纺织业	7
化学原料和化学制品制造业	9.5
医药制造业	9.9
橡胶和塑料制品业	7.9
非金属矿物制品业	6.5
黑色金属冶炼和压延加工业	5.4
有色金属冶炼和压延加工业	11.3
金属制品业	7.4
通用设备制造业	2.9

① http://www.stats.gov.cn/tjsj/zxfb/201601/t20160119_1306083.html。

续表

专用设备制造业	3.4
汽车制造业	6.7
铁路、船舶、航空航天和其他运输设备制造业	6.8
电气机械和器材制造业	7.3
计算机、通信和其他电子设备制造业	10.5
电力、热力生产和供应业	0.5

资料来源：http：//www. stats. gov. cn/tjsj/zxfb/201601/t20160119_ 1306102. html

从产品产量情况看，中国2015年发电量为5.618万亿千瓦时，较2014年下降0.2%，为1968年以来首次出现年度下滑。其中，火力发电量42101.9亿千瓦时，比2014年减少2.8%。粗钢产量下降2.3%至8.038亿吨，为1981年以来首次年度下滑。此外，2015年煤炭产量下滑3.5%，为连续第二年下降（参见表19.2）。这也表明能源结构的进一步优化，因此可以推断，2015年的二氧化碳排放强度将比2014年明显降低。

表19.2　2015年规模以上工业企业产品产量同比增长　（单位:%）

布（亿米）	3.1
硫酸（折100%）（万吨）	4
烧碱（折100%）（万吨）	-1.4
乙烯（万吨）	1.6
化学纤维（万吨）	12.5
水泥（万吨）	-4.9
平板玻璃（万重量箱）	-8.6
生铁（万吨）	-3.5
粗钢（万吨）	-2.3
钢材（万吨）	0.6
十种有色金属（万吨）	5.8
氧化铝（万吨）	9.6
金属切削机床（万台）	-9.3

续表

汽车（万辆）	2.7
轿车（万辆）	-8.3
发电机组（发电设备）（万千瓦）	-13.8
微型计算机设备（万台）	-12.9
移动通信手持机（万台）	3.9
集成电路（亿块）	6.8
原煤（万吨）	-3.5
焦炭（万吨）	-6.5
发电量（亿千瓦时）	-0.2
火力发电量（亿千瓦时）	-2.8
水力发电量（亿千瓦时）	4.2
原油加工量（万吨）	3.8
天然原油（万吨）	1.7
天然气（亿立方米）	2.9

资料来源：http：//www.stats.gov.cn/tjsj/zxfb/201601/t20160119_1306102.html

未来排放的展望

长期趋势：总排放将有可能在2030年前达到峰值[①]

"全球经济与气候委员会"组织开展了一项主要的全球减排报告，即《提高增长质量、应对气候变化：新气候经济研究》（全球经济与气候委员会，2014a）（简称《新气候经济全球报告》，the NCE Global Report）。其中关于中国的国别案例研究——《中国与新气候经济》（全球经济与气候委员会，2014b）（简称NCE China Study，中国新气候经济研究），由清华大学的研究人员完成。

该研究模拟了中国未来GDP增长的三种情景（"高速""中速"和"低速"）（见表19.3）。

① 本部分引自弗格斯·格林和尼古拉斯·斯特恩：《中国"新常态"：经济结构性调整、提高发展质量与排放量峰值》，北京：中国发展研究基金会，2015年。

表 19.3　中国未来经济增长的三种情景（用 GDP 变化的百分比表示）

时期	低速增长情景（%）	中速增长情景（%）	高速增长情景（%）
2010～2020 年	6.11	7.31	7.87
2020～2030 年	3.28	4.77	6.02
2030～2050 年	2.33	3.15	4.60
2010～2050 年平均	3.51	4.60	5.78

资料来源：全球经济与气候委员会（2014b）

在“中速”经济增长情景下，该研究进一步分析了两种不同的减排情景。第一是持续减排情景（CERS），这种情景假设中国在现有规划政策之外，实施其他政策，进行温和的政策干预，来持续推进节能减排战略、提高能源效率、开发非化石燃料能源（即比“一切照常”模式多一些政策措施）。第二是加速减排情景（AERS），这种情景比持续减排情景额外增添了很多政策措施。

这项研究涵盖了所有的排放源，包括能源领域、工业生产、农业、废物排放、土地用途变更和航空航海排放，以及林业的碳汇。

在持续减排情景下，预测结果是：2010～2030 年间，中国 GDP 能耗强度累计将下降 45.4%，到 2030 年之前，中国的能源消耗总量将上升至 62.5 亿吨标煤，且非化石能源占能源总量的比重将达到 20%。2010～2030 年间，中国经济的二氧化碳排放强度累计将下降 48.9%，届时能源消耗带来的二氧化碳排放量将达到 127 亿吨，并会在 2040 年达到峰值之前保持上涨。在此情景下，2030 年中国纯温室气体排放总量将为 165 亿吨左右。在加速减排情景下，中国能源消耗量和减排量均低于持续减排情景。2010～2030 年间，GDP 能耗强度累计将下降 48.4%，到 2030 年之前，中国能源消耗总量将上升至 59 亿吨标煤，且非化石能源占能源总量的比重将达到 23%。2010～2030 年间，中国经济的二氧化碳排放强度累计将下降 58.5%，届时能源消耗带来的二氧化碳排放量将达到 106 吨的峰值，这意味着，2030 年中国纯温室气体排放总量将为 138 亿吨。

表 19.4　《中国与新气候经济》对中国排放的预测

项目	2010（实际）	持续减排情景		加速减排情景	
		2020	2030	2020	2030
总能源消耗（亿吨标煤）	32.5	49.2	62.5	47.5	59
GDP 能耗强度（2010 = 100）	100	73.4	54.6	70.6	51.6
自能源领域的 CO_2 排放（亿吨）	72.5	104	127	96.8	106
GDP 的 CO_2 强度（能源）（2010 = 100）	100	69.6	51.1	64.8	41.5
非化石能源的比例（%）	8.6	14.5	20	15	23
温室气体排放总量（亿吨 CO_2e）*	94	135	165	126	138

资料来源：全球经济与气候委员会（2014b，第 82 页，表 4.4；不包括温室气体排放总量结果）

斯特恩他们在《中国与新气候经济》研究的基础上，通过进一步的研究得出结论，认为中国排放峰值将在 2030 年前出现。他们指出，通过转向新的发展模式——发展的天平由重工业投资向发展国内消费尤其是服务业倾斜；依靠创新提高生产率，并在全球价值链中攀升；减少不平等，尤其是城乡间和地区间不平等；环境可持续性，强调减少大气污染及其他形式的地区性环境破坏，降低温室气体排放——中国的温室气体排放量可能将在 2025 年达到峰值，且很有可能早于该时间点达到峰值。

具体而言，他们认为，根据对电力和工业产业部门的结构性周期性趋势分析，中国的煤炭消费量已经达到结构性最大值，且可能在未来 5 年里保持稳定。未来 5 ~ 10 年，这些产业部门的天然气使用量将从一个低起点开始迅速增加；在交通运输领域，未来至少 10 年里，中国的石油消耗量和二氧化碳排放量可能会从目前相对较低的起点持续增长。但是，相较于过去 10 年里很多研究普遍给出的预测而言，中国现存的和正在规划中的政策措施可能会使这一增长速度更加温和，未来减排工作具有巨大潜力。综合起来，他们得出结论：中国能源领域的二氧化碳排放量和温室气体排放总量不会在 2030 年那么晚达到峰值，而更有可能在 2025 年达到峰值，甚至比这更早。如果中国的排放峰值真的出现在 2020 ~ 2025 年，那么对中国排放峰值的合理预测是大约 125 亿 ~ 140 亿吨二氧化碳当量。

2016 年展望：排放有可能出现短暂的低点

2015 年 12 月召开的中央经济工作会议提出了 2016 年去产能、去库存、去杠杆、降成本、补短板的五项任务。并重点强调了消除僵尸企业。完成这些任务将对排放产生不同的影响，但是总体来看，将降低单位 GDP 的排放强度，甚至不排除年内的排放总量负增长。

具体来说，化解既有的过剩产能，严格控制增量，防止新的产能过剩，会导致产出特别是高能耗、高排放行业产量明显缩小。化解房地产库存，在房地产行业成品库存量较大且全国房地产市场区域分化明显的背景下，并不会刺激房地产行业大量投资。去杠杆同样会减缓投资增长势头。补短板会在少数领域增加投资，进而增加能源消费和碳排放；降成本，特别是中央经济工作会议提出的降低企业电力成本，有可能促进用电量增长，进而促进碳排放增长。综合来看，给定全国大宗工业产品和耐用消费品趋于饱和的需求状况，和基础设施发展空间有限的背景，2016 年的单位 GDP 排放强度将出现短暂的低点，总排放量与 2015 年相比，很可能只有微弱增长。

以机制创新降低减排的总社会成本

中国的减排目标

2009 年中国向国际社会宣布：到 2020 年单位 GDP 二氧化碳排放比 2005 年下降 40% ~45%，非化石能源占一次能源消费比重达到 15% 左右，森林面积比 2005 年增加 4000 万公顷，森林蓄积量比 2005 年增加 13 亿立方米。根据自身国情、发展阶段、可持续发展战略和国际责任担当，中国确定了到 2030 年的自主行动目标：二氧化碳排放 2030 年左右达到峰值并争取尽早达到峰值；单位 GDP 二氧化碳排放比 2005 年下降 60% ~65%，非化石能源占一次能源消费比重达到 20% 左右，森林蓄积量比 2005 年增加 45 亿立方米左右。① 刚刚发布的《中国十三五规划纲要》进一步明确了“十三五”期间节能减排的目标，单位 GDP 能耗和二氧化碳排放量分别下降 15% 和 18%。

在美国等国家的体制下，总统在气候变化等国际议题谈判中做出的承诺，未必能够在后续的国内议会审议程序中获得支持。与这些国家的体制不同，中国政府在确定的雄心勃勃的减排自主行动目标之前，是审慎的；而一旦做出这样的公开表态，也会坚决落实。

---

① 《强化应对气候变化行动——中国国家自主贡献》。

中国自身结构转型的快速进展，也是中国能够确定这样雄心勃勃的自主行动目标的重要根据。中国制造业内部重化行业增速相对低于低能源密集度行业的增速，中国制造业占 GDP 的比重也被服务业超过。确定雄心勃勃的减排目标，也将进一步促进制造业结构升级和服务业的发展。

为碳排放定价是有效而低成本的减排工具

广泛的理论研究和经验证据表明，与事实技术标准这一类行政性减排政策工具相比，为碳排放定价是富有经济合理性的减排工具，即可以以最小的社会总成本实现给定的减排目标，或者说给定的排放总量可以带来最大的社会总产出。

为碳排放定价的两种基本机制是碳排放税和可交易的排放配额（限额 + 交易）。威茨曼定理（Weitzman，1974）指出，当经济主体的减排成本存在不确定性时，如果减排的边际成本曲线相对于减排的环境收益曲线更陡峭，则排放税这种政策工具，比限额 + 交易这种政策工具的福利代价更小；但是，如果减排的边际成本曲线相对于减排的环境收益曲线更平坦，则排放税这种政策工具，比限额 + 交易这种政策工具的福利代价更大。

这个定理背后的直觉是，在减排的环境收益确定无疑的条件下，如果减排的收益曲线很陡峭，意味着减排数量的微小变动会导致减排收益的巨大波动，因此，采用限额 + 交易的数量型工具，能够保证减排收益。

需要特别指出的是，这里的政策工具比选所考虑的目标，是最小化福利损失，而并非其他单一的政策目标，比如，减排量能否得到确保。这里的分析当中，监管者的减排目标并非外生给定，而是从最小化全社会总福利损失的角度加以设定的。这和中国目前面临的问题很不一样，中国目前的主要问题是，减排目标已经外生给定。

斯塔文尼斯（Starvins，1996）进一步的研究表明，减排收益和减排成本之间同时存在不确定性，且两者如果是正相关关系，则数量型工具的优越性更突出；而如果两者是负相关关系，则价格型工具的优越性更加突出。为了说明背后的直觉，从排放税工具入手。假设采用的是排放税工具，且企业发现减排成本高于预期，那么企业宁可少减排而认罚缴纳排放税。但是如果排放收益和排放成本正相关关系的话，那么也同时意味着排放量不足的社会损失高于预期。于是企业少减排带来的总损失会较大。

可交易排放配额将成为中国减排的主要工具

2015 年国家主席习近平和美国总统奥巴马举行会谈后，双方再次发表关于气候变化的联合声明。声明指出，中国计划于2017年启动全国碳排放交易体系，将覆盖钢铁、电力、化工、建材、造纸和有色金属等重点工业行业。因为中国经济规模和排放规模在全球的份额，中国建成全国性的碳排放交易市场，对于中国自身减排和全球减排，都具有重大意义。

7个省市的试点

为了建设全国性碳排放交易市场，中国从2011年10月在北京、天津、上海、重庆、湖北省、广东省、深圳7个省市开展碳排放权交易试点，并将2013～2015年定为试点阶段。截至2014年底，北京、上海、天津、重庆、广东、深圳和湖北7个碳排放权交易试点均发布了地方碳交易管理办法，共纳入控排企业和单位1900多家，分配碳排放配额约12亿吨。试点地区加大对履约的监督和执法力度，2014年和2015年履约率分别达到96%和98%以上。截至2015年8月底，7个试点累计交易地方配额约4024万吨，成交额约12亿元人民币；累计拍卖配额约1664万吨，成交额约8亿元人民币。①

试点地区不断完善配额分配、温室气体排放核算核查等各项规则，部分试点发挥示范作用探索开展区域碳市场。为活跃碳市场，试点不断扩大交易主体，并开发以地方配额或中国核证自愿减排量（CCER）为标的的碳金融产品和业务。各试点均规定控排企业和单位可使用CCER抵消其配额清缴，比例可占配额量的5%～10%。②

有的试点地区还扩大了试点行业的覆盖面，比如广东增加了陶瓷、纺织、有色金属、化工、造纸、民航6个行业432家报告企业，这些企业需要在月底前通过信息系统报告碳排放信息。有的试点地区还和非试点地区开展了跨区域排放权交易。比如北京与承德跨区域碳排放交易试点近一年，北京碳市场累计实现京冀碳汇交易7万吨，碳汇项目业主创收超过250万元。③

北京的试点还出台了配套的鼓励措施。第一是给予节能减碳项目财政资金支持。集成国家和本市各项节能减排扶持政策，对积极参与碳排放权交易并按时履约的排放单位，在安排节能减排及环境保护、清洁生产等财政性专项资金时将给

① 《中国应对气候变化的政策与行动2015年度报告》，http：//tech. gmw. cn/2015－11/26/content_17870766. htm。

② 同上。

③ 国家发改委：“2015年10月碳排放权交易试点进展情况”，http：//qhs. ndrc. gov. cn/qjfzjz/201510/t20151030_ 756952. html。

予优先支持。第二是给予金融机构对接服务支持。鼓励银行等金融机构运用节能收益权质押、能效融资、节能贷等新型金融产品，为碳排放权交易市场参与者提供灵活多样的金融产品和服务。面向资本市场，组织开展碳交易项目推介。支持中介咨询机构为银行等金融机构提供专业评估服务。第三是给予先进适应技术推介支持。通过政府购买服务等多种方式，为参与试点企业（单位）提供全方位的培训指导，提供节能减碳技术供需对接服务。加大宣传力度，塑造试点企业履行社会责任的良好形象，提高企业品牌价值。

上海市也出台了促进碳交易的金融鼓励措施，“鼓励银行等金融机构优先为纳入配额管理的单位提供与节能减碳项目相关的融资支持，并探索碳排放配额担保融资等新型金融服务”。

专栏一　深圳的“配额管理”

第十条　本市碳排放权交易实行目标总量控制。全市碳排放权交易体系目标排放总量（以下简称目标排放总量）应当根据国家和广东省确定的约束性指标，结合本市经济社会发展趋势和碳减排潜力等因素科学、合理设定。

第十一条　符合下列条件之一的碳排放单位（以下简称管控单位），实行碳排放配额管理：

（一）任意一年的碳排放量达到三千吨二氧化碳当量以上的企业；

（二）大型公共建筑和建筑面积达到一万平方米以上的国家机关办公建筑的业主；

（三）自愿加入并经主管部门批准纳入碳排放控制管理的碳排放单位；

（四）市政府指定的其他碳排放单位。

市政府可以根据本市节能减排工作的需要和碳排放权交易市场的发展状况，调整管控单位范围。管控单位名单报市政府批准后应当在市政府和主管部门门户网站以及碳排放权交易公共服务平台网站公布。

第十二条　管控单位应当履行碳排放控制义务。管控单位为建筑物业主的，其碳排放控制义务可以委托建筑使用人、物业管理单位等代为履行。

第十三条　任意一年碳排放量达到一千吨以上但不足三千吨二氧化碳当量的企业，应当每年向主管部门报告二氧化碳排放情况，具体要求参照管控单位执行。

市政府可以根据工作需要逐步将前款规定的单位纳入配额管理。

第十四条　主管部门应当根据目标排放总量、产业发展政策、行业发展阶段和减排潜力、历史排放情况和减排效果等因素综合确定全市碳排放权交易体系的年度配额总量（以下简称年度配额总量）。

第十五条　配额的构成包括下列部分：

（一）预分配配额；

（二）调整分配的配额；

（三）新进入者储备配额；

（四）拍卖的配额；

（五）价格平抑储备配额。

第十六条　配额分配采取无偿分配和有偿分配两种方式进行。

无偿分配的配额包括预分配配额、新进入者储备配额和调整分配的配额。

有偿分配的配额可以采用拍卖或者固定价格的方式出售。

第十七条　管控单位为电力、燃气、供水企业的，其年度目标碳强度和预分配配额应当结合企业所处行业基准碳排放强度和期望产量等因素确定。

管控单位为前款规定以外其他企业的，其年度目标碳强度和预分配配额应当结合企业历史排放量、在其所处行业中的排放水平、未来减排承诺和行业内其他企业减排承诺等因素，采取同一行业内企业竞争性博弈方式确定。

建筑碳配额的无偿分配按照建筑功能、建筑面积以及建筑能耗限额标准或者碳排放限额标准予以确定。

预分配配额原则上每三年分配一次，每年第一季度签发当年度的预分配配额。配额预分配的方法和规则由主管部门制定，报市政府批准后实施，并且应当在主管部门门户网站以及碳排放权交易公共服务平台网站公布。配额预分配的结果由主管部门报市政府批准后下发。

第十八条　主管部门应当预留年度配额总量的百分之二作为新进入者储备配额。

新建固定资产投资项目，预计年碳排放量达到三千吨二氧化碳当量以上的，项目单位应当在投产前向主管部门报告项目碳排放评估情况。主管部门按照该单位所在行业的平均排放水平、产业政策导向和技术水平等因素在投产当年对其预分配配额，待投产年度的实际统计指标数据核准后由主管部门在下一年度重新对其预分配的配额进行调整。

第十九条　主管部门应当在每年5月20日前，根据管控单位上一年度的实际碳排放数据和统计指标数据，确定其上一年度的实际配额数量。

管控单位的实际配额数量按照下列公式计算：

（一）属于单一产品行业的，其实际配额等于本单位上一年度生产总量乘以上一年度目标碳强度；

（二）属于其他工业行业的，其实际配额等于本单位上一年度实际工业增加值乘以上一年度目标碳强度。

主管部门应当根据确定后的实际配额数量，对照管控单位上一年度预分配的配额数量，相应进行追加或者扣减，但追加配额的总数量不得超过当年度扣减的配额总数量。符合本办法第十八条规定情形的管控单位，其配额追加不受此限制，但追加的配额应当来源于新进入者储备配额。

配额调整的具体管理办法由主管部门另行制定，报市政府批准后实施。

第二十条　采取拍卖方式出售的配额数量不得低于年度配额总量的百分之三。市政府可以根据碳排放权交易市场的发展状况逐步提高配额拍卖的比例。

管控单位和碳排放权交易市场的投资者可以参加配额拍卖。

配额拍卖的具体管理办法由主管部门另行制定，报市政府批准后实施。

第二十一条　价格平抑储备配额包括主管部门预留的配额、新进入者储备配额和主管部门回购的配额，其中主管部门预留的配额为年度配额总量的百分之二。

价格平抑储备配额应当以固定价格出售，且只能由管控单位购买用于履约，不能用于市场交易。

价格平抑储备配额的具体管理办法由主管部门另行制定，报市政府批准后实施。

第二十二条　主管部门每年度可以按照预先设定的规模和条件从市场回购配额，以减少市场供给、稳定市场价格。

主管部门每年度回购的配额数量不得高于当年度有效配额数量的百分之十。

配额回购的具体管理办法由主管部门另行制定，报市政府批准后实施。

第二十三条　市政府设立碳交易市场稳定调节资金，专项用于开展市场价格调控、支持企业减排活动、市场服务机构培育、能力和平台建设、碳排放权交易管理等。

稳定调节资金主要来源于配额有偿分配的收入和社会捐赠以及市政府决定的其他资金。

稳定调节资金的具体管理办法由主管部门会同市财政部门另行制定，报市政府批准后实施。

第二十四条　管控单位与其他单位合并的，其配额及相应的权利义务由合并后存续的单位或者新设立的单位承担。

管控单位分立的，应当在分立时制定合理的配额和履约义务分割方案，并在做出分立决议之日起十五个工作日内报主管部门备案。未制定分割方案或者未按时报主管部门备案的，原管控单位的履约义务由分立后的单位共同承担。

第二十五条　管控单位迁出本市行政区域或者出现解散、破产等情形时，应当在办理迁移、解散或者破产手续之前完成碳排放量化、报告与核查，并提交与未完成的履约义务相等的配额。管控单位提交的配额数量少于未完成的履约义务的应当补足；预分配配额超出完成的履约义务部分的百分之五十由主管部门予以收回，剩余配额由管控单位自行处理。

第二十六条　管控单位获得的配额，可以依照本办法进行转让、质押，或者以其他合法方式取得收益。

第二十七条　碳排放权交易的履约期为每个自然年。上一年度的配额可以结转至后续年度使用。后续年度签发的配额不能用于履行前一年度的配额履约义务。

本市碳排放权交易的期限根据国家和广东省有关碳排放权交易试点的工作要求确定。

从我国现在 7 个省市的碳排放交易试点办法看，有一些共同的特点。

第一，考虑到减排的要求，各地在确定本地区的总配额和分配给减排主体的配额时，均会逐年递减。大部分试点地区的排放主管部门在总配额中保留一定比例用于干预碳交易市场的价格波动，或者为新进入企业预留。

第二，配额大部分是免费发放的。根据所处行业种类，确定不同的免费分配办法。分配时基本上以历史几年排放的平均量为基数。有些地方为了避免鞭打快牛，对于那些过去主动减排导致的基数降低的企业，允许其提出适当弥补的要求。通常供电供热等高能源密集度行业采用一类核定方法，其他企业采用另一类核定方法。在核定企业的排放配额时，基本上是“先到先得”（Grand Father）准则为主；而并未广泛地以企业实物产量和行业平均排放强度水平决定的方法。

第三，大部分试点地区允许配额管理企业使用或购买核证的减排量（CCER）用于弥补自己的排放配额，但是用于抵消的部分不能超过总配额的5%～10%。

第四，大部分试点地区允许配额管理企业跨期调剂所分配的配额和买入排放权益。有些地方不允许把后续年份的配额提前调剂到当前年份使用。

第五，大部分试点允许强制碳排放交易主体之外的其他主体持有配额、核证的减排量（CCER），并允许参与排放交易。

国家层面法律法规准备

2014年12月10日国家发改委作为减排主管部门，发布《碳排放权交易管理暂行办法》，并制定《全国碳排放权交易管理条例（草案）》，就其涉及行政许可问题进行听证。同时建设并投入运行国家碳交易注册登记系统。

2015年11月制定了11项温室气体排放核算国家标准，包括工业企业温室气体排放核算和报告通则，和发电、电网、镁冶炼、铝冶炼、钢铁生产、民用航空、平板玻璃生产、水泥生产、陶瓷生产、化工生产企业十类企业温室气体排放核算与报告要求，从2016年开始实施。①

制定了《全国碳排放权交易第三方核查参考指南》，用于指导第三方核查机构（以下简称核查机构）对纳入全国碳排放权交易的重点排放单位提交的2013～2015年度温室气体排放报告及补充数据实施核查工作。还制定了《全国碳排放权交易第三方核查机构及人员参考条件》。

此外，为支持温室气体自愿减排交易活动的开展，国家发改委还组织建设了国家碳交易注册登记系统。企业、机构、团体和个人均可成为自愿减排交易的参与方，可在国家自愿减排交易注册登记系统中开设账户，以进行国家核证自愿减排量的持有、转移、清缴和注销。②

---

① http：//qhs. ndrc. gov. cn/qjfzjz/201512/t20151222_769834. html.

② 《关于国家自愿减排交易注册登记系统运行和开户相关事项的公告》，http：//www. ndrc. gov. cn/gzdt/201501/t20150114_ 660171. html。

表 19.5　我国碳排放权交易覆盖行业

行业	行业子类
石化	原油加工、乙烯
化工	电石、合成氨、甲醇
建材	水泥熟料、平板玻璃
钢铁	粗钢
有色	电解铝、铜冶炼
造纸	纸浆制造、机制纸和纸板
电力	纯发电、热电联产、电网
航空	航空旅客运输、航空货物运输、机场

注：除了上述行业子类中已纳入的企业外，其他企业自备电厂也按照发电行业纳入。

借鉴国际经验和教训完善我国的排放权交易制度

从现在起到全国性排放权交易启动，最多还有两年时间。在这期间，总结7个试点省市的经验，完善全国交易体系的设计。与此同时，一些发达国家碳排放交易制度运行的经验教训，也为我国完善交易体系提供了有益的借鉴。有学者（Richard Schmalensee and Robert Stavins，2015；Lawrence H. Goulder，2013）对这些经验教训进行了比较系统的总结。综合这些文献的，我国下一步完善排放权交易体系，需要注意如下问题。

第一，规则要尽早地、明确地给出。比如，为了保证全国减排任务的落实，总排放配额将按照什么样的轨迹逐年演变；排放配额的分配规则，等等。明确公布这些规则，便于所有将被纳入交易体系的微观企业，能够尽早地做出全方位的安排。

第二，排放权交易体系要有下限价格和上限价格的安排。上下限价格不同于排放权二级交易市场规定的日间涨跌停限制，涨跌停限制只涉及交易所和交易的微观主体。而上下限价格则需要排放配额发放机构的参与。当市场价格持续高于上限价格时，要投放排放配额价格平准池子中的配额到市场上，使排放权价格控制在上限价格以内。反之，当市场价格持续低于下限价格时，要从市场上收购配额，存入平准池子中，使排放权价格控制在下限之上。

这种安排实际上等价于排放权交易体系和碳税体系的折中，既充分体现了排放权交易制度能够确保减排目标的优越性，也在一定程度上减轻了这种制度带来的排放权价格的波动幅度，降低了价格的不确定，从而有利于为企业投资于各种减排措施提供更稳定、更可预期的激励。

第三，要允许排放交易主体进行跨期的排放权配额调剂。这有利于微观企业在更长时间内平滑减排的成本，也有利于排放权交易市场本身的价格稳定和平稳运行。

第四，在排放权交易体系之外，无须设置或出台附加的更大力度的减排促进措施，比如技术性标准等。这是因为，更大力度的减排措施虽然会促进减排，但也会提高减排的成本。而微观减排主体一旦实施了这样更加严格的减排措施之后，对配额的需求也就大幅度降低了，这会大幅度降低排放权配额的价格。

如果排放权交易市场和其他国家的交易市场相连接，那么，这必然导致这些配额被其他国家收购，导致那些国家可以较低的成本保持较高的排放水平，进而形成了所谓的排放溢出效应。

第五，实施排放权交易，等价于为碳排放定价。这样，本国企业要为碳排放行为付出成本。如果其他贸易对象国没有实施相应的碳税或碳排放交易政策，其企业的碳排放行为无须付出成本。为了把本国企业竞争力所受到的不利影响控制在一定限度内，有必要考虑碳排放的边境调节措施，对进口到本国的商品酌情征收碳排放关税。

参考文献

全球经济与气候委员会（GCEC），《更好的增长更好的气候：新气候经济全球报告》，华盛顿特区：世界资源研究所，2014a。

全球经济与气候委员会（GCEC），《中国与新气候经济》，北京：清华大学，2014b。

弗格斯・格林、尼古拉斯・斯特恩，《中国“新常态”：经济结构性调整、提高发展质量与排放量峰值》，北京：中国发展研究基金会，2015 年。

M. L. Weitzman, 1974, “Price v. s. Quatity,” *Review of Economic Studies*, 41, 477 – 491.

Stavins, R. 1996, “Correlated Uncertainty and the Choice of Pollution Control Instruments,” *Journal of Environmental Economics and Management* 30.

Richard Schmalensee, and Robert Stavins, 2015, Lessons Learned from Three Decades of Experience with Cap – and – Trade, NBER working paper, No. 21742.

Lawrence H. Goulder, 2013, “Markets for Pollution Allowances: What Are the (New) Lessons?”, *Journal of Economic Perspectives*, Vol. 27, No. 1, 87 – 102.